刘桂明◎著

谁是律师的朋友

SHUI SHI LÜSHI DE PENGYOU | LIUGUIMING DUINISHUO

刘桂明对你说

知识产权出版社
全国百佳图书出版单位

图书在版编目（CIP）数据

谁是律师的朋友：刘桂明对你说/刘桂明著.—北京：知识产权出版社，2018.1
ISBN 978-7-5130-5388-4

Ⅰ.①谁… Ⅱ.①刘… Ⅲ.①律师—工作—中国—文集 Ⅳ.①D926.5-53

中国版本图书馆CIP数据核字（2017）第323588号

责任编辑：齐梓伊　　　　　　　　责任出版：刘译文

谁是律师的朋友——刘桂明对你说
刘桂明　著

出版发行：知识产权出版社 有限责任公司	网　址：http：//www.ipph.cn
社　　址：北京市海淀区气象路50号院	邮　编：100081
责编电话：010-82000860 转 8176	责编邮箱：qiziyi2004@qq.com
发行电话：010-82000860 转 8101/8102	发行传真：010-82000893/82005070/82000270
印　　刷：北京嘉恒彩色印刷有限责任公司	经　销：各大网上书店、新华书店及相关专业书店
开　　本：720mm×1000mm　1/16	印　张：26.5
版　　次：2018年1月第1版	印　次：2018年3月第2次印刷
字　　数：488千字	定　价：68.00元
ISBN 978-7-5130-5388-4	

出版权专有　侵权必究

如有印装质量问题，本社负责调换。

谁是律师的朋友？张军部长怎么说？（代序）

> 律师受到的是法学教育，从事的是法律工作，维护的是公平正义。律师是社会主义法治工作者，是法治建设不可或缺的一支重要力量，在党的领导下，在全面依法治国大业中必将大有作为，这是做朋友的共同基础。
>
> ——司法部部长张军对律师说

转眼间，距离2017年3月12日司法部部长张军第一次走"部长通道"已经5个月有余。"两会"期间面对记者关于律师工作的提问，部长微笑着回答"会与律师做好朋友"的那句话、那个场景，想必大家都还记得吧？

8月28日上午，全国律师协会举办的"刑事辩护与律师制度改革"专题研讨班上，张军部长用语言传递出心里一直期盼着与律师朋友面对面谈法论治的真情实意，如一股暖流温暖了律师们的心。

张军部长说："我多次跟全国律协会长王俊峰建议，安排一个机会与各方面的律师朋友做个交流。以前在法院工作时总说律师是法官的朋友，到了司法部工作，更加感受到律师还是检察官和警察的朋友。朋友中既有诤友，就是相互信任、相互鼓励、共同发展的朋友；也有损友，就是相互贬低、相互诋毁、你踩我我踩你的朋友。律师受到的是法学教育，从事的是法律工作，维护的是公平正义。律师是社会主义法治工作者，是法治建设不可或缺的一支重要力量，在党的领导下，在全面依法治国大业中必将大有作为，这是做朋友的共同基础。"

正是有这个前提，本次研讨班在白天讲座之后专门挤出时间安排了刑辩律师与部长的座谈会。

68位刑辩律师首次与司法部长面对面，会产生怎样的火花、碰撞和共鸣？不仅33万律师的目光像镁光灯一样聚焦，关注律师行业发展的各界人士更是对座谈会充满期待。

28日晚七点，上午讲座后回到朝阳门司法部机关的张军部长再次风尘仆仆地来到位于南四环花乡的国家法官学院。他大步流星地走进会场坐到律师中间，没有过多的寒暄。与张军颇为熟悉的田文昌大律师担当主持，可能由于时间有限，吃饭时他对记者所说的与司法部长面对面在他职业生涯中还是第一次的感慨，根本没有来得及表述，也没开场白，只是简单说了"发言请举手，大家尽量缩短时间"的规则，座谈会便直接拉开序幕。

来自昆明的罗坷律师第一个抢到了话筒，但话筒不太好用，部长马上把自己座位前的话筒递了过去。

罗坷说，这次参加座谈特别高兴，感觉像一个孩子忽然回到自己的家。他认为，实现全面依法治国，要与法官、检察官真正构建一个风雨同舟、荣辱与共、殊途同归的法律共同体。风雨同舟就是在法治建设的过程中面对面坐下来相互沟通、相互了解。一个优秀的法官离不开一个优秀的律师，一个优秀的律师离不开一个优秀的法官，这是荣辱与共的。优秀的律师才能协助优秀的法官作出一份经得起历史、经得起法律检验的判决书，最终避免冤假错案的产生。

他发言后，有过多年法官经历的张军部长颇讲程序地征求道："我是一问一答？还是多个问题一起回答？"在场的律师很真切地说，"部长，您想啥时回答就啥时回答，想怎样答就怎样答"。

得到"指令"的张军部长对罗坷回应说："律师与政法各部门风雨同舟、荣辱与共能够做起来，我完全赞同你的意见，我希望将来我们跟法官、检察官一起座谈的时候，把这个意见转达一下。"

浙江陈有西律师也抢到机会发言。陈有西说，非常荣幸今天能够参加这样一个高层次的座谈会，这是司法部新任领导坐下来认认真真研究的一个小规模、高规格的研讨会，听了上午的讲话非常振奋人心。他想表达几句话，第一句话很感谢，能够通知他来参加这样的会议；第二句话中国的律师业确实需要树正气。经过近四十年的发展，我们从几百人的律师发展到33万人的律师队伍，成绩和成就都是有目共睹。以前司法部着重整顿、处理比较多，对中国律师业看到的问题比较多。现在新的一任司法部领导，真正了解基层的情况，考虑大局，考虑到中国律师业需要正面引导和扶持的一面，基础建设的一面，是抓到了根本。律师行业太需要往好的方面引导，而不是光靠整顿就能整顿好的，这次会议是非常好的一种新气象。中国律师确实需要正本清源，树正气。第三句话，这是一次振奋人心的聚会，虽然不是大规模的动员大会，但是信息量非常大，张部长讲话有高度、有深度，讲到一些基础性的问题与思考。第四句话,最后一点,抓好落实。这次会议我相信会收到非常好的社会效果,也能够把中国律师业的信心重新树立起来。中国律师业好了,我们检察官、法官队伍就能从中挑出更多优秀律师来,这也符合中央司改的基本精神。

对于陈有西的发言,部长给予充分的肯定。他幽默地说:"不过你的表有点慢啊!我感觉你说了不止五分钟,大家还是掌控一下时间,让每个人都有机会讲讲。"

部长的回应瞬间调动了现场的气氛,发言更是热烈,几度还出现有律师抢话筒、站起来发言的小小混乱,就连主持人田文昌都趁乱悄悄地把自己换到了靠门口的位置,被细心的部长一眼发现。

来自全国律协刑事专业委员会的副主任侯凤梅就是直接站起来的发言者,她说自己声音大可以不用话筒。侯凤梅提了两个问题,第一个问题,推动刑事辩护全覆盖工作要考虑三个方面:一是这项工作可能会有大量年轻律师介入,年轻律师的培养问题十分紧迫,加强对他们的培训、培养,才能确保刑事辩护工作的质量;二是经费问题。要铺开这个工作需要政府资金支持和保障;三是要专门研究刑辩律师的执业风险,提高律师参与刑辩工作的积极性。第二个问题,律师权益保护的声音没有途径向最高层反映。如何增大律师参政议政方面的平台,畅通这个渠道非常重要。张部长提到司法部正在就此问题进行沟通,这是全国律师行业的福音,一定会扩大律师参政议政的途径。

张军部长回应道,刑辩全覆盖确实需要对年轻律师进行培训,但包括在座的资深律师也有培训的问题,新的法律法规和司法解释出台也要培训,司法部、全国律协肯定会重视这个事情。谈起经费,部长夸赞说,果然还是女同志心细,讲问题还考虑到钱,这个司法部会通盘考虑。

来自湖北的汪少鹏律师认为,司法部、全国律协专门举办刑事辩护律师培训,说明刑事辩护工作在法治建设中的地位,刑事辩护律师准入、培训、保护、惩戒等还有很多的上升空间。他建议全国律协设立刑事辩护律师协会,承担起刑事辩护律师的学习、培训、维权以及惩戒等职能。

浙江的徐宗新律师建议设立国家刑辩律师学院。徐宗新认为,当前刑事辩护工作十分重要,然而刑事辩护律师的培训严重不足,缺乏系统的教育培训,没有统一的教材、统一的方法、统一的培训,造成一些律师执业素养存在问题,执业水平不足的问题,也包括对同一类案件看法不一致的问题。

张部长对此回应:设立刑事辩护律师学院的想法非常好,司法部正在谋划司法行政学院、国家律师学院的建设工作。

来自湖南的陈以轩律师发言非常有意思，对刑辩律师学院直接给予否定。

陈以轩说："张部长好！我是湖南陈以轩。刚才有一位同行提到，要设立刑辩学院，我觉得这是多此一举。我恰恰认为律师学院、法官学院、检察官学院可以从国家整体顶层设计，搞成一个学院做职业培训。另外，我关心的是，怎么样能有一个体制，让我们不去发微博，不去举条幅，不去'死磕'搞事情，很多案子也是来自当事人的委托，有的委托人他就要我们干这个事情。实际上我们不去做，有些案子根本推不动，很多时候到公、检、法去沟通，一说敏感案件，人家就走了，我代理的很多案例，我也是平和地去法院沟通。"

听到这里，部长和蔼地问，你多大了？回答说1980年出生，37岁。

张军部长回应："你还是年轻气盛。你说你在法庭上平和，我觉得你在法庭上一定不平和。因为你一上来就对刑事辩护学院的观点评价为多此一举，不够平和。你可以反对一个人的意见，但是如果他的意见还有些价值、还很重要，还是可以考虑考虑的，在法庭上这就叫辩护技巧。在与同事讨论问题的时候，年轻人可以谦虚些，这是方式方法。你提出的学院这个问题，我完全认同也早就提出来，应该设职业统一培训，就是执业以后也要统一培训，何其难？我们提出一个建议，能不能统一分别培训。什么意思？今天的培训，70位律师，还要加70位法官，70位检察官，在法官学院3个月，然后休息一周，到检察官学院培训3个月，还是这200多人，培训结束后再到律师学院培训，培训律师的时候让法官听一听，培训法官的时候让律师听一听，职业共同体到了法庭上才更容易相互理解。你刚才讲的这一点我是完全赞同的。至于你说是有的案件让你激烈了，咱们和缓一下，按你所说的，我们要平和地沟通。"

部长平易近人的长者风范以及与年轻律师智慧机智的对话赢来现场一片掌声，也让座谈会进入一个新的高潮。

既然请来的都是刑辩律师，"死磕"是无论如何也绕不过去的话题和不能回避的一个词语。

张军部长直言不讳地表示，对于"死磕"，他有自己的认识，就像他上午讲课时提到的，在他眼里，田文昌、李贵方、顾永忠、陈有西等才是真正的"死磕"派刑辩律师。他说自己在最高法院做过刑事法官，当年，曾经与刑辩大律师田文昌、最高检的公诉人姜伟编写一本书，叫《控辩审三人谈》。为什么会联络田文昌？因为田文昌就是真正的"死磕"律师，各种机会他只要见到张军部长或其他法官就会讲法庭审理中的程序问题，如对律师意见不重视、司法解释不及时、不严谨问题等，就跟你"死磕",叨叨个没完,有时都到了他本人不胜其扰的地步。说到这里,场内人很多人都大笑起来。他继续举例说,陈有西、顾永忠等都和许多大法官磕过,在立法征求意见会上"死磕",为司法制度健全完善发挥了很大的作用。

来自广东的刘正清律师明确表示不同意这个观点。刘正清觉得,这些"死磕"律师都是"精明的死磕""有选择的死磕"。我要说的是,经常我们辩护的时候,不让我们说话,把我们赶出来。

张军部长回应道:"我觉得'死磕'不是黑名单、红名单,'死磕'就是一个死理认到底。这个死理可能是错的,也可能是对的。至于你说到法庭上你和一些律师的辩护意见不被采纳就被赶出法庭,具体情由个案这里没办法说清楚。当然可以考虑与法院沟通,是不是通过休庭来处理会更好?你能够在这个场合提出这个问题,也是一种精明的'死磕'。"

对于常伯阳律师提到的有些律师因为代理过敏感案件不能转所的问题,部长表示这个单也收,其中反映出的问题,的确需要向有关方面反映,也可以考虑在全国律协设立邮箱,给大家反映情况开辟一个通道。

覃臣寿、李方平也分别就几个"媒体审判"案件及其他个案发言,张军以确定的规则友善地作了回应:"即使单纯为当事人利益去争,也要考虑实际效果呀!"

田文昌利用主持人的身份特别明确地表达了自己的观点,他坚决反对律师内部被分作这派那派。田文昌说,近几个月以来,司法部在律师工作方面有了一些有力举措,呈现出一些新气象,这正是广大律师所需要的、希望的。在这种向好的背景下,他呼吁律师们需要思考的是,律师行业如何壮大自己的力量,如何保持内部的团结。

对此,张军部长肯定地说:"刑事专业委员会田文昌主任讲的确实是语重心长,主任用了一个词叫互相残杀,虽说有点重,但的确损害的是整体形象,而不仅仅是一两个死掐的人。那些默默无闻、扎实维权的人民律师在哪里呢?'1+1'法律援助志愿者律师、援藏律师、援疆律师,他们放弃年收入上百万的待遇,只身走进律师短缺的西部地区,在极端艰苦的环境中,默默无闻地为那些处在贫困线的老百姓打官司、维权。他们没有一个人到处宣扬自己,到处说自己在维权,但是毫无疑问,他们才是真正的维权律师,是老百姓真正需要的律师、人民的律师。"

座谈会接近尾声,郝春莉律师谈到律所党建问题,说出了自己的思考。

郝春莉律师说:"我们在律所管理当中以党建促所建,效果很好,党员律师能够不计回报做一些法律援助案件,起到先锋模范作用。但是,律师入党难的问题需要解决，律师事务所发展党员的名额太少了。另外，维护律师执业权利在落实到位的问题上状况堪忧。2015年9月，两高三部联合出台了《关于依法保障律师执业权利的规定》，有一些条款到现在还是不能落实到位。比如在联席会议中关于启动应急联动机制的问题，基本没有落实。很多维权案件很难，很棘手，难以很快和公检法等机关协调落实得到一个满意的结果。"

对于这个问题，张军部长的回应是：维护律师执业权利快速联动处置机制的建立需要一个过程，在司法部的推动下，今年3月份已经建立起来了，正在逐步完善。同时，律师事务所党建促所建，是很好的方法，也应该做得更好；发展党员名额太少的问题，司法部也会尽快向有关部门反映。

顾永忠律师也谈到两个特别重要的观点，引起现场很多律师的共鸣。

顾永忠律师说："北京的一些大所扩张得非常厉害，已经在一些主要城市建立了实力非常强的分所，对当地一些小型律师事务所的年轻律师产生了不利影响，是不是存在反垄断的问题？司法部、全国律协需要考虑律师事务所设立分所在数量上、规模上、业务指导上要不要有所限制和规范？另外，最高人民法院、最高人民检察院、公安部、国家安全部、司法部《关于开展法律援助值班律师工作的意见》已经公布，但是有些地方值班律师根本见不到当事人，或者不能阅卷。如果值班律师不能会见、不能阅卷，还要签字承担责任，如何保证认罪认罚案件的辩护效果？如果出现认罪认罚的错案，这个责任谁来承担？"

张军部长谈了自己的看法："关于分所的问题，一定要把好关，既要扶持律师事务所做大做强，还要考虑到地方小型律师事务所的生存以及为基层百姓服务的问题，这就是一个平衡法。值班律师如果不能会见、不能阅卷，当然不能签字承担责任，我们会向有关方面反映这个问题，这是工作落实中的细节问题，也是司法改革最后一公里的问题。"

说到这里时，律师们真真切切感受到了部长为他们考虑的真情和厚爱，随即报以热烈的掌声。

座谈会不知不觉中过去了两个多小时，23个律师先后发言并参与互动，部长笑说，被这么多大律师"考"了一晚上，也不知大家是否满意，能给打70分吗？部长不知道的是，他平易近人的风格及风趣诙谐的语言给大家留下多么美好的印象。

涂明忠律师提到建议统一律师着装时，部长立马接茬说，这个他懂，许多基层的法官、检察官统一着装后，回家做饭都穿着，当作了福利。律师统一着装可以征求多方意见，引来现场一阵大笑。

一个年轻的律师建议全国律协能否恢复全国律师辩论大赛。顾永忠插话说自己去年是检察官公诉大赛的评委，律师完全可以搞辩论大赛，部长马上很开心地对律协会长王俊峰说，"这个可以现场办公，律协可以研究争取明年就办？我也能当一把评委。"现场气氛之融洽可见一斑。

安徽的行江律师作为一名兼职律师，他特别想知道部长是怎么看待兼职律师这一问题的？

张军部长回应："当年修改《律师法》的时候，这是一个争执不下的问题。我的观点就是律师行业一定要给兼职教授一席之地，一定要让教授在律师界发挥作用。因为，教授在社会上有着更广泛的认同，这样做的初衷就有让兼职律师替律师行业说话，产生更积极的影响；还有一点，我们律师要后继有人。教授们通过代理案件取得实践经验，其作用可能是他们自己都想不到的，这就是大家说的接地气，用实践教学。至于教师本人是否违反学校的规定，那是学校的事。这就是我的看法。"

他随即对坐在旁边的周院生司长笑着说，"记下来，可作证言"。

席间，罗坷一定要搂着部长合影，部长风趣地说，"合影可以，可不能拿照片去做业务啊"。

临近尾声，张军部长对大家坦诚地表示，这次座谈会是他自己主动请缨来的，他有责任与律师们坐在一起聊一聊、谈谈心。

张军部长说："非常感谢在座的各位刑事辩护的知名律师，有一些是年轻人，能够如此坦诚地说出自己的心里话，这是对司法部和我本人的充分信任，是我们共同促进律师业发展的坚实基础。我和大家这样交流，感觉也赢得了在座每一位律师的信任，说明我们想的目标是一致的，就是党和国家的律师事业，就是全面建设法治国家。目前，中国司法体制改革已成果斐然，不可否认已经进入攻坚区、深水区。可以这样说，司改的每一项工作，都与律师有关，尤其是以审判为中心的诉讼制度改革，更是离不开刑辩律师的参与。律师活跃在司法活动第一线，也可谓'春江水暖鸭先知'。律师的参与，将为司改的科学决策和顺利进行发挥不可替代的作用。"

张军诚恳地希望在座的律师将会议精神传导出去，让所有刑事辩护律师，让各领域的律师，都能关注这次会议讨论的议题。律师作为新的社会阶层，既是法律精英，又是社会精英。律师作为法律工作者，是一个有尊严的职业、令人敬重的职业。律师作为一项事业，在新的历史时期、新的发展阶段，在"五位一体""四个全面"总体战略布局和实现两个百年奋斗目标的伟大进程中，使命光荣、责任重大。希望大家恪守职业道德，遵守执业规范，维护职业荣誉，把握历史机遇，把律师制度建

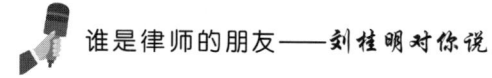

设不断推向新高度，为国家经济社会持续发展、法治建设不断健全完善，作出我们应有的贡献，以优异成绩迎接党的十九大胜利召开。

夜渐深，人已静。眼看晚上十点多了，部长还要从丰台花乡匆匆赶回，一天往返两次的奔波，让与会的律师们平静的心泛起了波澜，很多人都到楼下目送着部长的车远去……

（注：代序原文作者为《法制日报》资深记者蒋安杰，文章出自2017年8月28日晚司法部张军部长与参加全国律师协会举办的"刑事辩护与律师制度改革"专题研讨班68位律师的交流对话，原文标题为《司法部部长张军登门"夜话" 68位刑辩律师首次与部长面对面！》，源自司法部公众号，刊于2017年8月29日法制网。）

目录 Contents

致辞：开门见山来祝贺

3 | 中国律师进入了新时代
　　——"2017 中国诉讼论坛"开幕致辞

11 | 今天，中国律师界有大事要发生
　　——浩天安理合并仪式主持致辞

14 | 我们法律人跑友的口号是什么？
　　——2018 海口马拉松鸟巢新闻发布会致辞

16 | 每个人都是法治中国的重要一员
　　——"民主与法制·南通法律专家诊所"揭牌仪式致辞

24 | 中国诉讼论坛的本色是什么？
　　——"2016 中国诉讼论坛"开幕式致辞

29 | 每一个日子其实都很有意义
　　——中华遗嘱库江苏分库启动仪式致辞

32 | 中华遗嘱库是一项有长度的事业
　　——中华遗嘱库广东分库启动仪式致辞

36 | "财富传承管理师联盟"是一个什么样的联盟？
　　——"中国财富传承高峰论坛暨中国财富传承管理师联盟"成立大会致辞

40 | 中国会出现家族律师吗？
　　——"中国财富传承管理师联盟"启动仪式致辞

44 | 世界有 G20，中国律师则有 Z20
　　——中世律所联盟四方君汇巡回论坛天津站致辞

1

50	为什么"第一"不是"唯一"？
——德恒律师事务所成立20周年庆典致辞
54	我在律师的大海里
——上海市律师代表大会获奖感言
56	感谢所有知道我名字的律师
——"第六届中国律师论坛"闭幕式告别辞
58	论坛，是一种文化
——"2006苏州律师发展论坛"开幕式致辞
61	规模化是一条漫长的路
——"八方律师联盟"成立周年庆典致辞
65	律师永远是化解矛盾的高手
——浙江星韵律师事务所成立20周年所庆致辞

发言：说长道短话人生

71	中国律师的"核"危机是什么？
——京都律师事务所"律师是否有向被告人（犯罪嫌疑人）核实人证的权利研讨会"发言
76	"心"的保障，就是最有效的司法职业保障
——"司法职业保障研讨会"发言
80	从分配到分享：中国律师的理念转型
——北京天同律师事务所交流活动发言
85	新时期律师的社会定位如何把握？
——北京市律师协会座谈会发言
95	律师的资本是什么？
——"律师在法制建设中的作用"研讨会发言
100	我们应该如何评价宁夏律协选举风波？
——"请'律协'先民主起来"座谈会发言
105	《律师法》：一字一句总关情
——"首届全国法律语言规范化研究"学术会议发言

110	案例是法律人最好的语言
	——"中国法学会案例研究专业委员会成立仪式"发言

115	律师是"要饭的"还是"送饭的"？
	——"人权保障视野下的检警关系之《检警关系指导规则》结项会"发言

119	我们需要建构一种什么样的执业观？
	——"北京市律师协会执业观座谈会"发言

演讲：情深意长看律师

125	青年律师，你了解你自己吗？
	——在"朝阳下成长——暨首届朝阳青年律师发展论坛"上的演讲

136	律师参与立法的路径在哪里？
	——在第二届"国浩法治论坛"上的演讲

141	中国律师业的下一步是什么？
	——在西南政法大学"大律师论坛"上的演讲

164	律师营销是一门学问还是一种本领？
	——在华东政法大学律师学院上的演讲

176	中国律师的现实生态与未来发展
	——在"推动律师业科学发展 给力法治天津建设"论坛上的演讲

181	法律人的思维方法有何不同？
	——在"西南法学论坛"上的演讲

199	《律师法》：对律师究竟意味着什么？
	——在江西省律师协会培训班上的演讲

216	公益律师：为谁辛苦为谁忙？
	——在"2007中国公益律师培训班"上的演讲

230	国字招牌是如何打造出来的？
	——在国浩律师集团（天津）事务所开业仪式上的即兴演讲

233	中国律师业发展的九大趋势
	——在贵州省律师协会培训班上的演讲

| 264 | 律师文化到底是什么？
——在广东法则明律师事务所成立20周年庆典上的演讲

点评：点到为止显真诚

| 269 | 为什么法官与律师会"打"起来？
——"第八届尚权刑事辩护论坛"点评

| 274 | 因为正义就在那里
——"2013年度中国正义人物"颁奖仪式点评

| 276 | 律师微博到底是一种现象还是一个问题？
——"第八届中国法学青年论坛"点评

| 280 | 中国律师有"精神"吗？
——"山东律师精神开题研讨会"总点评

| 289 | 为什么司法永远是一个美妙的过程？
——"2010第二届北京律师论坛"总点评

| 294 | "影响性诉讼"为什么多是刑事案件？
——"2009年十大影响性诉讼"专家点评会点评

| 298 | 律师应该怎么合伙？
——"第二届律师事务所管理论坛"点评

| 305 | "先例判决"：是造法还是变法？
——"案例指导制度与司法统一研讨会"点评

| 310 | 刑讯逼供究竟是文化问题还是制度问题？
——北京、重庆地区政法院校大学生"反酷刑与人权保障专题"辩论赛点评

| 313 | 刑事案件报道要有什么样的"度"？
——"法律记者沙龙"点评

总结：面面俱到看全局

| 321 | 裁判文书的公开对律师业务发展究竟有何影响？
——"裁判文书公开与律师行业发展研讨会"总结

| 327 | 李昌钰博士究竟是人还是神？
——抱柱大学"证据科学课程"主持与总结

331	中国最缺什么样的法官与律师？ ——"第九届西部律师发展论坛"总结发言
339	中国律师业面临哪些发展难题？ ——"2017 中国律师发展论坛"闭幕总结
344	中国律师如何搭上"一带一路"的高速发展列车？ ——"第八届西部律师发展论坛"总结发言
349	能否推动整个律师行业向免费咨询宣战？ ——"首届中国经济新常态——法律服务精英论坛"总结
355	中国诉讼论坛的深意是什么？ ——"2015 中国诉讼论坛"闭幕式总结发言
360	法定的"三角形"诉讼架构何时能够真正实现？ ——"转型中的中国刑事诉讼构造座谈会"总结发言
365	法律职业伦理需要年年讲、月月讲、天天讲 ——"2013 中国法律职业伦理国际学术研讨会"总结发言
372	为什么受伤的总是我？ ——第六届全国"法律方法与法律思维"专题学术研讨会总结发言
377	律师：一个风光与风险并存的职业 ——"矿业投资开发与法律风险防范论坛"总结发言
382	律师是一份寻找答案的职业 ——"为了明天——未成年人司法保护和社会保护研讨班"闭幕式主持与总结
389	在"金陵法律讲坛"，我们收获了什么？ ——"金陵法律讲坛"闭幕式总结发言
393	我们需要什么样的律师行为规则？ ——"律师职业行为规则与律师事务所管理研讨会"总结发言
398	律师流动，流向哪里？ ——"律师流动法律问题与对策研讨会"总结发言
402	谁是律师的朋友，我怎么说？（后记）

谁是律师的朋友

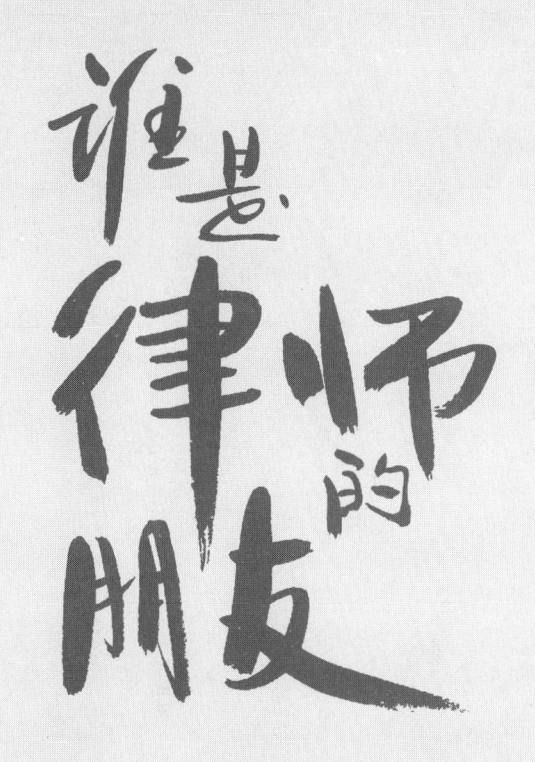

刘|桂|明|对|你|说

致辞：
开门见山来祝贺

中国律师进入了新时代

——"2017 中国诉讼论坛"开幕致辞

（2017 年 11 月 4 日　山东泰安）

【导语】

2017 年 11 月 4 日，第三届中国诉讼论坛即"2017·中国诉讼论坛"在五岳之首——泰山脚下隆重开幕。

为了践行全面依法治国，以实际行动学习宣传贯彻党的精神，全国法律人再次聚集泰山，畅想新时代法治、畅想责任担当、畅想甘于奉献。本届论坛的主题则是诉讼文化、诉讼改革、公正司法，体现了中国诉讼论坛创新创造、与时俱进，践行法治精神建设社会主义法治文化的独特本色。

泰安市人大常委会副主任陶长江出席开幕式，清华大学法学院张卫平、全国著名律师钱列阳、王才亮、庞标等 100 余位律师参加了此次论坛。作为应邀嘉宾，我又一次担当开幕致辞。于是，就有了如下的开幕式致辞文字。

各位领导、各位嘉宾、各位律师：

大家上午好！

首先要谢谢两位主持人，但同时我又要批评组委会。各位，你们听到了吗？主持人刚才对我的介绍，竟然称我为"著名文化大师"。现在，世界上有两种"杀人"方式：一种是棒杀，一种是捧杀。刚才的介绍就是捧杀，我怎么会是文化大师呢？很显然，我无法成为大师。但是，我要告诉大家的是，从形象上来说，我像个大使（掌声）。现在这个年代，讲什么不重要，讲特色才重要。我的长相就很有特色，有时像个大师，其实是个大使。我愿意成为中国律师的形象大使，大家看像吗？

我们国家现在正行进在一条有特色的道路上，这条路叫作中国特色社会主义。在国际共运史上，在人类社会的发展进程当中，中国特色社会主义最具特色的是一枝独秀、独此一家。你们看，我的长相是不是也是独此一家呢？在座的各位，看起来谁都比我好看，谁都比我帅气，但是，谁都没我有特色。（掌声）有人曾经给我建议说，你这个发型是不是该变一变？我回答说是想变，但是变了就不是我了。所以，我要保持我的特色，不能变。但是，刚才主持人对我的介绍说是"文化大师"，我想还是将它先搁一边吧。我还是作为中国律师的一个什么角色，比如友人、朋友更好。过去，我常常说，我在律师界是打工者。现在我要说，我是律师界的志愿者。有人说，我比全国律师协会的领导还忙。因为全国律师界的很多会议，他们可以不用参加。好多时候，我必须去参加。所以，我和全国律协会长、秘书长说，是不是应该给我授予个牌子，叫全国律师志愿者。如果有可能，再在前面加一个"最佳志愿者"。王才亮律师说，判断一个会是官方的还是民间的，就看它在什么时候开。如果在周末开，一定是民间的；如果在工作日开，那一定是官方的。（掌声）我参加的会不是学术界就是律师界的，大多数就是在周末开的。所以，我就是一个民间志愿者。一到周末，我要参加的会就好几个。昨天我在苏州参加的也是律师界的会，接下来我到郑州去，还是律师界的会。从这个意义上说，你们说我是不是中国律师界的民间形象大使？当然，我现在也有了职务，使我参加律师界的会也是名正言顺的。我现在是中国法学会律师法学研究会的副会长。所以，我今天来参加这个会，也可以代表中国法学会律师法学研究会对会议表示热烈祝贺。（掌声）

　　同时，我还要代表《民主与法制》对本次诉讼论坛表示祝贺。过去我到哪都不忘推荐《中国律师》，现在我到哪都不忘推荐《民主与法制》，你们看这是不是我也在走向新时代。（掌声）好吧！接下来我就讲讲新时代。

　　咱们诉讼论坛的坛主杨培国律师每次都给我安排重要的差事，这次诉讼论坛也是如此。中国诉讼论坛已经到了第三届，大家知道，一个活动、一个平台，已经到了第三届，那就意味着它已经成型了。我们经常讲，三岁看大。一个论坛，作为一个民间的论坛，已经到了第三届。可见，它有一个非常被看好的未来。但是，杨培国律师每次给我安排的任务，确实都比较艰难。第一次，让我致闭幕词。大家知道，闭幕词也挺难的。但是，相较于开幕词来说，闭幕词可能还相对简单些。因为闭幕词可长可短，最有效的闭幕词就是，我同意今天各位专家的发言，现在我宣布会议闭幕（掌声）。但是，开幕词就难了。第一届我是闭幕词，第二届是开幕词，第三届，我还是开幕词。我和杨培国律师说，你让我讲什么呀。杨培国律师说，我也纳闷，我看看你能讲什么。（掌声）看看有什么新意。还好，党的十九大给我们带来了一个新词汇，叫作新时代。

　　我现在想问问大家，如果现在让你总结一下，十九大报告到底有多少个"新"，你能总结多少个"新"出来呢？新时代、新使命、新征程、新思想、新发展，这些都是"新"。而且，至少还能总结出五个"新"。但是最重要的是"新时代"。总而言之、言而总之，其实就是这一句话——习近平新时代中国特色社会主义思想。

首先，我认为，在十九大召开之后的中国诉讼论坛，这是中国律师界自发的、自觉的、发自内心的学习、贯彻、落实十九大精神的最重要的会议。（掌声）因为其他许多会议，基本上都是官方的。作为官方的会议，多少都带点行政意义。今年我们这个论坛是一个民间的，是一个完全自发地学习十九大精神的论坛。当然，我们作为民间的这个活动也得到了官方的大力支持和高度重视。我看到了泰安市人大常委会的陶主任、泰安市司法局的高局长对我们的会议高度重视。他们亲自到会祝贺，稍后还要发表讲话表示祝贺。我相信，他们的到来对我们第三届诉讼论坛的成功举办，应该是一个更大的亮点。

现在，我想和大家谈谈这几个"新"。我想，第一个"新"应该就是：

一、中国进入了新时代

请大家看看我手上这本杂志，这是我们出版的最新一期《民主与法制》周刊。本期杂志特意用了一个这样的封面，你们看我们的封面主题是"依法治国新时代"。这个封面设计是习近平总书记等七位中央政治局常委带领我们走进新时代，我们依法治国也走进了新时代。那么，这个"新时代"到底应该怎么理解？我们眼前的"新时代"究竟是一个什么样的新时代？现在，我就和大家说一说，我对"新时代"的三个理解的角度。

这几天，我在给我们民主与法制社党支部讲党课备课。我准备从"听说读写"四个角度汇报我的学习体会：一是听"一新一想一个梦"，二是说"一来一往一使命"，三是读"一主一本一核心"，四是写"一字一句一关情"。现在，我就来讲讲这个"新"，也就是"新时代"。

对于这个"新时代"，习近平总书记在十九大报告中已经做了高度明确的概括与提炼。

一是新时代的含义。这个含义有三方面的内容：第一，中国特色社会主义进入新时代，这是一种从站起来、富起来到强起来的伟大飞跃；第二，这是科学社会主义体现在中国的一种强大生机活力；第三，这是发展中国家贡献的一种中国智慧和中国方案。

二是新时代的定义。这个新时代，是承前启后、继往开来的新时代，是全面建成小康社会到全面建设社会主义现代化强国的新时代，是全国各族人民逐步实现全体人民共同富裕的新时代，是全体中华儿女奋力实现中华民族伟大复兴中国梦的时代,是我国日益走近世界舞台中央并为人类做出更大贡献的时代。

三是新时代的意义。为什么中国特色社会主义进入了新时代？是因为我国社会的主要矛盾已经转化为人民日益增长的美好生活需要和不平衡、不充分的发展之间的矛盾。在解决了温饱问题，实现了小康目标，建成了小康社会的情况下，人民不仅对物质文化生活提出了更高要求，而且在民主、法治、公平、正义、安全、环境等方面的要求日益增长。但是，更加突出的问题是发展不平衡、不充分。所以，新时代就需要解决这些制约人民日益增长的美好生活需要的主要因素。

三十年前，邓小平同志在会见非洲一个国家领导人时曾经给他们说过这样一句话"我劝你们，不要搞过去那个社会主义，也不要搞那个死板的、教条的社会主义，我们要搞的应该是真正属于自己特色的社会主义。"中国走的就是这条道路。这条道路就是中国智慧和中国方法。

今天我们看到的新时代，首先是因为有了新矛盾，然后是因为有了新使命。随着新时代的到来，中国共产党有了新使命，我们中国法律人也有了新使命。

在新使命当中有四个伟大特别重要，伟大斗争、伟大工程、伟大事业、伟大梦想。这四个伟大当中，对我们法律人来讲，有一句话要特别关注，那就是人民对"民主、法治、公平、正义、安全、环境"等方面的要求，这就是新矛盾背景下的新要求。

新时代来了，新概念来了，最重要的是，新思想来了。就是新时代中国特色社会主义思想。因为新思想，我们又有了新征程。所谓新征程就是从小康社会到现代化强国的这个阶段。其中有几个概念特别重要，那就是两个一百年、两个时期、两个阶段。两个一百年，大家都知道就是建党一百年和建国一百年。两个时期就是2017年到2020年、十九大到二十大这两个时期。一个是决胜期、一个是历史交汇期。而两个阶段，就是从2020年到2035年基本实现现代化、然后从2035年到2050年要全面实现现代化强国。

接下来，还有一个新概念，那就是叫新发展。今年4月，我帮助策划下的"中国律师发展论坛"在泰山脚下举办，讨论的就是中国律师业的新发展问题，这个新发展就是创新、协调、绿色、开放、共享五大发展理念。

因为这几个新概念，我们知道中国已经进入了新时代，中国共产党人进入了新时代，中国法律人也进入了新时代。

二、依法治国进入了新时代

我们刚刚出版的《民主与法制》周刊刊发了一篇卷首语叫《全面依法治国进入新时代》，我们强调的这个概念，最重要的是其中的"全面"二字。这是我们特约

评论员的文章,这位评论员认为,依法治国进入了新时代,主要有以下几个标志:

一是领导小组的成立,使我们依法治国有了保障。全面依法治国要成立一个小组,也就要实现我们的统一领导,实现依法治国的统一领导,这个依法治国既包括立法,也包括司法、还包括执法、更包括守法。这一切都取决于领导小组的统一协调领导,这就是最关键的领导的保证。

二是宪法权威的进一步重视,也就是关于合宪性审查制度的出台使依法治国有了前提。合宪性审查制度的成立就是使宪法权威的实现有了前提,这个前提的出现就意味着我们律师又有了一个更重要的业务保证。我们律师的当事人在哪里,在我们诉讼律师看来,那肯定就是在法庭上,在我们诉讼案件中,在我们的民事案件中、刑事案件中、商事案件中、家事案件中。但是,对律师来说,我们还有更重要的工作,那就是参与立法。如果我们强调的科学立法没有我们律师的身影,那就谈不上科学立法。从立法来讲,合宪性审查显然是一个最重要的制度。其中,律师究竟能起什么样的作用呢?将来,合宪性审查制度正式建立后,我们律师通过一个案件或者说一个事件,或者说一个诉讼,就可以发现律师在合宪性审查制度中的重要性。

三是良法善治的强调使我们依法治国有了条件。有了保障,有了前提,还应该有一个条件,那就是良法善治。谈到良法善治,大家可以通过《民法总则》的出台,发现良法善治对依法治国的重要性。

四是依法行政的强调使我们依法治国有了规范。权力不可任性,强调的就是公权力不可任性,而公权力不可任性,那就是强调依法行政的重要性与关键性。但是,依法行政如何依法、如何行政呢?我们强调公权力要规范,其实律师的存在就是对公权力最好的制衡和规范。那么,依法行政就是这样一种必不可少的规范。

五是司法改革的进一步推进使依法治国有了抓手。依法治国怎么落实,就是靠司法改革。司法改革在律师实践中到底有什么样的作用值得我们大家思考。

六是全民普法的进一步推进使依法治国有了对接。只有全民普法的成功,才能让全社会了解什么是法治,什么是法治精神、法治信仰。通过全民普法,我们就知道究竟什么是法治,从而进一步树立法治信仰。

七是党员带头使依法治国有了标杆。因为时间关系,对于这个问题,我就不再展开了。

从这七个角度来讲,我们知道,依法治国确实进入了一个新时代。为此,我们需要特别强调党的领导、强调宪法权威、强调良法善治、强调依法行政、强调司法改革、强调全民普法。在这些因素中,最重要的是要强调党员带头。如果党员不带头,就无法使依法治国进入新时代。

三、中国律师进入了新时代

从我手中上一期《民主与法制》周刊上，可以看到"律师法修改启动"这样一个标题。正是这期杂志，使我们司法部和全国律协领导都非常关注。全国律协领导说，我们《中国律师》准备做一期关于律师法修改的专题，但是我们还在思考的时候，你们已经做完了。律师法为什么要修改？就是因为我们要强调律师制度的改革，而律师制度的改革又涉及诸多方面，既有体制方面的改革、也有机制方面的改革，还有行政规章方面的改革。

现在，中国律师也进入了新时代。在这方面，我认为有以下六个标志：

一是律师制度改革将进一步深化。党的十八大以来，习近平总书记多次对律师工作和律师队伍建设作出重要指示，提出明确要求。党的十八届三中全会把改革完善律师制度作为全面深化改革的重要内容。党的十八届四中全会将律师工作纳入全面依法治国总体布局，对加强律师工作和律师队伍建设作出部署。2016年6月，中共中央办公厅、国务院办公厅印发了《关于深化律师制度改革的意见》，对深化律师制度改革作出全面部署。同时，对律师制度再次作出了准确定位：律师制度是中国特色社会主义司法制度的重要组成部分，是国家法治文明进步的重要标志。律师队伍是落实依法治国的基本方略、建设社会主义法治国家的重要力量，是社会主义法治工作队伍的重要组成部分。随着新时代的到来，律师制度的深层次全方位改革将进一步强化，中国特色社会主义律师制度将逐步建设健全。在深化律师制度改革中，至关重要的是必须坚持党的领导，坚持正确的政治方向。由此而来，律师党建工作将得到进一步加强。

二是律师执业管理将进一步强化。随着新时代的到来，司法行政机关行政管理和律师协会行业自律管理相结合的律师工作管理体制，将更加井然有序井井有条。司法行政机关对律师、律师事务所和律师协会的监督、指导职责将更加到位，律师协会在发挥好党和政府联系广大律师的桥梁纽带作用方面将更加有效，律师权利保障机制将越来越健全，律师执业行为将越来越规范，律师职业评价体系将越来越完善。

三是律师职业身份将进一步分化。从律师制度恢复重建到现在，律师职业身份经历了国家法律工作者到社会法律工作者的变迁。随着我国律师立法的变革，律师职业身份将不再只是只有社会律师的一种单调的结构体系，公职律师、公司律师、社会律师将主导未来的职业结构体系。换句话说，既有过去国资所时代被誉为"天上的律师"的国家法律工作者，也有被称为"海里的律师"的社会法律工作者，更多的律师将成为"地上的律师"。所谓"地上的律师"，就是可上九天，可下五洋。

随着新时代的到来，律师职业身份将进一步分化，有的律师是为公权力服务、有的律师是为私权利服务。所以，就有了政府律师、公职律师、公司律师、财团律师、社团律师、媒体律师等多种多样的律师身份。

四是律师专业分工将进一步细化。社会主要矛盾的变化、国家经济发展的转型，自然将带来律师专业分工的细化。随着新时代的到来，律师将不再只是一项大业务的法律服务人员，有可能细分到你可能只为一类人群、一种社群服务，甚至只从事一个程序的法律服务，比如说医患纠纷、劳资纠纷等；可能将专门代理一类当事人，比如刑事辩护，有的律师可能只从事诸如会见、阅卷、取证一项法律服务，还比如职务犯罪、金融犯罪、商事犯罪与普通刑事犯罪的辩护将不再是一招吃遍天了；或者有的律师只针对涉案财物提供法律服务。至于非诉讼业务，将变得门类更多、方向更细、专业更精。

五是律所规模发展将进一步固化。在律师发展的新时代，律所规模建设将不再依靠自然做大一种方式，更多的方式将倾向于合并做大与联盟做大及联邦做大。但是，不管是采用哪一种做大模式，规模化大型律师事务所将基本成型，从而进一步形成一种固化状态。随着互联网的发展，线上线下的律师合作模式将不再只是依赖于以往规模化大所一种平台建设。

六是律师行业形象将进一步亮化。新的时代，通过深化律师制度改革，将进一步加强律师队伍建设、提升律师依法执业能力，进一步提升队伍整体素质、拓展律师服务领域，进一步改善律师执业环境、健全完善律师执业违法违规惩戒制度。由此而来，执业为民，依法执业，将成为律师执业的一种常态。那时，律师职业将越来越得到社会各界的信任与尊崇，律师行业将越来越受到社会公众的关注与期待。

以上六个方面，就是我要告诉大家的，中国进入了新时代，依法治国进入了新时代，最重要的是中国律师进入了新时代。

各位律师、各位嘉宾：我们来到泰山脚下，来探讨十九大之后中国律师业的发展问题，最重要的是，我们现在还在山脚下，慢慢地，又到半山腰，慢慢地，就到山顶了。所以，我们的使命、我们的责任、我们的担当、我们的勇气、我们的未来就在这个登上山顶的路上。当然啦，到了山顶上，你会发现，还有更高的山，还有更远的路。

中国诉讼论坛到了第三届，也开始进入了新时代，这是一个新的起点，也是中国诉讼论坛的新意。我祝愿我们在座的各位律师，不断拥有新的起点、不断拥有新的机遇、不断拥有新的未来。

最后，我要再次祝贺第三届诉讼论坛的开幕，也祝愿各位在中国诉讼论坛的背景下获得更多的机遇。当然，也希望我们更多的人来关注《民主与法制》（掌声）。因为《民主与法制》，让我们进入了新时代。也就是，民主与法治，同样也进入了新时代。所以，请大家一起来祝福民主与法治，祝福新时代。

谢谢大家！（掌声）

今天，中国律师界有大事要发生
——浩天安理合并仪式主持致辞

（2017年11月16日　北京）

【导语】

2017年11月16日，"浩瀚理想，和创未来——全球视野下律所的变革与发展研讨会暨浩天安理律师事务所合并成立及加盟庆典"在北京四季酒店举行。

司法部律师公证工作指导司司长周院生，中华全国律师协会会长王俊峰，中国政法大学副校长冯世勇，北京市司法局副局级领导王群，中华全国律师协会副会长、中伦律师事务所主任张学兵，全国政协常委、大成律师事务所主任彭雪峰，北京市律师协会会长高子程，全国人大代表、天达共和律师事务所主任李大进，君合律师事务所主任肖薇等在内的众多行业知名人士及媒体机构参与了本次盛会，见证了浩天安理律师事务所正式合并成立，从此拉开了品牌律师事务所合并发展的序幕，这一消息受到了北京律师行业乃至全国法律服务行业的广泛关注，引发了更深层次的思考和讨论。

浩天安理律师事务所是由原浩天信和律师事务所、安理律师事务所及广东东方昆仑律师事务所合并组建而成。三家机构各自分别有20年、17年、19年的发展历史，都是规模较大的品牌律师事务所，在各自执业领域内均享有较高声誉。

作为此次活动特邀主持人，我主持了开幕式并做了简短的致辞，以下即为主持致辞内容。

尊敬的各位领导、各位嘉宾、各位朋友、各位亲爱的律师，女士们、先生们：

大家下午好！

今天看起来是平常的一天，但又是不平常的一天。其实，今天又是特别的一天，又是幸福的一天，又是快乐的一天，因为今天有大事要发生。

昨天晚上我分别在微信、微博上发了一条消息说，明天有大事要发生，这个明天说的就是今天。今天，这件大事已经来了，这件律师界的大事已经出现了，那就是即将闪亮登场的浩天安理律师事务所。

现在，作为开幕式主持人，我很荣幸地代表主办方宣布，"浩瀚理想，和创未来——全球视野下律所变革与发展研讨会"正式开幕！

中国律师制度恢复重建已经38年了，这38年来发生了很多的变化，尤其是十八大以来发生了更大的变化。在十九大胜利召开之后，今天我们又迎来了一个很大的变化。通过党的十九大，我们知道，中国特色社会主义进入了新时代，依法治国进入了新时代，中国律师也进入了新时代。今天发生的大事就是中国律师进入新时代的重要标志之一，这也是中国律师业重大的发展变化。可以说，今天这件大事，既是中国律师界的一件大喜事，也是中国律师界的大好事，更是中国律师界的大盛事。

为了让大家详细了解今天这件大事的来由，现在我们首先有请浩天安理律师事务所管委会主席王清友主席致欢迎词！

（王清友致欢迎词，略。）

一部大片、一声感谢、一个论坛，刚才我们看到的是一部介绍浩天安理所诞生的大片，听到的是王清友主席代表浩天安理所表达的感谢之情，现在我们正在开始的是一个有关律所变革的专业论坛。

今天的论坛标志着一种新模式的开始、一家新律所的诞生，我们再一次用掌声来表达一下祝福，祝贺浩天安理所的第一天，祝福浩天安理所的新起点！刚才，王清友律师的致辞最重要的是告诉我们，一家新所的亮相，一家大所的诞生。用王清友律师的话说，这家大所不是单纯的合并，而是一种因缘际会的团圆；也不单纯是两家大所合在一起，而是多个协作团队合在一起，最重要的是，都是为了中国律师事业发展而合在一起。真可谓，同样的追求，同样的目标，让大家走到了一起。

今天是2017年11月16日，我们一起来看看会场的布置，看到2017了吗？这两个数字就是浩天与安理的特别数字，浩天信和所今年是20周年纪念日，安理所今年进入了第17个年头。这两家律师事务所幸福地走到了一起，就组合成了幸福的2017年。两家律师事务所加上即将签约加入的广东东方昆仑律师事务所，浩天安理所将达到111位合伙人、600多位律师的规模。大家看会场飘扬的品牌推广口号，浩天安理，东方破晓，立马昆仑，2017，你就是我，我便是你，我们是浩天安理。人和为兴，20年，浩睿执信，天道酬勤。山止川行，17载，安韧求索，理则至上。最后是，以规治所，以和聚人，叙旧话新，济青扶强，共谱理想，共赴未来。

我们知道，律所合并都是为了中国律师业的规模化建设。我国律师制度恢复重建38年来，为了中国律师业的规模化，律师们分别通过自然做大、合并做大、联盟做大等方式，打造了许多有规模、有业绩、有品牌、有影响的律师事务所。尤其值得一提的是，自1998年以来，通过同城合并或异地合并，诞生了许多合并的新律所。今天诞生的浩天安理所，就是一家基于三所合伙人在发展目标、执业理念以及管理模式等核心价值观上具有高度一致的认同并达成了广泛共识而形成的规模化律师事务所。

祝浩天安理所乘着十九大胜利闭幕的东风，紧跟时代的步伐，引领行业发展潮流，开启大中型品牌律师事务所合并发展的新时代。

各位嘉宾、各位朋友，让我们再次用掌声表示对浩天安理所祝贺的心声！祝浩天安理所迎来更好的发展，创造更好的品牌！

接下来，我们要一一请出到场的有关领导和嘉宾纷纷表达祝贺和祝福。

我们法律人跑友的口号是什么？

——2018海口马拉松鸟巢新闻发布会致辞

(2017年11月16日　北京)

全国法律人奔跑吧领队　刘桂明

【导语】

2017年11月16日下午，2018海口马拉松新闻发布会于北京鸟巢国家体育场隆重举行。2018海口马拉松以"健康海岛，快乐奔跑"为主题，将于2018年1月14日7时30分在风景秀丽的海口美舍河凤翔湿地公园正式开跑。

作为海南省建省30周年的开年第一盛事，海口马拉松旨在助力全民健康事业的发展，加入"体育+旅游"全新概念，呈现赛事多元化、精英赛中赛等特点，是一场融合运动、健康、旅游、养生的欢乐体育盛会。

本次新闻发布会特邀央视体育赛事主持人张斌担任主持。发布会现场，主办方向大家介绍了美丽的海南岛以及2018海口马拉松赛事的诸多亮点，包括备受关注的2018海马服饰、奖牌、赛道、六星兔以及海马摄影大赛、行业精英赛中赛，等等，引来大众瞩目。

作为一项由民间发起的运动，近年来，马拉松比赛愈来愈趋向正式，也在不断地完善升级。2018海口马拉松比赛更有法律行业与警察行业"大咖"前来助阵赛事，组成精英赛中赛，与全民一起奔跑。

在新闻发布会上，我代表全国法律人跑团以"我们法律人跑友的口号是什么？"为题发言致辞。在致辞的最后，我带领到会的跑友一起喊响了"不忘初心，跑步前进"口号，象征着万千法律人始终不忘初心，奔跑向前的决心与信念。

以下即为我的发言致辞内容。

各位跑友、各位朋友：

你们好吗？

谢谢主持人张斌帅哥，谢谢组委会给我们法律人跑团这样的机会！谢谢今年已经78岁的最年长的华人跑者罗广德先生！

谢谢您带给我们的激励与鞭策！

因为时间关系，我就长话短说。现在，我用"三个一"介绍一下我们自己：

第一个"一"是指我的第一次。

各位跑友、尊敬的主持人，我要告诉你，我的第一次献给了海口。不，是我的第一次全程马拉松献给了海口马拉松赛。

两年前的2015年1月11日，我第一次挑战全程马拉松就是在海口马拉松赛中完成的。那时，我的目标是跑进5小时。结果不错，在跑友的陪伴下，我跑出了"435"的成绩。两年之后的今天，我已经跑进了4小时。今年北马，我已经跑到了"357"。我的经历告诉我，海口马拉松赛既有最美的赛道，也有最好的服务，更有最独特的补给。

第二个"一"是指我们法律人跑团。

我们法律人跑团是以我们"法律人奔跑吧"为基础建立起来的，我们法律人跑团既有"249"的"赤脚大仙"，也有"256"的美女天使。在我们法律人马拉松队伍中，既有现在内蒙古的"256"英俊小伙，也有身处海南岛的"303"美女教授。在今天来参加活动的跑友中，既有跑了100个全马的50后康师傅，也有全马成绩不俗的90后研究生，还有坚持将跑步当成进步的60后资深女将。此次海马，我们全国法律人马拉松赛是第三次参加"赛中赛"了。去年10月与今年4月，我们在泰山马拉松赛中已经组织了两次全国法律人马拉松赛了。

第一次法律人马拉松赛报名人数是400多人，第二次法律人马拉松赛报名人数是700多人。这次第三届全国法律人马拉松赛，我们预计报名人数可能会接近1000人。

第三个"一"是指我们法律人这个职业。

在我们法律人跑团中，有法官与检察官，也有律师、公司法务与学者。可以说，我们法律人有理性也有激情、有规则也有爱好、有目标也有行动。我们现在的行动就是，抓紧报名，参加海马。现在，我和我的跑友们用我们的口号表示参赛的决心和信心。

各位法律人跑友，我们的口号是，不忘初心，（大家齐喊）跑步前进！——不忘初心，跑步前进！——不忘初心，跑步前进！

谢谢大家！谢谢海马！

2018年1月14日，海口再见，海马再见！

每个人都是法治中国的重要一员

——"民主与法制·南通法律专家诊所"揭牌仪式致辞

(2017年1月15日　江苏南通)

【导语】

2017年1月15日，由民主与法制时报江苏记者站、南通市法学会、崇川区法学会共同组建的民主与法制·南通法律专家诊所在南通市崇川区社会治理服务中心揭牌成立。江苏省依法治省领导小组办公室副主任沈国新，南通市委常委、政法委书记姜永华等出席活动并讲话。

在揭牌仪式上，来自高等院校、执法司法部门、党政机关及其他部门的32名法律专家获授聘书，他们将轮流于每周三在崇川区社会治理服务中心"坐诊"，提供长期、专业、权威的法律咨询服务。据了解，专家诊所将充分发挥党委政府专家库、智囊团作用，将法学法律服务延伸至基层社会治理各领域。其职能包括参与人大立法调查、立法草案起草等工作；参与政府及其所属部门规范性文件起草、论证及重大决策、重大项目法律风险评估和合法性审查等工作；依托"专家诊所"工作平台，综合分析、协调处理诊所工作中遇到的疑难法律问题和社会矛盾，对群众关心的热点、难点问题组织听证和对话；到"专家诊所"值班，接受公民、法人及其他社会团体电话、网上法律咨询，接受指派办理法律援助案件等。

作为《民主与法制》有关负责人，我参加了此次揭牌仪式并致辞祝贺，以下即为致辞内容。

各位领导、各位专家、各位朋友、各位读者：

谢谢主持人建华书记！很高兴来到南通，也很高兴参加今天这个揭牌仪式，并和大家愉快地见面！首先我要热烈祝贺"民主与法制南通法律专家诊所"的成立与揭牌！感谢江苏省依法治省办公室！感谢南通市委政法委！感谢南通市法学会！感谢南通市崇川区法学会！

今天看起来是个平常的日子，其实是一个特别的日子。就像刚才宋超教授所说，这确实是一个特殊的日子，因为这是南通法治史上一个重要的里程碑。所以，今天我也有许多感慨。今天早上起来，我与南通的跑友去美丽的濠河边上跑了10公里，我感觉在南通生活实在是太幸福了，幸福得让我们在首都生活的人，有点羡慕嫉妒恨。北京说是首都，说是中央，其实都没有南通好。南通才是真正具有幸福指数的城市。所以，在这个具有很高幸福指数的地方，诞生一个非常有意思的、接地气的平台，让我确实感慨万千。

我们都知道，最近有一项司法改革叫巡回法庭来到了我们南通身边。在2015年年初诞生的第一巡回法庭和第二巡回法庭基础上，在2016年年底，又诞生了第三、第四、第五、第六巡回法庭。可以说，关于巡回法庭的司法改革，在机构上来说到此就可以告一段落了。对我们南通来说，最重要的是第三巡回法庭来到了我们旁边的南京。巡回法庭到底是一项什么司法改革？用一句老百姓的话来说，这是一座设在"家门口的最高法院"。由此可见，对我们百姓、对我们人民、对我们公民来讲，特别希望司法能够来到身边，特别希望每个人都能有司法和法治的获得感。就像刚才沈国新主任所讲的那样，我们一定要让人民、让公民有法治的获得感。巡回法庭已经来到了民主与法制我们身边，今天我们又见证了一个崭新的平台来到我们身边，那就是我们刚刚揭牌的"南通法律专家法律诊所"。刚才沈国新主任说，这个诊所的正式挂牌运行，不仅是法制南通建设的一道新风景，也是法治江苏建设中一朵连续跳跃的美丽浪花。他认为这是一个创新的举措，有益于提升法治的能见度；也是一个务实的举措，有益于提升法治获得感；更是一个担当的举措，是法治与法律结合的力量。我作为《民主与法制》社的代表，首先要感谢国新主任和其他各位领导的肯定与支持。我今天确实也有好多话想说，有好多感慨想说。我刚才突然想起了我们南通的一个标志性的说法，那就是"一山一水一人"。所以，我就借用一下这个说法，从以下六个方面来表达一下我对这个法律专家诊所的感慨和祝愿。

第一，"一山一水一人"。在座的各位专家，不用我说，你们都知道"一山一水一人"是我们南通的标识化、标志性品牌。每当南通人民介绍南通时，总是自豪与骄傲地把"一山一水一人"挂在嘴边。所谓"一山"是指狼山，"一水"是指濠河，"一人"则是指著名的爱国实业家、教育家张謇。无论是从哪个角度讲，是物质遗产也好还是非物质遗产也好，我们南通人民都毫不犹豫地将这"三个一"作为南通最幸福、最骄傲、最自豪的文化标志。"一山一水一人"，作为南通的标志，可以说已经成了一个永恒的标志性符号。在"三个一"之外，今天我们南通又诞生了一个有标志性的平台——"民主与法制法律专家诊所"。我想，这可能就是一种在张謇先生之后我们南通人民对公益文化的传承。所以，这个公众服务平台诞生在南通可以说一点也不意外。

第二，"一报一刊一网"。介绍了南通，我还要介绍一下我们民主与法制社。正如我们顾娟站长刚才发言时所介绍的，民主与法制经历了37年的创业与创新，打造了现在这么一个叫作"一报一刊一网"的全媒体格局。"一报"就是指1985年创办的《民主与法制画报》，后来改名为《民主与法制时报》；"一刊"就是指1979年8月创刊的《民主与法制》杂志，许多人津津乐道的就是这本杂志；"一网"就是指民主与法制网，也是中央政法委直接指导的五大政法网站之一。在这个"一报一刊一网"中，我最重要的想说说这本"刊"，也就是《民主与法制》杂志。在座的各位，许多人可能对《民主与法制》杂志印象非常深刻。很多朋友都跟我说，我是《民主与法制》杂志老读者啊，我对《民主与法制》有感情啊。我相信他们所讲的这句话，因为我曾经也是《民主与法制》的读者，后来我是《民主与法制》的作者，现在我是《民主与法制》的编者。在座的各位可能没有像我这么幸福，我一个原是这本杂志的读者与作者的人，后来又成了这本杂志的编者，而且还是一个总编辑的编者。这是一件多么幸福的事情啊！你们没有我这么幸福，但是你们至少能够占到其中一样，那就是读者或作者。今天在座的各位专家，不仅仅是过去的作者，也是未来的作者。过去如果是用笔以一字一行的方式来体现你是作者的话，那将来你就要用一案一讼来体现你是《民主与法制》的作者。我们《民主与法制》杂志还有一个非常有趣的传统，《民主与法制》杂志从1979年8月创刊到现在已经37年多了，一共诞生了八位总编。我是第八任总编。我们《民主与法制》的前七任总编非常有意思，都是革命家、都是理论家、都是报人、都是文人，更重要的是都是什么人呢？我列举几个数据，请大家分析一下。我们的第一任总编郑心永先生今年已经98岁了，现在上海生活；我们的第二任总编丁柯先生已经96岁了，现在生活在上海；我们的第三位总编钟沛璋先生今年94岁了，现在定居在北京。后面我就不用列举了，在座的各位马上能通过大数据得出一个结论，那就是凡是跟《民主与法制》有关的，无论你是作者还是读者乃至编者，你一定都将健康长寿。所以，为了我们的健康长寿，为了我们的长治久安，为了我们的法治中国，我们一定要把这个平台建设好，一定要把《民主与法制》当成工作与生活必不可少的"一报一刊一网"。我们既要把它当成一项事业，还希望每个人都能长命百岁。这就是我要告诉大家的，"一报一刊一网"不仅仅是一个传统，更是一个优势。

第三，"一所一会一师"。所谓"所"，就是我们这个"诊所"，正如刚才沈国

致辞：开门见山来祝贺

新主任和我们姜永华书记所强调的那样，无论是坐诊、问诊还是巡诊、出诊乃至义诊，都要体现出这是一个不同一般的"所"。这个所既然叫"诊所"，就可能与老百姓的生活密切相关。许多人可能会认为，这个"所"是和就医、医疗有关的"所"。应当说，也对也不对。我注意到刚才沈国新主任、姜永华书记和宋超教授都强调了作为诊所的价值和作用。我所强调的是，既然是"诊所"，就需要更多地考虑治疗未病之病，而不仅仅是治疗欲病之病与治疗已病之病。因为是诊所，说明一是与医疗有关，二是也说明医师和律师之间的渊源关系。这两者虽有不同的含义，但都有一个同样的功能，都是为了治人，都是为了人的健康。一个是身体健康，一个是心理健康。医师是从技术角度治疗他的生理健康，律师是从法律角度治疗他的心理健康。所以，这个诊所的"所"，不是律师事务所的"所"，而是诊所的"所"，但是诊所的专家大多数都来自律师事务所。我们一定要看到它的价值和意义，看起来这是一个门诊，但是它可以使我们和老百姓接地气、让老百姓和我们零距离。很多时候，我们去医院见不到专家，但是在我们的诊所就可以见到专家。如此接地气，如此零距离，更重要的是，给我们的公民、给老百姓带来了获得感。

那么，这一切究竟是谁带来的？毫无疑问，这是法学会带来的，所谓"一会"就是指法学会，这里既包括中国法学会，也包括地方法学会。大家可别小看现在法学会所发生的变化和所体现的作用，过去的法学会确实是一个边缘化的社团。2004年中央发了文件之后，中国法学会就经历了重大改变，尤其是这十几年所发生的重大变化，许多地方法学会也因此获得了巨大的发展。我们现在讲法学会是"三个团体一个重要组成部分"，就是指法学会是人民团体、群众团体、学术团体和中国政法战线重要组成部分。过去法学会一般都是排在司法行政的序列之下，现在是排在中央政法委工作中的一个重要布局。除了我们平常所见到的公检法司，现在还有一个法学会。而法学会的改革，从中国法学会到地方法学会，都获得了巨大的发展。今天这个平台的建立，就是南通市法学会、南通市崇川区法学会与我们《民主与法制》社共同合作的结果。

打造这样的平台，还意味着需要诸多专家的共同努力。这里所说的专家就是"师"，这个"师"也可以理解为像宋超教授的这样的教师，也可以理解成像杨海燕这样的律师。作为"师"，今天接受聘书的32位法律专家就将正式受聘上岗了，今后在每周的星期三，各位专家就将轮流上岗为社会各界提供法律咨询服务。今天在座的各位律师都是专家，都已经做得有知名度、有品牌度，但平常有的老百姓可能也见不到你们。你们可能也没有机会听到那些鸡毛蒜皮、家长里短的小事。日常生活中的一些"小毛病"，单靠街道、社区等基层力量介入，显然是不够的。如何有效化解这些"疑难杂症"等基层各类社会矛盾，推动问题及时就地解决，就必须强化法律在维护群众权益、化解社会矛盾中的权威地位。我们今天所讲的这个"师"，到底是做什么的？就是传道授业解惑也。如果我们以往是在课堂上、在法庭上传道授业，接下来在诊所，我们可能就是一种更加具体的，更需要点对点的传道授业解惑。可见，在这个"一所一会一师"中，这个"师"的作用就非常关键。我希望每位专家不仅仅是一位教师，也不仅仅是一位律师，最重要的是要成为名师。如果说"所"是一个有形的平台，那么"会"就是这个有形平台的后台。而这一切最重要的是谁在站台，那就是我们所有的专家。所以，各位专家，在这项可以充分发挥党委政府专家库、智囊团作用，将法学法律服务延伸至基层社会治理各领域的工作中，你们既是关键人物，更是关键环节。

第四，"一案一讼一法"。我刚才说到专家是我们这个平台的关键，这个平台要做什么，那就是传道授业解惑。在我们这个法律专家诊所，传道授业解惑就是通过"一案一讼"来体现的。我们面对的可能是一个非常小的案件，也可能是一个还没有成为诉讼的案件。我们看到，现在这个法律专家诊所所在地不同一般。这是南通市崇川区社会治理服务中心，这里曾经是全国第一家的社会治理服务中心，这里的每一个柜台所对接的项目其实不是案件，但是有可能会成为案件。这就典型地符合了我们各位法律专家需要投入的工作性质，那就是要多做治疗未病之病的事情。如果说中医是治欲病之病，下医是治已病之病，那么我们各位法律专家就是上医，而上医就是治疗未病之病。所谓"一案一讼"，既包括还没有立案的案件但有可能成为案件的案件，也包括已经成为案件的诉讼。所谓"讼"，已经成为案件的诉讼如何化解。过去律师曾经给人的形象是挑词架讼，我们现在的律师就不是挑词架讼，而是需要化解诉讼、化解矛盾。所谓"一案一讼"，就是我们需要治疗未病之病，就是需要我们提前化解矛盾。也就是要为政府分忧、为社会分忧。刚才顾娟站长也讲到了一个"想"字、一个"急"字，其实，"想"也好，"急"也好，说的就是一个"欲"字，就是需要专家提前解决的重点问题。

作为法律专家，我们考虑工作的标准是什么呢？那就是一个"法"字。"一案一讼一法"的"一法"，不仅仅是指法律专业，也不仅仅是指法律知识，而更重要的是指法治思维。现在中央强调，我们要用法治思维和法治方式去化解矛盾。弘扬法治精神，培养法治思维，推进法治方式，就必须通过全民普法的深入推进，使社会公众逐渐由"知法、用法"向"守法、敬法、护法"转变，推动全社会形成办事依法、遇事找法、解决问题用法、化解矛盾靠法的良好环境。我们法律专家就是要以自己的探索实践，让我们的百姓，让我们的社会，让我们的官员知道什么时候依法、什么时候找法、什么时候用法、什么时候靠法，我们法律专家要带给百姓、带给社会、带给公民的就是法治精神与法治思维。所以，这个"法"字，既是一个方向与目标，也是一种思维与理念。

第五，"一点一面一网"。 所谓"一点一面一网"，刚才宋超教授也提到了所谓"点"，是指今天你值班就是一个点对点的服务。我特别注意到了两位专家的值班时间很有意思，宋超教授值班的时间是 1 月 11 号。1 月 11 日究竟是一个什么日子呢？那是我们中国（这里指的是旧中国）第一部《律师法》就诞生于 1941 年 1 月 11 日，这也是"中华民国"第一部《律师法》。我们中华人民共和国的《律师法》是 1996 年 5 月 15 日。这个 1 月 11 日非常有意思，我查了一下，1941 年 1 月 11 日是一个周六。为什么一部法律要在周六颁布呢？当然，对我来说，最有意思的是，2015 年这一天，既是本人第一次挑战全程马拉松比赛获得成功的日子，更是本人开办"桂客留言"微信公众平台的日子。所以，我每年要在 1 月 11 日举办一个"桂客年会"的活动。我为什么在这一天开办桂客留言呢？显然，就是因为律师法的渊源关系。如果我们要研究百年中国律师，就要重点关注从清末开始的几个时间段。如 1912 年的《律师暂行章程》、1927 年的《律师章程》、1941 年的《律师法》到我们 1980 年的《律师暂行条例》、1996 年的《律师法》，这就是中国律师百年的发展脉络。

所以，我希望以后能够和宋超教授相约 1 月 11 日，举办一个有点意义的活动。因为第一个值班就是你，你的开始就是我们这个活动的起点。还有杨海燕律师的值班时间，也非常有意思。我不知道是不是蒋玉虹会长的有意安排，因为蒋会长与杨海燕律师都是优秀的女性。杨海燕律师还是江苏省律师协会副会长，她值班那天是 3 月 8 日。我们都知道，3 月 8 日是美女节，那就意味着杨海燕律师不仅要与今天同样受聘为专家的我的老同学蒋卫忠律师一样，除了要承担南通洲际英杰律师事务所许多管理工作，还要承担更多的社会责任。而杨海燕律师的社会责任就是要为我们更多的美女、更多地为女性权益服务与维权。

我看你们值班的时间很有意思，一年就这一次，或者两次，我觉得这就是一个非常好的点。这个"点"既是一个时间的对接点，同时也是一个人与人的对接点。人的一生有时看起来很偶然。比如说 1 月 11 日宋超教授你接待的一个当事人，他可能就是一个让你在人生中感到你必须为他做点什么的弱者。对一个普通的老百姓来讲，今天见到了宋超教授，他可能会感到今天见到了能为他解决问题的"及时雨"宋江。所以，你可能就是改变他命运的贵人。

从这个意义上说，我们每一位专家都是一个点，但你代表的却是一个面。刚才沈国新主任也讲了，我们这个专家诊所，不是法制办，不是公检法，不是政法单位，不是政法机关，而是一个由民主与法制社江苏记者站发起并与南通市法学会合作，并联合专业媒体、专业人士、专业团体而组建起来的独立第三方服务平台。对各位专家来说，你代表的可能是这个所、这个平台的形象，也可能是我们专业团体的形象，甚至是政法机关的形象。今天这个揭牌仪式，南通市委常委政法委书记姜永华书记到会发表重要讲话，也意味着市委政法委对这项工作的高度重视和对这个平台的大力支持。他希望我们能够为党和政府更多地分忧解难。所以，这个"面"就是形象、就是责任。我们一定要把这个诊所打造成能够更接地气、更近距离地让我们专家学者走到群众中去、走到基层去，从而把法律的权威性，服务的权威性带到基层去。

除了"一点一面"，接下来就是"网"。这张"网"就是刚才我们姜永华书记和沈国新主任所讲到的，我们如何利用互联网这种手段，提升我们的工作质量，扩大我们的工作效果。将来我们所做的工作，除了点对点、面对面之外，我们还要大理发挥网络的互助作用。正如大家所见到的"南通法律专家诊所管理办法"（初稿）提到的，我们如何运用大数据、如何运用互联网、如何运用智能化的手段，服务更多的群众，让更多的人享受到这种法治的获得感，都需要网络、需要数据、需要媒体。

第六，"一言一行一人"。我们南通人说"一山一水一人"，重点是弘扬近代中国的改革家、实业家张謇先生。作为一个过去的人，张謇先生对南通乃至对中国近代史的发展都是一个非常重要的人物。大多数人这一辈子都无法在历史上写下名字，但是张謇先生不仅在历史上写下了名字，还写下了业绩。我们中国传统文化讲究要立功立德立言，这三条对张謇先生来讲都已经完全实现了。那么，对我们专家来讲，我们如何实现立功立德立言？"立言"就是我们的法律专识、法律本领，这个"言"就是指我们如何用法律来服务大众、关怀大众、温暖大众。而"行"就是指我们的行为、我们的作为如何名副其实。在"诊所管理办法"中提到了十项服务职能，这就是我们每位法律专家所需要发挥的作用。"一言一行"之后，还有"一人"。这个"人"字，是说我们一定要做一个对社会对国家真正有用的人，更重要的是我们每一位专家一定要把我们所接待的每个当事人当成重要的人。不要觉得他这件事情很烦，我们就不理不睬；也不要觉得他是一个弱者，我们就可以忽略不计。

我们法律人都知道，"人"是法律专业词汇当中最重要的概念。既有《宪法》意义上的人，也有《民法》意义上的人，还有《商法》意义上的人、又有《刑法》意义上的人。每一个"人"字都可以写成一本书，每一个"人"字都有深刻而丰富的内涵。我国《律师法》讲到的"人"是指"接受委托或指定，为当事人提供法律服务的执业人员"中的"当事人"。在我们律师眼里,这个"当事人"可以是法人,也可以是自然人;可以是富人,也可以是穷人;可以是男人,也可以是女人;总而言之,他们都是一样的"人"。只要是人,就有人权。我们打造这个平台,不仅仅要把每个人当人,更重要的是通过我们实实在在地把每个人当人,体现我们国家、我们政府的关怀,从而将人权保障的目标落实到位。所以,"一言一行一人"就是指我们每个人和我们面对的每个人如何做得更好、做得更对。

最后,我要为我们"民主与法制南通法律专家诊所"最后定个位。这个南通法律专家诊所是由《民主与法制》社江苏记者站组织策划、南通市法学会配合参与、崇川区法学会落实跟进的合作联盟体。刚才国新主任、永华书记都提到,我们一定要通过整合媒体、学界、司法行政等多方法学专家资源,致力于打造成一支独立第三方参与社会矛盾化解、服务法治南通建设的重要力量。与我一起从北京来参加此次揭牌活动的央视资深编导万茵老师刚才在参观时跟我说,今天诞生的这个平台至少有四大作用:一是可以给群众指明维权的途径,二是可以给专家提供社会调查的窗口,三是可以给记者发现新闻线索提供信息平台,四是可以给政府维稳和息访开辟缓冲地带。所以,在我看来,这是一个优势互补、公益互助、社会互动、爱心互联、专业互通的平台。"互补、互助、互动、互联、互通",最终都是为了"通"。

这个"通"既是南通的"通",也是心与心相通的"通"。我记得我在上高中的时候在学校的墙报上看到过这样一个对联故事,有人出了一个上联——"南通州北通州南北通州通南北",立即就有人对出了下联——"东当铺西当铺东西当铺当东西"。我们南通就是这副对联里最重要的字眼。我也希望我们在座的各位南通专家、各位法律专家,能够成为这个平台里面最重要的一员,能够成为法治中国最重要的一员,能够成为我们《民主与法制》未来事业发展最重要的一员。

谢谢大家!谢谢各位专家!

中国诉讼论坛的本色是什么？

——"2016 中国诉讼论坛"开幕式致辞

(2016 年 10 月 29 日　山东泰安)

【导语】

2016 年 10 月 29 日，"2016 中国诉讼论坛"在山东泰安隆重开幕。来自四面八方的中国法律人相聚泰山脚下，围绕中国诉讼的诉讼规则、诉讼智慧、诉讼使命，仁者见仁、智者见智，百家争鸣，各显风景！

此次中国诉讼论坛的发起单位由北京善士律师事务所、北京在明律师事务所、北京策略律师事务所、北京广森律师事务所、北京谦君律师事务所、北京市求实律师事务所、上海行仕律师事务所、上海市万方律师事务所、浙江民宜律师事务所、广东知明律师事务所、山东国杰律师事务所、山东储誉律师事务所、甘肃法茂律师事务所等十三家律师事务所组成，中国诉讼论坛设立的中国诉讼论坛网和中外法制网共同举办。

作为特邀嘉宾，我在开幕式上致辞祝贺，以下即为致辞内容。

尊敬的各位领导、各位律师、各位朋友，女士们、先生们：

大家上午好！

很高兴又一次来到中国诉讼论坛，也很荣幸在今天的诉讼论坛上致开幕词。去年此时，我在中国诉讼论坛上致闭幕词。一个在泰山这样高大上的福地召开的论坛，竟然安排我在第一届致闭幕词、在第二届致开幕词。这既是一种待遇，更是一种荣幸。为此，我要特别感谢杨培国律师的盛情邀请与安排，感谢中国诉讼论坛组委会！

去年，我在闭幕词中说过，"中国诉讼论坛"是一个非常有创意、有寓意、有深意的论坛。这是一个真正意义上的民间论坛，也是一个完全由律师自发搭建的业务交流与思想碰撞的专业平台，更是一个将来完全有可能容纳所有法律人踊跃参与的合作平台。今年，我还是坚持认为，中国律师需要这样的平台，中国法律人渴望这样的平台。去年，我们讨论了"程序正义、法律正义、社会责任"这样具有时代意义的主题；今年，我们即将围绕"诉讼规则、诉讼智慧、诉讼使命"这样具有现实意义的主题进行交流。前后两届诉讼论坛的主题，表述不同，但可谓异曲同工。去年，我以"程序制度、争议过程、特定状态、专门学问、专业关系、法律服务、专业活动、表达方式、语言艺术、普法讲堂"十个关键词，对诉讼的定义与含义进行了制度性与专业性的解读。那么，今年我该讲什么呢？或者说该强调什么呢？

那我就从刚刚胜利闭幕的党的十八届六中全会开始说起吧。十八届六中全会公报虽然长达6000多字，但最关键的就是"核心"两个字。大到一个政党、一个国家，小到一个团队、一个家庭，都需要核心。党的十八大以来，从一个中国梦到两个一百年的目标，从"五位一体"的总体布局到"四个全面"的战略布局，都表明核心必不可少、至关重要。经过十八大以来的实践检验与全党认同，习近平总书记已经形成为全党的核心、党中央的核心。这是形势使然，也是水到渠成。

有鉴于此，我将从核心开始，用五个"心"来表达一下我对中国诉讼论坛的祝福与期望。

第一个"心"是"核心"。

这里我要讲的是诉讼的核心，我们强调的诉讼的核心究竟是什么？在此之前，我们知道在党的十八大报告中第一次出现了"社会主义核心价值观"的表述。这24个字"富强、民主、文明、和谐、自由、平等、公正、法治、爱国、敬业、诚信、友善"分别从国家层面、社会层面、个人层面提出了要求。其实，在我们法律人看来，最核心的就是中间的8个字"自由、平等、公正、法治"。那么，诉讼的核心到底是什么呢？是不是也可以就是这8个字呢？其实更简单，就是最高法院原院长肖扬大法官提出的"公正与效率"。

所谓公正，就是程序公正与实体公正。那么，如何理解呢？

在程序公正方面，我认为必须做到：一是严格。也就是要严格执行刑诉法的有关规定；二是独立。保证法官检察官依法独立行使审判权检察权。三是权利。要全面保障当事人和其他诉讼参与人的诉讼权利；四是公开。要做到审前程序透明、审判程序公开；五是平等。要做到实质意义上的控辩平等与法官居中裁判；六是期限。要按照期限办案、审案、结案。

在实体公正方面，应该做到以下几点：一是有据。要求事实清楚可靠，证据确实充分；二是有规。要求认定犯罪嫌疑人被告人有罪及其罪名，都有刑法规定，从而做到正确适用刑法；三是有利。如果定罪量刑有合理怀疑，应该从有利于被追诉人的角度去处理；四是有度。要做到罪刑相适应，也就是判处刑罚要适度；五是有效。这里主要是指生效裁判的效力与执行力；六是有救。如果出现无罪当成有罪的案件，就要依法采取补救措施予以纠正与补偿。

第二个"心"是"中心"。

大家可能一眼就知道，此处我要强调的"中心"，就是以审判为中心的诉讼制度改革。最近，最高法院、最高检察院、公安部、国家安全部、司法部联合发布了《关于推进以审判为中心的刑事诉讼制度改革的意见》。中央政法委在全国政法干部学习讲座第三讲中，还专门邀请最高法院常务副院长沈德咏大法官讲解以审判为中心的刑事诉讼制度改革。从2014年10月党的十八届四中全会到今年6月中央深改组第25次会议审议通过《关于推进以审判为中心的刑事诉讼制度改革的意见》，标志着以审判为中心的刑事诉讼制度改革全面启动。

那么，究竟什么是"以审判为中心"呢？在我看来，一是从次序上看是以平衡为中心，也就是以控辩平衡为中心；二是从程序上看是以庭审为中心，也就是庭审实质化。所以，就要求事实调查在庭上、证据认定在庭上、控诉辩护在庭上、定罪量刑在庭上、裁判说理在庭上；三是从顺序上看是以制约为中心，也就是以公检法三机关的相互制约为中心。按照我国宪法与刑事诉讼法规定，公检法三机关是一种分工负责、互相配合、互相制约的关系。但是，过去往往多是强调配合，却很少强调制约。许多冤假错案，正是因为检察为公安背书、法院为检察院背书而造成的。公安的饭做得再不好，检察院也得送过去。检察院送过来的饭再夹生，法院也得吃下去。所以，我们要改变过去那种流线型结构，从而建构一种真正意义上的三角形相互配合与相互制约的关系。

去年8月20日，全国律师工作会议召开后，各地都在重新建构律师与司法人员的关系。为此，我做了一个形象的概括。我认为：在职权保障上，律师与司法人员是一种有先后却无主次的关系；在职能分工上，律师与司法人员是一种有左右却无高低的关系；在职业伦理上，律师与司法人员是一种有远近却无内外的关系。如果这几个关系处理好了，以审判为中心的刑事诉讼制度自然就大功告成了。

第三个"心"是"初心"。

今年7月1日，习近平总书记在纪念建党95周年庆祝大会上特别强调，不忘初心，继续前进。那么，我们讨论的诉讼到底是什么"初心"？诉讼论坛的初心又是什么呢？

所谓初心，就是指其本来的含义与原来的意义。诉讼，本来意义无非就是三个方面：一是一种活动，是一种因为诉求争议而形成了诉讼，于是，就需要法官以审判权来确认双方发生争议的权利义务关系；二是一种程序，在诉讼与司法的过程中，控辩审三方需要依据与遵循的法定顺序、既定次序、约定秩序乃至有关方式和步骤；三是一种功能，也就是一种可以发挥价值与作用的职能。它既要对过去的历史事实予以确认，也要对当下发生的具体行为作出判断，更要通过诉讼的过程建立起过错与责任、犯罪与刑罚之间的联系予以确定，从而向全社会传递出法律的价值与作用。

第四个"心"是"公心"。

所谓公心，就是公开、公平、公正之心。更通俗地说，就是不折不扣、不偏不倚、不厚不薄、不遮不漏、不左不右、不前不后。一个高明而高尚的法官，一定是一个有公心而没有私心、有公心而没有偏心、有公心而没有坏心的法官。如此而来，才能实现案结事了、事了心了、心了人和的诉讼目标。

我们法律人都知道有一句这样的法律格言：善良的心是最好的法律。这里所说的善良的心首先是指人们内心的良知，也就是我们平常所说的良心。这句格言告诉我们，规范的诉讼一定是以公心为基础，而公心的基础就是拥有一颗善良的心，因为善良的心就是最好的法律和规则。

第五个"心"是"无心"。

所谓无心，就是指在诉讼过程中，如何秉承无罪推定的法律精神，如何做到疑罪从无的诉讼规则，如何遵守非法证据排除规则，如何做到不得强迫任何人自证其罪，如何严禁刑讯逼供和以其他非法手段取证。"无"也好，"非"也罢，表达的都是一种否定状态。由此可见，如果没有做到，就违反了刑事诉讼法规定、违背了人权保障的法治精神。谈到非法证据排除，在学术上还有一个表述，那就是"无因启动"。当然，还有一个"无"字，是强调证人出庭作证的拒绝性条款。如果证人无正当理由而拒不出庭作证的，由法院直接通知；如果证人无正当理由而拒绝出庭作证的，必须承担法律责任。

在中国，在泰山，在佛家词汇中，大家都知道无就是有。其实，我们现实中经常听到谁谁谁不是有意，而是无心的，也就是犯了无心之错，甚至是无心之罪。有心犯错是一种故意，而无心犯罪究竟是故意还是过失呢？涉及具体案件时，还要具体分析。我们看到，近几年来不断平反的冤假错案，什么人应该承担刑事责任，被平反者是否应该获得国家赔偿，都已经有了结论。

各位领导、各位朋友，以上祝福，正好是"五心"祝福，也可以理解为，中国诉讼论坛是一个五星级论坛。中国诉讼论坛来到泰山，既有深意，也有寓意。我们常说责任重于泰山，那么去年诉讼论坛的主题词"社会责任"与今年诉讼论坛的主题词"诉讼使命"，都使我们的诉讼论坛乃至我们这个职业都与泰山的文化寓意乃至法治深意，永远紧密相连。所以也可以说，上面五个"心"正是中国诉讼论坛的本色。从本色到出色，还需要付出艰辛的努力与坚持的毅力。

明天此时，我们有不少跑友包括我在内的跑友，都能要去参加泰山马拉松。在座的各位，可能不了解马拉松的魅力，但一定知道诉讼的魅力。那么，诉讼到底有多大魅力呢？接下来这一天半，就需要各位与会者认真讨论、广泛交流，从而让我们的中国诉讼论坛办得越来越有成果！

最后，预祝第二届中国诉讼论坛圆满成功！

每一个日子其实都很有意义

——中华遗嘱库江苏分库启动仪式致辞

（2016年9月21日 南京）

【导语】

2016年9月21日，中华遗嘱库江苏分库正式启动，分库位于南京市青云巷31号，即日起正式为老人提供免费服务。

中华遗嘱库是中国老龄事业发展基金会与北京阳光老年健康基金会于2013年在北京启动的公益项目，旨在为60岁以上老年人免费办理遗嘱的咨询、登记和保管服务，以协助他们处理好身后事，建设和谐家庭。江苏遗嘱库是中华遗嘱库继天津、广东两个分库之后设立的第三个分库。

据悉，江苏遗嘱库全程采用中华遗嘱库登记系统，借助指纹扫描、视频摄像、电子扫描、文件存档、现场见证和密室登记等方式对遗嘱进行现场登记，如果继承人在老人身后因为遗产问题发生纠纷，中华遗嘱库将进行调解，调解不成诉至法院的，中华遗嘱库还将向法院开具证明，协助子女迅速处理家庭纠纷。

据中国老龄事业发展基金会常务副理事长阎青春介绍，之所以选择江苏作为第一批设立遗嘱库分库的地方，是因为江苏是全国最早进入人口老龄化的省份，2015年底江苏全省60周岁以上老年人口达1648万，占户籍人口的21.36%，高于全国平均水平5个百分点，呈现出基数大、增速快、高龄化、区域差异大等老龄化的特点。

作为特邀嘉宾，我应邀上台致辞祝贺，以下即为致辞内容。

尊敬的各位领导、各位嘉宾、各位志愿者代表、各位亲爱的律师朋友、媒体朋友们、女士们、先生们：

大家上午好！

首先我代表中华遗嘱库对各位领导专家和朋友的到来表示衷心的感谢！能够有

机会与在座的各位共同庆祝中华遗嘱库江苏分库成立，共同研讨如何推动这项公益项目更好地服务广大江苏省老年人，意义重大，意义非凡！

今天看起来是一个平常的日子，但是在我看来却是一个好日子。因为中华遗嘱库，因为中华遗嘱库江苏分库，因为今天这个好日子，我想起了与这个好日子有关的几个意义非凡的日子。现在，我一一列举出来，请大家关注与思考。

第一个非凡的意义是与前天有关。2004年的前天，也就是2004年9月19日，中国共产党十六届四中全会通过了《中共中央关于加强党的执政能力建设的决定》，正式提出了"建立和谐社会"的历史目标。而今天我们齐聚一堂，正式启动中华遗嘱库江苏分库，正是遵循中华遗嘱库"解后顾之忧，传和谐家风"的宗旨，帮助广大老年人处理家庭问题，建设和谐家庭，建设和谐社会的具体举措。可以说，中华遗嘱库是功在和谐社会，利在老龄事业。

第二个非凡的意义是与昨天有关。1954年的昨天，也就是9月20日，中华人民共和国第一届全国代表大会第一次会议通过了《中华人民共和国宪法》。当年确定"宪法日"时，曾经有人建议以这个时间为准。后来，高层领导确定了"八二宪法"也就是现行宪法的颁布日为我国的"宪法日"。不管哪个时间是宪法日，但谁也无法否认"五四宪法"的重要意义。因为这是中华人民共和国的第一部宪法，是我国的根本大法。而遗嘱恰好被称为"家庭宪法"，是一个家庭的根本大法。一个国家如果没有宪法，就谈不上依法治国。同样的道理，一个家庭如果没有遗嘱，就谈不上依法治家。我们建设法治社会，需要从自己的家庭开始。所以，从这个意义上讲，中华遗嘱库在推动法治发展，促进社会理念成熟的层面上，具有非常重大而特殊的意义！

第三个非凡的意义是与今天有关。中华遗嘱库在2013年3月21日启动，到今天正好是三年半时间。孔子说："三年有成"。在短短的三年半时间里，中华遗嘱库从无到有，从北京到南京，从天津到广东，从华北、华南、再到华东，中华遗嘱库已经在祖国大地，在广大老年人的心里扎下根来并茁壮成长，从而取得了今天这样令人瞩目的成绩。这些成绩的取得，显然是与各级领导和指导顾问的关心是分不开的，是与社会各界和广大媒体的支持是分不开的，是与广大志愿者和律师团、公益宣讲团的努力是分不开的！特别是阎青春主任，不仅亲自出席了中华遗嘱库几乎所有的重大活动，发表了多次重要讲话，给予了许多切实可行的指导，而且还多次过问中华遗嘱库的资金问题、人才问题、发展方向问题，给予了无微不至的关心和帮助。包括新闻媒体、律师界同人、理财师们在内的社会各界朋友，也是始终关注着中华遗嘱库的发展，给予了各个方面各种程度的支持和帮助。为此，请允许我代表中华遗嘱库管委会向大家表示衷心的感谢！

第四个非凡的意义是与明天有关。最近刚刚召开的中央全面深化改革领导小组第二十七次会议，审议通过了《关于完善产权保护制度依法保护产权的意见》，对完善产权保护制度、推进产权保护法治化有关工作进行了全面部署。"有恒产者有恒心，无恒产者无恒心"，几年来，中华遗嘱库在完善产权保护方面起到了积极的意义和作用。毫无疑问，它对老年人财产权益的保护，尤其是全社会财产保护与传承理念的提升，起到了巨大而颠覆的作用。因为它不但维护了社会公平，而且实质上保护着我们每个人的明天。虽然我们每个人都如同阎青春主任的名字一样，可以永远保持着年轻的状态、年轻的心态、年轻的神态，但成为老年人是不可逆转的未来。因此，依法保护老年人权益，事实上也是保护我们自己的明天。

这四个时间，看起来是巧合，说起来是结合。那么，做起来是什么呢？在我看来，做起来就是整合。所谓整合，就是各种人脉资源的整合、就是各界人才精英的整合、就是各个方面有关单位和公益机构的整合。

同志们，回望这三年半的历程，每一个日子其实都很有意义，每一个日子其实都在进步。所以，中华遗嘱库的每一点进步，事实上也是在各级领导和社会各界同人的支持和帮助下的进步。在此，我要特别感谢阎青春主任、卢亚美主任！感谢在座的各位朋友以及许多今天因故未能出席活动的各部门领导！感谢各有关单位和公益机构，各行各业的爱心人士，各位公益律师！感谢各位媒体记者朋友们！感谢各位关心和支持老年人福祉的社会各界精英！正是你们的努力和付出，共同搭建起江苏老年人权益保护的一片天空。

现在，我要用与我同坐前排的几位嘉宾姓名中的字，如李淳、卢亚美、阎青春、陈凯、徐永征与我本人的名字，表达一下我衷心的祝福语祝愿：人生是一种淳厚美丽明快的旅程，也是一种漫漫长征的路程，让我们永远与青春作伴、和凯歌同行、为后人造福，从而走向阳光的晚年、健康的未来！

祝大家健康幸福，家庭和谐，万事如意！

谢谢大家！

中华遗嘱库是一项有长度的事业

——中华遗嘱库广东分库启动仪式致辞

(2015年11月18日 广州)

【导语】

2015年11月18日，广东遗嘱库（中华遗嘱库广东分库）启动仪式及新闻发布会在广州市隆重举办，从而宣告了中华遗嘱库广东分库正式建立。全国老龄办领导、广东省老龄会领导等有关知名人士出席了启动仪式。广东遗嘱库是中华遗嘱库公益项目在广东地区的落地，也是继2015年6月9日天津遗嘱分库落地之后的第二个中华遗嘱库分库，旨在服务广东老年人的现实需要，针对年满60周岁的老年人，为其提供免费办理遗嘱咨询、登记和保管的服务。

作为特邀嘉宾，我应邀参加了启动仪式并致辞祝贺，以下即为致辞内容。

尊敬的傅双喜理事长、各位领导、各位嘉宾、各位志愿者代表、各位亲爱的律师朋友、媒体朋友们、女士们、先生们：

大家上午好！

今天我们在这里举行中华遗嘱库广东分库的启动仪式，我很高兴又见到了我们的傅双喜理事长。傅理事长的名字是双喜，每次见到他，我都有一种双喜临门的感受。今天也不例外，也是双喜临门，一是中华遗嘱库增添了新的成员，二是中华遗嘱库广东分库正式启动。

正如刚才双喜理事长所说，今天参加启动仪式的绝大多数是年轻人，其实我也是年轻人。大家看是不是有问题？我告诉各位，我最富有的就是年龄。因为我有四个年龄，外表看起来是50后，生理年龄是60后，心理年龄是70后，青春年龄是80后。因为我还有青春年龄，所以我敢于和80后比一比，比如说跑马拉松。昨天下午我到广州住进酒店后，约了两位律师跑友沿着珠江跑了10公里，跑完一点儿也不累。所以年轻首先是心态的年轻，而不论年龄大小；其次是神态的年轻，像今天到会的各位一样，尤其是刚才发言的74岁的主任医师张大夫一样，每个人脸上都洋溢着一股青春的气氛；还有就是状态的年轻，有人说能跑"全马"的人，就是能生二胎的人。所以，各位做好准备了吗？据说，能不能生二胎，就看你能不能跑马拉松。我看起来好像不能生二胎了，但我起码具备了生二胎的体力与状态。

以上是我自选动作的发言，接下来就是我的规定动作发言。

首先我代表中华遗嘱库对各位领导专家和朋友的到来表示衷心的感谢！今天我们齐聚一堂，共同庆祝广东遗嘱库（中华遗嘱库广东分库）的成立，共同研讨如何推动这项公益项目更好地服务广大广东省老年人，可以说，意义重大，意义非凡！

习近平总书记日前在G20峰会上发表了一篇题为《创新增长路径，共享发展成果》的重要讲话，在讲话中，他提到：中国古代先贤说："善治病者，必医其受病之处；善救弊者，必塞其起弊之源。"

我想向大家透露一下，习近平总书记所说的这位古代先贤，就是我的老乡欧阳修。欧阳修与我一样，都是江西吉安人。我们中华遗嘱库的管委会主任陈凯律师，也是江西吉安人。我们吉安的名人还有很多，比如文天祥、杨万里，比如毛泽东、邓小平，还比如前一段时间"习马会"的两个主角也都是吉安人。有人说他们俩是"习马会"，也有人说是"九平会"，不论是"习马会"还是"九平会"，反正他们两个人都是我们吉安人。可见，我们吉安人，无论是历史还是现实，都是有贡献的。

习近平总书记引用古代先贤、北宋欧阳修这一番话的意思是，治疗病患，要从病因根源的生发处去治愈；拯救弊病，要从弊端根本的起源处去解决。

追根溯源，从根本上解决问题，无论是身患疾痛、治病就医，还是人生症结、问题解决，甚或是社会治理、深化改革，都是同样的道理。

中华遗嘱库所坚持的理念，也本着这样一个出发点。中国进入21世纪，随着财富的增长、社会的转型和思想观念的变化，千千万万个家庭都面临着许多新情况和新问题。我们研究这些问题的根源，探讨这些问题的解决方案，从根源抓起是一个基本的方法。就老年人权益保护、家庭财产的继承和财富传承而言，我们在老人生前所做的每一份努力，强过在老人走后所做的百倍努力。为一位老人立好遗嘱，可以帮助老人和他们的子女及其家庭实现和谐幸福，从而实现社会和谐。

很巧的是，今天的主持人的名字也很切合今天的主题。她的名字叫孙愈，这个"愈"，是治愈的"愈"，恰好形象地诠释了今天会议的主题。让我们用热烈的掌声向主持人、向美女孙愈致敬！

很多老人在中华遗嘱库立完遗嘱，脸上呈现的是轻松愉快的表情，很多老人说，这件事是压在我心头好多年的一块石头，今天办完了，我太高兴了。所以，帮助老人立好遗嘱，不仅从根源上防范家庭纠纷，而且有助于理顺家庭关系，让老人生活得静心、安心、舒心，从而让老人实现健康长寿，安享幸福晚年。所以，我们把遗嘱称为"幸福留言"。今天，每个人在"幸福留言"背景板上，都幸福地留下了自己的名字。这个"留言"，其实就是我们古人所说的"立功、立德、立言"中的"立言"。对我们中华遗嘱库来说，我们每一位参与者、投入者、见证者，就是实现人生的"立功、立德、立言"吧。

为此，对于中华遗嘱库，我要强调三点：

第一，这是一项有长度的事业。刚才双喜理事长说，中华遗嘱库是一项功在当代、利在千秋的事业。我要补充说，中华遗嘱库是一项着眼于未来、注目于明天的事业。也就是它可以连接昨天与明天、延续今天与未来。所以，中华遗嘱库，不仅可以让财产有序地继承，更可以让家风有效地传承；

第二，这是一项有高度的事业。我在团中央工作期间，我们所从事的预防青少年犯罪与未成年人权利保护工作，是一项领导关心、百姓关注的工作。如果做得有成效，就是一项领导满意、群众高兴的工作。今天我要说，中华遗嘱库同样是一项社会安定、全民放心、老人高兴的事业。我非常赞同刚才双喜理事长所说的，要以党政领导、全民关怀、社会参与的工作机制来做好这项事业；

第三，这是一项有温度的事业。可以说，中华遗嘱库是一件大事，也是一件好事，更是一件善事。刚才双喜理事长赠送给广东遗嘱库的那副墨宝写的是"弘扬孝道"，刚才陈凯主任说的是要解老人后顾之忧，都说明这是一项充满人文关怀、展现人性之光的事业。正如崔凯夫同志的题词所言，解后顾之忧，传和谐家风。中华遗嘱库传递的是温暖，传承的是文化，传接的是精神。所以，陈凯说，中华遗嘱库既是遗嘱库，也是数据库，更是精神祠堂。在广东，在湖南，在我们江西，在安徽，在浙江，在福建，几乎所有的农村都有一座祠堂。祠堂，就是一种文化载体，就是一个精神家园。

习近平总书记在G20峰会的讲话中还提到："孤举者难起，众行者易趋。"意思是独自一人难以高飞；许多人一块行走，则容易成功。从我跑马拉松比赛的经历体会到，要想跑得快，可以一个人跑。要想跑得远，一定要一群人跑。所以，一项事业只有依靠和团结最广泛的人民群众，才能取得成功，走得更远。

中华遗嘱库，在当下看来，作为一项社会公共管理事务，需要最广泛的社会力量共同参与，需要最热心的社会群体积极参与，需要最专业的社会组织主动参与。在此，作为媒体人，作为法律人，我呼吁全社会积极行动起来，共同携手推动中华遗嘱库的发展和进步。

最后，我要感谢中国老龄事业发展基金会、广东省老龄办等部门的领导，感谢各有关单位和公益机构的领导，感谢各行各业的爱心人士，感谢各位公益律师，感谢各位媒体记者朋友们，感谢各位关心和支持老年人福祉的社会各界精英，正是你们的努力和付出，共同搭建起广东省老年人权益保护的一片天空。

祝大家健康幸福，家庭和谐，万事如意！

"财富传承管理师联盟"是一个什么样的联盟?

——"中国财富传承高峰论坛暨中国财富传承管理师联盟"成立大会致辞

(2015年7月21日 北京)

【导语】

2015年7月21日,由中华遗嘱库、中国政法大学财富传承法律问题研究中心、公明财富管理集团共同发起并联合主办的2015中国财富传承高峰论坛暨中国财富传承管理师联盟成立大会在北京正式举行。这家由1600多名创始会员和80多家创始机构共同参与的产业联盟,是一个以律师和理财师为核心组成的专业性学习互助组织,通过培训、公益、出版和跨界互动,提高行业整体业务水平和影响力,以充分发挥遗嘱、私人信托、保险等财富保护传承工具的功能,完善家庭建设,传递财富传递爱。

据了解,该联盟体现了如下三大特色:一是专业立盟。以联盟名师为号召,以知识培训、案例分享、出版书籍、公众教育等方式领行业风气;二是产品体系。联盟主导开发了国内家族信托、类信托保险、高端遗嘱三大主线产品;三是跨界精英。以家事法律专业律师和私人财富理财师为主体,让联盟持续培训的专业律师成为理财师的支持,让联盟持续培训的理财师成为律师的朋友。

作为中华遗嘱库的荣誉顾问,我应邀参加此次成立大会并致辞祝贺,以下即为我的致辞内容。

尊敬的各位会员、各位律师、各位管理师,女士们、先生们:

大家上午好!

就像我们后人对前人的一种怀念和呼唤一样,今天我们在座的每一位都是在做

致辞：开门见山来祝贺

一件有益于前人，也有利于后人的事业。作为律师界的老朋友，我今天看到了家族律师们更加光鲜的一面。因为相比于我们中国的刑事辩护律师来讲，我们的刑事辩护律师都是苦大仇深、忧虑重重，但是今天我看到我们家族律师们却都是心潮澎湃、阳光灿烂。从刚才他们朗诵的宣言中，我们看到了家族律师的美好未来。

在4个月前的财富传承管理师发起仪式上，我曾经做过一个发言，那个发言的题目就是"我们中国会有家族律师吗？"我的结论是我们中国一定会出现家族律师，今天我们很高兴地看到，他们已经闪亮地登场了。当时我就说了，家族律师对中国来讲，无论是对中国的政治、经济、社会还是对法治，中国家族律师的诞生既是重要的、也是必要的，既是必须的、也是必然的，既是有效的、也是有益的，既是可靠的、也是可爱的。所以，今天我首先要向各位可爱的家族律师致敬，祝你们有一个更美好的未来！

今天我们的主题是财富管理师联盟成立，所谓"师"，就是传道、授业、解惑。

那么，我们的管理师是传什么道呢？在座的各位律师们，有点像最近上映的一部电影叫《道士下山》，律师们不再是高高在上、不再只是在法庭上，而是要走到我们的身边、走到我们的眼前、走到我们的心田。所以，我觉得我们的管理师首先是要传理财之道。

接下来就是授业，所谓授业就是授服务之道。我们在座的各位律师所从事的工作，实际上都是服务大众、服务民生、服务人民、服务百姓、服务社会、服务市场乃至服务中国的。

最后是解惑，即解传承之惑。中国是一个有着传承之惑的国家，一说到遗嘱，很多人不敢面对这个词或者是面对这件事。实际上，关于遗嘱，对个人来讲是一种财产的继承，而对家庭来讲则是一种财富的传承。所以，应该说这是一个前人与后人之间的完美安排。刚才毛丹平女士引用了魏绍玲律师的一句话，那就是无缝对接，所以，我们要做的事情就是解惑，就是要解决缝隙之间的困惑。今天财富传承管理师联盟的成立，正好也呼应了中国家族律师的发展。

我们中国律师界现在已经发展到将近30万的律师，无论是资深的还是年轻的，无论是一线城市的律师还是边缘地区的律师，都希望做大做强。更重要的是，让我们看到了一种做大做强的方式，那就是联盟的做大。其中既有机构的联盟，还有专业的联盟，都是为了做大做强。我觉得，我们今天成立的这个联盟就是一种专业联盟。这是一个非常良好的开端，这种做大做强的方式对律师业来讲也是一种非常好的现象。

为此，今天我要特别强调三点，也就是说要明确我们今天成立的财富传承管理师联盟到底是一个什么样的联盟呢？

在我个人看来，这个联盟至少有三个定位。

第一，这是一个跨界的共赢联盟。

所谓的跨界，主要是指人才与专业的跨界。所以，今天我们看到的财富传承管理师，既有律师行业的人，也有理财行业的人，包括投资管理人、保险管理人，甚至既有学者，也有媒体。刚才陈凯律师说要整合遗嘱、保险、信托、委托等四大领域的人才与资源，我觉得这就是一种跨界的整合。尽管我不是一个专业人士，但是我愿意为各位专业人士加油助力、摇旗呐喊。

我们这个联盟追求的是一个共赢的目标。刚才闪亮登场的家族律师们，既有北上广的律师，也有中小城市的律师，我相信这也是一种跨界的整合，我们的律师们通过这种跨界的整合实现一种共赢。说到跨界联盟，我觉得必须要说到的一个词汇就是"开放包容"。只有开放包容，才能够实现跨界整合，才能体现我们当下的"时代特色"，才能使跨界真正成为我们新的生活方式。刚才毛丹平女士用了三个"新"，也就是新生活方式、新配置方式、新管理方式，都值得我们重点研究和思考。

第二，这是一个无边界的合作联盟。

如果说跨界是一种理念的创新，那么无边界就是一种合作的状态。在当下这个互联网时代，人与人之间的合作不再依附于某个机构、某个系统或某个单位，而是通过互联网、新媒体乃至自媒体直接沟通、直接联系、直接合作。可见，在互联网时代，同业之间的合作已经打破了传统的樊篱，完全实现了无边界。这种合作，不仅迅速快捷，而且还方便有效。

在这个无边界的合作当中，我觉得我们最需要关注的一个关键词就是"纵横左右"。过去有句话叫作合纵连横，说的就是各种联合体之间的利益关系与合作关系。现在，因为无边界，我们看到了整个同业之间的纵横关系，也看到了同业之间的左右关系。所谓纵横，就是上下的关系；所谓左右，就是平衡的关系。既有纵横又有左右，才能真正实现无边界的合作。

第三，这是一个超越生死境界而有效对接的联盟。

人类社会是永远向前发展的，任何一个人都是宇宙当中的一个点、历史当中的一个点、世界当中的一个点。无论你是百岁老人还是英年早逝，我们任何一个人都会经历生死。财富传承管理师正是为了追求实现正在生活着的人们既为前人延续生命又为后人传承财富的目标。也就是说，我们要做的事情就是提供无缝对接之道。

我们许多人都愿意说生，却不愿意说死。就像许多人愿意说今天却不愿意说明天一样，也就是不愿意说到遗嘱，不愿意说到那个词汇、那个时间。但是，作为财富传承管理师，我们要用专业的语言、以专业的服务告诉社会，生与死到底是怎样一种概念、怎样一种对接、怎样一种境界。我觉得在超越生死的对接当中，不仅仅是一种财富的传承，而更重要的是一种理念的传承或者说一种思想的传承。

在所有这些传承当中，我觉得最需要关注的关键词就是"瞻前顾后"。在我们今天的人看来，瞻前顾后可能是一个胆小鬼的代名词。但是，对于财富传承管理师来讲，我们做的更多的是一种预防风险、防范风险的工作。

我曾经概括律师执业有三种情况：一种是走在客户前面领着客户前行的律师，一种是走在客户旁边陪着客户同行的律师，还有一种是走在客户后面跟着客户随行的律师。家族律师就是走在客户前面领着客户前行的律师，我们要做的事情就是要告诉你的客户、告诉你的当事人，他将面临什么风险，我们如何化解这些风险。所以，在我个人看来，这个联盟无论是对我们中国律师业还是每一位家族律师个人来讲，都是一个传奇的平台、一个神圣的使命与担当。

我曾经说过，正义不是一下子的事情，而是一辈子的事情。今天我要修改一下我的观点，或者说补充一下我的观点。因为我们的财富传承管理师所要从事的工作，就是明晰产权、服务股权、解决财权、保障人权的工作。这项工作同样是一件正义的事情，这个正义就体现在既有利于前人也让有利于后人，既有利于生者也有利于来者，既有利于富翁也有利于百姓。

所以我要说，正义不仅仅是我们一辈子的事情，而是我们每一位财富传承管理师永恒的事业。

谢谢大家！

中国会出现家族律师吗？

——"中国财富传承管理师联盟"启动仪式致辞

(2015年3月21日 北京)

【导语】

2015年3月21日，由中华遗嘱库、中国政法大学财富传承法律问题研究中心、公明财富传承管理集团发起的"中国财富传承管理师联盟"在北京正式启动。该联盟将打造全国最大、最专业的财富传承联盟，计划用4个月时间在全国律师和理财师中发展1500名创始个人会员和50家创始机构，之后将在全国发展10万名专业人员，通过行业培训、跨界联合、公众教育、公益活动和产品创新等活动，推广财富传承理念，推动家庭建设。

作为特邀嘉宾，我在启动仪式上特别致辞祝贺，以下即为致辞内容。

各位领导、各位专家、各位律师、各位朋友、女士们、先生们：

大家下午好！

昨天是国际幸福日，今天又是我们中国传统的"龙抬头"的大喜日子，更是"中华遗嘱库"成立两周年的喜庆日子。这就彰显了幸福生活，抬头出发的丰富意义。所以，在这样的好日子里，来探讨一个与我们每个人的家庭与生活密切相关的主题，非常幸福，非常高兴。

我曾经在律师界说过一句影响很广的话，那就是"律师是一个看起来很美、说起来很烦、听起来很阔、做起来很难的职业"。为什么说"看起来很美"？那就让我们一起来看看影视作品中表现的形象吧。

我们经常在欧美和香港电影里能够看到这样一种特殊的律师形象，有人把他们叫作遗嘱律师，因为他们往往会出现在宣读遗嘱的场合。

但是，事实上是怎么样呢？

事实上，他们的工作远比我所看到的宣读遗嘱要更加复杂而艰辛。除了替当事人订立、保管和执行遗嘱，他们绝大部分时间都在替当事人谋划怎样少交税，当然也包括遗产税；或者一旦自己或子女要离婚的话，怎样才能避免企业或家庭财产发生贬值；或者替当事人谋划怎样摆脱威胁家人生活的未来债务；或者替当事人处理一些非常隐私的秘密，如定期给当事人的私生子生活费、让当事人特殊愿望圆满实现等。

确实如此，他们的工作绝大部分和富人的财产管理有关。可以说，他们是家庭财产风险的专业管理者，是客户隐私安全的忠诚保守者，是客户核心利益的忠实保护者。他们就是私人财富管理律师，就是财富传承律师。从今天开始，我们将奉献给他们一个新的称呼，那就是：家族律师！

家族律师，不但对于中国的普通老百姓来说是陌生的，即便对于已经经过36年恢复重建历程的中国律师业来说，也是陌生的。尤其是，对于已经发展为27万大军的中国律师同行就更是陌生的。

但是，我要强调的是，所谓陌生，并不表示可以缺席，也不意味着并不需要，更不意味着没有前途。

由此可见，中国不仅会出现家族律师，而且已经出现了家族律师。今天，我们很惊喜地看到，就在"中华遗嘱库"成立的最近两年来，中国家族律师正在萌芽。不少像陈凯律师这样的一批年轻人、一支生力军，已经开始走在了家族律师领域的前列。

所以，借今天联盟成立这个机会，我要告诉大家的是，我们需要认清三个形势。

一、是什么？也就是究竟什么是家族律师？

在我看来，家族律师的服务对象是家人，家族律师的服务事务是家事，家族律师的服务领域是家财。让家人幸福、让家事和谐、让家财安全，就是家族律师与其他律师不同的地方。

家族律师不是诉讼律师，而是"非诉讼"律师。虽然家族律师也参与家事诉讼，但是，很显然，诉讼不是他们的主要工作内容，消灭和防范诉讼才是他们的主要工作内容。

家族律师不是公司律师，不是企业律师，也不是金融律师。虽然家族律师也处理股权，处理证券，处理任何一种与公司、企业、金融有关的财产，但这些财产是属于某个家庭所有而不是国有，是私有而不是公有。因为人的原因所存在的婚姻、继承和传承的风险，自然就成为他们最主要防范的风险。

家族律师也不是刑事律师。虽然刑事风险是他们要考虑的一种传承风险，但防范这种风险的方法不是像辩护律师那样为了让当事人减轻或免予承担刑事责任，而是无论在当事人受到何种刑事追究的时候，都能保障其财产和家人的安全。

所以说，家族律师不仅是重要的，而且是必要的；不仅是必须的，而且是必然的；不仅是有效的，而且是有益的；不仅是可靠的，而且是可爱的！

二、为什么？也就是中国为什么需要家族律师？更进一步说，家族律师为什么要和理财师结盟？

就像上面讲到的那样，家族律师不仅是一种需要，更是一种必要。因为社会需要家族律师，市场需要家族律师，客户需要家族律师。从今天开始，我们知道，不仅需要家族律师，而且还需要家族律师与理财师的联手结盟。

正因为家族律师处理的是家人和家财的风险，所以他们只有和理财师联合起来，才能完成自己的使命。离开了理财师，家族律师就只是单纯的法律工匠，是猎手而不是军队，是手工作坊而不是工程队，是建议者而不是建设者；而有了理财师，家族律师就成了有团队的人，有客户的人，有协作的人，只有这样，才能为客户提供更丰富的服务内容，更好地完成自己的职业使命。

反过来说，同样的道理，理财师也需要家族律师的帮助。

前一段时间我读到一篇文章，其中谈到了陈凯律师的一个案例。陈凯律师一个电话、三句建议，就让一位上海的理财师解决了一个大客户的疑问，顺利拿下了一个600万元的保险合同。在很多场合，我也听到理财师对法律知识的渴望，掌握了更多的法律知识资源，无疑就增加了更多的营销实力。可以说，律师和理财师的结合，就像中子和原子的碰撞，一定能激发出巨大的市场能量，爆裂出难以想象的美丽的"蘑菇云"。

我相信，家族律师与理财师的联手结盟既是相互合作，更是相互促进；既是相互搭台，更是相互补台；既是相辅相成，更是相得益彰。

三、做什么？或者说怎么做？也就是家族律师要做什么？换句话说，家族律师与理财师建立联盟要做什么？

通过今天各位专家的发言与介绍，我们很欣喜地看到，中国财富传承管理师联盟是一个务实的联盟，一个有理想的联盟，一个脚踏实地的联盟。通过刚才陈凯律师的介绍，专业立盟、产品体系、跨界合作，应该是这个联盟的三大特色；而会员培养、产品创新、公众教育，则是这个联盟的三大使命。

由此可见，今天成立的由家族律师与理财师组成的这个联盟，既要强调两个职业各自的专业特性，又要强调富有特色的服务产品，更要强调最具时代意义的跨界合作。尤其重要的是，如何加强会员培养工作、如何实现产品创新、如何强化公众教育。所有这些，既是我们联盟即将开展工作的要点，也是我们联盟未来拓展服务领域的重点，更是我们联盟实现从立身到强本、从创业到创新、从星星之火到可以燎原的亮点。

今天，我们看到这个联盟的平台上聚集了律师界、理财界的大腕名师，聚集了各大金融理财机构；我们看到了来自全国各地、有志于家族律师业务的律师们，也看到了来自全国各地、有志于家族理财的理财师们；我们还看到了来自银行、保险、信托、投资、理财和公益领域的各大机构和他们的领导们。也就是说，今天来参与和见证联盟这个平台揭牌成立的人，都是有专业、有专长、有专攻的专家，都是与家族理财有关的专门人才。

今天，通过联盟这个平台，我们看到了天津遗嘱库的成功落地，看到了中国人寿与中华遗嘱库共同打造百名家族律师培养计划的启动，看到了万向信托与中华遗嘱库合作私人信托产品的启航，更看到了各大机构和各位律师、理财师对联盟平台的期待和信心。

今天，确实是一个特殊的日子，但又是一个平凡的日子。在中华遗嘱库成立两周年的日子里，我希望各位专家、各位律师、各位理财师、各位金融家，借助今天二月二"龙抬头"的喜气和运气，更加甜蜜地享受幸福生活，更加快乐地重视家庭建设，过好每一个平凡的日子，延续每一个喜庆的日子。尤其需要祝福的是，在这个特殊的日子里，祝福中国的家族律师早日生根开花、开花结果！

女士们、先生们："长风破浪会有时，直挂云帆济沧海"。我相信，在"四个全面"的新常态下，家族律师的前景是美好的，家族律师的前途是宽广的，家族律师的前方是灿烂的。现在，就让我们一起来分享和见证这个历史性的一刻吧！让我们的家族律师和金融理财师们，携手推动财富管理领域的重大创新和变革，共同启动中国财富传承管理师联盟的春天吧！

谢谢大家！谢谢各位！

世界有 G20，中国律师则有 Z20

——中世律所联盟四方君汇巡回论坛天津站致辞

(2014年8月23日 天津)

【导语】

2014年8月22日，中世律所联盟（SGLA）第十七次管理委员会会议在天津四方君汇律师事务所召开，会议正式启动中世"百合计划"，即中世律所联盟（SGLA）关于执行"国内成员所半紧密整合发展计划"。"百合计划"的三大核心内容是"联合性行动""共识性行动""约束性行动"。"联合性行动"包括统一品牌标识，统一营销方式，统一参加年度活动，统一建立联络官制度。"共识性行动"包括参与推动市场一体化，参与优化业务合作方式，参与提升律师业务能力和律所管理水平。"约束性行动"是指成员所间最大限度地避免竞争，以利于开展深度合作而分享或交换知识成果、客户信息等资源。

为紧密围绕中世"百合计划"这一主题，8月23日，由中世律所联盟主办、成员所四方君汇律师事务所承办的"中世律所联盟（SGLA）在区域经济发展中的价值"联盟全国巡回讲坛天津站活动隆重举行。

如下即为我的致辞内容。

各位领导、各位律师、各位朋友，女士们、先生们：

大家上午好！谢谢主持人！谢谢中世联盟！谢谢大家！

从今天杨仲恺律师作为主持人的着装及其幽默的主持开始，尤其是刚才马弘主任致辞时的冷幽默，我就感觉到我们今天这个活动的氛围是典型的欢天喜地。从刚才联盟各成员所为"百合计划"启动仪式盖章时发生的有趣花絮，就说明今天的活动是标准的惊天动地。接下来韩德云主席、韩刚会长、左慧聪院长，然后还有我与各位律师的上场，就叫作谈天说地。无论是欢天喜地，还是惊天动地，我想最重要的,还是要有真正意义上的谈天说地。我相信今天一天的活动,都是很有意义的谈天说地。

从我的视角来看,在我的演讲中,所谓谈天说地,就是"从中世联盟看中国律师"。说到"中国律师"这四个字,我相信我们每个人都有这样一个体会。在我个人看来,我首先要说到《中国律师》杂志,然后要说到中国律师论坛,最后再说到中国律师业。正好这些都跟我有密切的关系。刚才马弘主任说他"默默无闻地做了这么多工作",其实我也是默默无闻地做了这么多年的事情。(此处鼓掌不断,笑声连连)

我要说,而且我做的事情啊,既有大事,也有小事。有时候我就在想:好像我离开律师协会之后许多事多少和我这个人都有点关系。比如说我离开律师界了,中世联盟诞生了;但同时我离开律师界了,"中国律师论坛"又没有了。(笑声不断)也不知这是好事还是坏事。但是在我眼里,中世联盟的诞生肯定是好事,尤其是我担任顾问以后,那就是更好的事情了。因为我离开律师界之后,我的岗位发生了多次变化。但是我想中国律师界是不是该给我一个什么荣誉呢?显然,现在全国律协已经不太可能给我什么荣誉、称号乃至头衔,但是中世联盟给我了。所以我要再一次感谢中世联盟!过去我常说,我是律师界的打工者;现在我要说,我是律师界的志愿者。

作为中世联盟的顾问,我肯定要给予更多关注。尽管我已经离开律师界了,但是我的心还在律师界。各位,你们想想看,一个人在别的地方干活、心却还在这里,这是什么状态、什么心态、什么姿态?在爱情学里,我相信肯定是一种不好的心态,但是在事业上,尤其是我和律师业的关系来讲,是一种非常好的心态。我曾经说过:从来没有一种职业让我如此向往,从来没有一个行业让我如此关注,从来没有一个群体让我如此关注……那就是中国律师。所以,作为中世联盟的顾问,我肯定要从中世联盟的视角来观察中国律师。

今天,我要用三组关键词,来谈中世联盟;通过中世联盟,来看中国律师。

一、中世联盟要勇于探索中国律师发展的第三条道路

我的第一组关键词叫作"大、快、强"。所谓"大",就是我们中国律师或者我们中世联盟,如何实现越做越大。很有意思的,我们现在叫"1+19",世界上最庞大的组织叫G20,我们现在也是20。这个20呢,象征着我们的强大、我们的壮大。中世联盟这个"大",过去如果只是大,现在应该想到如何让它更"大"。关于如何做大,我曾经说过中国律师业做大的方式有三条道路:第一条道路是"自然做大",如金杜所、君合所这样的发展规模;第二条道路叫"合并做大",现在北京也好、

上海也好、广州也好，这样的大城市，经常有合并的消息传来。最近北京又有两家所要合并的消息传来，这也说明律师界发展道路上的一个重要现象，那就是合并做大；第三条道路也就是第三种模式叫作"联盟做大"。

我们中世联盟就走了第三条道路，叫联盟做大。但是，做大只是一个形象、做大只是一个标志，而如何做大才是我们真正应该考虑的问题。今天我们看到了"百合计划"的启动仪式，这就是我们中世联盟人正在考虑：如何我们使我们的中世联盟能成为真正意义上的"大"、实质意义上的"大"，更重要的是让我们的"大"如何做得更强，如何让大做得更好。刚才韩主席讲，河北等地还没有中世联盟的所，我看到江西、安徽、广西、河北、河南、吉林这样的大省，都还没有中世联盟的所。如果这些地点即将开辟、发掘乃至发现我们的同盟，那么我们中世联盟的"大"就有了更强的基础。因为中世联盟在做大，其实也是中国律师在做大。

但是，我想中世联盟做大之后还要追求一个"快"。在我们的联盟中，我认为"快"的代表是天同所。还有一个更有意思的花絮是，天同所是真正意义上的由我所推荐的加盟成员。我记得还是2009年在长安俱乐部开会时推荐的，当时蒋勇律师还是以观察员的身份，参加我们联盟的会议。中世联盟的好多所我都去过，但是有两家所印象更深刻，因为我给他们分别写了一副联和一首诗。写给天同所那副对联，你们一去他们所就能看到，那是一首必须念出来的对联。至于武汉蔡学恩副主席的所，我2004年去他们那里调研时，蔡律师一定要让我写个字。我的字非常难看，是在拿不出手。我说我就给你写个打油诗，就是那种藏头打油诗。当时正好得伟所成立20周年，同时又正好和君尚所合并了。所以我就将这些元素全部包括进去，写了一首嵌有所名的藏头诗。当然，我最满意的是第三句，叫作"君子律师行天下"。后来，有不少律师跟我说，您这首诗不应该仅仅送给得伟君尚所，而应该是献给中国律师业的。从我与中世联盟的缘分来看，我觉得这首诗首先是送给得伟君尚所，送给中世联盟。当然，我给天同所写的那副对联，也可以送给全国律师。刚才我说了，这副对联不能说、必须要念出来才有意义。所以我常常跟蒋勇说：谁要念出来，就请他吃一碗面，这个面就叫"天同牛肉面"——只见牛肉不见面。

我想，作为中世联盟来讲，除了要"大"、要"快"，最重要的是要"强"。刚才马弘主任介绍了中世联盟做到了什么样的"强"，既有人数上的"强"，也有业务上的"强"。我想关键是实力上的"强"，这只是我们发展道路上的第一步。我们需要思考的是，在中国律师界中我们如何还能做得更强。

所以我强调的第一组关键词就是"大、快、强"。因为中世联盟的做大，就是中国律师的做大；中世联盟的做快，就是中国律师的做快；中世联盟的做强，就是中国律师的做强！所以，各位，我们身上还有一副担子，还有一种责任。我们不仅为中世联盟做我们的事，也就是我们的担当，不仅仅为了联盟。当然，首先是为了我们联盟。在我们心中，一定要有这么一个发展版图。如果我们中世联盟做大、做快、做强了，毫无疑问，中国律师也就能做大、做快、做强了。

需要补充的是，刚才我对这个"快"没有作出特别解释，我认为所谓的"快"，现在就是通过电商这种新的方式，使我们的律师业务、使我们的营销方式、使我们的发展步伐越来越快。我相信在这方面，蒋勇律师交流得已经很好，无须我多言。但我想，我们中国将来律师业发展的步伐，就是要跟着网络的步伐发展得更快。

二、中世联盟要善于不断创造律师业务发展的增长点

接下来，我要说说我的第二组关键词，那就是"点、线、面"。如果第一组关键词是我的判断，那么第二组关键词就是我的希望。

我希望中世律所联盟在哪几个方面获得发展和提升呢？第一是"点"，我觉得我们要不断增长，希望中世联盟要有增长点、聚焦点。所谓增长点，从我们这次论坛所提出的主题就可以看出来，请大家看看论坛主题"区域经济发展中律师的作用"，这就是说要我们在区域经济发展中找到自己的增长点。我们中世联盟各成员所在全国各地都已占有各自的位置，但是如何使每个所、每个所所在的每个地区形成增长点？还有一个在我们的专业发展中，如何形成独特的增长点？中世联盟，从北到南，从东到西，都有我们的所，但是增长点在哪里呢？我想我们需要思考。当然，还有更重要的聚焦点，大所有聚焦点、小所也有聚焦点。我刚才讲到的天同，是一个小所，但它也有自己的聚焦点。从增长点到聚焦点，在哪里？有多少？都需要我们思考与研究。

第二是"线"。这个"线"，刚才韩德云主席做了非常详尽的介绍。我觉得所谓"线"，就是要有纵横两条线。"纵"，就是从2007年到现在乃至未来发展的步伐。像仲凯律师刚才开头所说的那样，"百合百合，百年好合"。而我们中世联盟的发展，就是要有一条线，也就是要有一条文化传承的线。韩德云主席不会一直当主席，下一任主席能不能把这条线再传承好？现在我们成立第八个年头的时候，我们大家都在怀念在感恩2007年的重大决定。这就是一条纵线，一条从过去到未来的"线"。我们任何时候都不能说，现在与过去是没有联系、可以切断的。所以说，一条文化传承的线对文化的融合非常重要。

还有一条横线同样重要，那就是如何将中世联盟在全国各地的成员所，都能用一根线全部串起来，也就是真正实现我们半紧密型的发展目标。我认为半紧密型是一个正确的目标。太松散，没有意义；太紧密，也很难做到。我觉得今天启动的

"百合计划"非常好，其中既有文化的纵线，也有发展的横线。对我们来讲，这条线怎么串起来，如何串得更美、更有效，都需要重点思考。

第三是"面"，我认为这个"面"，就是一种平面形象，一种整体形象。在律师业的宣传和营销中，除传统以外，还应该通过新的渠道、新的方式、新的平台，创造更多机会，宣传中世联盟的整体形象。对我们来说，这也是非常重要的，因为通过宣传中世联盟可以宣传中国律师的整体形象。

三、中世联盟要勤于为"百年好合"的律师发展分享经验

我的第三组关键词叫"分、合、共"，这也是我要向中世联盟表达的祝愿。

所谓"分"，就是"分享"。我们都知道这是一个分众化的时代，我们面对不同的客户群，从事着不同的业务。对我们媒体来讲，其实也面对着一个分众的市场。作为律师来讲，如何从面对分众到实现分享？作为联盟的每一家所，相信大家都在想，都在思考我们作为成员所本身如何做大，然后再通过我们每家成员所把联盟做大。当然，每家成员所可能都有各自的想法，也有各自的经验，但是，"分享"应该成为我们联盟当中一个最重要的概念与理念。如果说"跨界"是我们这几年经常碰到的概念，那么，"分享"同样应该是需要我们更加重视的概念与理念。

所谓"合"，就是业务上的联合、资源上的整合、文化上的融合，其中文化上的融合最为重要。要想实现让中世联盟真正实现半紧密型的律所联盟这个目标，最重要的就是要通过文化融合。所谓文化，就是一种相互之间的默契，就是一种心心相印，就是一种息息相关，就是一种代代相传。我想我们中世联盟能否做到这一点，我觉得主要是能否抓住这个"合"字。对于我们中世联盟来讲，这个"合"不仅仅是一个合作问题，而是一个如何联合、如何整合、如何融合的问题。实际上，如果这些"合"都实现了，那么，今天各位签字盖章的"百合计划"就将真正实现"百年好合"了。

第三个字是"共"，所谓"共"就是共赢。刚才我讲到了"跨界"，也讲到了"分享"，现在我要强调的是"共赢"。我们联盟的二十家成员所，无论大所还是小所，无论是东部还是西部，无论是南方还是北方，各自在开始参加联盟的时候乃至走到当下的时候，内心可能都有些各自的想法，也就是都有些"小九九"。这是正常的，也是必然的。但是，我要说，如果我们各自的"小九九"能够放到联盟的"大九九"当中去，我们联盟才能真正实现共赢。这也是我们中世联盟真正需要考虑的问题，什么叫跨界？什么叫分享？什么叫整合？什么叫联合？什么叫融合？所有这些都是为了最后真正实现共赢。

刚才我说到我们中国律师业做大的三种方式，也就是三条道路，我认为需要认

真分析。在我看来，第一条道路也就是"自然做大"，现在已经来不及了，再说也太慢。第二条道路所说的"合并做大"，对于我们中世联盟来讲，已经不需要了。现在，我们最需要、最重要的就是如何把联盟做大。我们中世联盟的目标是半紧密型，那么，在半紧密型当中，如何实现这个"合"呢？我们许多地方的很多律师所都曾经想过设立分所的问题：比如在北京设一个分所、在上海设一个分所、在广州设一个分所、在西安设一个分所。但是，现在我觉得这样的管理思路应该改变了。

各位律师可能都在想，如果我在北京设一个分所，到底结果怎么样呢？我要告诉大家的是，北京永远是一个特殊情况。所以，北京的律所在外地设一个分所十有八九都成功，但是外地的律所到北京设立分所，十有八九不成功或者说很难成功。作为联盟，就可以弥补这种缺陷。因为设立分所，应该说只是计划经济时代的产物。在现在的市场经济时代尤其是当下的网络时代，设立分所已经可以不再考虑了。而联盟就是我们应该重点思考的方式，因为联盟比我们到外地设立分所更为便利，投入也小，风险也低，而设立分所投资大，风险也大。从我们联盟来讲，我们每一家所实际上都有两个品牌。像韩德云主席刚才演讲时讲到的航空公司一样，在每个联盟下的航空公司也拥有两块牌子，一块是其所属联盟，一块是自己的公司。我们中世联盟也有两块牌子，就像这次活动采用的品牌设计一样，那就是"中世联盟、四方君汇"这样的双品牌。所以，我们应该摒弃计划经济时代那种发展思路，需要创新发展思路。这种发展思路，就是我这里强调的"分、合、共"。

各位律师，各位朋友：这次我来到天津参加此次活动，也使我想起了12年前我发起的"法学与法治巡回讲坛"与2005年在这里举行的"第五届中国律师论坛"，我也为此想起了我在律师界的美好时光。我清楚地记得，2000年10月在这里举办的"法学与法治巡回讲坛"是第三讲，我也记得就是在此次会议的相同地点天津迎宾馆召开的。

我想，中世联盟的"全国巡回讲坛"第一次来到天津，既是我们联盟一个新的起点，又是我们联盟一个新的增长点。最后，我借用四方君汇所简介上那句话，祝愿中世联盟再谱新章！最重要的是，祝愿中世联盟百年好合、万年长青！

谢谢大家！

为什么"第一"不是"唯一"?

——德恒律师事务所成立20周年庆典致辞

(2013年1月16日 北京)

【导语】

2013年1月16日,"法律服务与社会责任研讨会暨德恒律师事务所成立二十周年庆典"活动在北京饭店隆重举行,来自德恒境内21家执业机构及纽约、海牙、巴黎、澳大利亚、新德里等境外分所和成员单位,以及各界嘉宾、客户代表等共600余人参加了这次庆典活动。

与会代表围绕中国特色社会主义法治建设与法律服务的关系、律师的社会责任和律师文化建设、社会主义核心价值体系和律师职业核心价值观以及中国特色的律师之路等作了深入讨论。

作为应邀出席的嘉宾,我也参加了此次庆典活动并致辞祝贺,以下即为我的致辞内容。

尊敬的江平老师、各位领导、各位嘉宾、亲爱的各位律师:

大家下午好!谢谢主持人钢宏律师!

各位注意到,正好我上台发言时,江平老师到达会场。什么叫关键时刻?这就是关键时刻。但是,关键的话还得稍后由江平老师来发表,我先说几句大实话,当然也是我的心里话。

第一,我要衷心地祝贺德恒成功的20年,祝贺德恒生日快乐!

作为首都群众代表,我就到北京饭店来参加德恒律师事务所20周年庆典。我想这不仅仅是我一个人祝贺,我还代表首都广大群众,甚至还代表那个会议上的部分代表。总而言之,我要代表许多人祝贺德恒律师事务所成立20周年。在今天这样一个盛典上,我作为首都群众代表,也作为律师界退役的代表,我还要代表许多同行与许多媒体人士表示祝贺。更重要的是，我也是德恒所二十年成长发展的见证者。从当年的中国律师事务中心到今天的德恒所，无论是作为媒体人还是曾经的律师界打工者，我见证了德恒的长大成人与逐渐成熟。如果说我们律师界曾经有国家队，德恒就是最早的国家队代表。

第二，我要用"第一、唯一、之一"三个关键词谈谈律师的法律服务及社会责任。

会前，我向王丽主任报送的演讲题目是《"第一"不是"唯一"——谈谈律师责任与使命》。今天我就从刑事辩护律师的责任谈起，然后延伸谈谈律师的社会责任。接下来，我就展开着三个关键词：第一、唯一、之一。

一是维护当事人的合法权益是律师的"第一"。作为律师，我们都知道《律师法》第二条第二款里有一句话，律师有"三个维护"的使命，维护当事人的合法权益，维护法律的正确实施，维护社会的公平正义。从这个条款当中，从条款的深意当中，我们就能解读出什么是我们律师的第一，维护当事人的合法权益当然就是我们律师的第一。所谓"第一"就是要以当事人的利益为上，以当事人的利益为重，以当事人的利益为先，以当事人的利益为本。无论是高官还是百姓，无论是原告还是被告，无论是强势还是弱势，无论是有钱还是没钱。对我们律师来讲，要竭尽所能实现当事人利益的最大化。这是我们的第一，无论是大律师是年轻律师，无论是资深律师还是刚入行的律师，当事人的利益永远是我们的第一追求，而对当事人的责任则永远是我们的第一责任。

二是维护社会公平正义是律师的"唯一"。我们从上述条款当中看到"三个维护"，第一是维护当事人的合法权益，第二是维护法律的正确实施，第三是维护社会的公平正义，这是一个层层递进的关系。我们如何理解自己作为一名律师的职责与使命呢？在我看来，维护当事人的合法权益是我们律师的本职，维护法律的正确实施是我们律师的专职，维护社会公平正义是我们律师的天职。这就是我们律师所需要承担的专业责任与社会责任。

那么，如何处理好这几者之间的关系呢？首先，我们通过维护当事人的合法权益，达到维护法律的正确实施；然后通过维护当事人的合法权益和维护法律的实施，最后达到维护社会的公平正义。也就是说做好本职和专职，最后才能实现我们的天职使命，这就是我们的社会责任。

从上述关系分析可以看出，"第一"不是"唯一"。这就是说，除了第一位的诉求与利益，我们还有其他更重要的责任。

在座的各位律师，我们常常考虑，在行使我们的职业使命当中，在我们专业责任当中，我们所要做的是什么？无论是对刑事案件还是民事案件，无论是原告还是被告，无论是代理还是辩护，无论是我们主张权利还是答辩应对，我们实际上做的就是如何了解法律的原意和导向，如何实现法律的发现和作用，如何完善法律的内容和主张。这一切是为了发现法律的疏漏，挖掘法律的精神和维护法律的魅力，这比维护当事人合法权益所要承担的责任更重要。由此可见，当事人的合法权益是我们的第一追求，但绝不是唯一追求。

三是坚守职业责任和专业责任是律师的"之一"。作为一名律师，我们无论是做好我们的本职还是专职，乃至实现我们天职使命的时候，我们在想，除了"第一"与"唯一"，究竟还有什么是我们的"之一"？当我们为当事人提供法律服务的时候，我们要想想我们的职业伦理是什么，我们的职业道德是什么，我们的法律道德是什么，我们的社会责任是什么。我记得有一位刑辩律师给我们举了这样的例子，刑辩律师如何做到不带话、不带纸条，看起来是一件非常简单的事情，但是如果我们做了，就把自己搭进去了。到了这个时候，我们不仅无法承担专业责任，甚至连社会责任也无从谈起了。现在有的当事人很厉害，例如，他说让你带一句话，说"舅舅身体挺好的，你不用操心了"。还比如说"老爷子第二颗牙齿已经好了"。这样的话，看起来是很平常的一句话，但它可能就是一句黑话或者说一个暗号。所以绝对不能带，一带进去，就有可能引起很多麻烦。不能带话，更不用说带纸条、带手机了。咱们德恒的李贵方律师十多年前办过一个案子，被告人也是一位律师。那位律师竟然带进去一个可以让他的当事人作为立功的信息。这个行为对辩护律师来说究竟算什么呢？算不算违反职业伦理？算不算涉嫌犯罪？所以，对我们律师来讲，我们如何做好自己的本职，如何做好我们的专职，如何法律范围之内做对我们所要求的事情，这就是我们的"之一"。我们既要为当事人服好务，同时更重要的是要想到法律责任和社会责任。也就是说，坚守职业责任、专业责任都是我们的"之一"，因为我们最重要的追求是实现社会的公平正义。

第三，作为优秀律师的标准究竟是什么？我的观点是：一要有政治高度、二要有专业深度、三要有法律广度。

对我们律师来讲，什么叫优秀的律师，什么叫成功的律师？在我个人看来，成功的律师就是把平常的事情做成不平常，把平凡的事情做得不平凡。作为平常，那就是分内之事、情理之中、司空见惯、天经地义。这一切就是职业伦理和法律框架范围内所要求我们做的事情。作为一个优秀律师，首先要达到这个标准。接下来，我们就要考虑如何使自己成为一个具有政治高度、专业深度、法律广度的律师，如果能够做到这三点，同时能将《律师法》所要求的"三个维护""三个责任"都能实现的话，肯定是一位成功优秀的律师。

德恒的二十年培养了许多成功律师，推出了许多品牌律师，最后就形成了德恒这个大品牌、规模品牌。你们之所以能够成功，德恒之所以成为品牌，是因为你们时刻记得、时刻明白，律师的职业责任、专业责任和社会责任之间的关系，你们非常清楚什么是我们的第一、什么是我们的唯一、什么是我们的之一。经过各位律师的共同努力，通过律师们的努力坚守，最后成就了德恒的二十年。

各位律师，现在可以说德恒有了可以自豪的二十年，但我更相信德恒的未来一定会比今天做得更好！再次祝福德恒，也祝福在座的律师！永远祝福你们！

谢谢大家！

我在律师的大海里

——上海市律师代表大会获奖感言

（2008年4月20日 上海）

【导语】

2008年4月19日至20日，第八次上海市律师代表大会在上海青松城召开。除了原定的讨论工作报告和进行换届选举等议程外，本次大会还有一项特别的议程，那就是为上海律师的宣传工作做出了突出贡献的人颁奖。

承蒙上海市律师协会厚爱，我与在沪的新华社记者杨金志、《法制日报》记者刘建、《文汇报》记者徐亢美等三位新闻大腕同时获得了这项大奖。为此，我专程从北京飞往上海领奖，并作为获奖者代表上台发表获奖感言。

尊敬的红兵会长、洪超会长、小耘副会长，各位领导，各位亲爱的律师朋友们：

大家上午好！

首先我想问大家一个问题，今天你们看见的我是更年轻了还是更老了？（代表们回应说："更年轻了！"）其实，我要告诉你们的是，更老了！但是，我还要告诉你们的是，只要跟律师们在一起，我就觉得自己很年轻。

各位律师可能不知道，尽管我现在是在一个年轻人汇聚的地方工作，但是在团中央机关办公大楼里，如果我不是最老的人，那肯定就是最老的人之一。连团中央书记处第一书记春华同志都比我小半岁。所以，我这个老同志有些孤独啊！（笑声）

但是今天，我又一次感觉到自己很年轻。从学生时代到参加工作，我得到过不少奖项。但是，我从来没有以这种方式得到一个奖项。因为我的工作岗位已经离开了律师界，但你们依旧没有忘记我，依旧将这样一个大奖给了我这个"退休干部"。（笑声）为此，我首先要感谢上海市律师协会，感谢各位上海律师！其实，我为上海律师还得不够多、做得不够好。所以，从这个意义上说，真正能够作为获奖代表上台来发表获奖感言的,应该是其他几位获奖者。因为他们做得比我多,做得比我好。

从我的获奖可以看出,你们永远没有也永远不会忘记过去的人。正如即将卸任的红兵会长所说,对律师事业来说,任何一个律师犹如沧海一粟。所以说,律师事业就是这样通过一茬又一茬、一代又一代人的努力发展和进步的。奖励过去的,是为了了激励后来的。我也只是律师事业的长河中一个即将成为过去完成时的人物。我曾经将自己比喻成律师大海里的一条小鱼,11年为律师打工的快乐时光,使我这条小鱼曾经在律师的大海里快活地游来游去……(掌声)

现在,尽管我已经不在这个大海里,但我时常能够面对大海。我感觉现在的我好像正在长江与东海的交汇处吴淞口向大家招手致意(笑声)。海子说,面朝大海,春暖花开,我要说,面朝大海,春暖花开,面向律师,永远精彩。

今天,我站在这个地方发表获奖感言,首先就是说不尽的感谢,然后就是说不出的感动,最后就是说不完的感慨。

因为你们奖励我,所以我要感谢你们,因为你们还能够如此奖励我,所以我又为你们的体贴和照顾而感动;因为你们奖励了我在宣传上海律师方面所做的一点点贡献,所以我又要对律师宣传工作感慨万千。我当了11年的《中国律师》总编,我当然知道律师宣传对律师事业的重要意义。所谓宣传就是"抬轿子、吹喇叭"的。在这么一个美好的时代,我们更需要利用各种平台、用活各种手段、借助各方力量,宣传律师的作用,宣传律师的形象,宣传律师的成就。尤其是要宣传律师职业的困难,宣传律师改革的艰难。因为现在社会对律师职业的认识还有很多误区,对律师形象的认识还有很多误会,对律师制度的认识还有很多误解。我愿意尽我的所能、尽我的所力为宣传上海律师、宣传中国律师做得更多,做得更好。

各位律师,各位朋友,作为今天的获奖者,我永远有这个信心和决心。因为我永远会为上海律师、为中国律师、为律师事业摇旗呐喊和加油助威!因为我的心一直与你们在一起,与中国律师事业在一起!

再次谢谢你们的奖励与厚爱!

感谢所有知道我名字的律师

——"第六届中国律师论坛"闭幕式告别辞

（2006年9月24日　太原）

【导语】

2006年9月23日至24日，一年一度的中国律师界盛会———第六届中国律师论坛在太原举行。此次由山西省人民政府、中华全国律师协会、山西省司法厅、山西省律师协会共同举办的以"'十一五'法治建设与法律服务业"为主题的论坛，吸引了来自亚太法律协会、国际司法桥梁、香港律政司、香港律师会、澳门法务局、两岸商务法学会及全国律师界、英国、台湾等律师事务所的近1200名代表。

作为中国律师论坛的倡议者、发起者、策划者、协调者、参与者，我主持了此次论坛的闭幕式并在闭幕式的最后发表了如下告别辞。

各位领导、各位律师、各位朋友：

人生就是一个又一个的答案，生活就是一个又一个的谜底。于宁会长代表组委会宣布第七届中国律师论坛落户银川之后，我们刚刚又见证了一场竞争激烈、各显风采的申办陈述。我们知道，"08奥运"将在北京闪亮登场，那么，"08论坛"在哪里呢？那就让我们把这个美好期待留到明年的银川吧！

刚才，贵州省律师协会会长王心海以过去贵州"天无三日晴，地无三尺平，人无三分银"的传统劣势转变为今日风光秀美、风景秀丽的现代风采之转变，告诉大家当今贵州天时、地利、人和的盛情邀请与热情申办的独特优势。他动情地说，相信贵州人民！相信贵州律师！贵州一定能够办出一届有特色、有效果、有实力的中国律师论坛！

苏州市律师协会会长唐海燕代表江苏省律师协会与苏州市律师协会以演讲的激情与苏州古城的文化底蕴魅力，向中国律师论坛组委会请求：请求将2008年中国律师论坛移师苏州。同时，向全国律师发出邀请：邀请大家2008年苏州再见！

邀请是真诚的，希望是强烈的，让我们祝愿贵州律师协会与苏州律师协会最后能够心想事成、梦想成真！

此时此刻，我也要给大家揭开一个与我个人有关的谜底，那就是一个有关我个人动向的消息：在中华人民共和国成立57周年的日子里，我将走上一个新的工作岗位——共青团中央所属的中国青少年犯罪研究会。所以，本届论坛是我最后一次主持策划论坛的选题、设计论坛的议程、安排论坛的事务等工作了。

我始终认为，相比会议来说，论坛这个名称似乎更有现代意义和时代特点。所以，起意于1999年在上海召开的"全球财富论坛"、脱胎于2000年在北京举办的"中国律师2000年大会"的"中国律师论坛"，于2001年12月在昆明成功开坛后，"论坛"的潮流便如滔滔江水一样、像星星之火一般，一发而不可收。由此可见，会议变成论坛，绝不仅仅是一个名称的变化，而是一种观念的变更、时代的变迁，更是一种会议形式的创新、会议内容的丰富。更重要的是，我深深体会到，论坛已经不仅仅是一个相互交流的平台，而已经是一种相互交锋的思想，更是一种相互交心的文化。其他行业是如此，律师行业同样是如此。

从昆明开始的首届中国律师论坛，历经上海、广州、合肥、天津等地论坛的不断发展提升，到此次太原的第六届中国律师论坛，我很高兴很荣幸地作为参与者，也作为见证者，既付出了一定的努力，也作出了一定的贡献。最重要的是，收获了喜悦，感受了辉煌。正如我曾经给"中国律师论坛"的四个定位：一个先进经验交流的地方、一个优秀人才汇聚的地方、一个前沿思想碰撞的地方、一个法律文化展示的地方。可以说，每一届论坛、每一次论坛、每一个论坛，我们都感受了豪情，感到了激情，感悟了真情。于是，中国律师论坛就这样成了律师界一年一度的精英聚会，一年一度的思想碰撞，一年一度的经验交流，一年一度的形象展示。

论坛，成就了我的梦想，律师成就了我的人生。

祝中国律师论坛魅力永存、常办常新！

祝中国律师业实力永固、不断成长！

我永远爱你们！我永远想念你们！

再见了，各位律师！

再见了，中国律师！

论坛，是一种文化

——"2006苏州律师发展论坛"开幕式致辞

（2006年9月2日 苏州）

【导语】

2006年9月2日，2006年首届"苏州律师发展论坛"开幕。此次论坛的主旨在于"突破执业困境、促进行业交流"。来自上海、杭州、内蒙古自治区、呼和浩特、江苏、南京等十余个律师协会的领导与律师代表参加了论坛。

应时任苏州市律协协会唐海燕会长的邀请，我参加了此次论坛并在开幕式上作了如下致辞。

各位领导、各位律师、各位朋友：

大家早上好！

很高兴来到苏州这个美丽的城市！感谢海燕会长的邀请！昨天我们在一个被誉为文化之都的城市——长春召开了首期"中国律师圆桌对话"，主题就是"律师文化的萌芽与探索"，今天我想结合论坛与文化说几句话。

首先，作为中国律师论坛的秘书长，我代表中国律师论坛，同时代表中国律师杂志社对"2006苏州律师发展论坛"的召开表示热烈地祝贺！

昨天，深圳律协会长李淳律师说，我不仅仅是中国律师论坛的秘书长，而且还是中国所有律师论坛的秘书长。对此，我还不敢这么说，我也没有这个才能和能量。我就是中国12万律师的打工者，所以，你们永远是我的老板！

好在，"论坛"现在的确已经成了中国律师界一种不可忽视的现象。现在，既有全国性的"中国律师论坛"，至今已举办了5届，今年本月22日至24日，将在山西太原举办"第六届中国律师论坛"；也有区域性的"论坛"，如2003年9月由

"华东律师业务协作经验交流与理论研讨会"更名的"华东律师论坛"、2005 年 9 月开始的"东北三省律师论坛"和最近在桂林召开的"中南律师业务协作会"上，由我建议即将更名的"中南律师论坛"等；还有地方性的"论坛"，如"北京律师论坛""上海律师论坛""安徽律师论坛"与今天召开的"苏州律师发展论坛"等；还有专业性的"论坛"，如 2005 年 12 月在上海召开的"知识产权管理与创新论坛"等；还有各色各样、各显风采的网络论坛，如我们中国律师网的网上"互动社区"等。

所以，"论坛"已经成了我们律师界的一种可喜现象，一种值得关注、值得研究的现象。

在我看来，"论坛"绝不仅仅是一种名称的改变，也不仅仅是一种开会方式的改变。那么，"论坛"是什么呢？

第一，论坛，是一个平台，是一个能够互相学习、互动交流的平台。

在这个平台上，每位与会者、每位律师同行可以带着问题来、带着经验来、带着观点来，围绕管理的困惑和业务的难题，相互交流、相互学习、相互补充、相互完善，从而实现共赢，共同为整个律师业做贡献。

第二，论坛，是一种思想，是一种能够相互交锋、相互碰撞的思想。

思想只有相互交锋，才能变得更加完美；思想只有相互碰撞，才能产生智慧的火花。一个苹果切下去，只有半个苹果；一个思想分开来，则有两个思想。有人说，律师一思考，上帝就发笑。这是因为律师的思维方式与众不同、高人一等。在论坛这个平台上，我们在思考什么呢？我们在思考，律师究竟是只能创造还是只能开发法律服务的市场？律师与市场之间究竟是用价格还是用价值来衡量？法律服务市场是只能独享还是必然分享？如何将法律思维变成执政思维？怎样提高律师自身的法律地位与政治地位？……可以套用这么一句话，我们的市场环境取决于我们的思想境界。"论坛"，就可以为我们提炼思想境界。

第三，论坛，是一种文化，是一种滋润万物、悄然无声的文化。

现在，各行各业都在探讨与研究自己的行业文化。法院系统有法院文化、检察系统有检察文化、公安系统有公安文化，我们律师也应该有自己的律师文化。台湾作家龙应台女士说，文化就是一言一行，就是一举一动。我的观点是，文化就是一种形象、一种载体、一种习惯、一种理念、一种传统，简称"五个一"。文化从何而来？由人化文；文化有何作用？以文化人。文化就是润物细无声、化人悄无形。对一个行业来说，就是内强素质、外树形象。在我们律师业，文化就是心心相印、息息相关、代代相传，就是增强职业认知、行业认同、事业认识和社会认可。论坛，就是展现律师形象、展示律师风采的文化载体。我们可以通过论坛，不断提高管理水平、提升专业水准、提炼思想境界。

以上，就是我对本次苏州律师发展论坛表示祝贺之余的感言，与各位律师共勉。

苏州，是一个很有文化底蕴的地方、是一个很有发展实力的城市，相信苏州律师的发展更有后劲、更有实力！

再一次祝贺你们！

谢谢大家。

规模化是一条漫长的路

——"八方律师联盟"成立周年庆典致辞

(2005年12月26日 北京)

【导语】

2005年12月26日,来自北京、上海、天津、重庆、江苏、辽宁、广东、内蒙古等地八家著名的律师事务所相聚北京,共同举办"八方律师联盟"周年的庆典活动。

据悉,组成八方律师联盟的这八家律所均是所在地区实力强、规模大、影响好的名牌所,每个所的领头人在全省(市)乃至全国都有较高的知名度。共同的信念和追求使他们深切地感到:在中国经济快速融入全球经济一体化的进程中如何更好地为国内外贸易机构和企业提供全方位、宽领域、优质、高效、可靠的法律服务已成为中国律师业发展的必然要求,而通过所际之间开展紧密型、广泛型的业务合作,实现服务地域、服务层次、服务内容上的相互补充,走强强联合之路正是实现这一要求的最好途径。正是基于这样的理念,八家所于2004年12月26日在深圳正式决定组成八方律师联盟。

作为特邀嘉宾,我应邀参加了此次周年庆典活动并致辞祝贺。

尊敬的段部长、于会长,各位领导,各位朋友,亲爱的"八方联盟"的各位律师:

大家晚上好!

说实话,我很高兴、很乐意、很害怕接受这样的安排:让我在这里作为律师的打工者在这个美好的晚上表示我的祝愿。

所谓高兴和乐意,是因为我亲眼见证和部分参与了"八方联盟"的合作过程;所谓害怕,是因为今天在座的司法部、全国律协与有关各地司法厅(局)领导及律协领导都比我更有资格站在这里讲话。

今天是一个伟大的日子,说其伟大,主要是因为今天是一个伟人诞生的日子。

很高兴在这个伟大的日子里，"八方联盟"迎来了成立一周年的庆典之日。为此，我向来对目前媒体关于所谓"年度十大新闻""年度十大人物"等诸如此类的评选，有不同看法。因为，常常是还没到年底，他们的评选结果就出来了。大家说，难道"八方联盟"成立周年庆典这样的新闻，不能入选2005年年度的中国律师界重大新闻吗？

去年的此时此刻，本人曾经对"八方联盟"提出了四个问题，以求共同思考、共同探索。

当时，我提出的四个问题是：一、我们为什么要合？动机是什么？目的是什么？二、我们怎么合？是通过规则合？还是通过制度合？或是通过程序合？三、我们什么时候合？什么时候在名称上合？什么时候有地点的合？什么时候是秘书班子的合？四、我们要合什么？是人合？还是资合？或是心合？

现在看来，这四个问题需要长时间的思考与探索，一时还无法得出明确而清晰的答案。

所以，今天我要向"八方联盟"表示我的四个祝愿。

第一个祝愿：走一条统而不独的路。

有一个细节我需要补充一下：去年我曾应洪超、大进、天举律师之邀，起草了一个"成立宣言"。但后来，做事低调的几位会长认为，"八方联盟"重在做事，不在声势，所以就没有发布"成立宣言"。

尽管这个"宣言"没有公开，但不等于他们没有主张。他们曾经在"宣言"中提出了"九个统一"的制度设计：统一的经营理念、统一的管理模式、统一的运行机制、统一的业务发展思路、统一的质量监督体系、统一的业务收费标准、统一的对外服务标准、统一的对外宣传模式、统一的人力资源培训模式。

在我看来，目前的"八方联盟"还只是一种联盟式的合作，而不是一种紧密性的合并。"八方联盟"的发展形态有点类似于欧盟，是一种渐渐合并的模式，是一种渐渐融合的战略联盟。在这个渐渐合并的发展道路上，就需要保证联盟的统一性，也就是我刚才念到的"宣言"中的"八个统一"，而不能各自为政、各自为战、各自为业。为此，需要加强战略的统筹、策略的协调、信息的沟通。因为谁掌握了信息，谁就掌握了主动权，掌握了领导权，所以，联盟体内部特别需要讲究信息的互通有无和发展的取长补短。

第二个祝愿：走一条独而有合的路。

现在我又要讲"独"的另外一种含义，也就是各自的专业特长、管理特色、发展特征。我希望联盟体在保持各自特长的同时，要有特别的合作。这个合作既有管理上的，也有业务上，还有文化上的。尤其是专业技能上要加强互相学习、互相借鉴、互相弥补，从而达到真正的合作。这种"合"，是在独立的基础上、专业的基础上、个性的基础上的"合"，也就是既有共性，也有个性。

第三个祝愿：走一条合而渐并的路。

"国浩律师集团"作为一个试点，已经取得了公认的成就，但他们走到今天同样也经历了一个渐渐合作的过程。正如罗马不是一天就能建成的一样，规模化也不是一天就能实现的。在未来的岁月中，联盟体需要通过管理上的不断磨合、业务上的不断整合、文化上的不断融合，来实现自己渐渐合并、渐渐实现规模化的目的。我们都知道，在比较彰显个性化的律师业，要从紧密性的合作变成紧密性的合并，显然是一个比较长的过程，是一条漫长的路。

第四个祝愿：走一条并而多赢的路。

在座的各位律师朋友都知道，合并的目的不是为了做大，而是为了做强。合并是一加一大于二，是一加七大于八，是你我双赢，是互利共赢，是同时多赢。将来在联盟体内部，要特别发挥各自的优势和特长，弥补各自的不足和缺陷，完善各自的管理和改革，创造各自的增长点，培养各自的潜力股，不断创新，不断挑战，造就品牌，成就名牌。过去我曾建议就叫"八所联盟"，现在你们决定叫"八方联盟"，我想，这样也好，可以更多地体现开放性。更重要的是，有更多的地域性、专业性。四个直辖市及其他中心城市的地域代表性与八家律师事务所的专业优势，将会为联盟体的发展注入更多的生机。今天，我也很高兴看到，山东琴岛律师事务所也有意加盟。我以为这是一个好现象，也是一个大趋势。在这个大趋势下，有的所想做大，有的所想做强，有的所想做活，有的所想做精，有的所想做好，有的所想做久。前不久，我参加了已成立11年的"长江律师联网"的年会，我深深体会到，做大做强将是未来律师业发展的最明显、最值得注意的趋势。

各位领导、各位律师：我们尊敬的段正坤副部长始终关心"中国律师论坛"的发展，2001年在昆明举办的"首届中国律师论坛"上，段部长首先提出了"我国律师业要四化"的目标和战略。段部长说，对我国律师业来说，规范化是必然趋势，专业化是必然选择，规模化是必然导向，品牌化是必由之路。其实，我今天讲到的四个祝愿，就是对段部长关于"四化"的解读和注释。今年刚好又是我国合伙律师事务所的"规范建设年"，"八方联盟"的成立周年庆典，可能也会为今年的"规范建设年"画上一个美丽的句号。

最后，我想引用一下我在起草"八方联盟成立宣言"中的一段话结束我的发言：

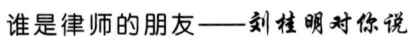

我们生活在这样一个伟大的时代：力求创新而不数典忘祖，力争一流而不标新立异，力创品牌而不好高骛远。

我们又清楚地看到律师业改革面临的现实，行业化管理尚未成熟，职业化架构尚未成形，产业化经营尚未具备，专业化定位尚未明朗。然而，我国律师业发展到今天，我们已欣喜地发现，专业化已成必然选择，规模化已是必然导向，规范化已为必然趋势，品牌化已上必由之路。

在我们的前方，将会有层出不穷的机会，也将遇到意想不到的困难。历史告诫我们，所有的壮举必然伴随艰难险阻；我们回报历史，我们有足够的勇气以及不屈不挠的信念去面对一切。

未来启示我们：远方除了遥远，唯有不灭的理想。

理想昭示今天：理想的实现就在今天的探索与实践。

今天昭示未来：我们的努力和追求终将会被时间所记录、所证明。

祝福你们！谢谢各位！

律师永远是化解矛盾的高手

——浙江星韵律师事务所成立20周年所庆致辞

（2004年11月18日　杭州）

【导语】

2004年11月18日，浙江星韵律师事务所在杭州隆重举行了"星韵律师事务所建所二十周年暨《星韵律师实务精选》首发式"。来自浙江省及杭州市党政、司法机关领导、新闻文化等社会各界人士、部分常年法律顾问单位领导和朋友出席了本次活动。司法部律师公证司、上海市律师协会等单位特发来贺信。

作为特邀嘉宾，我参加了此次庆祝活动并致辞祝贺。

尊敬的各位领导、各位嘉宾、星韵所各位同人：

大家晚上好！

今天我从并不遥远的北京飞来，带来了与各位本地朋友一样的深情厚意，一样的祝贺与祝愿。

下个月9日，就是我国律师制度恢复重建25周年的日子。25年前的那一天，刚刚复建的司法部向全国各地下发了《关于恢复律师工作的通知》，从而正式宣告了我国律师制度的恢复重建。25年来，律师事业发展迅速，律师队伍已从当年的212人发展到14万余人（其中执业律师已达近11万），律师机构已从当年的70多家发展到11000多家。经过律师体制的重大改革与不断发展，在这11000多家律师事务所中，能大张旗鼓地庆祝建所20周年的律师机构，确实不是很多，甚至可以说是很少。所以，作为星韵人的朋友，我衷心地向你们表示祝贺！因为你们的庆典，可以说是一种无法谦虚的骄傲，也是一种无法低调的自豪，更是一种无法掩饰的兴奋和喜悦。

在表示衷心的祝贺的同时，我要向你们表示崇高的敬意。首先，我要向以曹星为代表的老一代星韵律师表示敬意！正是有了像曹星一样老一代律师充满智慧、充满激情、充满牺牲精神的不断探索、不断改革、不断扶掖后进，才有了我国律师业发展的良好开端，有了稳固的事业基础。尽管老一代律师中有的已经退出了第一线，有的已经不在人世，但我还是要向这些老前辈表示敬意；其次，我要向以胡祥甫、沈田丰、吴清旺、任旭荣、斯伟江等骨干律师组成的当代星韵人表示敬意！因为有了像你们一样文化背景和教育背景的当代律师的追求与奉献，才有了20世纪90年代以来我国律师业发展的突飞猛进，才有了今天这样发展迅速的局面；最后，我要向新一代星韵人表示敬意！星韵所的将来就在你们这些30岁以下的年轻人手中。如果要打造百年星韵品牌，新一代律师将肩负重要的使命。我们可以想象一下，当星韵所百年庆典的时候，你们可能还在人世。那天，当年轻人用轮椅推着你在鲜花与掌声中缓缓地走向主席台的时候，全体出席庆典的嘉宾全体起立，美丽动听的音乐缓缓响起……

　　在今天这个特殊的时刻，我还要跟你们说，你们的20年不是一般意义上的20年，是有特别意义的20年。可以说，星韵所的20年见证了我国改革开放的进程，见证了我国法治发展的进程，见证了我国律师业改革与发展的进程。

　　难忘而艰辛而美丽的20年过去了，迎面而来的是更大的挑战，在我们的前方还有更加漫长更加艰辛的路。有人说，"自己说服自己，是一种理智的胜利；自己感动自己，是一种心灵的升华；自己征服自己，是一种人生的成熟"。还有人说，"什么叫成功，成功就是努力把平凡的事情做成不平凡的事情；什么叫成熟，成熟就是努力把不平凡的事情做成平凡的事情"。现在，中国律师取得了一些成绩，获得了一些成功，但离成熟还相距遥远。所以，我要对星韵人乃至各位律师同人，表达我的3个建议：

　　第一，要善于化解矛盾。有人说，宪法是妥协的产物，律师是矛盾的产物。确实，在我们的社会现实中，律师看起来处处充满矛盾。人们羡慕律师，社会却又处处排斥律师；社会需要律师，却又没有赋予律师应有的执业权利；一些法官、检察官看不起律师，却在辞职后做了律师……当然，我说律师是矛盾的产物，未必就完全是这个含义，更重要的是指，律师是化解矛盾的高手。在法治社会中，在市民社会里，律师的确在处理和化解公与私的矛盾、权利与义务的矛盾、甲方与乙方的矛盾方面，能发挥相当重要的作用。

　　第二，要长于解决麻烦。有些官员说律师就是来"找麻烦"的，如果排除其中贬低律师作用的错误认识的含义，我们就发现这种观点还有一定的道理。律师"找麻烦"，找的是小麻烦，是为了避免给社会、给政府、给国家带来更多的麻烦。所以，律师应该长于解决麻烦。但是，律师在解决麻烦的过程中，要处理好几个关系：一是追求社会正义与维护社会稳定的关系，二是履行职业责任与承担社会责任的关系，三是做事的智慧与做人的聪明的关系。

　　第三，要敢于迎难而上。我们永远应该记住，困难是成功的组成部分，没有困难、没有艰难就没有成功。有了一些成绩的律师，有了成就感的律师，特别要对后面的新的困难和艰难有清醒的认识。只有不断地面对困难，克服困难，解决困难，战胜困难，才能不断地成功。成功就需要不断地改革与探索，不断地研究与思考，不断地总结和提升，不断地选择与创新。

　　我们面前还有很长的路要走，北大法学院苏力教授写了一部书，叫作《道路通向城市》，我要说，我们选择的路当然也会通向城市，通向灯火灿烂的城市，通向充满光明、充满希望的城市。

　　再一次祝贺星韵人的生日！

　　谢谢大家！

谁是律师的朋友

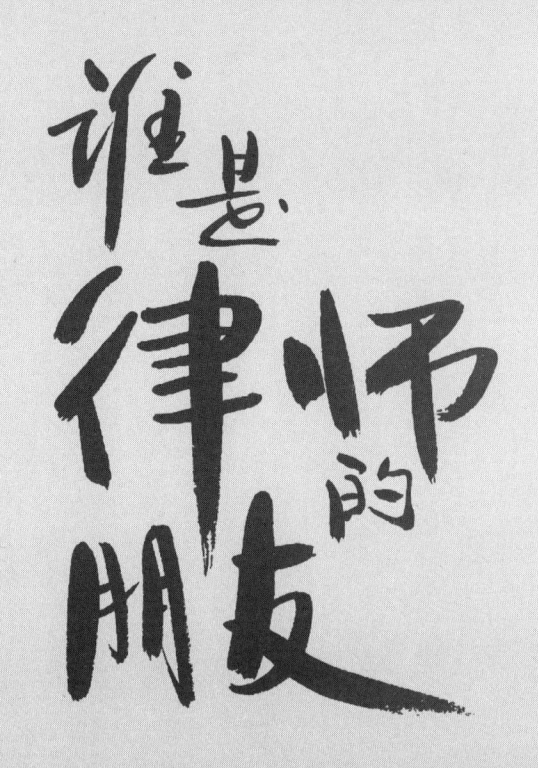

刘｜桂｜明｜对｜你｜说

发言：
说长道短话人生

中国律师的"核"危机是什么?

——京都律师事务所"律师是否有向被告人(犯罪嫌疑人)核实人证的权利研讨会"发言

(2017年5月4日 北京)

【导语】

2017年5月4日,"律师是否有向被告人(犯罪嫌疑人)核实人证的权利"研讨会在位于北京CBD商务区的京都律师事务所召开。

作为特邀嘉宾,我在会上做了如下发言。

各位学者、各位专家、各位律师:

大家好!

首先我要为此次研讨会大大地点个赞,因为今天这个研讨会的举办,实在是太有创意了。这个研讨会由京都律师事务所来发起举办,又实在是太有心意了。因为今天这个研讨会虽然主题是"律师是否有向被告人(犯罪嫌疑人)核实人证的权利",但在我看来,最关键的关键词也就是一个字,那就是"核"字。

可以说,一个"核"字,既道出了中国刑辩律师的心酸与尴尬,更体现了京都律师事务所的责任与担当。京都律师事务所刑辩研究中心将这个既是小问题更是大问题的问题作为研究课题,很有创意,很有心意。所以,今天这个研讨会实在是太重要了。

最近,当全世界都在注目朝鲜半岛的核危机之时,我们今天在这里研究中国刑辩律师是否有向被告人(犯罪嫌疑人)核实人证的权利,这算不算中国刑辩律师的"核"危机?这是不是中国刑诉法的"核"危机?

我国2012年《刑事诉讼法》(以下简称《刑诉法》)第三十七条第四款规定:

"辩护律师会见在押的犯罪嫌疑人、被告人,可以了解案件有关情况,提供法律咨询等;自案件移送审查起诉之日起,可以向犯罪嫌疑人、被告人核实有关证据。辩护律师会见犯罪嫌疑人、被告人时不被监听。"从我作为一个法律媒体人的角度来看,这应该是刑辩律师的基本工作,不应该存在任何问题。但是,现在为什么会是一个问题?为什么会成为问题?我们如何解决这个问题?

现在,我想就律师是否有向被告人(犯罪嫌疑人)核实人证的权利这个问题,从以下三个方面来谈谈我个人的看法。

第一,为什么会是一个问题?

从2012年《刑诉法》增补的这个条款来看,这是基于保障被告人的权利、保障被告人获得辩护的权利、保障被告人获得律师帮助的权利,而特别规定和增补的条款。按常理来讲,这本来不应该是一个问题。但是,现在为什么会成为一个问题呢?

作为一位媒体人,我认为这还是因为中国的文化缺失问题所导致的社会偏见问题,而社会偏见问题又导致了我们现实的尴尬问题。从这个角度来讲,是因为我们现实生活中人权意识的缺乏、律师意识的缺乏、程序意识的缺乏、证据意识的缺乏所导致的。在政治上,我们现在特别强调"四个意识",也就是政治意识、大局意识、核心意识、看齐意识。但是,在当下的法治实践中,我们却严重缺乏人权意识、律师意识、程序意识、证据意识这四个意识。由于我国的传统文化缺乏人权保障的意识,也不强调律师保障的意识。在中国现实中,我们也没有强调程序意识和证据意识的习惯。改革开放之后,中国的法治开始恢复重建时,我们才开始意识到要讲程序、要讲证据。还是刚才张保生教授说得好,刑事证据规则的价值取向,就是保护被告人的利益和有效地防止冤案。所以,这个条款所体现的问题,是一个将决定我国刑事辩护制度能否真正实现、人权保障制度能否得到落实的重大问题。

第二,为什么会成为一个问题?

我非常赞同刚才王敏远教授所强调的,这个问题的出现是因为我们的法治进步了。在1979年《刑诉法》和1996年《刑诉法》中,就不可能遇到这种情况,因为当时的法律原本就没有赋予我们律师这个权利。所以,我们既要看到似乎是退步意义的进步意义,同时也要看到进步意义当中的退步可能性。进步和退步已经兼而有之,所以这也是核实人证问题为什么会成为问题的一个关键。

我觉得,这个问题的出现也可以帮助我们应该怎么看待改革、怎么判断立法、怎么评判一种理论,到底是改革意识还是保守意识。从第三十七条第四款这个条款的增补来看,我们应该感到庆幸,这意味着这个时代已经达到了这一步,我们应该有这样一条彰显人权保障的条款了。法律规定虽然表明，时代发展已经到了这一步，但却还有很多人没有走到这一步，所以就出了问题、成了问题。

为什么我们要说时代已经达到了这一步呢？这里有两个问题，我们需要清楚明白。一是刑诉法设计这一条的本意是什么？二是刑诉法增补这一条的深意是什么？

我想，从刑诉法规定这个条款的本意来看，就是控辩平等。满运龙教授刚才讲到了两种治理模式，我非常赞成。他说，过去的治理模式是控制犯罪，现在我们已经进入到了正当程序这个治理模式的时代了。但是，我们看看社会现实与司法实践，现在很多人还停留在控制犯罪这个阶段，还没有进步到正当程序的阶段。所以，谁进步谁退步，一看便知，一目了然，对比明显，反差强烈。所以，刑诉法设计这一条的本意，其实就是为了控辩平等的法治原则。为了保障辩护人的权利，保障来源于被告人的辩护人的权利，面对代表国家的强大的控方，我们必须强调辩方的权利，必须强化辩方的权利。在刑诉法理论中，这就叫作"平等武装理论"。所以，刚才张保生教授主张，在调查取证权方面，应该是检察官有什么权利，律师也应该有什么权利。

但是，在我们的传统文化中，特别不习惯强调保障被告人、犯罪嫌疑人的权利。在我们的社会现实中，只要是被告人和犯罪嫌疑人，就会被认为是坏人。既然是坏人，我们为什么还要保护他呢？在我们中国，正国级领导人绝对不会想到自己有一天成了被告人，"红二代"也不会想到自己会成为被告人。那么，普通公民会想到吗？其实，对任何一个中国普通百姓来讲，我们都有可能成为被告人、犯罪嫌疑人。从法律角度来讲，我们每个人每个公民其实都是潜在的犯罪嫌疑人或被告人。所以，保护被告人就是保护大家，保护他们就是保护你我。既然是为了保护你我，那就需要一种平等的眼光、一种平等的机制、一种平等的力量。为了给这种制度设计增加一部分力量，就需要一部分专业人士，这个专业人士就是刑辩律师。所以，作为刑辩律师，一方面是受被告人的委托，但同时也是受制度委派去保护他的权利。所谓制度委派，就是指法律制度安排我们律师去参加诉讼，去保护被告人的权利。为了实现这种制度委派的价值意义，就需要特别保障我们刑辩律师作为辩护人不同于被告人的一般的权利。这个权利其实就涵盖核实证据权，这个核实证据权既包括核实物证，也应该包括人证。我觉得，这应该就是新《刑诉法》制定或增补这个条款的本意。

从《刑诉法》增补这个条款的深意来看，就是人权保障，也就是保障一切人的权利。既然是人权保障的需要，就应该既要保障法律专业人士来自于被告人权利的那个权利，同时还要保护作为所有潜在犯罪嫌疑人、被告人的权利。对于这个条文，很多人的认识还没有达到这一步，而且也没有看清这个条款的本意与深意，所以就使律师向犯罪嫌疑人、被告人核实人证的权利，成了一个问题，成了一个难题，成了一个话题，成了今天研讨会的主题。

第三，如何解决这个问题？

我可以从媒体人的角度来说说这个问题，几年前，习近平总书记曾经对我们所有宣传工作者、媒体工作者，特别作了三个字的指示要求，叫作"时、度、效"。现在，我就结合今天研讨会的主题，讲讲刑辩律师核实人证的"时、度、效"。

一是"时"。毫无疑问，刑诉法之所以要增补这个条款，显然这是一个时代的进步，所以我们要看到时代进步的意义。作为一个技术问题，律师向被告人核实人证，肯定也有一个如何把握时机、如何掌握火候、如何选择一个精准合适的时刻，去行使权利实现权利的问题。条文说，"自案件移送审查起诉之日起"就可以核实有关证据，那就说明这个时候所有的证据已经被控方固定。所以，不管是核实物证还是人证，控方应该有这个自信。此时，其实这又成了一个司法问题，一个既是公平又是公正的问题。由此可见，律师向被告人核实人证，既是一个技术问题，也是一个司法问题，更是一个立法问题。对我们刑辩律师和执法机关来讲，其实都很重要。接下来，如果官方要制定司法解释或者实施细则，我觉得应该更多地考虑如何从有利被告人和辩护人的角度，去设计律师核实人证的时机和时候。

二是"度"。毫无疑问，强调这个"度"，首先是高度，意味着我们既要从法治中国的高度，也要从法治社会的广度去看待这个问题。其次是角度，不要以为这只是一个简单条文中的一款，也不要认为这只是一个人的角度、一个个案的角度。所以，我们既要从一个犯罪嫌疑人和被告人的角度去看待这个问题，更要从所有人的角度去看待这个问题。再次是尺度，对于这个问题，我想，我们的司法机关主要是担忧刑辩律师可能把握不好核实人证这个尺度。因为言词证据不好固定，才使司法机关有了更多的担忧。所谓担忧，实际上就是担忧我们律师如何把握是否明确在卷、是否非法取证、是否存在疑问以及对于证据范围、证据种类乃至证据方式即人证核实的方式等方面出现问题。这种担忧当然也可以理解，但是显然又是多余的。其实，这还是因为侦查机关与起诉部门对自己的调查取证行为不够自信。最后是适度，如果在案件侦破与证据收集中能够做到严格规范合法，也就是适度，就不用担心律师核实证据。关键是你要给我们律师这项权利，同时应该放心大胆地让律师去使用这个权利。现在，法律已经将这个权利交给了律师，为什么又害怕律师去使用这个权利呢？

三是"效"，就是效能、效益和效果。我们的法律规定应该执行到什么程度，才能体现法律的价值意义？既然有了这个条款，就应该让律师正常地有效地去核实证据。作为执法机关，你根本不用去担心，你一担心，就意味着这个条款可能是假的，是做样子的，是花架子。所以，对于刑辩律师来讲，所谓核实人证，既是为了核实事实的真假，也是为了核实证据的真假，更是为了核实制度的真假。为了实现法律的价值意义，为了充分地实现人权保障，我们一定要让这个条文成为真的条文，而不是假的条文。由此，我们知道，这才是《刑事诉讼法》第三十七条第四款这个条款带给我们的法律效能、法律效益、法律效果。

最后，我有三个结论想与大家分享与共勉：一是我们一定要知道，这个条款是为了保障权利，而不是为了约束权利；二是我们一定要明白，这个条款是为了规范执业权利，而不是为了限制执业权利；三是我们一定要清楚，这个条款是为了促进人权保障事业，而不是为了管制人权保障事业。

感谢京都！感谢大家！

"心"的保障，就是最有效的司法职业保障

——"司法职业保障研讨会"发言

（2016年12月11日　北京）

【导语】

2016年12月11日，司法职业保障研讨会在北京举行。本次研讨会由中国法学会法治研究所和国家司法文明协同创新中心联合主办，中国法学会法治研究所承办。

作为应邀出席的嘉宾，我作了如下发言。

尊敬的陈光中教授、张文显会长、朱孝清会长，各位专家、各位老师：

大家上午好！

很高兴参加如此高大上的研讨会，原来我经常呼吁要加强律师职业保障，现在看来，司法职业保障也是一个严峻的问题了。

关于司法职业保障，我认为应该包括以下几个方面：第一是有关人身安全的职业保障和履职能力的职业保障；第二是有关权利的保障和福利的保障；第三是有关内部的保障和外部的保障，或者就叫院内的保障和院外的保障；第四是有关言论的保障和行为的保障；第五是有关集体的保障和个人的保障。

在这里，我要特别强调一下集体保障。所谓集体保障，就是指我们作为一个职业，尤其是作为一个单位所应该具备的保障。比如说，近几年在一些地方就发生了不少有关集体保障和个人保障没有做到的情况。几年前，在湖南永州法院，竟然让一个当事人，或者叫所谓的当事人，在一个法官的办公室住了18天！由此可见，法院作为一个集体、作为一个单位，不仅法律的尊严都没有了，连必要的职业保障都没有了。那时，该院的法官对那个当事人都已经低声下气了，都已经没有任何职业尊严的意义了。还有就是河南的李怀亮案件，法院竟然要跟被害人签订所谓必须判决被告人无期徒刑以上的保证协议！大家看看，司法尊严也没有了，职业形象的

保障也没有了。总而言之，就是司法的职业保障都没有了。如此而来，无论是集体的保障还是单位的保障，现实中基本上都没有了。

今天，我要从另外一个视角讲讲司法职业保障，即"心"的保障。所谓"心"的保障，就是从当下不少法官转身去当律师的现象，来谈谈法官检察官的职业保障。现在，为什么有不少法官检察官辞职去做律师？我想，除了司法改革的大环境，是否还有其他原因？我认为，还有一个重要原因，那就是一个字——"心"。也就是说，他们的"心"的保障没有做到，或者说"心"的保障还不够。所以，现在辞职的大多数法官检察官，用一句歌词完全可以形容他们的心态，叫什么？那就是一首老歌所唱到的那样"其实不想走，其实我想留"。可以说，起码我所认识的辞职法官检察官，基本都是这样的。他们之所以说"其实不想走，其实我想留"，是因为他心有不甘、心有不舍。于是，他的心走了，他的心不在这里了。这就说明，我们在体制上机制上，对他们的"心"的保障非常非常重要。

关于"心"的保障，我认为主要体现在以下三个字上：

第一个字是"潜"。所谓"潜"字，是指潜能的发挥。

任何一个司法人员，他的潜能是否得到发挥？因为人的一生其实最成功的不在于得到地位和金钱，而在于他的潜能是否得到发挥。一个人能否真正实现个人的自我超越和自我突破，这才是潜能的发挥。任何一个人，或者说好多人都不知道自己潜能有多大。如果有一种体制、有一个单位、有一个团队，能够让他的潜能得到发挥，他就绝对会死心塌地地在这个地方干下去。所以，我觉得"潜能"的"潜"字，是我们在"心"的保障方面首先要注意的问题。以潜能的发挥来留人，就是一种最有效的"心"的保障。

第二个字是"钱"。这里我说的是金钱的"钱"，就是指薪酬的发放。

毫无疑问，这是一种最基本的福利保障。法官为什么要去做律师？潜能没有得到发挥是一个重要的方面，还有一个重要方面就可能体现在金钱的"钱"字上。如果在薪酬的发放上，无法满足他基本的生活或者是保障费用，他就有可能要另谋生路而跳槽了。现在，我们每个人在社会生活当中都面临着很多的压力，尤其是生活的压力，比如说购房的压力，比如说买车的压力，比如说孩子上学的压力，所有这些压力，其实都是生活的基本需要。如果我们有一种体制能够基本保证法官有尊严地生活甚至是美好的生活，那就基本可以保证法官的"心"的保障。换句话说，如果在给他的薪酬发放方面能够得到保证，那就说明他的福利保障已经得到保证，他当然就不会考虑我要转移岗位、转换频道。所以，我认为"金钱"的"钱"字，可能是一种更加重要的"心"的保障。

第三个字是"前"。这个"前"字,毫无疑问就是指前途的"前"、前景的"前",也就是要有发展前途,要有成长空间。

任何一个人的潜能是否得到发挥,就标志着他个人的发展是否能够实现自我超越、自我突破。马斯洛需求理论告诉我们,当人们在解决了生理需求、安全需求、社交需求、尊重需求之后,就是自我实现的需求了。任何一个人都希望我的天花板大一些,都希望我的前景更好一些,都希望我的前途更远一些。在我们这样一个行政特色比较浓厚的一个体系下,很多人就会追求副庭长、庭长、副院长、院长这样的位置。无可非议,这可能是一个正常的人生目标。但是,这样的目标不是说所有人都能得到的。无论是小目标还是大目标,都是如此。如果无法实现这个目标,他就希望还有替代的目标。那么,还能实现什么目标呢?比如在业务上、在职称上,还有没有一个空间,让他有成就感?在西方国家,他们的法官,可能追求的不是当那个院长,而是当那个法官。因为他们的法官能像刚才陈光中老师所讲的那样,可以依法独立行使审判权和检察权。由此可见,他的前途就在于尽管我辛辛苦苦、兢兢业业、勤勤恳恳,但我很有前途,更有前景。

讲到这里,我就可以总结我的发言内容了。"心"到底是什么?马斯洛的五大需要理论实际上讲的就是"心",就是安全感、尊严感、归属感,我们也可以把它理解成就是获得感、成就感、荣誉感。对一个法官和检察官来讲,尽管我在体制内,拿到的钱、获得的薪酬、得到的实惠可能确实比较少,但我更有获得感、更有尊严感、更有荣誉感、更有归属感。

现在,有些法官觉得我在这里没有归属感,我所主导的案件未必是我主导的,我签下大名的名字说是我的名字,但未必是我做出的决定。

刚才大家发言都讲到了聂树斌案件,我认为聂树斌案件可以作为疑罪从无的经典案例。我们看到在判决书的最后,有一串长长的名字。作为一个被平反的案件,我认为所有的名字都值得历史铭记。可以说,他们每个人在他的人生经历当中写下了精彩一笔,而在司法文明史上他们又写下了精彩的一页。这是一段美好的人生,也是一个美好的回忆。

当然,也有人讲了,聂树斌案前面两份判决书最后的法官名字是不是也要追责?同时,也有人认为不一定要追责。这就涉及刚才何帆法官所介绍的法官履职条例,作为法官和检察官,如何面对,怎样执行,都值得思考与研究。也有法官讲,这样的判决是法官自己做出来的吗?尽管是他的名字,但不一定是他做出来的。所以,一个法官只有能够独立地做出神圣的判决,他才觉得自己的人生有前景。人生有前景的地方,就有用武之地,又有薪酬保证和生活保障,还能使自己的潜能得到充分发挥。在这样的地方，他何乐而不为呢？他为何要转移岗位、转换频道呢？

每个人对金钱的追求只是一方面，但不是主要方面，主要方面还是潜能的"潜"和前途的"前"的追求。总而言之，这就是"心"的保障。如果"心"的保障能够实现，我想我们司法人员的职业保障也就可以实现了。这样的话，他就不会再想我要转移岗位和转换频道，更不会出现法官转换成律师的这么一个所谓的"辞职潮"。

"辞职潮"本来是一个很有争议的话题，但是我们确实看到，司法改革以来，有很多优秀的法官转换频道了，华丽转身了。当然，从法律共同体的建设来讲，他们的转换和转移也属正常。因为有流动，才有法律共同体共识的建成。这种流动，对法律共同体来说其实也是好事。但是，对法院和检察院来讲，辛辛苦苦培养一个人才，可能没干多长时间就成了另外一个团队、另外一个系统的人，多多少少有点缺憾。未来如何让这些缺憾少一点，我们的司法职业保障就应该更加强一点。其他方面的加强都很重要，但我认为"心"的加强、"心"的保障，是一个最重要的加强与保障。

因为心有多大，舞台就有多大。平常人是如此，法官、检察官也是如此。

谢谢大家！

从分配到分享：中国律师的理念转型

——北京天同律师事务所交流活动发言

（2010年11月2日　北京）

【导语】

2010年11月2日，刚刚结束人大律师学院"律师事务所管理研讨班"培训的部分京外律师来到北京天同律师事务所交流访问。应天同所主任蒋勇律师盛邀，我也参加此次见面交流活动。

正式交流之前，应蒋勇主任及现场各位律师之邀，我发表了如下感言。

尊敬的蒋勇主任、亲爱的各位律师：

很高兴与各位律师新朋老友在天同律师事务所相聚，也很感谢蒋勇主任对我的邀请！更感谢你们在交流具体业务和管理问题之前给我这个学习与汇报的机会！

今天我要跟大家交流的一个问题是，在当下这个社会转型期，在我国经济方式正在重大转型的背景下，我国律师如何面对转型，如何实现转型？对今天来到天同所交流访问的各位京外律师来讲，我更需要强调的问题是，在目前17万律师中，我国的中小律师事务所、中小城市律师事务所、中西部地区律师事务所，如何发展、如何转型、如何提升？

离开《中国律师》杂志这几年，作为过去律师界的打工者，也作为现在律师界的志愿者，我曾经利用工作机会见到并走访了许多中小律师事务所、中小城市律师事务所、中西部地区律师事务所，收获很大，感觉不少。

其中一个最大的感觉是，我国律师事务所的发展并不是仅仅注意那些大城市里的大所，而是要看那些中小律师事务所、中小城市律师事务所、中西部地区律师事务所。所以，我的观点是，无论是从"木桶效应"还是从"短板效应"角度看，只有抓住了中小律师事务所、中小城市律师事务所、中西部地区律师事务所的发展，才能有我国律师业的整体发展。因为中国 50 人以下的律师事务所还是占了绝大多数，所以，就需要认真研究和努力探索这个问题。

那么，我们的中小律师事务所怎样才能做大做强呢？

在这里，我要强调的不只是规模做大，另外更重要的是专业做大。其中，通过理念转型，实现新的跨越是重中之重。

在座的各位律师可能更关注一些在业务上和管理上的具体问题，比如说在律师业务收费中如何面对当事人报价。所谓报价，根据实际情况各地肯定不一样。在北京可能是分阶段收费，但对当事人是统一报价。比如说侦查阶段多少、起诉阶段多少、审理阶段多少，各位律师自然明白报价也需要智慧和经验。我相信，你们今天来到天同所交流访问，肯定会有收获的。

我刚才说了，中国律师业的发展只有全面考虑中小城市律师事务所的发展，才有中国律师的整体发展。而其中的短板效应就可能在中小城市律师事务所和中西部律师事务所。当然，我们在一个中小城市比如说海口就无法做成一家规模所。就算是能做到，既不实用也很不容易。但是，在现实中，我们看到要做一家纯粹人数意义上的规模所应该说也很容易。有人说，采取收取摊位费的方式就相对很容易，但这不是理性的发展模式，而是一种大跃进。

说到做大，实际上我国的律师事务所如何做大，已经出现了三种模式。第一种是自然做大，比如说金杜、君合那样的大所，通过自己多年的努力慢慢地做大了；第二种是合并做大，这种做大的律师事务所主要以 1998 年在北京人民大会堂由三家所共同成立的国浩律师集团和上海锦天城律师事务所为代表，后来还有通过合并形成的北京的竞天公诚、金城同达、中伦金通等律师事务所。严格意义上说，现在越做越大的大成律师事务所也应该被认为属于合并做大的模式；第三种是联盟做大，比如说八方律师联盟和中世律所联盟以及由香港吴少鹏律师发起的长江律师联网。这种模式有优势也有局限性，因为联盟之间很难形成一个统一的工作机制。

除了以上三种模式，还有其他模式吗？我认为，在我们无法通过规模做大的时候，另外一种做大的模式就是专业做大，就是通过中小城市律师事务所之间的合作与大城市律师事务所的相互分享实现做大。也就是今天我要讲的中小律师事务所、中小城市律师事务所通过从分配到分享的理念转型，实现做大做强的理想目标。

从分配到分享，看起来是简单的六个字、一句话，但实际上是一个艰难的转型过程。我们做律师的习惯性思维往往是通过这单业务、通过这个平台我能获得多少资源，取得多少收益。不管是实行提成制还是工资制，最终基本上都是如此。现在，我认为我们的观念应该转型了，应该改为我能让多少人受益，能使多少人发展。如果过去我们只关注分配,那么现在我们就要开始关注分享。

我们知道,一家律师事务所发展到一定程度,就会面临一种"瓶颈"现象。我曾经就此总结了一个现象,那就是"三年看稳定,五年看提升,八年看发展,十年看创新"。各位律师可能比我更有体会,尤其做到七八年时,就像爱情婚姻里的七年之痒,更像万米长跑中六七千米时的极点反应。可能有些疲惫,也可能有些困惑,甚至有些想放弃。正如你们这次来北京参加中国人民大学律师学院的律师事务所管理研讨班,原定的50个人指标竟然没招满,据说只来29位律师。为什么人数这么少呢?为什么开设公司上市与并购业务培训班时,报名人数却一超再超呢?后来,徐建院长让我做点宣传工作。所以,我就将招生简章在我的博客上转发了。当时,我就分别取了几个标题:中国律师事务所发展的"瓶颈"在哪里?中国律师如何面对"成长中的烦恼"?

我分析,这次培训班之所以来的人不多,估计其中有几个原因:一是很多人嘴上说重视管理,实际上根本不重视;二是很多不是合伙人的律师觉得律师事务所管理和自己没关系;三是很多律师只关注自己的腰包、自己的分配,未必关怀律师事务所这个团队的未来发展。我原来在团中央工作时,每天面对的预防青少年犯罪工作,应该是一项非常重要的工作。但是,实际上有谁真正重视呢?我曾经概括说,预防青少年犯罪和少年司法工作,其实在许多人眼里是一项"想起来紧要,说起来重要,做起来次要,忙起来不要"的工作。所以,律师协会也说要加强管理,但那是上对下的方式。这次参加律师事务所管理培训班的人这么少,正好也说明了我们律师管理的尴尬现状。

从分配到分享,分配的是金钱,是腰包,是眼前的利益;而分享的则是如何"走出去,请进来",是智慧和经验,是机会和空间。

你们今天来拜访的天同律师所也是一家中小型律师事务所,是一个值得分享的团队。律师业既是一个个性化的职业,也是一个多元化职业。所以,综合所、专业所各具特色。如果自己无法做成规模所和专业所,我们还可以探索别的办法。比如说海口的一家律师所承办了一个案件申请需要再审,但对最高法院关于再审案件的内部运作机制、机构调整情况、具体工作要求乃至法官的工作思维都不熟悉,这时就可以考虑与天同所这样的团队进行合作。这就是一种分享,这是一种业务经验的分享,也是一种工作思维的分享,更是一种研究成果的分享。

据我所知,这几年蒋律师与他们天同整个团队做了不少探索与研究。通过对新修订的《民事诉讼法》关于再审程序的研究,他们提出了一个民事诉讼"准三审"的概念。现在看来,他们的专业研究已经达到了这样一个境界:诉讼非诉化,再审三审化，专业团队化。为此，他们竟然可以将繁杂的诉讼程序简化成一套像非诉讼业务一样的工作流程，他们竟然可以将许多律师同行很头痛的诉讼业务美化成一种快乐的经验分享。而这些正是我本人对天同所特别关注的地方，看看他们装订的案卷。看看他们设计的流程，看看他们制作的文件，你们肯定会有新的发现。（作者注：几年前本人曾为天同所题写了一个嵌字对联，具体内容是：天降天才乃天降，同行同志为同行。其中"降"字与"行"同时运用了中国文字的不同读音）。

我们都在说律师业务专业化，但究竟如何做确实是一个难题。中小城市律师事务所的专业化做起来可能更难，我的观点专业化可以做，但需要学会分享。比如在海口做一个专业的刑辩律师可能很难，这时候就可以考虑跟北京的律师进行合作，北京现在已经有专门做刑事辩护的律师事务所，比如尚权所。而民事诉讼的专业化，同样需要找到相关的专业所进行合作。就像刚才我讲到的，如果我有一个再审案件，就可以交给蒋律师。交给他们之后，你们就不用操心了。有一句老话说，对领导者来说，财散人聚，财聚人散。其中道理就是如何分享、能否分享。这种合作式的分享模式看起来好像自己的钱少了，但实际上自己挣到的东西更多了。正如一个思想通过分享可以得到两个思想，律师同行通过如此合作与分享可以更加快乐，而对当事人来说，心里就更加踏实了。

今天在座的各位律师朋友，相信你们通过这两周在人大律师学院的学习，听完各位老师各路专家的讲座之后，内心触动肯定不少。但是，不能只是触动，也不能光有心动，应该还有行动。这个行动就是以后要努力形成交流式的分享、合作式的分享。不仅是所内律师之间的分享，更重要的是本地律师和北京、上海等大城市律师之间的分享。

总而言之，摆在我们面前的现实是，中小城市的律师所、中西部地区的律师所要做大做强。但是，在现实中，中小城市的律师所做大有难处，就是做大了之后也有难处。当然，大型律师事务所、大城市的律师事务所同样也有自己成长中的很多烦恼。所以，我们常说，中国没有最好的律师事务所所，只有最适合的律师事务所。那么，对我们中小律师事务所、中小城市律师事务所、中西部地区律师事务所来说，做自己适合的律师事务所就是自己最好的目标。

而这一切就需要我们通过理念转型，通过自己过去着重分配到今天着眼于分享的实际行动，就能够做大做强，做自己心目中最好的最适合的律师事务所。祝你们早日实现自己的目标！

最后，我有两个想法向大家报告一下：一是以我们《民主与法制》社为载体组建一个协作式的律师协作网络机制。在我看来，中小城市迫切需要一个协作网络平台；二是准备打造一个中小城市律师发展论坛。今年国庆节，我在南通待了好几天，与当地司法行政和律师协会领导进行愉快的交流。在交流中，我发现一个问题，那就是中小城市律师业怎么发展？现在有关方面是否已经注意到中小城市律师业发展的迫切需要？为此，我们明年将创建一个中小律师事务所发展论坛。

当然，我们不拒绝大所参加和支持。从某种意义上说，大所的参加与支持将更加有助于中小城市律师业的发展。可以说，这也是一种快乐的分享。

感谢天同！祝福各位律师！

新时期律师的社会定位如何把握？

——北京市律师协会座谈会发言

(2009年9月2日　北京)

【导语】

2009年9月2日下午，北京市律师协会就"新时期律师的社会定位"在新办公楼举行座谈会，其目的就在于起草一份能够明确律师定位与律师发展的报告并呈送高层。协会领导及北京部分资深律师与青年律师参加了座谈会。

应时任北京市律师协会张学兵会长的邀请，作为律师界退役的老兵，我也到会并作发言，以下即为我的发言内容。

各位会长、各位律师：

非常感谢学兵会长的邀请！因为你的邀请使我这个律师界的退役老兵又一次可以与各位律师朋友在一起学习与交流了。

在座的各位律师可能不知道，1993年我也差一点做律师了。那时候，我是一名记者，但是后来一不留神却没做成律师。我要做了律师，估计跟今天在座的各位大律师都是差不多年限和资历的律师。

今天我就从刚才周塞军副会长发言中所表现出的担忧和学兵会长关于中国律师30年的阶段划分开始说起吧。

刚才塞军说，他对家力的发言有一个担忧。他说如果律师作为一种社会力量，如果更多地投入到政治力量当中去，可能会出现两种情况。一个是会使律师的发展方向走偏，另一个是可能会使管理者有些担忧。学兵刚才把中国律师30年分成了前后两个15年的阶段，一个15年是恢复建设期，另一个15年是发展期。

作为一个已经退役的老兵，我也说说我的观点吧。当然，作为个人来讲，我尽管离开律师界了，但是我的眼光一直没离开律师界。因为我跟律师的感情确实很深，将来我的工作可能还会发生变化。发生变化以后，我相信我的关注点肯定还是不会离开律师。现在，我先回应一下塞军和学兵两位协会领导的观点，尤其是针对学兵的发言，我要说一下我的不同观点。

在我个人看来，中国律师这30年应该分为四个时期。

第一个时期，恢复重建期（1979~1986年）。为什么叫恢复重建期呢？那时从律师协会到律师事务所基本上都属于恢复重建阶段，最后是以全国律师协会的成立也就是1986年为标志，恢复重建工作算是告一段落。另外，合作制的试点从1986年开始，1984年有一部分律所是一所两制，但真正开始改革的标志应该是1986年。律师事务所的名称统一规范是1985年开始，但1983年就开始有了第一家"律师事务所"，此前都叫"法律顾问处"。所以，1979~1986年更适宜叫恢复重建期。

第二个时期，探索实践期（1986~1993年）。律师业不断发展的标志之一，是如何不断发挥律师个人的主观能动性和积极性。那个时期都是国资所，其优势在于因为都是政法工作者，都是国家干部，工作上没有任何困难，也不存在现在的会见和阅卷等困难。我曾经在律师事务所实习过，对此有深刻的认识。但是，为了有效地调动律师个人的积极性，所以，1986~1993年许多律师事务所都面临一个如何改革的问题，有一部分律师事务所开始走向合作所改革。但是，在1986年开始试点、1988年全国推行的过程中，大家发现这样一个问题：律师事务所财产的归属和财产分配如何界定？这是律师业改革中的标志性事件，如果都是国家法律工作者，律师如何为社会提供法律服务？这样，在探索实践当中就面临许多难题。因为既要解决过去的老问题，又要解决眼前的新问题，所以这个时期就叫探索实践期。

第三个时期，改革发展期（1993~2000年）。中国律师业真正获得突飞猛进的发展，实际上就是从1993年年底开始的，或者也可以说是从1994年开始的。大家可能还记得，律师管理模式的创新、律师协会的发展、律师事务所乃至律师身份的变化都是在这个时期发生的。为什么说这个时期是改革发展期，是因为主要有以下几个标志：一个是关于律师业务的政府推动，从1993年、1994年开始，律师介入上市公司业务的法律服务就完全是靠政府推动的。如果没有政府推动，靠律师个人推动显然很难。也正是因为有政府推动，才使律师业获得了令人心跳的发展机会。第二个标志就是1996年《律师法》，我们努力了这么多年，终于在1996年有了一部《律师法》。当然，大家在欢欣鼓舞的同时又发现了一些问题，那就是律师定位又出现了新的问题。如果说过去是国家法律工作者，这时候就变成了社会法律工作者。深受国家体制束缚的律师一下子获得了思想大解放，不管从哪个角度讲，更使律师业获得了重大的发展机会。现在的优秀律师事务所乃至实力比较强的律师事务所，基本上都是在这个时期成立的。

第四个时期，反思提升期（2000~2009年）。所谓反思，塞军副会长，你知道2000年的情况，那时你还在部里当官。2000年，全国的律师又面临一个重大问题，那就是律师定位一下子又发生了重大变化。如果说在上一个时期，律师是从国家法律工作者变成社会法律工作者，那么这时候律师已经变成了中介法律工作者。当时，国家给律师事务所界定为中介机构，要求所有自收自支的国资律师事务所脱钩改制。这对发挥律师主观能动性来讲，当然是一个非常好的机会。但是，过去律师得以上行下行的渠道却打断了，也就是律师职业转换已经没有任何渠道了。原来贵州司法厅有一位副厅长叫王心海，他就是因为曾经在国资所当主任才有后来走上领导岗位的机会。现在，我们的律师就已经没有这样的机会了，所以大家都在反思这是什么？律师究竟能做什么？律师作为一个群体如何发展、如何提升？在这一阶段、这个时期，律师界对律师制度的反思开始有了重大变化。根据我个人的工作经历，也就是在这个时期，我们策划创办了"中国律师论坛""中国青年律师论坛""法学与法治巡回讲坛"，同时还创办了"全国律师电视辩论大赛"和"中国律师网"。我是1995年底到《中国律师》杂志任职的，前5年基本上忙于考虑杂志社全体工作人员的饭碗问题，也就是解决杂志社的生存问题。接下来，就要考虑杂志的可读性问题、版面美化问题，到了第三阶段则考虑杂志如何提升、如何壮大自身实力的问题。那时，我们做了很多调研，搞了许多经营活动。从2000年开始，我们觉得应该开始为律师业打造一个能够交流、交锋、交往、交心的平台。这样，中国律师论坛这个平台就是在这段时间、在律师界整体反思律师事业如何发展的时候诞生了。

学兵会长刚才在会议开始时提出了新时期律师的社会定位问题，我觉得这是一个非常好的选题，也是一个非常好的课题。学兵会长刚才讲，这样的课题可以由北京律协做，但更应该由全国律协做。我反过来也要讲，这样的事情可以由全国律协做，但更应该由北京律协来做。全国律协要考虑东西差距、大小城市差距、南北差距、新老差距，他们如果研究这个问题，需要顾及的方面更多。所以，由北京律协来攻关这么一个课题，我觉得可能更合适。不管有没有机构资助，如果没有机构资助，北京律协也完全可以而且应该投入这笔钱去做这个事情。因为做好这件事情，首先会使北京律师受益，更多的是使全国律师受益，当然更应该让未来的中国律师受益。在座的家力律师（北京隆安所主任徐家力）和李庆律师（北京尚公律师事务所主任李庆）都从事过律师管理，而且都在各自的律师团队中积累了很丰富的实践经验，也都有很多自己独特的思考成果。前两天，顾培东在第八届中国律师论坛的发言中也谈到了律师管理和律师发展中的新问题，归根结底就是要解决今天谈论的新时期律师定位问题。我非常赞同李庆律师讲到的不要就律师谈律师，我们做出的这个课题报告出来以后，因为有机会直接送到高层，由此决定我们做这份成果就不仅仅是给社会看的，也不仅仅是给学者看的，更重要的是给高层看的，也就是说给决策层看的。

在我个人看来，我们做这个课题报告一定要把握以下几个视野。

第一，现实性。律师业目前发展的现实性一定要考虑到。所谓现实性，就是政府对律师非常担忧。前两天司法部主要领导有个讲话，说律师要"讲政治、顾大局、守纪律"。细心的观察者注意到，这个表述跟张福森同志在任时提出的16个字不太一样。张福森部长当时提出，律师要"坚持信念、精通法律、维护正义、恪守诚信"。同时他还曾经提出过一句口号，要让律师"请得到、请得起、信得过"。这次她提出的"讲政治、顾大局、守纪律"这个表述，是不是合适我不便表态。但是，我们都听到了一些不同意见。为此，我们要看到这种现实，我相信司法部领导不是非得这么讲，她肯定也看到了我们现在面临的大局问题，严格意义上讲就是党的一元化领导。这里既有传统也有现在，而现在的律师界也是一元化问题，也就是刚才塞军律师讲到的如何面对一元化，实际上律师应该是多元化发展。所以，这个报告首先就是要解决现实性问题，不要仅仅站在律师角度上看律师，还要站到更高的角度说看律师。不仅要让高层对律师不但有信心，同时还要让律师放心，我们报告里就需要提供与此相关的各种各样数据和理论。

第二，前瞻性。我们做这个报告，更重要的是要着眼中国未来律师业服务的，也就是未来几年内，北京律师乃至中国律师应该发展到什么程度。我认为，这个发展程度不仅仅指的是律师业务，也不仅仅指的是律师管理，更重要的是分析和研究律师职业转换的上行与下行渠道和律师职业的进入与退出管道问题。千万不要只是预测哪一年我们将发展到多少律师、多少家律师事务所。

第三，理论性。不管是讲现实性，还是讲前瞻性，我们要做出的这个课题、这个报告，不是仅仅满足领导提出的口号问题，不能完全仅仅呼应现在领导提出的要求，还要有理论性，要有非常深厚的理论支撑、理论体系、理论框架。

从这三个角度来讲，我认为我们的报告要解决四个问题。五年前在中国律师业全行业进行了一次教育整顿活动，当时北京律协也开了会，我在会上讲了一个观点，会议最后编了一本书，叫《北京律师论职业观》。现在看来，这本书编得很好，当然不是因为这本书里有我当时的发言，更重要的是有律师的共同思考和研究成果。我当时在发言中谈到了关于律师的定位，我没谈律师是什么，但我谈了律师不是什么。

我的观点是：

第一，律师不是官。如果律师能像过去国办律师事务所那样，就可以成为法官，成为检察官，成为政府官员。但现在这种可能性非常小了，甚至可以说已经没有了，所以说，律师不是官；

第二，律师不是家。按照法理，律师是当然的法律人、法律家，也是当然的法律共同体成员。但是，在现实中，我们看到，执业律师却无法真正融入法律人共同体或者叫法律职业共同体；

第三，律师不是师。为什么不是师？所谓律师，现在有教师、老师、导师、牧师，律师应该是什么？顾名思义应该是法律的老师，但是现在谁认可律师是法律的老师呢？如果有人认可律师为师的话，那就只有媒体。所以，律师对媒体一定要抱着宽容的态度。律师事业发展到今天，如果不靠媒体，可能一点作用都没有。律师不是师，但如果某个律师是学者，是兼职律师，大家就会认可他。如果不是就好像吃不开，尽管现在社会上有议论教授当兼职律师这种现象，但教授当兼职律师地位很高确实是一个现实。当然，律师兼职当教授的也大有人在，但是好像人家不重视你兼什么职，而只是注重你的专职；

第四，律师不成行。也就是说，目前中国律师业还没有真正完全成为一个行业。既没有标准的行业管理，也没有规范的行业伦理，更没有行业的独立地位。

今天我们讨论"新时期律师的社会定位"，综合以上分析，我个人认为迫切需要解决以下四个问题。

第一个问题，要解决从定性到定位的问题。

谈定位之前，我们要谈定性，谈律师的属性问题。律师的属性应该是多元化的，首先，就是律师职业的政治性。刚才家力讲了很多，在美国这样的国家，尽管政治从来没有成为口号，但是律师政治性显然是谁也不能否认的。无论是律师担任总统，还是担任州长或者参议员，都突出了律师的作用。中国讲政治，其实哪个国家都讲政治，只不过我们可能说的多做的少，作为律师这么一个行业，要具有政治性。第二是律师职业的中介性。大家知道律师的中介性，在市场经济社会当中反映得比较明显。有人说律师是市场经济的润滑剂，说的就是律师职业所具有的中介性。第三是律师职业的社会性。我们讲律师是为社会服务的，社会性应该是律师最大的属性，或者说社会性和中介性是律师最大的属性。第四是律师职业的专业性。不管我们怎么说来说去，律师职业更重要的属性在于其专业技巧、专业思维。

从这"四性"来看，政治性是律师的高度；中介性是律师的长度，可前可后、可左可右；社会性是律师的广度；最后是专业性，这是律师的深度。所以，从定性来讲，在我个人看来可以从这四个方面进行研究。

因为有了定性，我们再来看看律师的定位。从《律师暂行条例》和《律师法》中，我们看到了律师的定位变化。开始是国家法律工作者，后来是社会法律工作者，《律师法》修改过程中又过渡到中介法律工作者。2007年版《律师法》中的定位叫什么呢？是带有自由职业性质的法律工作者吗？但谁也不敢说，谁也没说出来，为什么呢？可以说，无论是从语言规范还是从立法定位来讲，2007年版《律师法》都是最好的一部《律师法》，尤其《律师法》第二条关于律师的定位和职能，是最好的一个法律定位，那就是"为当事人提供法律服务的执业人员"。其中"当事人"三个字，无疑是这部《律师法》当中的点睛之笔。过去如果说律师是在天上，但后来作为社会法律工作者，律师一下子就掉到了海底。1993年蔡和斌做律师（现北京地平线律师事务所），放着在部里当司长的机会也不要，当时好多人还很不理解。大家觉得你怎么能当律师呢？类似情况还有很多。学兵会长当时好像在国办所，情况可能还好一点。1996年版《律师法》对律师社会角色的定位就是呼应了当时的改革。

从那时到现在，律师的定位发生了这么几个变化，先是国家的、后是社会的、再是中介的，最后到2007年《律师法》，其中的定位最好。我们说到的"当事人"，有自然人也有法人，既有公权力也有私权利的。可见，当事人的多样性显示了律师职业表现的多样性。再直白地说，有什么样的当事人就有什么样的律师。有人担忧《律师法》怎么没有把公职律师和公司律师写进去了，实际上"当事人"这三个字已经包括了公职律师和公司律师。《律师法》第八条说"公务员不能兼任律师"，但是作为律师，如果为政府、为国家服务的时候，他就是公职律师。尽管不是公务员，但当他代表国家当公诉人时候，他就是为政府服务的，这时候他就是政府法律工作者，因为他的当事人就是政府。"当事人"这三个字由此概括出了一个新的定位，那就是我们现在说的自由法律职业者。

建国60年以来，中国人对自由实在有点害怕，以为自由就是一切没有制度的约束，以为自由就没有任何管理。其实自由才是律师执业的多元标志，其自由性表现在几个方面，也就是律师定位从其四个属性出发，应该能够概括出四个定位：第一是政治人。律师可以成为人大代表、政协委员，这些人就是为国家服务，他们的当事人就是国家。香港律政司司长说，我原来是大律师，我就服务于我的当事人。当了律政司司长以后，全香港人都是我的当事人。律师也是这样，当你站的位置越来越高的时候，你的当事人就越来越多，只不过不是协议上的当事人，而是工作职能上的当事人。当然，如果所有人都参政议政，都当人大代表、政协委员，很显然不现实。第二是经济人。在市场经济当中，律师是最活跃的中介人。无论是参与谈判还是参与签约，无论是为政府服务还是为企业服务，都是重要的中介因素。第三是社会人。你可能没有进入高层，也可能在市场经济当中未必做了多大贡献，但你可以为社会做出更大的贡献。美国有一百万律师，我曾经写过一篇文章，其中我把美国律师分成八个方面，我概括成"美国律师八路军"。有些律师去当议员，也有些律师去当议员助理，一个议员后面往往有 5~8 位律师为其服务。这么多律师有的是为政治服务的，有的是为市场经济服务的，还有的是为整个社会服务的。广大社会需要大量的律师，还包括穷人、公益事业所需要的律师。在美国，作为社会律师，收入很高，但时间不稳定。作为政府律师，收入过低，但工作时间也是固定的。所以，有些人不想这么累，就去做政府律师，因为做社会律师太辛苦了。当然了，不管讲政治人、经济人、社会人，更重要的一条是律师是法律人。第四就是法律人。不管从哪个角度讲，律师职业最终要落实到法律思维上，比如逻辑思维、程序思维、规则思维等各种各样的情况。

现在，我想从法律人的角度对律师这个职业做如下概括。首先，律师应该做建设性的反对者。律师面对党和政府，尤其一元化领导的现实，律师一定要做建设性的反对，因为任何一个人都希望听到建设性和补充性的意见。例如与其一上来就说，我反对在座的彭雪峰律师的观点，就不如说彭雪峰你的观点很好，但是我要对你的观点做点补充。对政府也是这样，尽管政府的决策可能有各种各样不周到的地方，作为律师来讲，从法律思维角度我要反对你，但我不是一概的反对，我要提建设性意见，要让高层觉得律师是有高明见解的人。第二律师应该做专业性的批评者。我们所有的批评，不是人为的说我喜欢你、不喜欢你的观点，而都是从专业性角度、从法律思维角度去批评你。第三律师应该做客观性的思考者。我认为，律师对公共事件进行评判时，一定要脱离自己的案件和自己的当事人，这样才能做出客观性的思考与评判。第四律师应该做前瞻性的研究者。现在，我们经常说新时期，但对"新时期"却没有准确定位。其实，不如说现在中国面临极具发展潜力的转型期。从这个意义上说，此次会议所说的"新时期"，我理解就是"转型期"。那么，我们要探讨"转型期中国律师的社会定位"，就要看到前瞻性，要提建议，要提方案，既要有现实性和理论性，同时又要有前瞻性，要有前瞻性的研究成果。

第二个问题，要完善从职业到职能的问题。

为什么呢？职业是什么，大家都知道，说实话，在座各位资深律师基本上都是从别的行业跨到律师行业的。但是，在座的刘辉律师他们这一代，也就是 1975 年以后出生的那一批律师基本上从学校到律师行业的。对他们来讲，律师首先完全是一个职业，大学毕业了必然要选择一个职业，也就是先选择一个饭碗，那时可能并没有太多理想。李庆律师他们都是为了实现更大理想才进入律师行业的，律师是360行中的一行，但是我们又不能仅仅把它看作一个职业。律师作为职业与其他职业有很多不同的属性，比如说跟装修等职业就有很大的不同。律师不应该是一个匠，而是一个"师"，法律之师，专业之师，道德之师。尽管现实中还不是"师"，但是我们说追求的就是"师"。《律师法》中给我们的职业定位，就是接受委托或指定为当事人提供法律服务的执业律师。

接下来就是职能，《律师法》给我们的职能是，"维护当事人合法权益，维护法律的正确实施，维护社会的公平和正义"。中央领导讲，律师是"中国特色社会主义的法律工作者、经济社会又好又快发展的服务者、当事人合法权益的维护者、社会公平正义的保障者、社会和谐稳定的促进者"。那么，"社会主义法律工作者"到底包含哪些因素？所以，我们需要往里面填东西，也就是我们律师还能做什么，不要一味地反对，要进行补充和完善。在我看来，不管是几个"者"，我觉得，第一件事情是能为国家做什么，这就是政治性。第二件事情是能为政府能做什么，所谓为政府分忧，刚才家力讲了好多类似的例子。如果有律师介入，应该比政府思维、官场思维更有效。我经常讲律师是化解矛盾的高手，为政府分忧，律师作用更大。第三件事情是能为社会做什么，尤其是能为社会公益做什么。最后，要落实到自己的当事人，能为自己的当事人做什么。当然，律师也不仅仅为当事人服务，在某个业务当中当然是为我的当事人服务，但是又不仅仅为我的当事人服务。从《律师法》第二条第二款的逻辑结构来讲，通过我律师维护当事人合法权益的工作来维护法律的正确实施，通过我维护当事人合法权益来维护法律正确实施，最后达到维护社会的公平和正义。从职能上讲，为国家、为政府、为社会、为当事人服务，首先是为当事人做好工作，然后为社会做更多事情，当然也包括社会法律服务，为政府、为国家，这是一个层层递进的关系。

第三个问题，要看到从评价到认同的问题。

刚才李庆律师讲到现实对律师的某些错误认识，在短期内我们无法改变，或者说你也没必要指望改变。美国律师业应该很发达了吧，但美国律师受到的讽刺和挖苦同样应该是最多的，这就说明美国的现实也是这样，说明律师这个角色要受到的讽刺、挖苦乃至负面反映在短时间内很难消除。

在我们中国有三个传统：第一是很多事情不愿意公开。公开是原则，保密是例外。第二是不喜欢辩论，或者不喜欢有反对意见。律师这个角色首先是辩护角色，所以律师最早叫辩护士，社会把律师理解为一面性，是反对者、辩护者。在我们的传统里是不喜欢反对的，比如领导说了，其他人就不好反对。不喜欢公开又不喜欢反对，这是一个现实。第三是不喜欢公开的辩论。尽管我们没有辩论的传统，但我们要客观地看待律师的辩论角色。现在许多当官的只有在接受律师的服务以后才觉得律师不错，才对律师非常感恩戴德。同样，接受律师服务的当事人对律师也是感激不尽。我经常看到这种场合，尽管我现在不在律师界，但是感同身受的东西还是有。不管政府评价、社会评价还是职业评价如何，同样都有很多负面东西。有些人认为律师很有钱，我说不错，有一部分律师确实很有钱，但是还有很大一部分律师没有钱啊。律师和官员不一样，尽管官员不断的出事，但是大家还是认为官员是讲政治的、是有作为的。如果一个律师出事，大家就会觉得律师不行了。假设一个月内北京三个律师出事了，有人可能就说北京律师不行了。从比例来讲，律师出事的概率是非常低的，跟官员相比出事概率低多了。官员不断出事，人家顶多说这个官不行，而不是说官员这个群体不行。我常常说，律师是一个看起来很美、说起来很烦、听起来很阔、做起来很难的职业。当然了，北京有钱律师不少，但是北京也有很多律师连房子都租不起，可惜社会看不到这些律师。社会上看到的律师往往只是一方面，莺歌燕舞的律师有，但是加班加点的律师更多。我们要客观地看待这个问题。从评价到认同，也就是律师要得到社会、政府乃至高层认同，还需要很长时间。

第四个问题，要明确从地位到作为的问题。

大家都知道这样一句话，要想有地位必须有作为。律师要做出更多的事情，让我们看见，让我们的高层看见，让我们的社会看见，让我们的弱者看见。关于律师的地位，我们现在讲，高层给律师的定位在哪里，我们就是在那里。如果说定位是解决律师是什么的话，那么，地位就是解决律师在哪里的问题。现在，社会上和媒体中讲到的"新阶层"应该不是律师全部定位的标志，同时也不是律师全部地位的表达。我们一定要告诉高层，律师这个行业是一个多元化的行业，律师有很多种，将来律师的发展、律师的表达、律师的专业表现也是各种各样的。从律师这个群体来讲也是多元化的，但从律师角色来讲，律师又是个性化的。所以，从角色上、专业上讲是个性化的，但从整个行业和角色表现来讲又是多元化的。律师既有多元化的一面，也有个性化的一面。但是，我们要避免一个问题，在地位和作为当中，我们要做好社会管理问题，做好社会管理的前提是做好自身的管理、律师所的管理、行业的管理。我们在管理方面做了哪些探索，然后才能谈社会管理。所以，律师首先是社会管理人才的资源库。顾培东教授讲律师是政治人才的后备库，我非常赞同。

那么，我们律师究竟应该有什么作为？我认为，一是要在管理上有所作为。作为管理人才的资源库，律师可以做企业家，律师可以做政治家，这是管理人才。二是要在立法上要有所作为。有一年南京有一个律师跟工商局打官司，既算公益诉讼，又算行政诉讼，最后打赢了。通过这种事情促进立法，对律师来讲这些工作是完全可以做的。三是要在普法上有所作为。律师通过自己的执业行为已经做了很多普法工作，但我们一定要意识到，我们普及的不仅仅是知识，更多的是普及一种精神和理念。四是要在服务上有所作为。律师为社会、为国家、为政府、为个人提供多少服务，要争取取得更多的成绩。

从这四个角度来讲，一定要让决策层领导在报告中看到，我们正在纠正一种倾向，比如说律师业务发展的市场化，但市场化又不等于商业化。现在不少律师对政治比较淡漠，但是又过于商业化。所以，市场化是一个发展方向，但是又不等同于商业化。同时，专业上的个性化是一个发展趋势，但这种个性化绝不是个人化。一个律师可能不是会长、不是理事，但是一个律师足以代表一个行业。同样，我们强调多元化，但这种多元化并不等于社会化。我们为国家、为政府、为社会、为当事人服务，这是一种多元化的服务模式。但我们更要突出律师多元化的发展模式。

总而言之，言而总之，我希望这份报告既要有理论基础，还要有现实把握，更要有政治眼光。我相信北京律师应该能做好这样有高度的报告，这样的报告做出来以后全国律师都能受益。到时全国律师都会感谢你们，我相信你们能够做好这件事。

感谢北京，感谢北京律师，感谢大家！

律师的资本是什么？

——"律师在法制建设中的作用"研讨会发言

（2009 年 4 月 20 日　北京）

【导语】

2009 年 4 月 20 日上午，由当时的中国法学会案例研究专业委员会和荷兰乌特列支大学法学院联合主办的"律师国际法培训"在北京师范大学京师大厦正式开班。同时还召开了以"律师在法制建设中的作用"为主题的研讨会。

我应邀做了发言，以下即为我发言的内容。

尊敬的高铭暄教授、各位国际友人、各位律师朋友：

大家上午好！

今天的发言，我之所以愿意站着讲有两个意思，一是表示对各位的敬意，因为你们都是专家；二是欢迎大家给我拍砖，因为我的观点不一定正确，你们可以把我当作一个靶子，然后把砖头或者鞋子扔过来。当然，我这样站在这里也有利于在你们扔鞋子的时候，我能够第一时间看见。因为等你们扔过来的时候，我已经像布什总统那样头一偏，就躲过去了。

刚才，王公义主任已经为本单元的主题定好了一个调子，那就是律师职业的正确定位。实际上，我们今天上午要探讨律师在法制建设当中的作用，首先就要考虑律师究竟是什么。因为这个题目只是告诉大家，律师能够做什么。所以，我们在今天要思考的律师能够做什么的前提下先要思考律师是什么。

关于律师是什么，也就是律师的定位。大家都知道，律师的定位有很多，有文学的定位，有社会的定位，有民间的定位，有官员的定位，还有其他各个方面的定位，我想定位还有很多。但是，我们今天在这里首先一定要了解一下我们法律的定位是什么。律师如果从社会角度去看，一个是天上的律师，一个是海里的律师，一个是地上的律师。所谓天上的律师，那是律师制度恢复重建时，律师可以穿着警服，带着手铐去跟犯罪嫌疑人见面。但是，从1993年以后，那个时候的律师感觉一下子从天上掉进了海里。那个时候所谓的下海就是从1993年开始的。到了1996年，我国第一部《律师法》给了律师一个法律的定位。如果说1980年的《律师暂行条例》规定律师是为国家提供法律服务，是国家法律工作者的话，那么到了1996年的《律师法》规定律师是为社会提供法律服务，也就是到海里当律师了。

但是，当我们每个人不管是学者还是律师，我们发现其实律师既不仅仅是天上的律师，也不仅仅是海里的律师，其实还有离我们最近也是最直接的律师，那就是地上的律师。只有全部包括天上的、地上的和海里的律师，才是最合乎现实也是概念最完整的的律师。这就是到2007年《律师法》修订以后，给我们带来的关于律师的重新定位。这个时候的律师已经变成"为当事人提供法律服务的执业人员"。大家不要小看"当事人"这三个字，所谓"当事人"，既不一定是国家，也不一定是个人，但是却有可能是国家，也有可能是个人。也就是说，我们律师传统的地位是为私权利服务的，就是为老百姓、为社会服务，这只是一个方面的概念。其实，律师既有为私权利服务的律师，也有为公权力服务的律师。可以说，因为"当事人"的多元化，自然而然地就带来了律师定位的多元化。

比如说担任公诉人的律师就是公职律师，或者说是政府律师。我们注意到新的《律师法》第十一条规定"公务员不得兼任律师"，实际上这个条款就是为了律师能够担当检察官铺设通道。因为律师尽管不是公务员，但可以担任政府律师。大家想想，在那些法制发达国家，确有一些功成名就的律师，后来去担任法官、检察官，为公权力服务。我们也可以努力与国际接轨，这部分为公权力服务的律师就是代表国家利益的。所以，我想律师的定位，实际上是来自于当事人，有什么样的当事人就有什么样的律师。我认为，如果是接受委托，就可能是为私权利服务。但是，如果是接受指定，那肯定是为公权力服务。

今天研讨会的主题主要是讨论律师能够做什么，我国《律师法》第二条事实上就已经告诉大家律师应该做什么。那就是，律师应该"维护当事人的合法权利，维护法律的正确实施，维护社会的公平和正义"。这个条文说的是律师应该做什么。

在我看来，律师究竟能够做什么，我们可以分三个层次来理解，第一个层次是至关重要的，它明明白白地告诉你就是第二条第二款的第一句话，也就是律师首先要维护当事人的合法权益。我们为作为"当事人"的他或者她服务，不是为坏人服务，而是说为这个人服务。如果说他真是坏人，那么就是把他当成一个人的"人"去为他辩护。所以，在我们的社会中，任何一个人，当他的权利受到侵犯的时候，他都有权利获得法律帮助。我们律师就是在这个时候去帮助他的人，也就是在这个时候为他说话的人，我们这个时候首先要考虑的就是维护他的合法权利。实际上，我们维护他的合法权益的同时就已经初步达到了一个目的，也就是达到了维护法律的正确实施的目的。

在我看来，在这三个层次中，维护当事人的合法权益是律师的本职工作。当然，我们还有第二句话，也就是第二个层次，要维护法律的正确实施，这是我们律师的专职工作。但是还不够，我们还要进入第三个层次。我们律师除了要以自己的专业智慧和专业技能做好专职工作，维护法律的正确实施。我们还有一个更重要的使命和责任，那就是维护社会的公平和正义。这是我们律师的天职工作，也是我们律师执业的最终目的。因为我们律师所有的工作最终就是为了维护社会的公平和正义。

如何既做好本职工作，同时还要做好专职工作，更要做好天职工作，案例就是一个非常重要的标志。所以，今天我想谈的内容是，第一点律师是什么，第二点律师做什么，第三点我就要谈谈律师怎么做。

我们大家都有这样一个共识，一个没有打过官司的律师，就相当于一个没有上过战场或者说是一个上过战场但没有机会开枪的军人。一个大律师一定是要经过法庭锤炼才能成就的大律师。作为一个律师，我们永远是跟案例密切相关的。案例就像一个将军的战绩，就像一个学生的成绩，就像一个政客的政绩，就像一个商人的业绩。你们说，一个从来没有跟案例打过交道的律师，那还叫律师吗？由此可见，案例对发挥我们律师在法制建设中的作用是多么重要。

那么，我们如何通过我们的案例达到我们的目的呢？在我看来，我们律师可以在以下四个方面发挥巨大作用。

第一，通过从个案到名案来达到影响性。

大家都知道，我们每天都会发生不同的个案，都会出现不同个案的当事人。我们如何通过个案来推进法治的进程，是我们必然要考虑的现实问题。在这些个案中，既有一般的个案，也有像全国律协每年评出的很多具有影响性诉讼的个案。当然，现在还经常碰到很多特别的个案，比如像影响深远的许霆案件等等，这些都是个案。应该说，这些案子本来都非常普普通通，但是因为这些案子暴露了我们法律的缺陷以及不足，还有事实和证据认定方面的一些缺陷，最终却成了名案。比如"乙肝歧视案"事关一亿人的平等就业权，比如"崔英杰杀城管案"带来的对城市精神的思考，比如"陕西黄碟案"引起了社会对公民个人自由和住宅权的重视。可见，光有个案还是不够的，我们还要想办法将个案变成名案，也就是变成对社会管理、对公共安全等等有影响性的名案。所以，如何通过从个案到名案去体现我们法律的影响性，是我们律师首先要作出的努力。我想，这也是我们全国律师协会宪法与人权委员会每年需要评出影响性诉讼的重要目的。

第二，通过从小案到大案来体现典型性。

我看到，在我们与会者手里，每个人都有全国律师协会宪法与人权委员会每年结集出版的《中国影响性诉讼》。吴革主任（宪法与人权委员会主任）在书里或者在其他场合经常说过这样一句话，那就是"影响性诉讼是我们律师新时代的一种主张"，我非常赞同这个观点。在我们一生当中，如果你有几个将个案办成了名案，达到了影响性，也推进了法制进程。我觉得，这一生有五个到十个这样的案子就了不得。像吴革主任、王振宇律师等律师朋友，都办理了好几个类似的经典案例。但是，作为律师，我们不可能将所有的案子都办成名案，实际上还有很多普普通通的小案子。我相信在座的很多律师可能都办过小案子，当然也办过大案子。但是，小案子要形成大案子，就不在于其影响性的大小，而更重要的是在于其法律价值体现的大小，也就是说我们要体现法律的典型性。从小案子到大案子，我们追求的是如何体现服务法治的社会作用和专业作用。因为一个小案子对当事人来说，可能就是一个大案子。所以，服务好一个当事人实际上就是服务好整个全社会。

第三，通过从办案到议案来追求代表性。

如果我刚才说从个案到名案是推进法治，那么从小案到大案就是服务法治。更重要的是，不管是小案还是大案，我们律师每天都在办案。但是，如果仅仅是停留在办案的角度，我们就只能是一个律匠，而不是一个律师。一个高明的律师还应该努力通过办案，表达诉求，收集民意，探求规律，提炼智慧，并最终将办案形成有利于完善公共利益、有利于引领未来发展的议案。不管你是不是人大代表和政协委员，你都应该追求这种从规律到法律的代表性，从而达到走向法治的目标。一个案子的解决可能是一个人受益，但一个议案的出台则可能是全社会受益。

第四，通过从文案到教案来突出普及性。

我们办了小案，也办了大案；办了个案，也办了名案；不仅如此，还通过办案形成了议案。但是还不够，通过办案到此为止还不够，律师的工作到此为止也不够。我们还要发挥法律的普及作用，也就是如何实现普及法治的功能。这就是我要讲到的第四个作用，也就是我们如何体现法律的普及性。就是如何把办案当中的体会，如何把法律当中的精神，到课堂去讲，到政府去讲，到社会去讲，去普及，去传道，去授业，去解惑，让更多的人了解法律的威力，了解法律的魅力。一个人做得好固然是重要的，但更重要的是应该能够影响更多的人去做得更好。我认为，将自己的办案经验、办案技巧、办案智慧写成文字，形成文案，著书立说，教书育人，应该是我们律师追求的一个成功境界。

在我看来，如果我们律师能够达到这第四个作用，就相当于一个人的成功达到了第三个境界。我经常讲，一个人要达到成功有三个境界，一是个人通过努力和奋斗取得了成功，二是通过个人的能力去帮助别人取得了成功，三是通过自己的能力与作为去影响、号召、带领他人去帮助更多的人取得了成功。如果我们律师能够达到这第四个作用，把你的办案经验、办案技巧、办案智慧形成教案去影响社会、影响官员、影响更多的人，然后把我们的法治理念深入人心。我想，我们律师的作用就大大提高了，律师的影响就大大增强了。到那个时候，我们再来说律师，我想就不仅仅是定位问题了，实际上已经是地位问题了。那时候，相信我们律师就已经站在一个非常高的地位了。

我相信，在座的律师都是很好的律师，更是很有水平的教师，通过我们的努力，通过我们的传道和解惑，法治社会的目标一定会逐步地实现的。我相信，这一天不会太远了。

谢谢大家！

我们应该如何评价宁夏律协选举风波？

——"请'律协'先民主起来"座谈会发言

（2008年6月29日　北京）

【导语】

2008年6月25日，在《民主与法制时报》于2008年6月23日刊发报道《宁夏律协换届选举风波》之后，中国律师观察网发起召开了一个主题为"请'律协'先民主起来"的座谈会。

作为应邀嘉宾，我参加了此次会议并在会上作了如下的发言。

各位学者、各位专家、各位律师、各位媒体人：

大家好！

对于宁夏律协选举风波，我也算是最早的知情者之一。但是，我又是一个不便对这场风波下结论的人。尽管我现在已经离开了全国律协和《中国律师》杂志的工作岗位，但是感情上还没有离开律师这个行业。现在，我的博客上写的大多是跟律师有关的事，这就说明我的情结和情缘都还停留在律师界。所以，对于这场风波我又不能不关注、不能不关心。

这场风波现在已经发生了，我们究竟应该如何来评价它呢？今天这个会议的主题非常有意思，叫作：请"律协"先民主起来！我认为这是一个好的创意，也是一个坏的创意。好的创意是因为大家一看这是一个建议式的主题，坏的创意就是因为这个题目让还在律协工作的人看起来有一个疑问，那就是为什么把"律协"打了一个引号。

这里所说的律协，应该包括全国律师协会和地方律师协会，在现实中一般简称律协。今天会议的整个主题给人的感觉好像是一个口号。作为口号来讲，感觉不是铿锵有力，所以这个题目又好又不好。"请'律协'先民主起来"，谁来请？就像我们今天谁来评判宁夏律协选举一样。

我们都在考虑，宁夏律协选举为什么会出现这样的风波。我也在想，究竟应该以一种什么角度、什么身份来评价？首先我不赞成将它定位成是舞弊，我认为是一场与宁夏律协选举有关的风波。如果是属于舞弊，那应该是事后作出的结论。今天我建议我们先不给它做结论，但可以讨论。

现在，我就宁夏律师协会选举中出现的这场风波，讲三个问题，完全是个人意见：

第一个问题，我们怎么看这场风波？第二，这场风波为什么会发生？第三，我们怎么来应对律师协会选举这样的事情？也就是我们如何跟其他地方律师协会乃至全国律师协会在未来的选举中提出建设性的意见。

在谈这三个问题之前，我首先要谈谈民主问题。大家都知道，民主是一个好东西。这是去年出版的一本书的名字，也是一个我们大家都没有争议的定论。当然，我们也可以将它作为一个口号。但是，我又不希望我们今天的会议开成一种喊口号的会议，我希望会议能够提出一些实质性的内容。我的建议是从民主内在含义开始，研究一下究竟应该从哪个角度看待这些问题、怎么样看这些问题。

第一个问题，我们怎么看宁夏律协选举风波？

我认为应该从四个角度或四个层面去看。第一个层面是我们一定要从律师权利的角度去看这场选举风波，现在争议最大的就是关于律师的权利问题。新《律师法》第四章的规定就是律师的权利，既有执业权利，也有人身权利，当然也包括律师的民主参与、民主管理权。我们要从律师权利层面研究这个问题，看一下其中到底出了什么问题？在我看来，这场与宁夏律协选举有关的风波说明在律师的民主权利方面已经出现了问题。我曾经跟周泽教授介绍过，全国律协换届选举我经历了三届，任何一届都出现了花絮和意外，但是经过主席团的智慧还是化解了。所谓化解，就是没有任意地改变程序和规则。刚才讲到的民主，首先就是一种程序，然后才是一种规则，最后则是一种制度。我们如何保证律师的民主参与权、民主管理权，我们怎么样来行使这些权利呢？这都是我们值得反思与研究的。

第二个层面是我们一定要从律师管理的角度去看这场选举风波。现在大家都知道，中国的律师制度管理有三个层面，一是律师协会和司法行政"两结合"的宏观层面；二是律师事务所的具体管理层面；三是律师个人的自我管理层面。在《律师法》中叫自律和自治，自治包括行业自治和个人自律。

从管理层面来讲，司法行政和律师协会的"两结合"管理，相当长的时间内将是我们中国的特色。所谓"中国特色"就是国情，在很多时候我们没必要去碰它。

我们要做的就是在这个大背景下、大主流下如何完善和丰富这些具体举措？如何在管理层面做足文章？在这场风波的选举过程中，就说明在司法行政和律师协会的"两结合"管理层面遇到了一个难题，因为有关领导缺乏能力去化解这个难题，从而导致了一场风波。我们如果从管理层面去研究这个问题，就会发现管理层面同样存在不可忽视的缺陷。我们如何弥补、如何改革、如何完善这些缺陷？

第三个层面是我们一定要从律师制度的角度去看这场选举风波。对律师来说，说到制度首先是律师制度，然后是法律制度，然后是民主制度。律师制度是法律制度的重要组成部分，是一个国家不能没有、不可替代、不可缺少的制度。法律制度是我们国家政治制度的重要组成部分，是政治制度成熟的重要标志。在政治制度中，最具特色的就是民主制度。律师正是民主制度与法律制度走向完善的产物。有人研究，1979年我国律师制度为什么要恢复重建？如果说50年代我国律师制度的设立多少有点花瓶意义的话，那么1979年的恢复重建，对当时最高决策层来说，绝对不是这个意思。他们确实希望加强民主管理，完善民主权利，丰富法律制度。我们在这次选举风波中看到，在中央领导人眼里非常重要的律师制度，竟然被有些部门领导打回到了萌芽状态。尽管现在律师制度已经恢复了29年，如果我们的认识还停留在萌芽状态的话，这是跟律师制度恢复重建29年来的发展进程与重大成果是完全不相配的。

第四个层面是我们一定要从律师文化的角度去看这场选举风波。也就是我们要如何通过完善权利，如何通过完善管理、完善制度构建一种律师选举文化。中国是一个没有选举文化的国度，现在我们认为最值得称赞的选举是基层民主选举。基层选举实际上是一种非常简单的、非常传统的选举制度。我们的选举文化应从哪一级领导和层面开始构建呢？我认为，在律师协会层面是最有可能开始构建和打造选举文化的。但是很遗憾，在某些地方或部门领导眼里，总认为律师不太可靠、不太稳当，所以就认为在律师行业还无法构建真正的选举文化。但是，我们看到，我们可以在权利层面、管理层面，通过完善他们的权利和管理，形成一种行之有效的制度，同时再努力构建一种选举文化。我认为，从这四个层面看问题，我们应该能够站得更高、看得更远。宁夏律协选举风波只是地方律师协会选举中一不留神出现的一个差错。其实，其他地方律协的换届选举都曾经出现过一些问题，只不过不像宁夏律师协会那样，工作方式如此简单、如此粗略，因而留下了成为笑柄的差错。很多地方律师协会也曾经出现过一些花絮，但绝对不会做到这样。从这个角度来看，宁夏律师协会出现的问题是因为管理手段与方法乃至水平不高明而出现的一场风波。有些地方律协换届选举真的出现了风波，最多也就算一个花絮。全国律协的近三届选举中出现的一些花絮，到现在都变成了美好而有趣的回忆。

第二个问题，我们要看看这场风波产生的原因，也就是说为什么会发生这场选举风波？

我认为，一是名利，二是资源，三是管理。刚才有律师谈了一个原因，说是名利的原因。其实，不管是执业律师本身，还是律师协会乃至司法行政的主管领导都会有名利的问题。从市场经济角度来讲，名利不是什么坏东西，关键是怎么取得。律师同样有名利的问题，但其中最重要的是由名利延伸而来的资源问题。所以，这场风波为什么会发生？第一个原因是名利问题，第二个原因就是资源问题。大家都知道，担任律师协会领导不一定能挣钱或者说不一定能直接挣钱甚至还要贴钱，但是能带来很多资源。为什么有的律师想去争那个位置？为什么有些领导想让某个人占那个位置？这就在于这个位置能带来很多延伸的资源。严格意义上说，要当一个好会长是要付出很多时间、付出很多精力乃至付出一些金钱的。我见过很多地方律师协会的会长，他们不仅没有拿过钱，往往自己还贴钱。所以，这些会长就当得很优秀，律师们也服他。所以说，资源要怎么用？为谁用？为自己所用还是为行业所用？我们不能排除有些律师因为有资源而想去当这个会长。我认为，想当会长没什么错，关键是你当会长想做什么、能做什么、该做什么。第三个原因就是管理问题，一般来讲，有关司法行政领导都希望选一个听话的人来当会长，这就给律师们提出了一个问题，如何让司法行政领导对你有足够了解？当然，在短期内我们也要研究，我们的主管领导喜欢什么样的律师来当会长？他希望的听话是从哪个角度听话？但是，听话的会长是不是能够得到律师们的认可呢？如果无法得到认可，也就是选票不投给他，我们的主管领导就同样需要研究。

第三个问题，我们究竟应该怎么做？我们究竟应该如何来完善律协换届选举这样的事情？怎么避免出现或如何应对类似宁夏律协这样的换届选举风波？

其实，就我了解，律师们不在乎谁当会长，而在乎选出什么样的人当会长。更重要的是，在乎通过什么样的程序选出自己信任的会长。所以，第一，推出什么样的候选人很重要。我记得，2005年，深圳市律协换届选举就推出两个候选人，这两个候选人都有一定的业绩、一定的执业年限、一定的品牌和口碑，最后其中一位当选了。结果是，司法行政领导很满意，律师们也很满意。第二是通过什么程序来选举很重要。这个选举程序一般不会规定在律协章程里，而是规定在选举办法里，比如是否等额、是否差额。实际上，不管是等额还是差额，就在于是否完全按照程序、如何完善程序。本来这是一个非常容易解决的技术问题，是可以通过不断完善程序做到的。第三是当选后的会长怎么做很重要。我建议大家关注一个地方律师协会的运行机制，那就是广州市律师协会。他们在换届选举中不选出谁当会长，选出的都是几位副会长。然后在得票的前三名副会长中进行轮职，也就是一个人干一年执行会长。据我所了解的情况看，许多法治发达国家其实都是这么做的。我觉得，采用这种管理办法有几个好处：一是会长在一年的任职时间内不会占用太多的资源，二是执行会长之间在工作业绩上可能互相还有一种竞争，三是不会让担任执行会长的律师牺牲太多的时间和精力，四是他们还有一个互相学习、互相支持和互相制约的氛围。这样，就让每个律师都有一种强烈的参与意识和管理意识乃至积极性。

  各位朋友，各位律师，如果按照我强调的以上三个问题来看待宁夏律协选举风波的话，我们就可以发现，其实这是一个很小的事情。但是，如果小事办不好也会出大问题的。我们如何通过这个小事，办好以后的大事，办好律师的大事，办好律协的大事，那才是我们今天在这里开会的目的。我相信，这也是本次座谈会所希望达到的目标，那就是"请律协先民主起来"。

  谢谢大家！

《律师法》：一字一句总关情
——"首届全国法律语言规范化研究"学术会议发言

(2008年5月17日　北京)

【导语】

2008年5月17日至18日，"首届全国法律语言规范化研究学术会议"在北京政法职业学院召开。

众所周知，法律语言是一种表述法律意义的语言。西方发达国家为此已先后建立起"法律语言学"。研究者多为精通本国语言的律师、法官和学者，其研究成果具有很强的应用性。而其研究领域也已从法律语言的学科建设转移到法律语言的实践应用。不过，由于发达国家在制定成文法时已经特别注意到语言的规范问题，因而在学术上不需要、甚至也没有提出法律语言规范化研究的问题。

在我国，最早提出法律语言研究的是1982年司法部统编、中国政法大学高潮教授主编的《语文教程》。后来，司法部于1994年组织统编了《法律语言学教程》。中国政法大学等高校本科生也已开设了《法律语言学》课程，并作为专业设置了硕、博招生点。近年来，国内又陆续发表了一些法律语言（学）方面的论著。可以认为，法律语言学作为交叉学科已基本建立。但是，在立法运用与司法实践中，法律语言究竟如何规范，即规范化的整体研究尚属空白。

在这方面，北京政法职业学院作出了有益而有效的探索。其中，宋北平教授发挥了领头人与主力军的作用。

始终深怀律师情结的我，也应邀参加了本次会议，并混在许多大家中做了题为"《律师法》的语言规范问题"的发言，以下即为我的发言内容。

各位领导、各位专家：

大家好！

会议主办者将我的发言安排在王洁教授（中国政法大学法律语言研究中心主任）之后，可能会使大家有一种从天上到地下的感觉。因为刚才王洁教授发表的有关立法语言的规范问题很到位、很深刻，而我只能谈一个非常具体的现实问题，那就是有关《律师法》的语言规范问题。

为什么我要来谈这个问题呢？

一是因为我曾经在律师界工作了12个年头，对律师们的思想和语言多多少少还有一些发言权；二是因为去年10月28日新修订的《律师法》将于今年6月1日实施，而我本人又一直在关注这部法律的修订。为此，去年10月29日晚上中央电视台四套为《律师法》等其他四部法律的修订而专门开辟话题的直播节目，我也应邀参加了。所以，我就此来谈谈我国《律师法》的语言规范问题，限于时间关系，我就不谈与《律师法》配套的有关规定和司法部有关部门颁布的规章。

在我看来，本次《律师法》的修订，不管从哪个角度看都应该打一个高分。但是，在语言规范方面还有一些问题。现在，我就结合今天会议的主题也就是法律语言的规范问题，简单地谈三个问题：

第一，值得肯定的方面。在本次这部新修订的《律师法》，我们看到了一个积极的变化，首先就体现在条文中的语言表述上，比如说第一条、第二条、第三条、第八条、第十条、第十一条、第十三条、第二十七条、第二十九条、第三十一条、第三十二条等等。尤其值得注意的是第一条和第二条，如在第一条中将原先规定的"发挥律师在社会主义法制建设中的积极作用"改为"发挥律师在社会主义建设中的作用"。看起来，这只是删除了"积极"两个字，但其作用绝对不可小看。在这里，一是语言表述更规范了、更像法律语言了；二是语言表述的背后彰显了立法者对律师作用的深刻理解。律师制度的设立显然是有积极意义的，就无须在法律条文中重复说明了。难道律师还能发挥消极作用吗？难道律师发挥的作用还有消极的吗？当然，有许多人尤其是一些高层领导，总认为律师是添乱的、是找麻烦的、是没有什么作用的。现在，法律的修订反映了我们立法者尤其是领导人对律师作用的认识有了进步和提升。

另外，我们还特别要注意第二条修订的伟大意义。29年前，律师制度恢复重建的时候，我们律师还是国家法律工作者，是拿国家钱、吃国家饭的公家人，所以反映在1980年颁布的《律师暂行条例》中律师是"国家法律工作者"。因为律师是国家法律工作者，所以能否为社会尤其是到中国投资的外资企业提供法律服务就成了让人们困惑的问题。既然是国家法律工作者，怎么还能够为外国投资者说话呢？后来，1996年颁布的《律师法》则出现了一个重大变化，那就是律师成了"为社会提供法律服务的执业人员",直到 2000 年所有自收自支的国资律师事务所脱钩改制,律师又完全成了下海的法律中介工作者。律师的身份一下子从天上掉到了地下,就像我开头讲的一样,大家听我的发言可能会有从天上掉到地上的感觉。这种感觉的特点就是使大家一下子没有了权威,律师的身份也一下子失去了公权力的权威。但是,这次修订充分注意到了这个问题。大家可以看到在第二条中律师的身份已经变成了"依法取得执业证书,接受委托或者指定,为当事人提供法律服务的执业人员"。

各位不要小看这个变化,其中蕴涵了非常深刻的意义。"当事人"看起来是简单的三个字,但其中的深意却绝非这三个字就能概括的。如果说过去"为国家提供法律服务"有些太高了的话,而"为社会提供法律服务"则有些太空,但是,"为当事人提供法律服务"完全可以说是实打实。按照传统的理解,律师应当是作为私权力的代言人,抗衡公权力,制约公权力,同时平衡私权力之间的利益关系。现在,我们眼前的这部法律说的"当事人"已经不再仅仅是私权力一方,将来还有可能是大量而广泛的公权力机构。也就是,只要具备委托或指定的情况,律师就可以依法介入,就可以为其提供法律服务。更具体地说,当律师为公权力提供法律服务时,律师的身份就变成了公职律师;当律师为私权力提供法律服务时,律师的身份依旧是传统的社会律师或商业律师。如果说,我们过去说律师的作用主要是化解公权力与私权力之间、私权力与私权力之间的利益关系,现在我们同样可以说,律师的作用还可以帮助化解公权力与公权力之间的利益关系。

所以,我们看到,"当事人"这三个字的语言表述,不仅是一种法律语言的规范,更是一种律师职业定位的回归。当然,我们还要注意"接受委托或者指定"这几个字,这是一切律师业务发生的前提。如果仅仅是取得律师执业证书而不从事法律业务,那就只能算是挂名律师。尽管从理论上讲就是执业律师,但如果真有这样的律师,要么就是律师事务所的某种需要,要么就是某些个人的临时需要,那绝非律师发展的主流。从语言的法律表述意义上看,这个条文是对律师和当事人关系的定位。所谓律师与当事人的关系,实际上就是律师与委托人之间的关系。基于法律服务的需要,当事人委托或指定执业律师提供法律服务,律师根据当事人的委托或指定为其提供法律服务产品,从而使律师与当事人之间形成了或约定或法定的法律关系。

接下来,我们再来看看本条的第二款:"律师应当维护当事人合法权益,维护法律正确实施,维护社会公平和正义。"如果说,第一款是告诉我们"律师是什么",那么,第二款就是告诉我们"律师做什么"。律师接受当事人的委托或指定后，首先要做的工作就是以当事人为上、以当事人为先、以当事人为重、以当事人为主，维护当事人的合法权益。由此看来，在律师职业的使命中，律师首先是要维护当事人的合法权益，其次才是通过维护当事人的权益而维护法律的正确实施，最后则是通过前面两个方面、两个层次的工作而维护社会的公平和正义。由此，我们可以看出，第一个"维护"是律师执业的本职，第二个"维护"是律师执业的专职，第三个"维护"是律师执业的天职。还有，我们再看看第三十一条中的"提出证明"改成了"提出"两个字，同样也是法律语言的规范带来的一种法治理念的进步。这是令人感到欣慰的，但因为时间关系，我就不展开说明了。

第二，值得否定的方面。同样发生在第二条中，我们看到在"三个维护"的法律表述中出现了"合法权益"和"正确实施"这样的不规范语言。在后面的第二十九条、第三十条、第三十一条、第三十六条也出现了"合法权益"这样的表述。"合法"也好，"正确"也罢，这都是一种法律结果的表述语言，而不应该作为一种预先判断。我们知道，任何一个人的行为属性在法院最终给出法律说法之前，其他任何人是不能也无法给出法律上的说法。所以，我们不能要求一个律师事先做出某种判断，律师不是法官，律师只是当事人的代理人。作为代理人，律师首先要做的事情不是预先判断是否合法，而应该了解行为的性质、财产的归属、权利的状态。我们不能要求律师在为当事人服务的具体业务中，像检察官那样代表国家去考虑国家利益，像知识分子那样去充当社会良心的代言人，像法官那样去主持正义、分配正义。实际上，在一个利益多元化的社会形态下，任何一种利益诉求都能够得到表达和自由主张，才能够谈得上真正追求法治、实现法治。另外，我们还注意到，在第四十三条和第四十五条中，还出现了相互矛盾的语言表述。在第四十三条说"律师协会是社会团体法人"，但到了第四十五条出现的字眼是"律师、律师事务所应当加入所在地的地方律师协会"。且不说"的地方"这三个字是否多余，就看看社会团体法人究竟是自愿加入还是强制加入，或者看看强制加入的社会团体还是社会团体吗？

第三，值得商榷的方面。在这部新修订的《律师法》中，我们看到第十三条、第三十二条、第三十七条、第三十八条等条文中，出现了一些值得商榷的表述，如"除法律另有规定外"等但书规定。我们都知道，咱们中国的语言有时很管事、有时又很害人。比如说一个人民主评议中票数很高，上级如果想用你，那肯定没得说；上级如果要不想用你，那就有说头了。这个时候领导肯定会说，这样的干部票数很高，说明群众基础不错，但是大家想到了没有？票数很高是不是说明这个干部是一个老好人？是不是说明这个干部在工作中不敢坚持原则、不敢得罪人、不敢与不正之风做斗争？当然，如果一个人的票数很低，领导如果要用这个干部还是有话可说，同意会说"尽管如何如何，但是如何如何"。古人有一句话更加形象，那就是"虽情有可原，但理无可恕"，或者说"虽理无可恕，但情有可原"。大家可以比较一下，其中代表了两种完全不同的处罚观。所以说，过多的"但书"规定会造成刚才王洁教授讲的那种"杂糅"情况。为什么几种意思一定要放在一个条文中呢？完全可以再另列一条表达另一种意思。不要在条文的第一层意思中刚刚肯定，到第二层意思又马上否定。如果我们总是制定这样一些表述不规范、不明确的条文，法律还有什么意义呢？

刚才，有一位朋友就我对《律师法》第二条中关于"接受委托或者指定"是否属于执业律师的前提这个观点提出了不同意见，我认为这可能是一个"鸡生蛋还是蛋生鸡"的问题，我们可以在会后找个机会进行探讨。其实，"接受委托或者指定"不仅会给律师业务有效的开拓空间，而且还会有效地保护律师。

我认为，法律语言的规范是一个长期而艰巨的任务，原因就是这不仅仅是一个语言问题，更是一个理念问题。在我看来，法律语言是一种明确而无歧义、精确而无杂糅、正确而无误解的语言。我们大家一起来追求法律语言的规范，也是一件很有意义的事情。就像今天的会议一样，就是一种非常好的形式。所以说，北京政法职业学院做了一件许多人可能还没有重视起来但对我国的民主法治建设具有重要意义的事情。如果坚持做下去，有可能会做成一块独特的学术品牌。

以上是我关于《律师法》的语言规范问题，限于水平，我还研究不够。请大家批评指正！

案例是法律人最好的语言

——"中国法学会案例研究专业委员会成立仪式"发言

（2007年12月22日　北京）

【导语】

2007年12月22日，中国法学会案例研究专业委员会在清华大学法学院明理楼成立。在时任中国法学会研究部主任方向的主持下，大会通过了《章程》，选举产生了第一届理事会。然后，由理事会选举产生了由39人组成的常务理事会。

在成立仪式上，我应邀作了如下发言。

尊敬的各位老师、各位领导、女士们、先生们：

大家上午好！

我非常赞成赵大光（最高人民法院行政庭庭长）说的话，尽管他已经离开会场了，但我还要对他这块写有他名字的牌子表示敬意。

因为他说了一句代表我们心意的话。他说，我们这个案例专业委员会成立的时候，有一个叫方向（时任中国法学会研究部主任）的人到这个会上来了，这就说明我们案例研究委员会的方向是肯定没有问题的。

在这里，我要特别说明一下我跟有方向主任的关系，我曾经是《中国律师》杂志的总编，方向主任过去也是《中国律师》杂志的总编。大家看到在主席台就座的方向主任，尽管看起来很年轻，但他是我的前辈、过去也是我的领导。因为他是我们杂志社的第三代领导人，而我只是他的继任者。我参加过中国法学会好几个研究会的成立仪式，我看方向主任也不是都去。所以，今天我们案例研究专业委员会的成立，因为方向主任的到来与主持，使我们研究会肯定也不存在方向问题。这样，我觉得在方向的正确指导下，我们案例研究委员会发展的路径肯定也是宽广的。

作为案例研究专业委员会一名新当选的常务理事，我想用五句话来概括我的发言。过去我更多的是代表律师说话，现在我不能再代表律师说话了。在场的徐家力律师过去老说我是"变色龙"，他说当我面对律师说话时，就说自己代表媒体。当我面对媒体表态时，就说自己代表律师。我现在不在律师界了，已经成了律师界的退休干部了。所以，今天我的发言既不能代表律师，也不能代表媒体，那我只能代表未成年人了。很有意思，我们这次会议提供的案例中，就有一个跟我们青少年有关的，是一个涉及绿卡子女高考报名权的案例。

今天，我很高兴看到大家对成立案例研究专业委员会的定位。方向同志说，他对案例研究专业委员会寄予厚望。高铭暄教授（中国人民大学法学院）说，案例研究专业委员会的成立是一件大事、一件盛事、一件喜事。王保树教授（清华大学法学院）说，这是一件有意义的事。杜万华庭长（最高人民法院民一庭庭长）说，这是一件好事。赵大光庭长（最高人民法院行政审判庭庭长）说，这是一件有创意的事。黄海龙厅长（最高人民检察院侦查监督厅副厅长）说，这是一个大趋势。里红秘书长（中华全国律师协会副秘书长）说，这是一件与时俱进、不断出新的事。王红松秘书长（北京仲裁委员会秘书长）说，这是一件基础性的事。到了我这里，我要说，这是一件难事，是一件需要不断付出努力、克服难关、解决难题的难事。

我想，我们首先要做的事情就是解决我们专业研究委员会的定位是什么？

第一，我们这个专业委员会研究的案例究竟是什么？

在我看来，所谓案例，实际上就相当于我多次打过的一个比方：案例就像是作家的故事、诗人的诗集、记者的作品、歌手的唱片；是经济学家的数据、哲学家的比方、语言学家的造句、军事家的战例；是政治家的政绩、运动员的成绩、代理商的业绩。然而，在法律上来讲，案例就是过去成功的业务积累。对于法官和律师来讲，就是你一生办案的总结。比如说，坐在我对面的徐家力律师（北京隆安律师所）现在已经做了一百个上市公司的案例，别人请他做律师的时候他就可以什么都不用说，就说这一百个上市公司的法律意见都是我做的，别人什么也不用说就知道了。同时，诉讼也是一样的道理。我做过哪些著名的案件、做过哪些知名的案例，人家就知道我是什么样的律师了。所以说，案例是法律人最好的语言。

那么，案例究竟是什么呢？从学术上定位来讲，我觉得案例研究应该有三个定位。

一是从法律上讲，它是体现成文法律的补充性。

当法律存在不清、不足或不够的时候，我们靠什么？靠司法解释，靠司法解释也是不够的，有的时候需要靠判例。尽管我们国家不叫判例，而把它叫作案例。我相信这只是名称不同而已，案例对法律的补充性作用，可以说是显而易见的。就像刚才杜万华庭长所说的那样，我国的传统就是有法依法、有律依律、无律依例。

二是从业务上来讲，它是体现理论对实践的指导性。

这种指导是法律业务上的指导、是上对下的指导、是全国对地方的指导。在司法实践中，除了法律的指导，就是案例的指导。尤其是在我们内部讨论案例的时候，更有指导意义。一般都是说，什么案子给了我们什么样的启发，给了我们一个新的思路。有的时候，律师找不到司法解释的时候，就可以说最高法院公报中有一个什么案例，跟我这个案子基本上是一致的，可以作为借鉴参考。这是指在审判业务上的案例指导作用。

三是从工作上来讲，它体现的是一种辅助性作用。

不管是审判工作，还是检察工作，或者是律师业务，都有可能需要通过先前案例来寻找依据，帮助工作。当一个案子我们无法用法律来解释的时候，我们可以用案例来解释。在英美法系国家，一个案例可以代替一本书，一个判例可以改变一个时代。案例尽管因为没有约束力而不能直接援引，但可以起到可观的辅助性作用。

第二，我们这个案例研究专业委员会要做什么事情？也就是要研究什么方面的案例？

我认为，要研究大概以下三个方面的案例：

一是热点案件。大家知道，我们这个社会每天纷繁复杂、纷纷扰扰，很多新鲜的、复杂的案件会出现在我们面前，这些案件隔一段时间就会呈现出一个热点。我觉得，这些案件、这些热点问题，对社会来讲具有导向性作用，所以，研究这些案例是首当其冲要面临的事情。

二是难点案件。有时，大家觉得这个案件这样解决也可以，那样解决也可以，这就很值得研究。比如说，前不久发生的"拒签"事件，就很有讨论价值。医院是否应当承担责任？死者的丈夫应该承担什么责任？这都是值得讨论的。

三是盲点案件。我们这个社会很多时候是重视热点、难点，但是往往忽视了一些本该关注的事件，那就是社会的盲点。这些盲点，常常就是可能被人忽视，但又是对法制的进程有重大影响的案件。比如刚才我讲到的高考移民报名权案件，就是被社会忽视的盲点案件。其实，往往是一些很小的案件，反而可以折射出大道理、大法理，所以我们需要加强研究。如果说，热点案件是流行歌曲，难点案件就是交响乐，那么，盲点案件就是民族器乐。民族器乐往往被人忽视，但它又是我们民族的传统特色，需要发扬光大。

第三，我们案例研究专业委员会的工作怎么做？

我觉得，可以从以下三个方面考虑：

一是要有一个好的机制。我们要用一种机制把理论与实践结合起来，把研究者与实践者结合起来，把教学者与实践者结合起来，把案例与实践结合起来。我觉得，有可能在若干时间以后，我们这个专业委员会将不再是跻身于中国法学会法学教育研究会下面的一个专业研究委员会，很可能会在很短的时间内就成为一个案例研究研究会，这样就拓宽了我们的视野。我们所做的案例研究，不仅仅要有利于法学教育，更重要的是培养法学人才，推进法治进程。今天当选的常务理事中有法官、律师、检察官、仲裁员、媒体，但是这么多人怎么组合在一起，就要有一个好的机制，进行资源的整合。不是说开一个会就完了，还要有长效机制。

二是如何展现我们的成果。我们案例研究专业委员会在对有关案例的研究结束之后，需要整理成果，需要展现成果。那么，这个成果怎么展现就需要认真研究。

三是我们通过什么载体来展现我们的成果。在这里，我要提醒大家一定要重视媒体的作用。通过媒体展现我们的成果，可以有效地扩大我们的影响。通过媒体还可以使我们的眼界更开阔。这个媒体，我认为除了报纸、杂志、网络，还有图书以及其他新兴媒体等多种媒体。

第四，案例研究委员会要达到什么目的？

一是提升法律人尤其是法科学生的判断能力。如何理解法律的内涵、法律的渊源、法律的精髓，这是我们法律人的基本功。

二是提升我们法律人的分析能力。对案例的分析，实际上就是一种锻炼法律思维、法律方法的过程。对案例中反映出来的问题进行反思与辨析，有助于我们把握立法的深意和裁判的规律。

三是提升我们的表达能力。理解案例、研究案例，最终还是要解释案例。解释案例，解释案件的法理基础与思维过程，就是我们法律人的一种表达能力。

第五，成立案例研究委员会有什么样的作用。

我认为有三个方面的作用：

一是有利于法学教育。刚才讲了，通过诊所式教学，通过案例式启发，可以提高学生的判断能力、分析能力、表达能力。从法学教育角度来看，表达、表述是非常重要的，一个案子你怎么解释他的案由、法理，体现的就是一种表达能力。放宽视野，我们来看看究竟是用案例教学，还是用法理教学效果更好一些？我认为还是案例教学好一些，我们原来上大学学刑法的时候讲到什么是"故意"和"过失"，我们就总是弄不明白。没有办法，我们只好靠死记硬背。比如说"故意"，如果用一个案例来说明，我们就知道究竟什么是明知而希望，什么是明知而放任。这样，我们就会很容易理解"直接故意"与"间接故意"的区别。

二是有利于业务实践。从业务实践来讲，我们需要通过案例来总结经验、凝聚智慧、提升技能。具体说来，就是法官判过的案子，有没有可能通过他的嘴、他的笔，告诉大家这个案子的判决思路是什么样的。如果你是自由心证，这个自由心证的思路是什么。同样，检察官为什么要以这个案由提起公诉，或者说为什么要以这个理由提起抗诉。这都是从思路当中理解思考的过程。对律师来讲，有些案子我们需要进攻，有些案子我们需要防守。怎么进攻、如何防守，这都是可以通过案例来了解、来总结的。所有这些工作，都有助于法律人的实践。

三是有利于推进法治进程。我们中国的法治需要一步一步地推进，但是有时候我们需要半步半步地来推进。这个半步，就可能是一些经典性的案例，也就是我们通过解决一些具体的法律事件、法律案件来推进法治进程。在这方面，英美法系国家就更有值得我们借鉴的地方。

作为案例研究专业委员会的一位常务理事，我对案例尽管没有什么深入的研究，也没有什么案例教学的实践，但是在今天的会议上，刚才各位的发言给了我很多启发。所以，我就讲了以上五个方面的体会和不成熟的观点，请大家批评指正！

谢谢大家！

律师是"要饭的"还是"送饭的"?

——"人权保障视野下的检警关系之《检警关系指导规则》结项会"发言

(2007年11月1日　北京)

【导语】

2007年11月1日至2日,在红叶绽放的香山脚下,在幽静别致的卧佛山庄,由北京市海淀区人民检察院与瑞典罗尔·瓦伦堡人权与人道法研究所联合主办的"'人权保障视野下的检警关系'之《检警关系指导规则》结项会"在这里召开。

环顾会场,除了媒体和学者,与会者不是检察官和警官,就是法官。我成了一个特殊的少数派,按照主办者的安排,我自然要做一个发言。

于是,我的发言就从我的特殊身份开始讲起……

尊敬的孙力检察长,各位检察官、各位警官、各位法官、各位教授、各位国际友人:

非常高兴作为一个特殊的人来参加这个会议!说我特殊,是因为我的身份。在这次会议上,在座的各位看到,我既不是法官,也不是检察官,也不是警官,也不是专家学者。我感觉自己首先是这个会议的外行,然后感觉自己就是一个弱者的代表。过去,我经常代表律师发表意见,因为律师在政法体系中似乎一直是一个弱势群体。现在,我已经不在律师界工作了,所以也不便代表律师行业发表看法了。但是我可以代表未成年人表示态度。因为我现在工作的领域,就是青少年权益的保护与青少年犯罪的预防。很有意思,我在这次会议推出的《检警关系指导规则》中,看到了对诉讼参与人的权利保障(主要是指辩护权)与未成年犯罪嫌疑人的权利保障的有关规定。所以,在宋英辉教授、刘广三教授、李娜教授的解读之后,我也有感而发,说说我这个外行的有关意见和建议。

据我所知，关于检警关系的研究，除了今天参加会议的三位教授，还有两位教授，也研究了不少成果。这两位教授是北京大学法学院的陈兴良教授、中国人民大学法学院的陈卫东教授，他们两位关于"检警一体化"的主张，得到了许多专家学者的关注和认同。我也曾经在我当时主编的《中国律师》杂志上，发表过他们相关的文章。

通过他们的研究，通过这个合作项目，对于这个《检警关系指导规则》的价值与作用，我有以下"三个有利于"的总体评价。

第一，有利于社会公平正义的实现。

曾经有一句话流传很广，但我们很多人没有在意。我认为这句话尽管很俗，但说出了深刻的道理。这句话说的是：公安是"做饭的"，检察是"送饭的"，法院是"吃饭的"。律师干吗呢？律师是"要饭的"。我们由此可以看到律师在其中的地位。这次《律师法》的修改，在执业权利上尤其是在推翻压在律师头上的"三座大山"方面有明显的进步。这"三座大山"说的就是在"会见、阅卷、调查取证"三个方面，针对律师设置的种种障碍。不好意思！三天前，我在中央电视台"今日关注"节目"解读新修《律师法》"的直播中，还就个别公安人员与检察人员对律师工作的不配合，进行了批评。我认为，对律师工作不支持、不配合的情况，尽管是个别现象，但暴露出了我国不少执法人员思想和理念的不足。我很高兴地看到，这次制定的《检警关系指导规则》，针对律师的辩护权作了保障性的规定。北京大学贺卫方教授曾经出版了一本书叫作《运送正义的方式》，我认为对我很有启发。如果我们把正义比喻成吃饭的话，那么律师就应该与检察官一样，是送饭的人，是运送正义到达法院、到达目的地的人。所以说，在检警关系中，有律师的位置，有律师的身影，将有助于社会公平正义的实现。

第二，有利于对弱势群体的权利保障。

平常，我们见到的检察官和警官，大多是在强调如何打击、如何严惩。但我在这次会议上看到的是，人人谈权利，个个说保障，连本次会议的主题都是在"人权保障视野下"展开的。作为一个经常代表弱者发言的人，我又一次看到了理念的进步、社会的进步、法治的进步。过去有人常说"律师是为坏人辩护的人"，那时律师也常常为这句话进行自我辩护。现在看来，这句话是正确的。因为所谓坏人并不是一个法律概念，而是一个道德概念。按照无罪推定的法理，这个人是不是坏人，只有法院最后的说法才是结论。所以，律师为这个人辩护，不是为他的"坏"辩护，而是为他这个"人"辩护。再说：就算他真是坏人，作为一个人，作为一个弱者，应该有人替他把他想讲的话说出来。我们这个国家、这个社会乃至这个市场需要律师，就因为律师是我们这个制度中不可或缺、不能忽视、不可替代的一员。律师是代表弱者、代表私权讲话的人，所以就需要从制度上特别保护。未成年人尤其未成年犯罪嫌疑人是弱者，所以同样需要特别保护。在本次项目活动中推出的《检警关系指导规则》，规定了对诉讼参与人和未成年犯罪嫌疑人的权利保障，我觉得非常有意义。这从一个方面显示了现代检察官长远的眼光和宽阔的胸怀。今天上午，孙力检察长讲到的"四海"检察院让我感到非常有意思，我不知道这是不是一个巧合。从主办者海淀区检察院到与会的海口市检察院、广州市海珠区检察院、辽宁省海城市检察院，都是我国的模范检察院、优秀检察院。孙检说，"四海"检察院是说明检察官"四海为家"的工作性质。我认为，更重要的是表明了"四海"检察院的长远眼光和宽阔胸怀。所以，我要向你们致以崇高的敬意！

第三，有利于和谐社会的构建。

胡锦涛同志曾经就和谐社会讲了五个方面的具体内容，那就是"民主法治、公平正义、诚信友爱、充满活力、安定有序，人与自然的和谐相处。"我认为这是政治家的总结，当然很有高度、很有深意。但是，我觉得我们法律人还应该从法治的视角特别关注以下几个方面：一是和谐社会的核心是以人为本；二是和谐社会的前提是对立统一，或者说平衡对话；三是和谐社会的目标是以法为上；四是和谐社会的原则是道法自然。

据我所了解的情况，这次推出的《检警关系指导规则》首先并非为了提高效率，而是人权保障。尽管工作效率是一个重要的方面，但大家还是觉得人权保障更加重要。从法治社会的创建尤其是和谐社会的构建来讲，这个《规则》是所有法律人感到欣慰的事情。但是，要实现人权保障的目的，就需要一个能够平衡对抗的机制。我们律师帮助犯罪嫌疑人也就是所谓的"坏人"，也就是帮助我们自己的今天。因为，在法律上讲，我们任何一个人都有成为犯罪嫌疑人的可能。我们帮助未成年人犯罪嫌疑人，实际上就是帮助我们自己的明天。因为，从人性上讲，他们是我们的未来。

从这个《规则》中，我们看到了类似"慎延审，少退补，以减少犯罪嫌疑人在审前被羁押的时间"等条文，这就意味着我们的检警人员越来越清楚地看到，以法为上是多么首要，以人为本是多么重要，平衡对话是多么需要，自然和谐是多么紧要。我们都知道，保护律师的辩护权，就是保护公民的基本权利。而保护律师的辩护权，就要让律师在同一个平台上进行对话乃至对抗。对检察官来说，没有一个平等的对手，得到的胜利也不是真正的胜利。再说，没有一个相当的对手，自己的战斗力也会慢慢下降的。所以，我们一定要让律师平等地加入到、参与到运送正义的行列。如此一来，检警关系的一体化，检律及其与审判关系的平衡化，审判机关的中立化，就自然而然实现了。这样，和谐社会的构建就已经解决了基本问题。

以上，我作了"三个有利于"的总体评价，但是我还有两个担心。

第一个担心是过去我们所讲的公、检、法之间互相配合、互相制约、互相监督如何体现。

如果检警关系实现了一体化，检察机关将如何实现对侦查机关的工作监督。尤其是联想到许多地方公安系统的领导高于检察机关的领导，在这个一体化当中，究竟是公安领导检察还是检察指导公安？

第二个担心是《规则》出台后带来的理念进步如何在实际工作中如何真正落实。 正如这次《律师法》修改的律师会见权，将来律师在会见犯罪嫌疑人时，侦查人员只能是看得见但听不见。就这一条修改，我担心在现实中落实起来要有一个过程。这个过程不仅仅是指硬件建设，如建一个会见的玻璃房子，更重要的是侦查人员的思想观念。同样，这个《规则》强调的人权保障理念，如何在实践中真正体现，对许多侦查人员来说，这都是一个严峻的挑战。我相信能够参加这个项目、这个会议的人，都是已经在理念上先行一步的人。

如果这些担心解除了，那么犯罪嫌疑人的人权保障，尤其是未成年犯罪嫌疑人的人权保障和律师的诉讼参与权，就将迎刃而解了。

再一次祝贺你们的合作成果！感谢你们对人权保障事业作出的贡献！

谢谢大家！

我们需要建构一种什么样的执业观？

——"北京市律师协会执业观座谈会"发言

（2004年6月4日　北京）

【导语】

2004年6月4日下午，由北京市律师协会主办的"北京律师执业观座谈会"在十月大厦召开，这次会议是在全国律师队伍集中教育整顿活动的背景下召开的。5月中旬，北京市律师协会在全市律师中开展了"树立正确执业观大讨论"的活动，旨在通过对树立律师正确执业观的思考和研讨，使全市律师统一思想，提高认识，明确律师的社会责任，树立崇高的职业使命意识。北京市律师协会将本次座谈会作为集中教育整顿工作学习动员阶段的总结，以期引起全市律师对律师行业发展的深层次探索。

来自全市律师事务所的30余位律师代表汇聚一堂，各抒己见，回顾我国律师制度恢复25年来的发展路程，归纳和总结北京律师业发展的经验教训，结合自己执业的亲身体验和对律师所管理的实践经验，阐述各自对律师执业观的看法和认识。

时任中国律师杂志社总编的我，应邀参加了座谈会并做了如下发言。

尊敬的吴玉华局长、张庆会长，各位领导、各位律师：

首先，感谢北京市律师协会的邀请！

我认为在我之前所有的发言都是专业的发言，所以到我发言的时候，我建议大家可以休息一下，因为精彩的是后面的分组讨论和吴玉华局长的讲话。我作为一个外行，其实也没有做什么专业研究。我不是执业律师却在为律师服务，但走出律师界却有可能被人当成是律师。其实，在座的各位都知道我只是了解律师业改革与发展当中的一些动态，当然也有学者会把我当成律师。尽管我从追求目标上讲有希望自己成为学者的一面，但是水平、学识都不够。

我觉得今天下午的座谈会相当于一个开题报告，实际上又像一次破题动员会，我们要破的题就是北京律师的执业观，实际上也可以是中国律师的执业观。刚才王宇律师说观念，"观"是看，"念"是想，我认为有道理。这个"观"是怎么来的呢？我们的理解就是，我们为什么做律师？也就是，我们为什么想做律师？我们为什么要做律师？我们为什么敢做律师？我们为什么能做律师？同时，还要思考，我们如何做好律师？我们做律师为什么？这就是在破题当中应该考虑的问题。

为了说明我破题的粗浅体会，我从三个方面阐述一下我的看法。第一个问题就是我们的执业观到底出现了什么问题？今天我们来谈论执业观就意味着我们的执业观肯定出现了问题。第二个问题是谁误导了我们对执业观的认识？究竟出现了哪些偏差？第三个问题是应该建立一种什么样的执业观？

第一个问题，我们的执业观到底出了什么问题？

我们可以从两个方面发现，我们的执业观的确出了问题：第一个方面就是在主观方面，作为律师的个体来讲存在四个方面的问题。一是执业动机功利化。不少人都在想只要做律师就能赚钱，尤其是这十年来律师队伍的迅猛发展当中，涌现出了一批优秀的律师，但也有一些律师就是为了钱进来的。二是执业目的庸俗化。他做律师为什么？就是为了钱，或者为了赌一口气，或者为了某种可能未必能说出来的愿望。三是执业行为商业化。他把所有执业方面的一案一讼、一点一滴都变成了商业化。四是执业信仰模糊化。对律师职业的未来毫无信仰，一片模糊。在客观方面也有四个方面的问题。一是执业文化建设比较缺乏。刚才雪峰同志也谈到了文化建设，我以为很有意义。不管是律师事务所还是律师管理层，谈到律师文化这个概念也就是这几年才开始，原来没考虑过律师文化的问题。这个文化实际上是什么意思呢？肯定绝不仅仅是文化知识。经常有人这么说，有文化知识的人未必有文化，没有文化知识的人未必没有文化。从这个角度理解，说明我们执业文化建设还比较缺乏。二是执业管理还有很多缺位的情况。这次从中央到地方各级领导的讲话都谈到了我们管理中存在缺位的情况，不好管，管不好，怎么管，都出现了不同程度的问题。三是执业环境欠佳。严格意义上说，不管是社会环境还是我们本身的执业环境都出现了非常恶劣的情景，尤其是在刑事业务当中表现更加明显。四是在执业规则上或者执业规范上还缺乏权威。尽管各地律师协会都在不同程度地做一些探索，但我觉得我们的执业规范现在最重要的是缺乏权威。我们应该制定一套什么样的规范，显然是一个难题。亚里士多德说过，法治就是制定一个大家能看懂的法律，并能得到普遍执行的法律。套用这个原理在规则上我们是不是应该有这种情况，制定一个大家普遍遵守并有权威的规则。

第二个问题，是什么误导了我们的律师执业观？

这同样可以从两方面来分析，第一个方面是社会认识的偏差导致了不管是社会还是我们律师自身对律师执业观都发生了偏差。社会偏差有四个方面。一是以为什么人都可以当律师，导致现在律师队伍当中出现了一些鱼龙混杂的情况；二是以为律师都很有钱。确实，可能北京律师相对于其他城市的律师收入要高一些，但是从整体来讲，律师执业收入应该算比较低的。我曾经得到了一个数据，它告诉我们全国12万律师平均每人创收6万块钱，6万块钱作为平均收入不是很高，但是社会的认识却是律师都特别有钱；三是当一个律师非常容易，我曾经把律师分成四个阶段，第一阶段是"当一个律师"，第二个阶段是"做一个律师"，第三个阶段是"像一个律师"最后是"是一个律师"。做律师之前先要做人，把做人的规则搞清楚才可以去做律师，另外要从形象品牌上努力做到"像"一个律师，最重要是从能力上水平上你是不是一个律师。这从"当""做"到"像""是"，看起来四个阶段只是文字的概括，但实际上当一个好律师、当一个优秀的律师要有非常长的积累；四是以为律师就是为坏人说话的，可能认为律师正也可以说，反也可以说，这就是社会认识的严重偏差。

实际上，律师的定位应该从四个角度来谈，一是服务性，二是有偿性，三是平等性，四是自治性。从这四个角度看定位，就发现我国律师的法律定位存在模糊不清的问题，也就是我们的法律定位中出现了四个"不是"的情况。

第一，不是"官"。其实大家都知道，律师的定位在几个阶段出现了不同的表述。开始是国家法律工作者，后来是社会法律工作者，再后来又叫自由职业者。律师应该是优秀适格的社会管理人才，但是我们目前的状态却不是这样的。

第二，不是"家"。律师和法官、检察官应该站在同一个平台上，但实际上现实生活中，我们都明显发现律师跟他们实际上很难站到一个起跑线上，很难作为法律家俱乐部的一员跟他们在一起共同讨论，共同展望明天。

第三，不是"师"。师者就是传道解惑。我们律师本来应该更多专注于自己的专业特长，另外要站在高度指导社会制定规则，但实际上没有做到。我们现在为什么有些兼职律师地位很高，这绝不在于他是一个律师，而在于他是一个教授。可见，我们律师的整体水平不够和社会评价也不太高的现实，使人们还无法达到"师"的境界。

第四，不是"行"。也就是说作为行业化管理的条件尚未成熟，同样，职业化也尚未明朗，专业化也尚未成形，产业化更尚未具备。一切只不过都在慢慢过渡的阶段，但是将来要发展到这么一个理性的阶段就是行业自治。所以我一直主张行业自治，而不是简单的行业自律，个人才应该自律。久而久之，社会对律师的这四个误会导致了我们对律师执业观的偏差。

第三个问题，我们应该建立一种什么样的执业观？

第一，要把握为四个"业"。首先我讲的是职业，第二是专业，第三是行业，第四是事业。执业观水平高不高、思想新不新，就在于你能不能从职业、专业发展到行业、事业。如果说你仅仅把律师当成一个职业，那仅仅是谋生，也就是赚钱，如果停留在这个阶段，他的执业观肯定有问题，肯定有缺陷。其次是专业，我们经常讲律师是吃专业饭的，这是一个需要高度智慧高度技巧的专业，所以要把律师从职业提升到专业。再次是行业，要从专业上升到行业，任何一个律师就代表一个行业，比如社会上对律师产生好的印象或坏的印象有可能就通过一个律师来体现。所以任何一个律师都要考虑我是这个行业的一部分，我就是这个行业的形象代表。最后，就是应该把律师当成一项事业，到这个阶段他的执业观基本上有一个比较清晰比较理性比较客观的水平，一个比较高超的阶段。

第二，要坚持四个"以"，首先，要以法为业，我们要终生追求法律至上，我们要终生在法律信仰下做我们该做的事情；其次，要以德为本；再次，要以质取胜；最后，要以诚取信。

第三，要实践两个"化"，我的理解可以简化为，一是要优化执业环境，二是要强化管理水平。这是一个老话题了，所以必须要有新思路。有了新思路，才能有新环境。

以上就是我借用足球术语"442阵型"总结的律师执业观的形象理解。最后我做一个总结，我们究竟应该建立一种什么样的执业观？也就是我们究竟为什么做律师？

如果说想做律师是一种愿望，要做律师则是一种选择，而敢做律师则是一种决心和勇气，能做律师就是一种水平和能力。看法能决定想法，想法决定说法，说法决定方法。

那么，我们究竟需要一种什么样的方法呢？我的主张是，应该建立一个以职业为基础，减少功利化，增强荣誉感；以专业为中轴，减少大众化，增强紧迫感；以行业为依托，减少个人化，增强责任感；以事业化为目标，减少商业化，增强使命感，同时还要以法为业，以德为本，以质取胜，以诚取信。在优化执业环境和强化管理水平的前提下，用服务创造价值，用奉献塑造形象，用作为打造品牌，以实际行动改造错误的执业观。

谁是律师的朋友

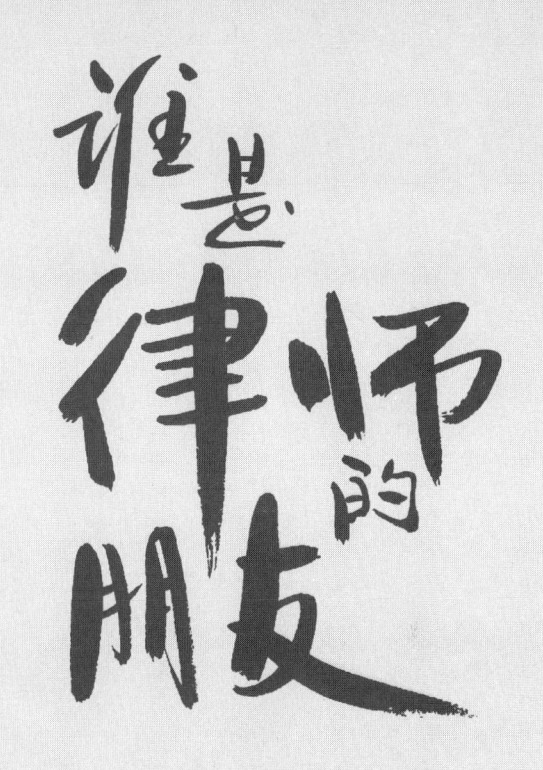

刘|桂|明|对|你|说

演讲：
情深意长看律师

青年律师，你了解你自己吗？

——在"朝阳下成长——暨首届朝阳青年律师发展论坛"上的演讲

（2015年5月5日　北京）

【导语】

2015年5月5日，北京市朝阳区律师协会青工委主办的"朝阳下成长"暨首届朝阳青年律师发展论坛在北京兆龙饭店召开。

作为当天上午第一场主题演讲嘉宾，按照组委会安排，我应邀做了《青年律师的使命和前景》的命题演讲。如下文字即为现场记录，收入本书时作了若干补充修正。

最后，我以三句话即"不要让我们的技巧胜过品德，不要让我们的利益超过正义，不要让我们的追求越过责任和使命"作为总结与概括。

尊敬的各位领导、各位朋友、各位年轻的朋友们：

大家上午好！祝大家青年节快乐！

我要对主持人小马、对马江涛副会长提一点建议，他说我不是青年了，你们同意吗？我看到绝大多数人表示不同意。我要说，你们不同意是有依据的，昨天联合国刚刚发布了一个新的决定，这个决定告诉我们，从17岁到66岁都是青年。尽管我今年已经50出头了，但我认为自己还是青年。

更重要的是，我一直认为自己就是青年。我经常说，我最富有的就是我的年龄，因为我有四个年龄。在场的马慧娟律师是我看着成长起来的，她还是年轻人，尽管我的年龄比她大，尽管我们年龄不同，但我认为我们都是青年。

现在，我来告诉大家我的四个年龄吧。第一是外表年龄，毫无疑问，这骗不了人的，我的外表年龄是50后；第二是我的生理年龄，当然也骗不了人的。因为所有的档案里面都写着，我是60后；我的第三个年龄就是青春年龄，那不就是青年了吗。如果还有人不同意，我就用联合国那个新规定来驳斥他。今天我来到这个论坛，最重要的是我自己也认为我还有一个青春年龄；第四是我的爱情年龄，也就是说我与各位男生一样看到美女现在还心动，也就是说我把自己等同于80后。既然是80后，就意味着看到美女，不仅可以心动，而且还可以行动。当然，我现在不能行动了，也不敢轻易行动了。但是，从人的内心来讲，说明只要你还能心动，就意味着你还是年轻人，你还是充满激情的青年。

由此可见，无论是从联合国最新的决定乃至于我个人成长经历，以及每个人脸上洋溢的表情，我认为今天在场的每个人都是青年。我相信清友会长一定赞成我的观点。同样，在场的朝阳区共青团委员会王洪涛书记与曹宏局长，相信也会同意我的观点。再说，我还在共青团系统工作了四年。

既然是青年，我们今天就在这里一起来谈谈每个人成长的故事。

我们每个人成长有不同的道路。每个人成长当中也会遇到不同阶段的高人、恩人、大人。但是，我们每个人成长的关键还在于找到适合自己的路。

今天我想跟大家分享一下我个人思考的关于一个人成长所需要掌握的要领。可以说，我个人的经验就是三点：第一，了解你自己；第二，提升你自己；第三，放大你自己。

第一，如何了解你自己。

我跟今天下午要来演讲的王宇律师有过很多的交流和接触，我第一次发现他还是在十几年前，也就是在15年前即2000年举办的"首届全国律师电视辩论大赛"上。当时，我就觉得王宇这个小伙子不错，很有前途，很有后劲。作为当时青年律师的典范，从年龄段来讲，他现在可能已经不在一线了。现在，我认为应该把马江涛当成青年律师的典范。当然，在不同的专业，不同的团队，其实每个人都是典范。因为每个人的成长经历，成长故事，乃至成长背后的成功都是不一样的。所以，我个人认为，每个人首先一定要搞清楚自己，你是谁？为了谁？依靠谁？

每个人走进律师行业，不管走的什么路，我个人认为，一般都要经历四个阶段：一是"当一个律师"；二是"做一个律师"；三是"像一个律师"；四是"是一个律师"。

所谓当一个律师，意味着大学毕业，或者现在开始主攻司法考试，这就是千军万马通过司法考试这条独木桥的阶段，这就是当律师阶段。所谓当律师，毫无疑问最后标志就是看看你能不能通过司法考试。这一点跟60后做律师人还不一样。比如说王俊峰、张学兵都是最早的60后律师，如果在1986年之前做律师，或者1988年之前做律师可以不用考试，但是1988年之后就要开始考试了。在我们国家律师考试是1984年开始的，最早的星星之火来源于江西开始的司法考试。1986年才有了全国政法系统的律师考试，真正面向全国全社会的考试是1988年开始的。这就意味着1988年之前当律师的人基本上是组织决定就可以了，但是1988年之后，尤其对在座各位来讲，首先一定要通过第一关，就是拿到律师资格，拿到资格证。也就是说在你拿到红本之前那个阶段，就是当律师的阶段，这个阶段实际上就是如何通过这14门考试。

所谓做一个律师，真正是从实习律师开始那天起，然后到真正成为合伙人之前那个阶段，大多数律师这个阶段是最艰难的。

所谓像一个律师，今天各位都已经到了像一个律师阶段，也就是看起来你已经像一个律师了。所谓像一个律师，其实无法用言语表达，因为这是一种形象与外表。但是，我想此时的你走出去，肯定动不动就要谈专业，动不动就要谈法律，动不动就要谈构成要件、谈因果关系，时不时就要谈侵权、谈违约，这就是说所谓像律师，实际上就是一种外表和气质。

所谓是一个律师，就是我们所追求的阶段，是一个律师的水平和能力。这是我们真正所需要追求的阶段，也就是要成为一位合格律师，成为一位优秀律师，成为一位真正意义上的合伙人。

由此看来，在"当律师""做律师""像律师""是律师"的四个阶段，一定要搞清楚自己我到底是谁，我是什么人，我受过什么专业的训练，我应该如何展现自己的专业才能。

在这个方面，我的体会是一定要搞清三个标准：第一，自己应该做什么？第二是自己喜欢做什么？最后一个是自己适合做什么？

比如说有的人可能口头表达能力强，反映能力强，他觉得我做诉讼律师更好，应该做什么呢？应该找一个诉讼律师做你的老师，找一个好师傅，找一个好团队。除了考虑自己应该做什么，还要考虑自己喜欢做什么。所谓喜欢的、热爱的，有可能就是你自己的兴趣和特长。

我们有的人喜欢做案头工作，有的人喜欢在法庭上展现你的才华，最重要的是找到并判断自己适合做什么。有人经常讲，律师一定要口才好，我看未必。有的人口才好，到法庭上去展示，有的人口才好，到谈判时候去展现。但是，很多时候，有的律师不一定要口才好，思维清楚，逻辑严密，同样可以展现自己的才华。比如说有的人笔头好，各种各样的文件，各种各样的文章，都不在话下，都写得很好。

这样的人才，在哪个单位、哪个团队都很吃香。还有一些人，对外交流、应对公共关系，都很有经验，很有办法，那也是人才啊。

总而言之，我们一定要了解自己应该做的，了解自己喜欢做的，了解自己适合做的。如果能把这三者有机地结合在一起，我相信一定是一位非常优秀的律师。作为一个律师的最高境界，我相信也不过如此。这就说明，我们已经达到了对自己的全面了解。

其实，我们很多时候最难做到的是了解自己。即使20多岁，感觉自己已经成年了，也未必了解自己。很多人看见我目前这个样子，感觉我是一个外向的人。所以，我现在跟谁说一句话，人家都不相信，我说我是一个非常内向的人，好多人都以为我在骗他。因为我在上大学的时候不要说见到女同学不敢说话，我在男同学面前都不敢说话。不要说现在在那么多人面前讲话，当时在我班里小组都不敢讲话。所以你们都不相信，我自己也不相信，更重要的是我大学同学都不相信。

大学毕业20周年那年，也就是10年前的2005年，我主持庆典大会。在整个活动的策划中，总策划问我最后由谁来主持。我说为了节省成本，还是我来主持吧。一是因为我熟悉整个策划方案流程，二是我要让女同学们看看我已经不是当年那个不敢表达的男生了。所以，我一上去讲话，我就问大家为什么由我来主持。恐怕你们谁也没有想到竟然是我来主持。这就是人生的变化，岁月的变化，主要还是自己的变化。所以，我们有时候真的对自己不够了解，你到底是内向的还是外向的。所以，我建议男同胞你检查自己是外向还是外向，你找一个美女，眼睛能看她十秒钟，就说明你是外向的。但需要说明的是，内向和外向并不决定自己能不能做律师，只不过是要了解自己适合做哪种类型的律师。

今年是我的四个30年，入党30年，毕业30年，进京30年，工作30年，30年过去了，我由内向性格变成外向性格。当年上大学时，我表哥送我上火车说我，你见人都不说话，你还怎么学法律啊？你们看，现在我变成"话痨"了。有一次我去开一个会，出来后朋友问我感觉如何，我回答说太累了。他问我是因为讲话太多累了吧？我说，什么呀！是因为两天什么话都没有讲而感觉太累了。因为讲话是很愉快的，这是一个跟人交流与分享的过程。就像我今天一样，跟大家聊聊过去、说说未来，很有意义，也很愉快。

通过我的人生经历，我们知道每个人一定要真正认识自己。我当年认识小马——马慧娟律师时，她跟我一样也是一个记者。但是，小马清楚地知道，她当记者可能只是良好的记者，但做律师肯定是个优秀的律师。这是了解了自己应该做什么，了解自己喜欢做什么，了解自己适合做什么的最好解释。如果能把这三者结合到一起，对一个青年律师来讲，就找到了适合自己发展的路。

每个人无论做学问，还是做事业，一般都要经历四个境界：第一个境界是不知道自己不知道；第二个境界是知道自己不知道；第三个境界是不知道自己知道；第四个境界是知道自己知道。

这句话来自于美国曾经的国防部长拉姆斯菲尔德，他讲的是我们不知道自己知道，我们知道自己不知道，我们不知道自己知道，我们知道自己知道。这有一点像绕口令，我请外国人翻译一下这四句话，他们不知道怎么翻译。这是中国语言的丰富，更是人生境界的丰富。那么，我们是否知道自己也清楚地知道，是否知道自己其实不知道，是否不知道自己其实已经知道呢？比如说像我自己，我就知道自己做不了律师，因为我反应慢，其他能力也不行。但是，我做不了律师，我发现自己能够给律师服务，能够给律师打工。过去我在律师界打工十多年，现在不能打工了，但是我给律师做志愿者也很好。所以，现在我经常炫耀自己是律师界最优秀的志愿者。清友会长，请您什么时候代表朝阳区律师协会给我颁一个奖，证书上写上这样的大字：朝阳区律师协会优秀志愿者刘桂明。

前两天，我刚刚参加了朝阳区律师协会组织的律所主任沙龙，我觉得很好。所以，朝阳区律师协会的会议我必须来，我应该来，而且我也很想来。因为我们媒体人都知道，除了北上广，全国第四大律师协会就在朝阳。今天早上有人在群里说了一句话，全国律师看北京，北京律师看朝阳，朝阳律师看什么？看青年。那么，青年律师看什么呢？今天我来朝阳就是要给各位青年律师鼓劲加油。

对我来讲，我尽管当不了律师，我给律师打工还不行吗？给律师做志愿者还不行吗？我清楚地了解自己，我做不了律师，我可以跟律师在一起，我可以为青年律师的成长与成功加油助威、摇旗呐喊。

我们每个人都是一样的，如果我做不了诉讼律师，我就做非诉讼律师；如果做不了非诉讼律师，可以做律师团队里面的管理者。现在美国一些大所，他们提出了一个概念叫作"多专业执业"。也就是说，在一个所里并不见得都去做业务，不见得都去做法律服务。有些人可以为做业务的人提供有关专业服务，还有的可以做法律服务的嫁接业务，如审计、清算、会计。每个人只要找到自己应该做的，喜欢做的，适合做的，这就是了解你自己的开始。

我刚才说了，有时候一个人最难的是了解自己。不知道自己的特长是什么，不知道自己的爱好有什么，不知道自己的不足与软肋是什么，不知道自己未来发展道路到底是什么。我毕业30年了，一直在做新闻出版，也就是始终是一个媒体人。我觉得自己做新闻出版工作最有感觉，我做律师可能未必有如此适合的感觉。尽管我没有办法做律师，但是我跟律师在一起又确实很幸福。正如周恩来总理对一些民主党派人士说，你在党外比在党内起的作用更大。现在看来，我也可以这么说了，因为我在律师界外起的作用比律师界内起的作用还大。所以，我有时候发表一篇有关律师的评论，大家很重视、很关注，为什么呢？因为我了解律师、热爱律师。但是，如果评论错了也没关系，错了就错了，因为我不是律师。但是，不管如何，大多数人还是说我的评论很超脱，很客观，很公正。就像这一次北京市律师协会换届，高子程律师当选会长，我第一时间写出了一篇评论。尽管其中有些表述有一些不够严谨，也会有一些令人不高兴。但总而言之，大多数人是高兴的。当然，朝阳律师是高兴的，尤其是当时参加会议的朝阳区95名律师代表也是高兴的。这就说明我个人确实在党外比在党内起的作用更大，在业外比在业内发挥的作用更大。所以，我愿意在律师界以外为律师业发展鼓与呼，为各位青年律师的成长与成功鼓与呼。

第二，如何提升你自己。

如果一个人了解自己的开始，那就意味着也是提升自己的开始。所谓提升，就是清楚地了解自己之后的提升。这时，就意味着我们知道自己到底要做一个什么样的律师？做一个什么专业的律师？

对我们每个人来讲，我们了解了自己，那就意味着找到了适合自己的路。现在我们律师业发展的市场越来越细分，客户越来越细分，专业越来越细分。记得15年前，上海的朱树英律师就跟我讲，我都不敢说我自己就是房地产律师。因为房地产法律服务市场太大了，专业知识太多了。他曾经以一位德国律师为例，告诉大家专业定位的重要性。那位德国律师做的是保险法律服务，保险法律服务在我们看来可能很简单，但其实当中的保险专业业务太深了。这位德国律师说，他只能做机场保险法律服务，而且还只能是机场工程保险，也就是机场跑道工程的保险法律服务。社会在发展，世界在发展，经济在发展，机场的建设也在发展。每个人也是这样，所以我今天在这里要特别赞赏几位律师对专业的追求。比如说做婚姻家庭财产业务的王芳律师、谭芳律师、贾明军律师、杨晓林律师、陈凯律师，尤其是我刚才讲到的王宇律师。当年在"首届全国律师电视辩论大赛"中，他表现非常优秀，中央电视台曾经想把他挖过去当主持人。但是，他自己想，做一个主持人有什么意思，一天到晚背稿子，没什么意思。还不如我自己完全是通过我对专业的研究和了解，讲讲专业的话，做做专业的事。所以，最后王宇没有去当主持人。如果他去中央电视台当了主持人，最多中央电视台多了一个平庸的主持人，但是律师界却少了一位优秀的律师。

我记得在 2003 年，我请王宇在当时我主编的《中国律师》杂志上每一期写一篇有关青年律师成长的感悟，其中有一篇叫《天天想你》。大家知道这是一首歌的歌名，他的文章是说一个律师如何跟客户保持沟通。对律师来说，你跟客户第一次谈完以后一定要有反馈，要有一个什么反馈呢？应该首先是一个文字的反馈，告诉他你那个业务是什么业务，你那个纠纷是什么纠纷。我作为律师将提供什么法律服务，目前你所需要做的是什么事情。如此而来，客户就觉得这个律师太负责任了，这个律师的服务太到位了。王宇律师说，我们千万不要成为那种签完协议就了事的律师，还要做到每个礼拜要跟客户沟通一次。无论有业务还是没有业务，我都要天天想你，想你的事，这就是律师和客户的有效沟通。有了这个有效和紧密的沟通，什么客户也跑不了。其实人与人之间的关系也是这样，你们知道吗？人与人之间最大的难题就是沟通，最大的误会也是沟通。有时候在体制内，领导之间为什么发生矛盾呢？就是没有沟通，我们经常看到或者听说的省委书记和省长闹矛盾，市委书记和市长闹矛盾，就是因为缺乏沟通、不愿沟通。我们律师也是这样，律师跟客户如果没有有效的沟通，肯定无法成为一个优秀律师，无法成为一个受人尊敬的律师，无法成为一个受欢迎的律师。

我们如何实现提升自己呢？在我看来，一要有亲和力；二要有针对性；三要有安全感。所谓亲和力，是指专业律师在客户面前建立一种信任，尤其在一个特殊环境下，如何征服所有人，如何说服你潜在的客户，口头表达非常重要，个人魅力非常重要。如何把陌生变成熟悉的，如何把熟悉的变成自己的，这就是靠亲和力。亲和力是以针对性为基础的，讲他喜欢讲的话，讲他喜欢听的话，讲纠纷、讲矛盾最核心的地方，所以针对性很重要。接下来就是安全感，安全感就是信任感。现在有些律师让人缺乏安全感，靠懵、靠忽悠肯定不行，只有靠亲和力和针对性，才能体现安全感。所谓安全感，就是做一个让客户放心、叫客户信任的律师。如何通过说服变成征服他，这对每个律师来说既是基本功夫，更是独门秘籍。全国律协有一位常务理事，他的客户是一个非常大的上市企业，这个企业的老总无论是大事小事都信任他，甚至有些政治上的事情也愿意听他聊一聊。他觉得这位律师既讲政治，更讲法治，站得高看得远。就我个人对律师的了解，我一直认为律师是最讲政治的，前几天中央政法委书记孟建柱同志讲话时特别强调了律师对证据挑毛病、对程序较真的作用。孟建柱同志说的是我们对律师职业的制度设计。为什么要律师？为什么有律师？许多人不知道，这是我们的制度设计所要求的。当然，对我们律师来讲，如何成为一个既讲政治、又讲法治的律师，如何成为既能说服别人、又能征服别人的人，如何既维护当事人的合法权益、又实现公平正义的律师，是至关重要的，也是制度要求的。

《律师法》第二条第二款规定的"三个维护"对我们每一位律师都非常重要。这"三个维护"是：第一是维护当事人的合法权益；第二是维护法律的正确实施；第三是维护社会的公平和正义。

如果要对这"三个维护"做一个分析，我认为第一个维护是律师的本职工作，第二个维护是律师的专职工作，第三个维护是律师的天职工作。显然，第一个维护也就是当事人的合法权益，应当是我们律师第一位的工作。只有真正找到了什么是当事人的合法权益，什么是当事人最关心的痛点，那就是我们能找到征服当事人的关键。所以，在我个人看来，每一位青年律师所要求的提升你自己，绝不仅仅是专业知识方面的问题。在这个时候，严格意义上说，情商比智商更重要，品德比能力更重要。可见，如何提升自己？不仅仅是知识上的提升，更应该是胆识和共识上的提升。

第三，如何放大你自己。

所谓放大自己，主要取决于两点，一个是口头，一个是笔头。所谓口头，就是如何表达。每一位律师各有各的表达能力，有的是口头，有的是笔头，如果口头和笔头能够达到一致，对律师来讲一定是一位非常优秀的律师。如果只是其中一方面水平与能力非常优秀，那就要想方设法充分发挥自己最优秀的一面。

在我看来，所谓放大你自己到底说的是什么呢？就是宣传你自己，就是营销你自己。也就是说让更多人了解你，让更多人知道你，让更多人信任你，让更多人最后被你征服，也就是说让更多人成为你的客户。在当下这个网络化时代，口头表达能力是一方面，笔头表达能力应该是更加重要的一面。我们如何利用或展现这个口头能力和笔头能力，对我们的工作事业乃至一生都非常重要。当然，无论口头还是笔头，要找到一条最适合自己最对头的道路，不是那么容易的事情。

上海有一位来自河南濮阳的青年律师，叫作贾明军。12年前，他刚到上海时，做得非常艰难，连吃饭都很困难。但是，经过12年的打拼，现在他已经成了非常优秀的合伙人。而且，他还把自己一手打造的沪家事务所完全注销了，然后整体加盟了中伦上海所。据我的了解，贾律师有一种能力非常优秀、特别厉害，如听课，每一堂课笔记记得非常详细，而且对课程内容研究非常透彻。他刚到上海时，有一天他发现不能做万金油律师，一定要做一个真正的专业化律师。那么，做什么专业呢？有一次他去徐汇区法院开庭，他看见屏幕上许多开庭信息，一看四分之三基本上都是婚姻家庭的案件。后来，经过研究与思考，他决定就从这里开始自己的专业化。他发现自己在这方面特别有感觉，然后不断写文章，最重要是不断地请教老师，然后把请教老师的东西又变成自己的东西。现在，他把记得非常详细的听课笔记与自己的研究心得结合起来，然后不断推出自己的立体名片——那就是自己的新书。这就是典型地把口头表达和笔头研究完美结合起来的一位律师，果然没有几年，他在上海的知名度、品牌度影响越来越大，后来又成立了自己的研究团队。关键是他不仅仅关注婚姻家庭的业务，而是他把婚姻家庭业务与其他业务有机地嫁接起来，例如，把产权与股权有机地结合起来，为此做了很多关于因为婚姻家庭业务而带来的股东纠纷这样的一些业务。我们知道，婚姻家庭纠纷的背后往往有许多大单业务，我们不要简单看一个离婚案件，不要看简单的家事案件，他们的背后有可能就涉及股东、股权等方面的更大业务。这些都需要我们去加强学习和深入研究，需要不断地把学习和研究转化成成果，也就是不断地以口头去说、去表达，笔头去写、去研究。

11 年前，北京也出了一位青年律师，秦兵，当年他竟然一个人搞出了一个《合同法》的 204 条，我记得《北京青年报》是整版发表。这是一个关于维护房地产当中的业主权利的，也就是维护业主权益的 204 条，这是他一个人搞出来的啊！不管有没有用，但这是他精心研究、精心设计出来的。所以，一下子就引起了业内业外的广泛关注。他通过自己对专业的研究和学习，最后总结出这样一个 204 条。这就相当于立法，他这是完完全全把口头和笔头有机地结合起来。

现在，北京还有一位叫作陈凯的青年律师，在场的肯定有不少律师认识他、知道他。这几年，他致力于中华遗嘱库的建设，并与中国老年基金会等机构展开了密切的合作。他和他的团队所开展的遗嘱库登记，已经引起了全社会的关注和赞誉。目前看起来利益不大，但未来一定有大大的甜头。我很看好这位年轻人，看好他在律师业务方面的开拓能力与开拓前景。

各位律师，我一直认为，我们不管走到哪里，不论做什么，只要真正发挥自己口头和笔头的特长与优势，一定有饭吃，一定有活干，而且这个饭一定会吃得很香，这个活一定会干得很棒。在我眼里，这个笔头不仅仅是指写专业文章，非专业文章同样也能起到很大的作用。有时候一篇文章就能够给你带来一个客户，有时候一篇文章能够给你带来一种类型的业务，而更重要的是能够给你带来一种新的思维方式。所以，我想每个人每天都在思考和学习，关键是要把自己的思考和学习，通过口头和笔头转化成自己的成果。

就像讲课，律师去讲课不一定要追求讲课费，而是把讲课当成一种营销。上海的朱树英律师、北京的王才亮律师，都是通过讲课取得了成果，获得了品牌度。所以，口头营销同样非常重要。我也经常推荐律师到企业、到社团，到一些机关学校去讲课，其实这个讲课就是一种宣传，就是一种营销，就是一种放大自己的表现。上海有一家律师事务所叫作协力所，有一个建筑法律服务团队，现在已经整体加盟到了中伦上海所。这个团队也非常了不起，他们通过讲课营销、通过会议营销、通过图书营销，在建筑业界同样获得了很高的品牌度与美誉度。他们的实践，也是把口头当成营销，把笔头也当成营销，通过不断地放大自己，放大团队的影响力，放大专业的品牌力。

各位律师，今天我跟大家交流与分享的就是这三点：第一要了解自己，第二要提升自己，第三最重要的是放大自己。作为青年律师来讲需要更多人了解你，需要更多人知道你，需要更多人信任你，那么就从今天开始，我们所要做的是如何把自己的学习，把自己的研究，把自己的思考实行成果转化，让更多人去追随你，让更多的人去跟随你。这样，才能成为一个优秀的合伙人，成为一个优秀的大牌律师，而这一切其实每个人每个青年律师都能做到。现在媒体这么多，过去我们写东西要追求在一个传统媒体发表，现在不需要，现在各种各样的媒体，新媒体、自媒体，很快，一夜之间能够让更多人了解你。

但是，此时此刻我要提醒一下各位，作为年轻人，作为青年律师，如何表达、如何营销，还是需要掌握一些细节和技巧。所谓细节和技巧，不要像有些人那样，语不惊人死不休，动不动就全盘否定，时不时就一概而论。我个人的经验是，我们的所有表达都要掌握一个原则，就是积极的、建设性的，也就是所有的批评，所有评论都要争取做到建设性的。不要一上来就说这不行那也不行，有些来看起来是惊人之语，能够吸引眼球，但不是建设性的。尽管我们都知道，在律师思维中有一种天然性的、制度性的反对思维与质疑思维，但大家同样应该知道，在律师思维中更重要的是建设性的思维。我想，无论是反对还是质疑，都需要讲究方式。即使是反对性的，也要先有所肯定，再有所否定。不要一上来全盘否定。我们质疑某一个决定，反对某一个行动，批评某一种现象，其实最终都是为了建设性的目的。所以，我们既要学会如何破，更要指导如何立。对律师来讲，在当下媒体如此发达的今天，如何表达绝不是一件小事，而是一个非常重要的问题。尤其是对青年律师来讲，我们既要学会表达自己的锐气与朝气，更要掌握如何展现我们的大气和正气。

各位律师、各位朋友，各位年轻人，要说的话还有很多，但我今天上午要告诉大家的就是这些。在我们青年律师的成长道路上，我认为最关键的就是这三点，我们如何了解自己，如何提升自己，如何放大自己。

最后，我送给各位青年律师三句话，这也是重复我在有关律师职业伦理的会议上所表达过的三句话。我认为,这对青年律师来讲,很重要,有必要,更需要。需要深入领会,需要牢记在心,需要永远坚持。将来无论你做得多么大,无论你做得多么好,无论你的名头多么响,无论你的创收多么高,这三句话或许会对我们每个人的一生都有帮助。这三句话就是:**第一句话是,不要让我们的技巧胜过品格**;**第二句话是,不要让我们的利益超过正义**;**第三句话是,不要让追求越过责任和使命。**

谢谢大家!谢谢各位!

律师参与立法的路径在哪里？

——在第二届"国浩法治论坛"上的演讲

（2014年12月20日　北京）

【导语】

2014年12月20日，由国浩律师事务所、国浩发展研究院会同北京大学法学院联合主办的第二届"国浩法治论坛"在北京大学法学院成功举办。

本届论坛的主题是"全面推进依法治国背景下的民主立法与律师参与"。

作为特邀嘉宾，我参加此次论坛并做了主旨演讲以下即为演讲内容。

尊敬的各位领导、各位同人，女士们、先生们：

大家下午好！

我们今天讨论的主题跟国浩律师事务所施杰律师的论文有关系，因为在本次会议的论文集中，我看到了施杰律师关于"民主立法"的论文。

我觉得解读"民主立法"这个主题最好的办法，就是来解剖个案。今天上午两位专家、下午三位专家从不同的高度、不同的角度介绍了民主立法的一些重大问题。我也不是专家，我只是各位的朋友，只能表示一下祝贺，提出一些建议。

请大家注意，我们国家很多律师事务所的招牌、品牌都非常有意思。我曾经总结过，比如有带"国"字号的，也有带"金"字号，还有带"天"字号、"君"字号的律师事务所。毫无疑问，我们首先要看带"国"字号的律师所。而带"国"字号的律师所，又毫无疑问首先要看国浩律师事务所。因为我也是国浩律师事务所的见证者之一，1998年6月26日，我见证了它的创建，我也亲眼见证了有关领导对国浩的特别关照与重点扶持。作为伴随国浩一步步发展起来的后来人，各位律师一定要铭记与感恩当时为国浩的创立乃至发展做出贡献的朋友们和有关领导。

这次国浩律师事务所与北京大学举办的第二届"国浩法治论坛"，选择了一个非常有意义的地点。这是一个模拟法庭，我们在模拟法庭参加律师事务所的会议，讨论依法治国的重大问题。很显然，这既有模拟意义，也有现实意义，更有法治意义。不知各位注意到没有，我们的背景板非常有意思。你们见过一个律师事务所开会有挂国徽的吗？没有。这是一个非常偶然的巧合。仔细一看，这个国徽是模拟法庭墙面上原来就有的。

（手指着论坛背景板）我们从这边往下念，念出来的是"第二届国浩全面推进依法治国背景"，中间是国徽，后面则是"法治论坛下民主立法与律师参与"——看！这就是国浩所的大气派。全面推进依法治国，谁来推进？国浩来推进。大家知道，我们开庭的时候法庭中间也是国徽，所有刑事案件、民事案件的审理都是这样的。也就是说，我们现在是在国徽照耀下讨论重大问题，而这个重大问题是"民主立法"问题。

就像刚才扈纪华老师所讲的，在科学立法、民主立法当中，律师的身份很重要，律师的角色很重要，律师的作用很重要，律师的地位很重要。如何发挥这个作用？我今天根据施杰律师的一篇文章来做一个剖析。

在我个人看来，律师在民主立法当中可以起到以下几个方面的作用：第一，通过"个案"来发挥作用；第二，通过"要案"来发挥作用；第三，通过"教案"来发挥作用；第四，通过"文案"来发挥作用；第五，通过"提案"发挥作用。

施杰律师总结了律师参与立法的几种途径，他讲了五个方面的情况。第一，作为人大代表参与立法的情况；第二，作为政协委员参与立法的情况；第三，作为政府法律顾问参与立法的情况；第四，作为律师对一些法律草案提出意见建议的情况；第五，是受委托立法的情况。应该说，这五种立法情况都是我们律师应该关注和真正投入的。

正如刚才扈老师讲的，其实每一部法律的起草、修订都希望有律师的声音、有律师的身影。但是我们的律师做到了吗？我想，即使有些律师没做到，我们国浩律师一定要做到。正如刚才李淳律师介绍的，我们国浩还有发展研究院，我们要发挥国浩发展研究院的作用，要真正研究一些立法问题。

前面说到施杰律师认为在民主立法上我们律师要发挥五个方面的功能和价值，现在来说说我的观点。

第一，通过"个案"来发现立法的问题。比如施杰律师前几年办理了一个案子，就是孙伟铭的醉驾案。他真正介入这个案子是二审，这个案子引起更多的关注也是在二审。如果说一审是作为一个"事件"引起大家注意的话，后面则是作为一个"案件"引起了全国的关注，这种关注是因为量刑引起的。这就说明这个案子在定罪和量刑之间存在很大的差距、很大的问题。这些问题谁来发现？就是律师。任何律师，无论是刑事诉讼律师，还是民事代理律师，乃至非诉讼律师，每天都会有"个案"，每个人的案头都有"个案"。吴革律师所在的中国法学会案例研究会以及全国律协宪法与人权专业委员会，每年都会评出一些有影响性的诉讼案件，这些案件都是"个案"。通过这一个个"个案"，能够影响我们法治的进步。由此可见，任何一个律师，我们所经办的"个案"有可能就会影响历史。所以我们一定要想想，我们的"个案"到底是一个什么样的"个案"。我们要通过"个案"来发现问题，发现立法的问题、发现司法的问题，乃至发现法理的问题。施杰律师在办理孙伟铭案件当中发现了"醉驾"这个重大问题，那段时间他心无旁骛全部投入到这个案件当中去，研究案件本身的事实和证据，如醉驾、监控录像、当事人陈述等问题。然后，他又通过研究这个"个案"发现应当认定"醉驾入刑"的问题。因为这个案件的巨大影响，引起了全国广大范围内对"醉驾入刑"案件的关注。

作为一个律师，我们每个人都会有许多案例，案例就像一个将军的战役，就像一个作家的作品，就像我们记者的每一篇通讯、每一篇侧记一样。毫无疑问，这都是我们的看家之本。每一个律师随着执业时间的增加，案例积累都会越来越多。在座的律师有的律师已经从业30年了，30年的执业经验能够积累多少案例啊！但是我想，是不是能做到举一反三，是不是在每一个案例中都能发现立法的问题？我们每个人都要去想想这个问题。

第二，通过"要案"来呼吁立法的问题。什么是"要案"？"要案"有可能就是大案、名案。比如刚才朱苏力教授提到的"李天一案"，毫无疑问就是一个"要案"。其实，这个案件非常简单。但是，这个"要案"后来却成了大案、成了名案、成了怪案。在这些案件中能发现什么问题？就是能发现立法当中到底有哪些疏漏。于是，律师通过这些"要案"，就不仅仅是发现问题，而是要呼吁立法。比如在施杰律师承办的"孙伟铭案件"当中，他就知道醉驾问题已经不仅仅是一个案件，或者说不仅仅是一类案件，它已经是一个立法问题了。所以，他呼吁要关注"醉驾入刑"的立法问题，这个呼吁不仅是通过律师个人开庭时的主张来表达，乃至接受记者采访时也要发表主张，重要的是你的主张要形成文字、形成"教案"。这就引出了接下来我要介绍的第三个功能价值。

第三，通过"教案"来调研立法的问题。我一直主张，我们每一位律师一定要致力于将自己的每一个"个案"形成"教案"。"教案"的作用是什么？就是用来传道、授业、解惑。比如说，可以用来到大学里去讲课、到客户那里讲课、到社区去讲课。这就是"教案"，就是你要讲什么。所谓普及法律，就是通过个案、要案、名案、怪案、奇案告诉大家这里面到底有什么东西。我们要讲的不仅仅是我们在社会上所看到的那些八卦的信息，而是案件背后的价值理念乃至立法技术。比如，我看到施杰律师的文章当中也提到了，他想到了"醉驾入刑"是个立法问题，也看到了这不仅仅是一个案件面临的问题，其他案件也可能面临这样的问题。于是他就跟学者、专家去一起论证，然后再跟司法部门去论证、去调研。这就是通过"教案"来实践调研立法。

第四，通过"文案"来论证立法的问题。刚才说的"教案"当然是很重要的，但是有了"教案"之后还要形成"文案"。"文案"是什么？就是著书立说，就是你在各种场合发表的主张。比如说律师在律师协会讨论、与司法界的讨论，或者跟专家学者的讨论过程，要形成"文案"。包括我们这次论坛期间国浩律师提供的论文集就是"文案"。形成"文案"就是从"调研立法"到"论证立法"的阶段，但我们最终要形成的是真正的立法"提案"。

第五，通过"提案"来推进立法的问题。在人大代表、政协委员提出的立法意见当中有"提案"和"建议"之分，我们统称为立法的"提案"。人大代表、政协委员毕竟还是有限的，担任人大代表的律师在全国律师中的比例还很小的。作为执业律师，如果既不是人大代表也不是政协委员，那么通过什么样的方式去反映你的意见、提出你的主张呢？可以通过人大代表，通过政协委员，通过政府法律顾问，通过委托立法，通过立法征求意见等各种渠道，提出我们的意见和建议，这就是我们律师要致力于实现的"提案"。

以上所有这一切，最终都是为了一个目的，那就是推进立法。所以，我再总结一下上面所说的观点，律师参与立法第一个阶段是发现立法，第二阶段是呼吁立法，第三阶段是调研立法，第四阶段是论证立法，最后再实现推进立法。所以说，我们每个律师一定要通过"个案"找到"类案"，比如施杰律师办理的醉驾肇事案件，后来已经不是"孙伟铭案"一个案件了，而是一个类型的案件；要通过"要案"发现一系列的问题，而不只是一类案件；要通过"教案"发现或者找到一种方法，一种论证的方法，一种立法的方法，一种研究的方法，一种律师介入立法的方法；要通过"文案"找到一种路径，所谓路径就是要从必要性到操作性的提升，也就是找到立法的操作性和可行性。最后，我们要争取参与到一个具体的法律，甚至一个条文的制定或修订中去。各位不要小看一个条文，一个条文可能足以使一部法律发生重大的变化。

在这里，我要特别提到全国人大常委会法制工作委员会民法室对《律师法》的贡献。诞生于20世纪90年代的《律师法》有它的问题，2001年修改过，但还是存在问题。最完美的是 2007 年版的《律师法》。为什么？它不再由刑法室来立法，而是由民法室来立法。所以，我们看到的是一部能够彰显律师执业理念、反映律师制度价值、倡导法律主体平等的《律师法》。大家知道，民法讲究的是主体平等，而主体平等就最能体现律师的制度价值。

正如在市场经济上主体平等一样，我们律师希望在任何时候，不仅仅是在社会地位上受到尊重。在法治社会里、在法律共同体内部，我们也希望与其他法律职业群体一样是一个平等的主体。为什么刚刚去世的邹碧华法官能受到我们律师业如此众多的拥戴、如此痛惜的悼念？就是因为他作为法官、作为法院院长时，能够把律师当成平等的主体对待。他知道，律师对立法、司法乃至推进法治中国的进程，究竟意味着什么。

今天扈纪华老师也跟我们讲了，其实在立法工作中，全国人大乃至全国人大常委会工作人员一直是把我们律师当作一个平等主体看待的。那么，我们律师在立法进程当中要做什么？在我看来，我们每一位律师要从自己的案件开始、从自己的研究开始、从自己的论证开始，形成我们的立法草案、立法提案，最后才能完善我们国家的立法。

最后，我用一句话来总结一下律师参与立法的价值追求：立法就是著书立说，立法就是建言献策，立法就是拾遗补阙，立法就是传道、授业、解惑。再用一句我们耳熟能详的奥运会的口号来说，就是"重在参与"。而"重在参与"的目标，就是"更高、更快、更强"。我们律师参与立法的目标，也是希望国家的法治进程能"更高、更快、更强"。

谢谢大家！祝福国浩！

中国律师业的下一步是什么？

——在西南政法大学"大律师论坛"上的演讲

（2013年10月25日　西南政法大学图书馆学术报告厅）

【导语】

2013年10月25日，由西南政法大学校友会主办的"大律师论坛"在该校渝北校区举办。作为本期论坛的特邀主讲人，我在西政79级校友、重庆市律师协会副会长孙渝律师的主持下，做了如下演讲。

各位同学、各位校友、各位年轻的朋友们：

首先我要谢谢孙渝先生、孙渝律师、孙渝会长、孙渝帅哥！我还要谢谢我们西政校友会能邀请我这个不是西政的人来到这个论坛，与各位见面，与各位年轻的朋友见面！

今天把我与孙会长安排在一起非常好，一高一矮，一俊一丑，一老一少，非常有趣。显然，孙会长个子很高、长得很帅，长得很俊，这一切说明我们两个人今天是非常好的搭配。今天这个搭配的组合将分两个环节，开始我和大家交流一下，然后我们可以互动一下。

作为一位非西政人，正如刚才孙会长所说，我确实暗恋西政。你们比我幸福多了，各位同学，你们就是在西政这个校园里面，就在西政的大峡谷里面，就在过去的歌乐山下，就在现在的嘉陵江边，你们是幸福的西政人，而我只能远远地望着西政，心里想着西政。今天终于来到了西政，各位同学，我到西政来过很多次，但来做讲座，这还是第二次。2009年我来过一次，很高兴很荣幸的是，当时正是付子堂校长就任校长以后颁发的第一张兼职教授聘书，那次正好也是新学期第一次讲座。所以，所有的第一次，都给了那个时候，今天已经不是我的第一次了。

我确实很早就对西政有一个梦想，想成为西政的一员，没有实现。现在已经成为在外围为西政服务的一员。我现在是华东政法大学北京校友会的会长,我利用我们的影响力,可以使两校校友会有更多的合作和交往。我当了会长以后,我的第一个动作就是让我们华政北京校友会和西政北京校友会两家联谊。你们可能对联姻比较感兴趣,我告诉你们,这个联姻和联谊是有来头的,以后慢慢告诉你们。今天我主要说联谊。今天我来的本身也是一种联谊,所以说首先我代表我们华政校友会对各位西政校友表示羡慕嫉妒恨,谢谢大家!

我在好多次参加西政的活动时经常说,我为什么想来,我为什么要来,我为什么能来?我想来是因为刚才讲的原因,我虽然没有成为西政的一员,但是我想成为西政的一员,所以我的愿望非常的强烈和迫切。我要来,是因为我来了,才有华政和西政两个学校的合作和联谊交往的结晶。因为西政和华政,一个在江之头,一个在江之尾,两校都是共饮一江水,所以我来了以后,这是一个更友好的共饮一江水的标志。我能来,是因为我曾经为西政做了一些事情。首先就是2006年5月在西政安排了第三届中国青年律师论坛,我将论坛安排在西政的老校区,还安排了一场辩论赛,对阵双方是由参会律师组成的青年律师队和当时在校的研究生和本科生组成的青年学子队。辩论的题目就是律师是自由职业者吗?这个题目我今天再次提出来让大家思考。

校友会的龙光美老师觉得我对西政做了很大的贡献,说我一定要来西政的律师论坛讲一讲,前面都是西政的校友,请我这个不是西政的校友来讲,更有广泛性。所以我就来了。

无论是想来还是要来,还是能来,我们围绕的都是两个字——律师。律师这个话题,要说的话很多。

我今天和大家交流的题目,就是我们中国律师业的发展与展望。

一、我国律师业的基本情况

我们中国律师业的发展,说实话要说的话也是很多。律师制度恢复重建34年来,我们经历了很多个不同的阶段。从1979年的恢复到1983年第一次有了律师事务所的名称,从1986年的第一次律考到1988年开始的合作制,从1993年的合伙制到1996年的《律师法》诞生,从2000年的脱钩改制到2004年的教育整顿,从2007年的《律师法》修改到2011年的北海案,现在整个律师业都发生了巨大的变化。所有这些变化都是过去和现在的事情。我们现在想了解的是律师界的未来到底是一个什么方向。在了解律师业发展的方向之前,我们先来看一下我们律师业的现状到底是一种什么样的情况,也就是我们中国律师业是一个什么样的家底。好!我们先来看一看有哪些基本的情况。

现在课件上显示的是律师业的基本情况，目前人数是 232384 名。女律师大概占 1/4，大约 61717 名。万人律师比是衡量律师行业发展状况的重要指标，目前我国每 1 万人口平均拥有 1.6 名律师。我们曾经设计过能否成为万分之八，目前来看这个人数多少是一个值得探讨和研究的问题。但是中国律师业这几年的发展，有了一个重大的变化，就是万分比。所以你们可以看出来，北京的万分比和上海的万分比，乃至西部律师的比例，如西藏，有很大的不同。所以通过这个万分比可以看出我们律师在不同地区的发展。这是我要大家记住的第一个数据，大概是 23 万人律师，律师事务所将近 2 万家。

这些年来，律师在公益方面起了什么作用呢？这里讲的是我们律师里有多少人大代表和政协委员。律师这些年来到底做了什么？我们到底有多少律师担任了法律顾问，然后为政府做了多少事情，为社会做了什么事情？这些都是我们这里要说的。

二、中国律师业发展的总体趋势

在我看来，总体趋势有九个方面。主要是：规模化、专业化、品牌化、规范化、国际化、公益化、政治化、产业化、信息化。

第一，规模化，就是律师业怎么做大。一是人数的规模化，二是机构的规模化，三是专业的规模化。对我国律师业发展来讲，人数的规模化和机构的规模化，当然是一个方面。刚才的数据里都有显现，现在最需要讲的是专业的规模化，也就是律师业到底有多少领域可以深入进去，这就是专业的规模化。我们在 20 年前、30 年前，只能做一些传统的刑事和民事业务，现在的业务越来越扩大了，尤其是专业规模的不断扩大，这是我特别强调的规模化的意义。

讲到机构的规模化，我们国家主要有三种模式：第一种是自然做大，比如像一直名列前茅的律师事务所都是通过一种自然的发展实现做大。第二种是合并做大，大概从 1996 年、1997 年、1998 年开始，我国律师业开始了律师服务机构的重大变化，比如 1998 年的国浩律师集团等，国浩律师集团当时是深圳、上海、北京三家律师事务所联合组织起来的律师集团，这也是当时唯一由司法部批准的律师集团。2000 年前后，在北京也有好多所发生了一些合并，如竞天公诚、中伦金通。第三种是联盟做大。比如说前不久与西政签订合作协议的八方律师联盟，当然这个联盟现在也不止是 8 家所，已经是 14 家所了，这里面有北京、上海、深圳、南京、重庆、沈阳、青岛、太原律所的等，他们就是通过联盟实现做大。联盟做大相比自然做大和合并做大来讲，可能在品牌意义更广泛一些。

第二，专业化。现在律师业的专业化越来越精。很有意思，明天这里将召开一个第七届尚权刑事辩护论坛。尚权是北京一家专门做刑事辩护业务的专业所，该所主任张青松就是咱们西政的校友,他也到律师论坛来讲过课。他毕业时很有意思,本来他是分配到检察院。各位同学,当时学生毕业的条件非常好,不像你们现在毕业时找工作那么难。他跟检察院领导说,我能不能不去检察院,因为他想去司法局,去司法局是为了做律师。当时的领导很好说话,回答说行,你自己去联系吧。他们如果要,我们就放。张青松马上就跑到司法局,见到一位中年人,其实这个人就是局长。局长问你找谁,他说我找某某某。他说的某某某其实是局长的名字,但他不知道。他直呼其名,人家倒也不计较,当时真是初生牛犊不怕虎啊。他说今年我大学刚毕业,我想到这里来工作。没想到,这件事就这样搞定了。后来,张青松就到司法局上班了。但是到司法局干了一年后就出来做律师了。现在,他们所已经成了全国知名的专门做刑事辩护的律师事务所。他们每年在十月份都要举办一次刑事辩护论坛,明天将在西政召开第七届尚权刑事辩护论坛。现在全国有一批律所专门做刑事辩护案件,当然其中有些是主要做刑事辩护案件,有的是基本做,有的是偶尔做,有的是合作做,后来我编发了一条短信,将许多从事刑辩业务的律所基本都编入其中。现在,在上海,在杭州,许多大城市,都有一些专门做刑事辩护的律师事务所。值得一提的是,华政与西政的校友似乎更钟情刑事辩护业务,刑事辩护好像与华政和西政有特别关系。除了刑事辩护,律师业的其他业务也越做越精了,比如说在医患纠纷中,有些律师专门做医院的,有些律师专门做患者的。比如说在劳资纠纷中,有的专门做劳方的,有的专门做资方的。还比如说在婚姻家庭案件中,有律师专门做男方的,有律师专门做女方的。大家可能不知道,现在律师业的专业化究竟精细到什么程度。上海的朱树英律师是专门做房地产的,但他说他认识一个德国律师,这个德国律师就只做机场保险业务,而且还不包括候机楼的保险,也就是机场跑道的保险。这位德国律师就这项业务还做不过来。所以,在专业化的广泛性与精细程度等方面,可以说是,不怕做不到,就怕想不到。

第三,品牌化。我们如何形成一个自己独特的品牌?你这家所和其他的所完全不一样,你有别人没有的,别人有的你可以比他更特别,这就是一个品牌化的问题。现在有一批律师事务所,有的是规模品牌,有的是专业品牌,还有的是个人品牌,所以这个品牌实际上就是如何在市场立足,如何在整个社会当中形成自己的形象。在社会上当人们提起某个方面的律师就会提到你这个所。所以,我觉得所谓品牌就是知名度,就是美誉度,就是忠诚度。所以,我们这里要说究竟什么是品牌。

第四,规范化。将来中国律师业发展的总体趋势,在规范化方面我相信我国律师业肯定会做得越来越好。你们可能注意到了,在李天一案中,在对阵双方的律师中,各个律师都有不同的表现,有的表现比较符合职业道德的规范,有的就快接近职业底线，还有的人就严重不符合职业规范。其中还有一位非常有意思的律师，他是西政校友。他跟梦鸽之间的矛盾，是因为他本来想做李天一的代理律师，但没有做成。后来，他在短信中说了一句话，这句话可能要给他惹麻烦。他说今天我可以让你们笑，明天我可以让你们哭。这样正好印证了现在有一些律师在规范化方面存在不少瑕疵。我们将来的律师业，在规范化建设方面看起来已经不仅仅是我们律师业的规范化，有可能还是整个法律人群体的规范化。就像美国的法官行为准则，竟然是由美国律师协会来制定的。

第五，国际化。我们律师业如何走出去，如何走向欧美，如何与欧美律师同行实现同台竞争。这个题目比较大，稍后如果有时间，我再给大家详细介绍。

第六，公益化。所谓公益化就是强调关于律师承担社会责任的情况。也就是说，我国律师究竟是如何为社会公益服务，为弱势群体服务的。在这方面，我们中国律师到底能做什么？做得怎么样呢？我们看到，就像欧美律师一样，现在我们中国也有一批律师，主动放弃原来的商务律师和社会律师业务，开始专门从事公益法律服务。我觉得，我们律师只有多为社会做贡献，多为弱者做服务，才能真正形成我国律师的整体形象。所以，我国律师业将来的公益化，也是提升我们律师形象的一个重要发展趋势。

第七，政治化。所谓政治化，就是刚才我讲到的律师参政议政的情况，也就是深圳律协会长李淳律师所主张的，将来在若干年以后，例如，全国人大常委会里面，在 150 多个常委里面，10% 都是律师，那就足以说明我们将来的立法质量将大大提高。更重要的是，将来我们有很多市长、书记、省长，都可能是学法律的，都有法律背景。这样的话，就说明我们将来的人才体制都要发生重大变化。不管选择哪一个人，首先要看他有没有学习或从事法律的经历，有没有从事律师的经历。其实在一个法治国家，这是很正常的现象。但在我们这里还只是一个设想，但我们相信，将来我们也会走上这样一条法治之路。

第八，产业化。大概从 2001 年开始，中国律师业开始第一次有了过亿业务收入的律师事务所。现在我们整个中国律师业都已经不是过亿，过十亿，而是过百亿了，但是还不够。现在北京律师每年的业务收入占北京 GDP 的 1%，如果全国都能占 1%，那会怎么样呢？现在，我们律师业的产业化还远远没有实现，但是将来中国的律师业一定会实现的。等到律师业业务收入占到 5% 的时候，我们就可以站起来说话了。更重要的是，将来我们律师还能够成为国家经济政策的制定者和决策者，那才是真正的产业化。

第九，信息化。我们律师业发展越来越快，所谓信息化，就是我们律师业如何实现做得更好更快。现在，我们国家的经济政策是强调又好又快。但是，在律师业信息化方面是强调更好更快。随着网络化数据化时代的到来，我们希望律师业的信息化能够随之发生更大的发展。

以上九个发展趋势，只是我们国家律师业发展的总体趋势、总体方向。但是，现实情况是怎样的呢？

三、我国律师业发展的现实动向

刚才讲了我国律师业发展的九大总体趋势，我觉得未来律师业不管如何变化都逃不过这九个趋势。但是，现在有一些动向，也就是现实当中出现的动向，同样值得我们注意。

第一，规模化转型。我刚才讲了规模化的三种模式，其实现在规模化已经出现了一些转型的情况。就像刚才讲的，在我们律师不断做大的三种模式中，自然做大、合并做大，其实都不如联盟做大。但是，现在还有一种更重要的联盟做大的模式，如因为某种业务而组成一个专业联盟。原来我们的联盟，比如我们韩德云会长现在担任主席的中世律所联盟。这个联盟原来是中外律所联盟，现在基本上是中国律所合作的联盟。这个联盟也有些像盈科所的发展，完全是通过总所的品牌，延伸到各地设立律师事务所。这种联盟的模式，相对于过去的投资模式，现在有了很大的变化，大多是当地律师直接投资，总所只提供传统品牌与管理模式。但是，现在的联盟已经是一种业务的合并。比如我们专门做刑事诉讼的在一起搞一个刑辩联盟，做商事诉讼的在一起成立一个联盟。当然，我们不回避还有一些其他形式的联盟，比如由香港律师吴少鹏发起的长江律师联盟。在我们看来，所谓的联盟就是合作。传统的联盟都是为了实现规模化的打造。这个规模化，现在又出现了一个重大情况。最近可能有一个非常大的规模化的变化，刚才我在讲到国际化的变化时告诉大家将有一个新的变化，那就是我国创收排名第一的金杜律师事务所将合并英国一家大所，实际上此前他们已经合并了一家澳大利亚的大所。这样的情况，在十年前都是不可想象的。当年我们曾经担心外国的律师事务所到中国来会合并我们，现在看来这个趋势还存在，但是现在发展到我们可以开始合并人家的大所。从国内的律所到澳大利亚的律所，再到英国的律所，这不仅是规模化的动向，也是国际化的动向。

第二，无边界合作。也可以理解为差异化合作。但是，无边界就是一种转型，也是一种趋势。现在律师之间互相认识的途径、互相合作的平台、互相沟通的手段，已经大多数完全实现了网络化与数据化。现在的微博、微信、微群，这些都已经成了我们进行联盟联合、合作沟通的工具和平台。这就是无边界合作给我们带来的一种动向。刚才我讲了一种联盟现象，现在还有各种各样的联盟。例如，许多律所想到北京设分所，但是外地律所到北京去设分所，十有八九是不成功的，实际上只是一个品牌意义而已。但是北京的律所到外地去设分所的话，十有八九是成功的。著名律师栾少湖所在的德衡所很早就在北京开设了分所，但他们现在有更大的想法。他们在想，作为外地的律师如果想到北京占领一个阵地或者资源，是否都需要开设分所。后来他们就设立了德和联盟这个平台，他们把所有想到北京设立分所的律所，尽可能地整合到德和这个平台，也就是说我这里是一个分所的战略联盟。这是律师业发展中一个值得注意的改革动向。

除了我们刚才讲到的其他联盟之外。还有一个联盟也值得关注。那就是接下来我要讲到的精专联盟，也就是精品所和专业所组合而成的律所联盟。比如有做商事法律服务的，还有房地产的、税务的、能源的、并购的等，每一家所就只做一项业务，于是八家所就组合成了一个特别的联盟，这是一种典型的差异化合作。在这种合作模式下，他们互通有无、互相补充。其中既有规模化，也有专业化，更是无边界合作的概念和内涵。还有现在许多律所在网上发起的专业训练营，相当于现在各种各样的民间培训，他们通过这种模式，强化了规模品牌，促进了品牌合作。类似的专业训练营也是一种非常值得关注的动向。

第三，精品化探索。我以天同现象为例，天同律师事务所成立才12年，10年前绝大多数人不知道天同是哪个省的律师事务所。但现在无论是司法部还是律师协会，组织活动都要去天同所参观。就像10年前，我们一定要去君合所、金杜所参观一样。天同所不大，但是每天的接访很多。各位同学，你们要去北京的话，可以去天同所看一看，可以去找他们的主任蒋勇律师。如果他们不让你去，就可以打着我的旗号去。因为他们的大门上有一副对联，是我出的字，江平老师写的。所以你们打着我的旗号，说刘老师讲课讲了，让我们来天同看一看、学一学。当然，如果你们能念对那副对联就更好了。我告诉大家要注意两个字，一个是下降的"降"，一个是投降的"降"，哪个地方念"降"，哪个地方念"降"，如果你们念对了，那就是一个成功对接的暗号。天同现在的品牌非常好，尤其是他们的信息化建设更成功。所以，天同所看起来是个小所，但是实际上是很精品的。类似的精品所还有不少，这些精品所经常在一起组织一些专业化的研讨联络活动。

第四，专业化追求。刚才我讲了专业化，现在有的所越做越精，还有的团队又做精又做大。比如陈凯，陈凯是一个青年律师，他专门研究与探索关于老年人遗嘱继承的法律服务。现在，他们不仅仅针对法律服务，还开始探索延伸服务项目。最近，他们在给老年人进行遗产登记，也就是遗嘱登记。各位知道，这个登记就是一种来源和资源，登记好了以后，到时要启用的时候就能够把握主动了。这种服务实际上是把公证、管理、财务几个平台整合到了一起,后面还有强大的中国老年基金会在支持。他们做的这个项目说起来还是一项公益事业,因为中国老年基金会还给予一定的财政补贴。如果都能做到既是一项公益事业,又能为客户提供全方位服务,那我们的专业化服务就可以说是高大上了。所以,专业化确实是不怕做不到,就怕想不到。

第五,抱团式互动,或者团队式互动。现在律师界包括孙会长这几年写的文章,都注意到了律师业越来越难、越做越难的现实。这就像我自己过去在律师界时讲过的一句话,律师是一个看起来很美、说起来很烦、听起来很阔、做起来很难的职业。我们每个律师都可以体会到,无论是刑事还是民事,无论是诉讼还是非诉讼,无论是大城市还是小城市,实际上都很艰难、都很困难。其中原因主要在于管理部门把我们怎么看,他们现在很多时候老把律师当成敌人、当成外人、当成小人。所以律师自己也觉得很悲伤。我们怎么办呢?世上没有救世主,我们只能靠自己,这就是这几年出现的律师界内部互相报团取暖的情况。比如广西北海案,完全靠律师之间的相互协助,最后达到得到了法律上的说法的结果。贵阳小河案,全国各地去了八十几个律师,当地吓坏了,怎么来那么多律师。因为当地的领导只能管当地的律师,管不了外地的律师。所以,当地的律师不能出庭,但他们可以请外地律师吃饭喝酒,以欢迎外地的律师来贵州。这种抱团式取暖在近几年反映得非常明显。像北海案、小河案、李庄案。包括今年在江苏靖江法院发生的事件,有一个律师被抓进去了,全国各地一下子去了一百多位律师,以帮他合法维权。那几天几乎所有的微博微信上都是这件事情。这种抱团式互动说明了什么?那就是关注度,关注度决定了影响力。

第六,信息化整合。所谓信息化建设就是网络化、数据化、信息化。我们现在越来越多地看到信息化带给我们的平台,微博、微信、微群等,这一系列都是新时代带给了我们的新工具和新平台。如一位律师的博客,可能比一个媒体的点击量还高。律师之间的互动,已经让这种信息化建设为律师带来了既方便又迅速的手段。当然,这里面现在还有一些值得关注的动向。比如说我们在西政校友中能否出现类似淘宝网这样的律师服务平台?现在在律师信息化建设,有一些公司企业已经看到了这个前景,如北京的绿狗网等一系列的机构,都是通过网上把律师的资源、业务整合起来,完全是用现代的通信和数据手段,把律师服务整合起来。

第七,死磕式维权。这里我要提到湖南的怪侠。他已经56岁了,今年竟然又当爹了。这个湖南人的很多做法让人感觉很另类,总是跟别人不一样。比如他到广西北海,你不让他开庭,他就静坐。他到福建,原来有关领导对律师提出的要求不闻不问，他就给领导送个红薯。"当官不为民做主，不如回家卖红薯"。他这一个动作，通过网上传播，影响就大了，再说他自己的博客点击量本来就非常高。不过为了李庄的事，他的博客被封了，后来跟新浪交涉，新浪说再等等，等这个风过去了再说。现在他又重新开了一个，点击量又上来了。这个怪侠完全代表了湖南人的性格，湖南人的性格有一种蛮劲，你越说他越不服。似乎在湖南人的性格中，有一种天然的死磕基因。当然，作为法律人来讲，要不要死磕，该不该死磕，确实是一个值得讨论的问题。但是，我们注意到，这个死磕不是一个组织，也不是一个派别，而是一种方法和技巧。用德国法律家耶林的一句话说，就是要"为权利而斗争"，所以，他们的"死磕"，是对法律条文的磕，对刑事证据的死磕，尤其是对正当程序的死磕。不过这个人有时候不听领导的，但听我这样不是领导的人的建议。有时候我跟他讲这个不能讲，必须得拿下来。他就拿下来了。有时候我也觉得挺为难的，他有时候还问我这样写行不行，我说不行，他就拿下来。他的行为有他的正面意义，也有负面意义。所以我常说，我们中国必须有这样一位律师，但有一位这样的律师也就够了，不要第二个我主张律师要有死磕的精神，只不过要在法律的框架之内。同时更关键的是，在目前的中国特色、一党执政的特殊国情体制下，我们律师应该清楚明白如何生存乃至发展。

第八，学者型表达。像孙会长，他写的文章就是学者的语言，有很多律师都像孙渝会长一样体现出了律师其实也是学者的一面。这是一种现象，更是一种形象。这些律师基本上曾经在高校工作，或者对学术情有独钟。例如，现在我们律师中网站点击量最大的是一个对学术有情结的陈有西律师开设的网站，他的陈有西学术网每天有将近一万的点击量，大多数文章完全从学术角度解读。就像他介入李庄案一样，也是因为他在网上发表的针对《中国青年报》的反驳文章。还例如，今年6月份司法部发了一个关于刑事辩护的规定，这个规定一出来，就引起了律师界的广泛讨论。司法部的回应是必须要和两高一块搞这个规定，后来许多律师对这个规定做了很多学术分析，这些分析可以说是有理、有力、有节，有根、有据、有模、有样。不仅体现了我们的专业形象，还体现了学者的形象。还有一些律师正在研究中国律师的精神，我们中国律师的精神是什么？还有律师研究中国律师的文化。所谓文化，大家看到底是什么？文化是心心相印的，文化是息息相关的，文化就是代代相传。所以，我们要研究中国律师文化到底是什么？现在很多律师致力于学术研究、学术表达的努力与探索，值得鼓励与提倡，更值得关注与思考。

第九，政治化生存。这里我要说说2009年中央发的一个有关律师管理工作的文件，但是，很有意思的是，中国律师制度恢复重建34年来，所有文件都是公开的，只有这份文件大家知之甚少。一直说要加强律师管理，加强律师队伍建设，但是文件却没有广而告之。你们怎么看？这就相当于老师给学生辅导，只能说提纲不能说答案。现在我们感觉律师正在面临一场考试，面临一场政治考试。那么，我们律师在这样一个特殊的体制下，如何经历这场政治考试呢？如果过不了这场政治考试，可能就要吃大亏。我个人主张，既要有维权的精神，同时也要注意保护自己，从而实现政治化生存的目标。我记得李庄案件出来以后，司法部发文要求整顿律师，要求律师要讲政治、顾大局、守纪律。说到这里，我们还要说说律师宣誓，其实各地律师协会和全国律师协会早就制定了一个关于律师宣誓的规定，司法部为什么还要颁布一个呢？还要颁布一个也无所谓，但是其中有一条让律师为难了，那就是忠于党。我们有些律师说我不是党员，我忠于法律就足够了。所以，这里面带来的争议和非议，让律师们注意到这是现实，也是问题，我们必须关注与思考。

以上九点，既是我们律师业的现实动向，也是中国律师业的现实转型。也就是说，这就是中国律师业的下一步。当然，下一步还有很多难题。

四、中国律师业面临的管理难题

这是一个管理层面的问题，作为我们律师来讲，所谓管理，既有律师事务所的管理层面，更有整个律师业的管理层面，还有律师个人的管理层面。我稍微列举了一下，大概有以下十几个方面的管理问题值得我们关注和考虑。

各位年轻的朋友们，讲到这里，我想出一个题目。这个题目与我接下来给你们的问题很有关系。在座的各位，你们真心实意告诉我，毕业以后选择做律师的有多少人，请举手！不错，我很感动。我曾经说过一句话，我说："你要想做律师，你就先不做律师；你要不想做律师，你就先做律师。"听起来像绕口令，但说明了一个现实。因为年轻的朋友们一进律师行业就会发现，律师行业怎么这么难，于是就不做了，然后就去做别的了，也做得很好。另外一种情况是，无论是在政法界、党政口还是企业界，工作一段时间之后，慢慢地觉得自己有一定的资本了，觉得自己也可以出去做一个独立的法律服务人员。于是，就一步跨入律师行业了。这是一种因为社会经验和社会阅历带给自己对职业的重新思考。

现在让我们一起来看看律师管理上存在的问题，也就是要如何来处理这些相对的关系。这里讲的管理有宏观的也有微观的，有全国的也有地方的。

第一，从律师发展来看，要处理好先与后的关系。比如一个地方的律师协会，如果处理好了老律师和新律师的关系，就一定是有眼力有眼光的律师协会。每一家律所必然有即将退休的老律师，也有即将加盟的新律师，我这里要特别提到年轻的律师。原来年轻律师进入律师业以后要交会费，现在很多地方开始免除青年律师的三年会费。我觉得这对青年律师来讲是一个福音，更是一个方向。因为青年律师进入这个行业的时候，没有资源，没有本领，没有技巧，会费可能交不起，所以律师行业要多帮助他们。

第二，从专业化选择来讲，要处理好进与退的关系。这就是一个专业化方面的选择问题，要走专业化之路，就必然要面临在专业领域、专业方向上如何取舍的问题。哪些专业要推进去，哪些专业要退出来，这是任何一位专业律师都要面对的道路选择问题。

第三，从发展速度来看，要处理好快与慢的关系。我经常对盈科所说，你们的发展速度是不是太快了？三年的时间，已经发展到了世界各地。他们这个发展速度，超过了一系列的大所。到底行不行，我们还要看。有一位律师界的西政校友经常引用印第安人的一句话来剖析律师业的发展，有句话说"当我们走得太快的时候，我们是否应该停下来听一听我们的灵魂"。同样，我们律师业规模化的发展，我们也需要看看周边的环境、听听自己的声音。

第四，从发展心态来看，要处理收与放的关系。什么叫收放自如？我们到底是一种什么样的心态？是收还是放？这个对于不同年龄、不同阶段、不同地区的律师业乃至不同规模的律师所来说，都是一个值得关注和研究的问题。

第五，从责任担当来看，要处理好有与无的关系。现在总是有人说我们律师业没有责任担当，没有社会责任感，没有责任使命。其实我们律师业在很多方面，有很多律师都是很有担当精神的。当然，作为我们整个律师业来讲，我们应该反思自己的担当精神到底有多少，我们到底为社会做了多少，这就是我国律师业在责任担当乃至公益事业方面所面对的有和无的关系。

第六，从行业表现来看，要处理好内与外的关系。关于律师界内部的团结，这里我要提到孙会长。八年前我带记者到他们百君所采访。当时他给我讲了很多很有高见的观点，其中有一个观点令我印象深刻，就是一个律师能否欣赏自己的同行。后来我就写了一篇卷首语，题目就是"你会欣赏你的同行吗？"我与孙会长都认为，律师之间，无论是作为合伙人还是同行之间，你是否会欣赏？律师不要陷入所谓的"同行相轻"这么一个传统的思维定式，律师业对外就应该是一个整体的职业形象。现在的中国律师业还是一个非常弱小的行业，更需要相互之间的团结、欣赏、包容。各位年轻的朋友，你可能想做律师，但一定要知道，从我国律师业的势力范围来看，律师非常弱小。检察官看见他厌烦，法官看见他心烦，警官看见他眼烦。总而言之，他们看到律师都烦，他们一烦，律师就难。所以，我们律师一定要抱团，要团结，要欣赏，要包容，这应该是一种行业共识。

第七，从执业风险来看，要处理好高与低的关系。因为律师本来就是一个为社会为客户降低风险的职业，当我们为权利、自由、独立辩护的时候，我们同样是在思考如何降低当事人的风险。在社会各界的眼光里，我们首先就是一个依法辩护的行业。作为律师，就要变被动为主动，变复杂为简单，化腐朽与神奇，挽狂澜于既倒，总之就是要把当事人的风险降到最低的限度。其中还有一个问题需要考虑，那就是如何降低自己的执业风险。

第八，从发展战略来看，要处理好长与短的关系。我们既要看到我们律师业发展的长远问题，同时还要看到整个律师业面临的短板效应，这是一个战略与战术的问题。在这个方面，我们还关注得不够，还有不少问题也可能我们过去没有看得太远。比如外国律师的进入问题，还有我们中国律师如何走出去的问题，这些都是中国律师所面临的发展战略问题。

第九，从职业道德来看，要处理好真与假的关系。这是一个职业诚信问题，具体到律师业，那就是我们律师到底应该说什么样的话，做什么样的事，才能成为一位好律师。有一个美国故事，说是一位年轻人刚当律师时间不长，就开始办理他曾经同样也是律师但已退休回家的父亲所处理过的一件法律事务。很快，他就处理完成了。然后他回家对老爸说，你看你搞这么多年，我三下五除二，就把您的事情全部解决了。老爸就对他讲，孩子啊，你肯定不知道，你这么多年的学费，我就是这样给你搞出来的啊！但是，现在被你一搞，这些钱一下子就没有了。这是一个职业伦理和职业道德的问题。我们《律师法》第二条第二款告诉我们，我们律师一是维护当事人的合法权益，二是维护法律的正确实施，三是维护社会的公平和正义。第一个维护是我们律师的本职，也就是当事人的权利。第二个是维护法律的正确实施，这是我们律师的专职。那么，第三就是维护社会的公平正义，这是我们律师的天职。我们如何把本职、专职、天职有机地结合在一起，需要大家共同反思。我曾经讲过一句话，就是针对律师职业道德问题的。我说"不要让我们的技巧胜过美德，不要让我们的利益超过正义，不要让我们的目标越过责任和使命"。这就是关于职业道德的问题，如何解决职业诚信，积聚职业美德，讲究职业伦理，树立职业形象，绝不仅是一个律师需要思考的问题。

第十，从执业心态来看，要处理好公与私的关系。我们无法否认，任何一位律师，开始执业时实际上都是在为自己做律师，慢慢地发展成长之后，就要开始考虑为团队做律师，再慢慢地发展到一定阶段，就要考虑为行业做律师，最后再慢慢就要考虑为国家做律师。在这个过程中，都需要面对自己心态上的公与私的问题。江平老师告诉我们，律师终生追求的就是两个道，一个是服务之道，一个是治国之道。

从服务之道到治国之道，就是一个从职业到专业、从专业到行业乃至事业的发展过程。作为我们律师来讲，开始就是一个谋生的饭碗，就是一个职业行当，慢慢地就是一个职业平台，然后就是一种行业形象，最后就要为整个社会进步和国家治理做一些事情，这就是一个公与私的关系。

第十一，从规模发展来看，要处理好大与小的关系。我们如何看待律师事务所的发展规模，我们是做一家规模大所还是精品小所，我们是慢慢做大还是联盟做大，我们如何面临律师利益冲突、如何解决合伙人与提成律师乃至年轻律师之间关系的问题，所有这些问题都是每家律所尤其是大所有可能面对的发展战略问题。

第十二，从对外合作来看，要处理好进与出的关系。国外律师如何请进来，中国律师如何走出去，一直是一个中国律师业必须面对的问题。当然，到你们成为中国律师业的中坚力量时，你们的专业视野将比前辈律师更加开阔，你们的交往能力将比现在的律师更加熟练，所以，将来在对外合作方面，发挥更大作用的就是你们这代律师，也就是你们90后这批律师的未来。正如我们这个国家一样，将来这个国家更大的发展就需要靠你们90后这一代了，而我们都已经开始慢慢地要退出历史舞台了。

第十三，从业务发展来看，要处理好新与旧的关系。哪些是传统业务，哪些是新开发的业务。现在律师有探索也有争议，比如说到底哪些是高端业务。为此我国著名的田文昌律师就说，谁说刑事辩护不是高端业务？我认为就是高端业务。确实如此，刑事辩护就应该是一种高端业务。在刑事辩护上现在做得很好的律师有不少，比如浙江有一家专门做刑辩业务的律师事务所，30个律师，一年就可以做一千万。所以，我赞成刑辩业务就是高端业务。但是我们需要共同思考的是，到底什么是传统业务、哪些是高端业务。所以要处理好新旧业务的协调，无论是个人还是律师事务所都需要思考。

第十四，从征税制度来看，要处理好多与少的问题。20多年来，这个问题一直是一个难题。在短期内，我解决不了，估计孙渝会长也解决不了。关于中国律师业的税收问题，我也讲不清楚，我也无法解决，因为这确实是一个老大难的问题。

五、关于我国律师业的改革建议

关于我国律师业的改革建议，我自己归纳了四个方面需要解决的问题，一是从定性到定位，二是从职业到职能，三是从评价到认同，四是从地位到作为。

现在社会上对律师有各种各样的评价，但好像是负面评价多于正面评价。律师有时候受"夹板气"，同时又要凭自己的实力和能力改变现状，所以评价和认同也是社会责任。我们律师是什么？做什么？怎么说？怎么做？我们怎么做才能真正体现律师的职业形象和专业形象乃至社会形象？所以，律师在这个社会当中，我们到底如何展现自己的忠诚度、美誉度、知名度，这是我们作为律师来讲都要重点思考的一些问题。但是，今天我不从这四个方面讲解。因为我们有一个校友提出了更好的改革建议，现在我把他的几个建议归纳之后与大家分享。这位校友就是我们西政78级中当过官员、做过律师，现在是四川大学教授的顾培东，我一直认为他是中国律师业的思想家。因为他思考研究的问题很有高度，很有深度，都非常宏观，视野也很开阔。

现在，我将他提出的观点归纳成三个问题。

第一，认识问题。主要有三个方面的认识问题。

一是政治属性。也就是律师到底是政治人还是法律人？我们律师在整个架构当中，到底是一个什么人？也就是说他为社会、国家、法治能做多大的贡献？我们认为，律师既是一个政治人，也是一个法律人。我们律师就是社会管理、公共管理等方面专业人士的宝库，律师是一种可上可下、可左可右、可前可后的人。今天我可以居庙堂之高，明天我可以处江湖之远；今天我可以为国家服务，明天我可以为百姓服务。而可前可后，所谓可前就意味着今天我能为你防范可能带来的风险；所谓可后就意味着明天我可以为你消防灭火。更重要的是，我既可以领着客户走，也可以跟着客户走。这是我们律师所具有的政治属性，这个政治属性当然首先来自于法律定位，现在《律师法》的第二条第一款说，律师就是接受委托或指定为当事人提供法律服务的职业人员。各位，你们知道，"当事人"看起来只是三个字，但这三个字里面意义非常深刻，非常值得研究。关键是这个"人"，我们在座的各位年轻的朋友们都应该知道，我们这个"人"字有很多含义。其中既有宪法意义上的人，也有刑法意义上的人，还有民法意义上的人，更有行政法意义上的人等，这些"人"不管是法人还是自然人，都值得研究。我们现在只是讲"当事人"，这个当事人既可以是法人，也可以是自然人，既可以是公权力，也可以是私权力。所以，对律师来讲，如果我为国家权力服务，我就属于公职律师；如果我为百姓服务，我是社会律师或者私人律师。由此可见，今天我可以为私人服务，明天我可以为国家服务。

二是人才通道。如果没有政治属性这个定位，也就无法解释我们律师在职业转换上的人才通道问题。过去律师只能是律师，将来也可能会发展到律师既可以是律师也可以不是律师。比如说，律师成为法官、检察官乃至党政官员。

三是决策思维。能否真正让律师参与决策管理，将是检验是否真正使用乃至重用律师的重要标志。十八大报告提出要用法治思维和法治方式去解决问题，去化解矛盾，维护稳定。那么，这个法治思维是什么？在我看来，所谓法治思维就是合法性思维,就是规则思维,就是程序思维,就是证据思维。在这些方面,作为政府官员,可能未必会想到,也未必能做到。比如在处理公开与保密的问题上,如何公开,公开什么,是否听证,这些都是法治思维。最具有法治思维的是谁?就是律师。这是一个有关律师成为国家人才的认识问题。

第二,管理问题。顾培东教授与我都认为,司法行政管理机构应彻底放弃对律师事务所和律师的直接管理,将相关管理工作移交给律师协会,律师协会应该担当起律师管理的主要职责。但是,我们的现实很让人担忧。

第三,业务发展。我们律师现在大多是自己去找案子,找案源,然后通过资源与人脉带来更多的案源。那么,政府能否有所作为?中国律师业从1993年到现在20年,这20年发展中曾经有一个特别大的变化,那就是1996年。那一年,国家给了律师业一个巨大的案源,那就是关于证券上市的问题,要求必须要有律师的意见。这个由司法部和证监会联合作出的决定,一下子使我国律师业从1993年开始的合伙所获得了巨大的商机,使那些在1993年到1998年执业的一大批律师获得了巨大的发展。这是国家给我们律师的机会,但是现在呢?现在的政府管理律师往往是采取压制的方式,其实这不是一个长久之计。因为现在律师既然不吃你的,不喝你的,不拿你的,不穿你的,不住你的,凭什么管我?因为法律授权,我可以从事法律服务。律师就是为不同的人服务的。所以,如果能够加大政府采购业务,尤其是对法律服务的采购业务,另外再通过其他制度性措施,包括转移支付等制度设计,就能提升律师的执业机会。特别是在诉讼当中,关于律师费用的转移支付问题,能否确定由败方来承担。还有就是关于律师职业的准入问题,还有是否适当控制规模的问题。在座的各位,今年有参加司法考试的吗?我不知道你们考得怎么样,每年有40多万人考试,这个考试很辛苦,也很艰难。有些题目可能是故意给你出歪题、偏题,所以真正能够通过司法考试的人都了不起。当然了,只是通过了司法考试还不够,还有很长的路要走。所以,如果进入律师这个行业,这个入关口很重要,必须重视。

以上这一切,无论是基本情况,还是总体趋势,乃至现实动向,尤其是我们的业务发展以及改革建议,这一系列都说明我们律师业的下一步发展问题。

本人不能做律师,但是非常热爱律师。我曾经说过这样一句话,世界上从来没有一种职业让我如此向往,从来没有一个行业让我如此动情,从来没有一个群体让我如此牵挂,这个职业、这个群体、这个行业,就是律师。可惜我做不了律师,但是我可以为律师加油助威、摇旗呐喊,我大学毕业后一直做媒体,我是利用媒体为律师服务。不过也不能保证我退休以后,或者说若干年以后,我也可能也会尝试去做律师。到时候再向我们的孙渝会长请教,到时候我再以律师的身份来这里介绍做律师的情况。

最后我用一句话结束今天的交流活动，这句话也代表了我个人对你们未来想做律师的希望。对我们每个人来说，只要想做律师的，你不一定要去做大律师，但一定要做一个名律师；你不一定要做一个名律师，但一定要做一个强律师；你不一定要做一个强律师，但一定要做一个好律师。什么是好律师？让我们用自己的言行，用自己的专业，用自己的智慧，用自己的责任和使命去解决这些问题，去实现这个目标吧！谢谢各位！谢谢大家！

主持人（重庆律师协会副会长孙渝）：

谢谢刘桂明先生！刘桂明不是律师，我的感觉甚是律师，他是当今中国最能读懂律师职业的这个人。他刚才讲了律师的过去，律师的现状，也展望了律师业发展的趋势，律师的未来，同时也讲到了他对律师职业的一个向往。就个人私心而言，我倒不是很希望桂明加入律师这个行业，因为这样的人进来以后，我们恐怕我们的饭碗会被抢掉很多。接下来按照论坛的惯例，由我们的主讲嘉宾跟同学们互动。今天的互动，前三位获得发言资格的同学将会获得桂明今天带来的他亲自签名的三本书，只有三个机会。我不知道今天来到现场的同学是不是低年级的同学比较多一些？研究生多吗？举手看一下。

下面开始提问。

提问一：

刘老师，您好！我曾经做了三年实习律师，但是我有一些迷茫。我做的案子是工伤，现在的法律制度中，工伤事故程序很麻烦，一般老百姓在这个问题上了解不多。现在出事的越来越多，我感觉到有点失望，老百姓不去找律师，他们不相信律师。这是法律制度的问题还是老百姓现在目前不能接受这个法治环境，还是经济方面的问题。我想请刘老师谈谈律师在老百姓心目中是什么样的位置？他们对律师不信任的态度是法律制度的不健全吗？我是工作了三年之后考的研究生。

刘桂明：

你这个问题是一个不好回答的问题，也是一个很难回答的问题。关于社会认知的问题，如何认知律师的问题，如何认知法律的问题。作为我们律师来讲，因为中国传统没有律师这个概念，在老百姓眼中，律师就是能说会道一点，并没有讲到他的个人品牌、诚信品牌。老百姓通过某一个案件认识律师，可能律师提供的服务有限，所以就对律师没有信心，没有信心就没有信仰。这一点还是需要一个长期的过程，中国人现在对法律，对法治、对律师、对诚信、对公平的认知还有一个很长的阶段。所以我们不仅要从法律的常识，也不仅从法律的知识，最重要的是要从法律的意识入手。所以律师现在为什么这么难？除了当官的不待见，百姓不看好，还有一个意识的问题。法制的健全是一个过程，律师要被认可也是一个过程。

提问二：

刘老师，您好！本科生进律师事务所，若想进那些优秀一点的、好一点的律师事务所，需要哪些素质？考研以后，再去当律师和读完本科以后直接当律师，他们其中的优劣分析怎样？第二个问题，进律师事务所以后，要想成为一名优秀的律师，需要哪些素质？大概需要多长时间，才能成为一名优秀的律师？

刘桂明：

你实际上提了两个问题。

第一个问题，研究生毕业肯定比本科生毕业做律师要好一点。现在你们注意一下，很多律师事务所招聘的时候大多是要求研究生，但是面对个人的时候，他们又不一定在乎你是否是研究生。但是总体趋势来讲，研究生毕业应该更有优势一些。所以现在读研究生，相对来讲更方便一些。

第二个问题，我觉得可以用这么几个字概括一下做律师的过程。我曾经把一个人当律师的过程，用四个字概括，一是"当律师"的过程，二是"做律师"的过程，三是"像律师"的过程，四是"是律师"的过程。所谓"当律师"，就在于通过司法考试，千辛万苦当中最后获得了这么一个资格，拿到实习证。所谓"做律师"，进入律师事务所以后，真正成为一个执业律师之前，这个阶段一般来讲做律师、做助理、做行政，做一些其他的事情，这就是第二个过程，这个过程大概一般来讲可能要三年。所谓"像律师"，就是你从气质、形象、谈吐等一系列的表现，看起来像一个律师。所谓"是律师"，就是你的水平、能力已经达到了一个律师的阶段，这个时候处于你慢慢地就可以向合伙人进军的这么一个阶段。我想无论是"当律师"、还是"做律师"，乃至"像律师"和"是律师"，都要求我们的基本功。在我个人看来，基本功是相通的，就是两件事，一是如何表现，二是如何表达。所谓表现，其实就是在很多细节上的表现。这个细节的表现，如眼里有没有活儿，曾经有一本书叫《远见》，这是南开大学一位教授同时也是一位兼职律师写的。他在书中讲到一个人到律所当学徒一年，过去学徒是三年，倒水、拎包、开门，这三件事跟学技术没有关系，主要是眼里有活儿，脑子要思考，多听、多想。这里有一句话，是一个劳模说的，我觉得不妨让我们年轻人思考一下，尤其是在这个阶段。这句话是"用力做一件事只能叫合格，用心做一件事才能叫优秀"。也就是说你为了要优秀，就要更多地完成老师交给你的任务。

我记得我们曾经在"中国青年律师论坛"上探讨过青年律师的发展问题，当时大家讨论到一个细节。例如，孙渝会长带着你们出去办案子，孙渝会长开车，你们坐哪个位置？你们知道吗？因为书上不可能讲这个东西，前排是你的老师，是你的长辈，是你的领导，你不能坐到后面去了。所谓表现，就是不要怕吃亏，不要怕吃苦。所以各位年轻人，你们一定要注意两件事，第一件事是如何表现好，表现好就在细节。第二是表达，不是说会说话，要说好话。例如，领导问你，中午怎么安排？看你们怎么回答。有的可能回答说没有什么安排，听领导的。还有的说我的安排不要紧，听领导的。这些回答都是对的，但是如果这样回答，"领导，您别问我什么安排，您的安排就是我的安排"。这就是一种很有情商的口头表达。还有一种是文字表达，大家大学毕业、研究生毕业，我们的文字表达不一定能符合社会上的表述。像我们这种媒体，需要公文表达。所以各位，如果你们毕业出去能够做好这两件事，一是要表现好，二是要表达好，你们就肯定能很快地缩短这个过程，很快地成为"当律师""做律师"、马上就可以"像律师"，最重要是"是一个律师"，很快就能成为一个优秀的合伙人。

提问三：

刘老师，您好！很感谢您今天来为我们做论坛，今天下午受益匪浅。接下来我想提一个很简单的问题，以前我看一些港澳剧的时候，我看到那些律师穿着律师袍，在庭上侃侃而谈。当时那一幕让我很羡慕，但是我看中国内地的，律师没有穿律师服，或者说没有一个统一的规范。在我看来，穿律师服不仅能够增强法律的威严，更能平衡律师与法官、检察官的地位，我觉得这个很有必要。但是在我所看到的中国内地好像还没有形成这样的规范。请问刘老师，我国有没有关于出庭律师要穿律师服或者其他方面的法律条文？对律师穿律师服，我国在未来是否会实现一种制度，规定律师着装方面要统一，不能随随便便的。

刘桂明：

这是一个律师业管理当中的小问题，但同时也是一个大问题。因为当年我在全国律协工作时也参与了律师袍的启动、征稿到最后定稿这一个过程。律师袍不是强制性的，是属于提倡性的。所以现在很多律师觉得我可以穿，也可以不穿。但是你这个观点是对的，既然要体现法律人的形象的话，律师们还是应该穿律师袍。但是也有实际困难，因为法官和检察官是坐着，他们开庭就是在法庭上。但是律师办案就不一定。比如山东的律师到重庆来，他的律师袍带着占地方，不带好像又要求穿。所以带与不带，是一个令人纠结的问题。更重要的是有时候环境很糟糕，穿着律师袍，好像也不像样。所以一方面是从执业规范来讲要求穿，另一方面从实际情况来讲可穿可不穿，由此成了律师们纠结的地方，也成了社会议论的一个话题。我同意你的建议，既然是律师，既然要开庭，最好要穿。所以最好的办法就是修改律师袍的规定，要求必须穿，如果不穿将面临什么样的行业处罚。我相信这点可能孙渝会长有更好的回答，我建议他补充一下。

提问四：

两位老师好，我刚刚保送到了北京大学读法律硕士，我本科是法学专业。之前觉得法律硕士主要是培养复合型人才，以前也是招收非法律为主。我也是致力于从事律师这行，我想请问老师，法律硕士现在在社会上地位和学术型硕士还是不能抗衡的。所以我觉得征求一下两位老师的意见，在学习当中应该注意一些什么？这个对于从事律师这一行有没有消极影响？

刘桂明：

有些律师事务所一定要名校的毕业生，就是像北大、清华这些学校。你读的法硕，到北京的话机会更多，一是你在北大，见到的名师更多，还有一个你参与各种各样的社会实践活动比较多。北京有一个好处，当然坏处非常多，比如交通拥堵、雾霾严重等。好处就是活动多、机会多、学习机会多。将来真正想做律师的话，利用一切机会参加律师事务所的实习活动。另外一个也需要更多的关注，比如你想去什么地方，你就关注哪几个律师的研讨论文，他们参加的一些活动。这是要做功课的。所以一句话要记住，机会是给有准备的人。所谓有准备，就是要做功课。你要加入哪个所，就要先做好更多的功课。适当的时候，你提几个问题。他就注意到你了。所以现在很多高级合伙人，他就需要这样的助手，觉得上手就可以用，不用再教你怎么做，再教你熟悉什么。去年我们单位就来了几位大学生，我们现在不在乎本科生、研究生，而且我们男女不限，本硕不限，只要考进来，当然都要考试。比如要去北京所做律师，肯定要对他们的会长做功课，他的职业方向有什么重大贡献等等，三句话可能就会被打动，觉得这个孩子可以。所以一定要做好功课，你会找到中意的律师事务所和合适的老师。所以还是在乎细节，这是我给你的建议。

提问五：

刘老师，欢迎您到西政来做演讲。我听了您的讲座，我想问一下，除了对宏观上的律师业的展望，还有没有对致力于从事律师的青年一代（的希望），（请）从地域上来说一说。

刘桂明：

你的问题是青年律师在地域化方面的问题，准备加入律师行业的年轻人，如何考虑地域问题。这个问题我觉得既要考虑，也不要太多虑。律师是一个属地化非常强的职业，但是也未必绝对。所以还在于你的定位，确定你的专业，确定你的老师，确定你的地域。现在很多律师都是异地的，比如在北京、上海，很多都是外地的。我们大多数人一般来讲很少到家乡执业，很多人家乡在农村、乡镇、中小城市。所以我们一般做什么呢？想到大中城市，一线二线城市，这个在于你自己的选择。比如想做刑事业务，想做上市的业务等，在于自己的考虑。我觉得要考虑三个标准，一是我最热爱做什么，有的人喜欢做案头工作，在非诉讼部门最好，有的人不喜欢表达，不喜欢交际，不喜欢出头露面，文字工作可能更强一些。二是我应该做什么，比如我现在学的专业应该做什么，对自己要有一个判断。三是我适合做什么，你可能喜爱，你可能应该，但是不适合。所以要考虑自己的喜好、自己的特长、自己的专业知识，自己的承受能力。这三个标准考虑好了以后，再去考虑我在哪个地方。因为地方是可能变化的，但是如果从做律师来讲，也有可能不是变化的。所以像加盟一些大所，地域会有变化。比如你有可能一会儿到上海，有可能到英国，有可能到澳大利亚，而且像这些大所，还会吞并别的外国的所。所以自己要想到我喜爱什么，我应该做什么，我适合做什么。喜爱是人生最好的老师，再加上合适和应该，无论去哪里都有自己的位子，是金子都会发光。有的可能还要考虑我的文化传统、饮食习惯，和父母的距离，这些都要考虑。当然你也可以不考虑，比如家里的兄弟姐妹多，和父母可以离远一点也没有关系。再说现在也可以通过非常科技化的手段达到联系和沟通的目的，这些都要考虑进去。首先要考虑的是喜好，这样就可以找到自己真正发展的天地。未来的世界是不可测的，这个世界变化越来越大。我们大学刚毕业的时候没有选择性，慢慢地发现没有选择也能找到选择，原来我就喜欢这个。我个人的经历是我从中学开始就喜欢做文字工作，我到大学一直朝这个目标努力。大学毕业的时候，我就跟老师讲希望照顾到我的个人喜好。当时我填志愿的时候，我想我首先想去南昌，南昌是我们的省城。但是我有考虑到组织上一般不会满足你的第一志愿，我就想第一志愿北京，第二志愿南昌，第三志愿九江。九江是我们江西除了南昌以外的一个城市，但是没有想到我们老师对我非常好，一下就满足了我的第一志愿。于是我的工作地点就变成了北京，从1985年到现在。所以我的第一志愿的概念，就是有个时代的特点。你们的时代特点就是自己的选择性更强，但是我相信你会选择一个非常好的地方。

提问六：

刘老师、孙渝主任，你们好！我也是江西吉安人。今天听完您的讲座，你讲座中透露的现在信息化时代微博和微信的传媒，随着子媒体发展，基本上大学生，还有一些老师，像你们现在都有微博，而我也是你们两个人的粉丝，关注了你们很久。我就想问这样一个问题，我们现在好多律师都开通了微博、微信，一开始可能是抱着营销的目的去发展传媒，然后让别人知悉他、了解他。现在越来越多律师可能利用不仅是营销，可能是对自己案件的宣传，还有会牵扯到别的案件的一些观点的一种陈述。尤其是李天一案件里面，会让我们联系到律师职业伦理的问题，他们在微博的空间里面，应该怎么样利用，做到正当的发言，而不是从负面的方向来做。这样不仅不能帮助自己的当事人，还可能把自己陷入进去。谢谢！

刘桂明：

信息化发展我没有详细的介绍，关于律师微博是一个值得关注的现象。当然现在还有一个微信、微信群。但是微博要公众化一些。律师微博，过去很多人就想把它当作一个营销和推广品牌的手段、工具和平台，现在成了一种政治主张的表达，甚至有些律师将其当成了一种开放噱头的手段和平台。我同意而且也主张我们的律师在微博当中进行表达，问题是如何把握好这个界限。因为网络无边，但却有界，这个"界"是什么呢？作为我们法律人来讲，一定要考虑到我们的"界"在哪里。在李天一案件当中，之所以引起这么多非议，非议就来自于微博。有一些律师，包括兰和律师，他跟梦鸽签协议的时候给我汇报过，我在微博上给了他八个字，后来有的人说他对不起我这八个字。我给他的八字建议是"专业形象、理性表达"。后来他完全没有做到我的八字建议要求。他曾经在媒体工作过，我不知道他这次为什么因为自己的不当表达，引起了这么大的非议。我想可能是还没有把握好火候。2011年我们《民主与法制》搞了一个巡回讲坛，请了贺老师，因为我当时为了策划，直接把贺老师接到会场。当时材料上不写他的名字，直接请他来讲。他讲得很好，因为大家知道他的表达多少带一点麻辣的味道。不吃辣就很难受。当时兰和就录下来了，就放到网上去了。我后来严厉批评了他，我说你着什么急？放上去没有错，但是这个时候没必要放。后来，我就叫他拿下来。这就说明我们的表达范围、表达的时机、表达的角度都很有关系。所以微博无边却有界，这个界怎么把握。一个是要从媒体的角度把握，还有一个是要从法律人的角度把握。在中国还要考虑，还要从政府的角度去把握。怎么把握？就看一个人是否成熟，是否理性。如果既不成熟也不理性，有可能就会受到很多的批评和非议。不是怕批评，而是怕非议。也就是我们所做的事情，作为一个专业形象，作为一个理性表达，作为法律来讲，我们怎么做到，这是一个观念的问题。

我希望我们的律师朋友们，能够在律师微博中表现得更好一些。我在微博中有时候也会时不时地批评他们，不是我指责他们，因为我也在《中国律师》杂志待了一段时间，多多少少有一些律师还尊重我，所以我一般是发私信给他提意见。所以有的人我在微信里面讲，总而言之我希望我们的律师可以把它当成一种营销品牌推广的工具和手段，也可以把它当成一种专业表达的平台，但是要注意我们的边界在哪里，这是我对律师们的希望。希望在座的各位年轻人在微博上也要注意，所以年轻人也要注意语言的表达。这是我个人的期望。

提问七：

刘老师，您好！我的问题是关于您前面说到的专业化的问题。前几天我听一个讲座，台湾的一个专家建议把律师搞得跟医生一样，医生不是分内科外科吗？建议律师也分得很细。您的讲座也讲到这一点。他有一个具体的建议，先通过资格考试，考完了以后再分科考试，然后再拿到从业资格。您也是研究这方面的，对大陆您有没有什么这方面的想法？

刘桂明：

关于专业化选择，可能更多的是靠个人的选择，还有一个制度的导向。所谓制度的导向，就比如像 1996 年、1998 年前后乃至 2000 年前后做律师，当时国家就给了我们一些机遇。这是一个政策导向。还有一个制度导向，有一个建议，比如刑事辩护，到最高法院开庭，现在是任何人都可以到最高法院开庭。现在很多人在建议，将来能不能形成一个类似于考核也好，考试也好，形成一个机制，执业多少年，什么样的资格，什么样的资质，什么样的条件，才能去最高法院开庭。但是事实上现在刑事辩护到最高法院开庭的，非常少，一个地方不太可能。但是民商案件到最高法院开庭还经常有。这种制度导向到底有多大意义？值得我们研究。

至于其他方面的一些专业问题，可能个人的主观色彩更强一些。因为制度导向和专业导向还有一个过程。国家也好，政府也好，能给律师更多的机会，我相信专业化的选择前景越来越大。现在很多律师靠这么多年的摸爬滚打，瞎摸瞎撞，就像我们革命一样，要在黑暗中摸索，我们还在黑暗中摸索一条适合自己专业发展的道路，这条道路也比较漫长。不过只要选对了，就没有问题。就像我刚才谈到的，刚开始选对专业，然后就是跟对人，这就是我们律师业刚开始的一个发展道路，不管在什么地方。

提问八：

老师，您好！我想问一下在我们国家，以后当我们毕业的时候，从事检察院检察官这种职业和从事律师，有什么区别？因为在我看来，好像没有多大的差别？

刘桂明：

现在是有区别，希望将来没有区别。一个是司法改革，比如有人提出建议，将检察院的职能一分为二，一部分是反贪，另外一部分是公诉职能，就可以划到司法部，这是一个法律的制度安排。如果这样的话将来我们的律师都是一个体系的，既有控方的政府律师，也有辩方的社会律师。现在香港就是这样，都是司法部门在管。这是司法改革的动向。还有一个关于制度设计的动向。《律师法》第二条里面，律师就是接受委托或指定，为当事人提供法律服务的执业人员，这个委托或指定就是一个授权，有可能就是国家授权。然后有一部分人专门当政府法律顾问、政府律师。《律师法》规定公务员不能兼律师，这一条规定正好为一部分律师当检察官提供了条件，也就是说这部分律师是政府律师，但不是公务员。这样的情况下，控方和辩方都是法律人。当然，我们从制度的目标意义来讲，我们希望天下法律人是一家，法官、检察官、律师是一家。将来的职业互换或者职业互通的渠道要畅通。比如今天我是律师，明天可能就聘为检察官。今天我是一个检察官，明天我不做了，我就成为一个社会律师，私人律师或者商务律师，都是可以的。所以无论司法改革、制度设计乃至目标追求，控辩双方都是法律人，他们应该是一家人，也希望他们能成为一家人。

律师营销是一门学问还是一种本领？

——在华东政法大学律师学院的演讲

(2013年6月20日　上海)

【导语】

作为国内唯一一所纳入本科教育的律师学院，华东政法大学律师学院于2011年11月13日成立并举行揭牌仪式，学院旨在围绕上海"四个中心"建设，推进法学教育改革和教育部"卓越法律人才教育培养计划"的实施，探索应用型、复合型高端法律人才的培养模式。

作为母校律师学院特聘教授，时常要回母校授课。2013年6月20日，我又一次应邀回到母校律师学院并就律师营销课题进行授课，以下即为主要授课内容。

各位同学：

大家晚上好！

首先，有一句话想送给同学们，那就是"好饭不怕晚。"这句话说起来有点自吹自擂，因为这句话的意思就是说今晚的讲座将是最好的。当然，我不敢这么说，但我敢说的是，今晚你们给我创造了历史，创造了一场因为航班延误而使演讲推迟到晚上九点才开始的历史。

现在，我带领大家一起来做个小游戏，以加深我们对律师营销的认识，最重要的是，我们来一起了解一下律师营销到底应该从哪里说起。

在做游戏之前，我先问大家几个问题。先说第一个问题，在座的各位都是我们华政律师学院的学生，我想了解一下毕业以后想直接做律师的有多少人？好！有6个人，是我们律师学院一届学生的五分之一。那么，第二个问题，未来想当律师的有多少人？好！这回举手的比刚才多了好多。第三个问题，我想问一下，干脆我就直接点将吧！这几位同学，你们来回答一下，或者说你们认为律师营销到底是什么？

演讲：情深意长看律师

A 同学："我认为就是推销自己，在与客户沟通之间寻找这种联系。"

B 同学："我认为是让客户能够认同自己，把自己介绍给其他的人。"

C 同学："我认为是推销两个东西，一个是推销自己，一个是推销自己的法律服务。"

好！三位同学的三个答案大同小异，基本都是说营销就是推销自己、介绍自己、推荐自己，简而言之就是把自己卖出去，让更多的人了解。稍后我们一起来分析他们的答案，现在开始进行刚才说到的游戏。

我想让各位同学先准备一下，等一会儿我再让你们看结果。我数了一下，今天来的同学正好是偶数。现在，我们以每两个人为一对进行组合的方式，互相交谈，互相了解。当然，因为你们是一个班的同学，就不用通过交谈再相互了解了。但是，无论是这个游戏还是今天的讲座主题律师营销，都需要展示一下如何介绍自己推荐别人的才能。等你们走上工作岗位以后，都需要锻炼如何介绍自己、如何推荐自己。所以，所谓的律师营销就是从介绍自己开始的，从自己的嘴开始的。

现在，我选出三组进行不同的介绍。第一组就是各自介绍自己，也就是只推荐自己；第二组就是只介绍对方，也就是你介绍他，他再介绍你；第三组是既要介绍自己也要介绍同伴，因为你们两个算一个团队的。

游戏过程（略）。

通过刚才的游戏，各位同学可以看到，第一组相互之间可能是竞争对手，你们相互之间都是独立的主体，而且还是相互了解的竞争对手。如何显示自己比对方要强，如何展示最闪光、最独特、最有价值的一面，就是一个重要的营销任务；第二组相互之间的关系可能比较复杂，既可能是一个团队的同伴，也可能是自己的上级或属下，总之就是要完美地推销自己的合作者；第三组看起来容易理解，那就是将自己与同伴作为一个团队，一起推销出去。所以，如何介绍、如何推荐、如何引荐、如何推销，就是律师营销的基本课程。

很多人对推销这个词还有不少误解，那么，今天我从几个营销故事开始说起。

各位同学知道中国人民银行行长是谁吗？（答：周小川）。对！就是他，最近网上流传的这几个故事据说就是从他开始的。

我们先看看这些对话，看完这段对话后，我们再来解读一下这几个故事。

1. 【利息】周小川的儿子问爸爸："爸爸，银行里的钱都是客户和储户的。那你是怎样赚来房子、奔驰车和游艇的呢？"周小川："儿子，冰箱里有一块肥肉，你把它拿来。"儿子拿来了。"再放回去吧。"儿子问："什么意思？"周小川说："你看你的手指上是不是有油啊？"

2.【商业模式的最高境界】少妇报案:"我把钱放在胸衣内,在拥挤的地铁内被一帅哥偷走了……"警察纳闷:"这么敏感的地方你就没觉察到?"少妇红着脸答:"谁能想到他是摸钱呢?"周小川:让客户的钱在愉快体验中不知不觉地被摸走,是商业模式的最高境界。

3.【销售定位】周小川:男生对女生说:我是最棒的,我保证让你幸福,跟我好吧。——这是推销。男生对女生说:我老爹有三处房子,跟我好,以后都是你的。——这是促销。男生根本不对女生表白,但女生被男生的气质和风度所迷倒。——这是营销。女生不认识男生,但她的所有朋友都对那个男生夸赞不已。——这是品牌。

4.【奢侈品定义】周小川:经济学老师一日讲到奢侈品,为了便于理解,说道:"同学们知道什么是奢侈品吗?假设你跟你的女朋友逛街,你女朋友盯着一个东西超过30秒,你付钱买了下来,那么这个东西就是奢侈品。"同学们都会心一笑。但是,还没完。"继续逛,你的女朋友又盯着一个东西超过30秒,同学们,那你的女朋友就是奢侈品啊!"

5.【市场营销】周小川:学生问老师,这份报告需要写多长才行?老师:文章就像是姑娘的裙子,如果短得盖不住主题或是太长就失去吸引力,都是不可取的。——点到为止,剩下的部分自己想象吧。营销之道亦是如此,过于露骨,会影响品牌价值;过于保守,起不到营销效果。

6.【经济学家眼中的爱情】周小川:在经济学家眼中,爱情是一种具有互补效用的非耐用消费品,是实现人们幸福感的众多消费品之一。所谓"互补效用",是指某一产品单独存在,价值不会太高。当另一产品出现时,彼此的价值会同时提升。以笔为例,如果只有笔而没有纸,没有人会用笔。有了纸后,笔和纸的价值都提升了。

7.【情感经济学】周小川:如果你有六个苹果,请不要都吃掉,因为这样你只吃到一种苹果味道。若把其中五个分给别人,你将获得其他五个人的友情和好感,将来你会得到更多,当别人有了其他水果时,也会和你分享。人一定要学会用你拥有的东西去换取对你来说更加重要和丰富的东西。放弃是一种智慧,分享是一种美德。

8.【复利经济学】周小川:给你两个选择:(1)今天一次性给你10亿元;(2)今天给你1元,接下来连续30天每天都给你前一天2倍的钱。你选哪个?很多人选了(1)可是我告诉你,选(2)的结果是21.47亿。这题目告诉我们,不要期望一夜暴富,起点哪怕低到仅有"1元钱",但只要你每天努力多一点,每天进步一点，就能创造一个意想不到的奇迹。

9.【E时代的经济学】周小川：你决定上网聊天，这叫创业；上来一看，MM真多，这叫市场潜力；但GG也不少，这叫竞争激烈；于是你决定吸引MM眼球，这叫定位；你说你又帅又有钱，这叫炒作；你问："谁想和我聊天？"这叫广告；你又问："有美女吗？"这叫市场调查；有20个人同时答："我是美女"，这叫泡沫经济。

10.【职场哲学】周小川：（1）人脉资源是一种战略资源，要有储备的意识。（2）即使你瞧不起某个人，也要尊重他的位置。

据说，最近中国人民银行行长周小川在北大做了一个讲座。在讲座中，他讲述了这些故事。在这些故事中，他运用了诸如推销、促销、营销这样一些概念，这些概念都跟我们律师营销有关系。

因为周小川是一个金融家，在中国银行界、金融界享有很高的地位。现在作为中国央行的行长、全国政协副主席，不仅地位高，而且掌握的信息也很多。他在经济学方面的研究很多，你们看，如商业模式、销售定位、奢侈品定义和市场营销，这些都跟我们今天要讲的律师营销有关系。还有经济学当中的爱情，这个大家一定要了解，因为你们正处于这个阶段。以后大家还可以讲讲律师中的爱情、律师营销学中的爱情，还有法学当中的爱情也可以考虑一下。

今天晚上，我要给大家讲解的主要有六个问题。

第一个问题，什么是律师营销？

这里所讲的也就是有关律师营销的概念和定义。通过刚才大家开头回答的问题，有四个问题值得各位同学认真思考并回答：（1）律师营销就是做广告吗？（2）律师营销就是搞推销吗？（3）律师营销就是搞关系吗？（4）律师营销就是找案子吗？

有一个年轻律师，做了几年，一直没有打开局面。但是，有一天他异想天开，竟然开始给法官写信。他不是给一位法官写信，他是给很多法官写信。其实，大多数法官他根本就不认识。他在信中说，如果你们能够给我介绍案子，我可以给你们40%的提成。通过举报反映，最后这个律师就被吊销了律师执照。也就是说，他为急于把自己推销出去，就采取了给法官写信的营销方式。很显然，这是一种不正确不对路的营销。当然，对于这个吊销律师执业证书的处罚，后来也出现了争议。有学者认为，这位律师如此作为当然是不对的，但是否达到了要吊销他律师执照的程度？

在这里，我们不讨论这个处罚是否合理合法，我们要关注的是，律师营销就是打广告吗？就是找案子、就是搞推销、就是搞关系吗？总之，就是推销自己吗？所有这些问题，实际上都是与律师营销有关的概念。刚才我们讲到的把自己介绍出去、把自己推销出去，应该说都是营销的某一个方面。刚才三位同学回答的三个方面，基本上都涉及诸如拉广告、搞推销甚至拉关系，找案子之类的概念，这都是律师营销的一个环节或者说一个枝节而已。所谓律师营销，最重要的是我们通过律师营销能够让客户认识你、信任你、认同你、离不开你。所以，各位同学，如果你们将来想做律师的话，就一定要记住如何在公众场合介绍自己、推荐自己，这非常重要。

刚才那三个游戏，就是一种在公共场合如何介绍的展示。介绍的结果是，第一是要让人家对你过目不忘，第二是要人家对你产生信任，第三是让人家考虑马上或很快要聘用你，这是一个非常关键的问题。现在，我们举办的律师营销课有时候会有一些有趣的案例或演示。比如说，现在是一个年终聚会，你是现场唯一一个律师。那么，你一张开嘴巴就是在介绍自己。你的介绍，既是展示自己的才能，也是展示律师的形象。

通过以上简单的介绍，我们可以慢慢地看出律师营销的概念和定义乃至作用了。律师营销就是让当事人更方便地找到适合的律师，让律师体面地得到更多的案源。然后在当事人的互动参与下，对案件质量或工作质量进行良性管控。在诉讼业务中，以追求个案公正实现社会公平正义；在非诉业务中，以最经济的投入获得客户最满意的效果。最终实现律师与客户的价值。可以说，律师营销，就是满足客户利益需要的全部活动。虽然律师营销有很多种定义，但这个定义应该是最直接的。因为今天我们没有那么多时间，我们只能概要性地介绍。无论我们是如何强调律师营销的特征，比如说无形性、同步性、差异性、高个性化、高私密性、高文化品位、高技术含量、高智慧与高增值服务、高情感体验、高精神享受，也无论我们是如何强调律师营销的行为特征，如它是一种创造性行为、自愿交换性行为或是满足人们需要的行为，我们都可以说，律师营销其实并不神秘、也不可怕、更不遥远。说起来，无论是美国还是中国，开始都是禁止律师进行广告营销的。直到1977年6月27日，美国联邦最高法院判决律师可以进行印刷品宣传后，美国律师就开始通过广播和电视进行营销宣传。中国律师也经历了一个这样的过程，开始也是不让做广告，现在是没有禁止做广告但也没有倡导律师做广告。其实，广告只是营销的一种，其他还有好多方式。

第二个问题，律师营销是什么，也就是说律师营销到底是什么东西，律师营销应该包括哪些内容？

应当说，因为分类方式的不同，关于律师营销的种类也是各有不同。有的是从营销主体上进行划分，如个人营销、团队营销、律所营销、行业营销等；也有的是从营销方法上进行区分，如学术营销、活动营销、会议营销、网络营销、公益营销等；还有的是从营销内容上进行分类，如服务营销、产品营销等；更有的是从营销手段上进行区别，如传统的广告营销、邮递营销，还如今天的线上与线下营销、单一与组合营销等等。因为时间关系，我们就一笔带过了。

第三个问题，律师营销做什么、律师营销怎么做？

所谓做什么，就是律师营销的具体步骤。这是有关专家总结的律师营销需要考虑的八个步骤，值得我们参考一下。首先是准备产品，接下来是市场推广，然后就是谈判签约、合同履行、客户维护乃至再次开发、找到客户、发现需求等阶段或步骤。

那么，律师营销应该怎么做呢？这里有一个现成的律师营销的十大流程，它要求：一是如何打好基础；二是如何进行市场调查研究；三是如何制定规划战略；四是如何进行市场细分；五是如何确定市场定位；六是如何进行产品研发；七是如何进行信息传播；八是如何真正获得案源；九是如何提供专业到位的法律服务；十是如何做好客户维护。因为时间关系，就不展开了。

第四个问题，律师是什么？律师到底要不要营销？律师应该向什么样的客户营销？谁是律师最好的客户？律师营销的方向在哪里？

今天我们在这里探讨律师营销，其实首先要了解律师到底是什么，也就是律师到底有哪些分类。现在我国律师行业，关于律师营销有两种意见：一种认为律师不要营销，一种认为律师需要营销。要我来说，律师营销还是需要的，也是必要的。因为律师营销就是发现机会、创造机会、抓住机会、利用机会。掌握了这些机会，律师才会做得更好。当然，一千个律师就有一千个律师的工作方式，也有一千个律师的营销方式。所以，我们首先要认真了解一下律师这个概念。

过去的《律师法》中的律师概念和现在的《律师法》中的律师定义，其实是有很大变化的。从1980年的《律师暂行条例》来看，律师就是为国家服务的国家法律工作者。而在1996年的《律师法》中，律师概念就变成了为社会提供法律服务的社会法律工作者。这都是旧《律师法》中的律师概念，那么，在新的《律师法》中是什么定位呢？2007年10月《律师法》修订后的律师概念，变成了"为当事人提供法律服务的执业人员"，这就意味着律师的身份与头衔取决于你为谁服务。如果你为公权力服务，你就是国家法律工作者；如果你为私人提供法律服务，那你就是社会法律工作者。所以，新的律师概念是一个既可以偏重公权也可以偏重私权的概念。许多律师很怀念当年律师是国家法律工作者的年代，那时因为对律师的定位是国家法律工作者，所以方方面面对律师都非常友好。我在大学毕业之前的实习中，曾经在上海市第二律师事务所实习过，现在这个律师事务所已经不存在了。那时，我们到一些地方办案尤其是到公检法办案，一是都非常方便，二是都非常客气，到法院呢人家还给你端茶倒水。现在这一切待遇，都已经没有了。当年，作为律师竟然还可以穿警服去办案，还可以带着手铐去办案，因为律师就是国家法律工作者。为什么要带手铐呢？比如说见到有关当事人包括证人，都可以铐起来，带到政法机关。现在，这一切都已经不复存在了。因为律师身份的变化，律师的待遇是"王小二过年——一年不如一年了"。

但是，现在律师的管理待遇也都提升了，律师成了"接受委托或者指定为当事人提供法律服务的执业人员"。"当事人"这三个字，请同学们一定要细细研究、好好理解。什么叫作"当事人"？"当事人"是谁？从我们学到的法律概念中，"当事人"既有法人、也有自然人，既有公权力，也有私权利。所谓"接受委托或指定"，是指委托一般来讲可能更多的是私权利，而指定则有可能基本上是来源于公权力。

同学们，律师的法律服务，需要接受委托或指定，那么就有必要让各种各样的当事人认识和了解。这时，就需要律师营销，需要各种各样的律师营销。刚才我问你们，有多少人是毕业后想做律师，其实做律师有两种情况。一是毕业后直接进入律师事务所，二是毕业后先做其他职业然后再做律师。

刚才讲到"当事人"，自然就要讲到律师的专业特色与服务对象之间的关系。也就是律师需要当事人，需要客户，需要服务市场。当然，反过来说，客户也需要律师。那么，什么样的客户是律师需要的客户呢？律师最需要的客户是什么客户呢？谁是客户最好的律师？谁是律师最好的客户？

在这方面，来过我们律师学院讲课的几位老师都很有心得体会和成功经验。比如说吕红兵律师，还有乔文骏律师，还有陈之恺律师，都值得我们认真研究与学习。因为时间太紧张了，我就不展开他们的传奇故事了。

律师与客户到底应该是一种什么样的关系呢？在我看来，既是一种共同成长的关系，也是一种相互需要的关系。你们都知道潘石屹吧？他的律师是北京中伦所的主任张学兵。在潘石屹还是一个小老板的时候，他们互相就认识了，从此就分不开了。这种分不开，也可以理解成离不开。所谓"离不开"，就是你要让客户一直离不开你。如果需要达到这个目标，作为律师需要练就三样本领：第一项本领是说你要跟着客户走，就是客户走到哪儿你跟到哪儿。但是，光有这项本领是不够的，也就是说最好的律师不能只是跟着客户走；第二项本领就是你要陪着客户走，也就是与客户共同成长；第三项本领也是最重要的一项本领，那就是你要有本事领着客户走，凡是能做到领着客户走的律师，一定会让客户永远不会离开你。有人说，客户既有"狗客户"，也有"猫客户"。"猫客户"是哪里有好吃的我就去哪里，而"狗客户"是不管你怎么走、走到哪里，我都跟着你走。所以我说能做到第三项本领的律师，就能找到最好的客户，这样的客户绝对忠诚。所以，吕红兵律师也好，张学兵律师也好，乔文骏律师也好，他们现在实际上已经不做业务了，在做什么呢？在做老师、做团队。他们在指导学生、指导助手、指导团队，如何发现客户、如何培养客户、如何巩固客户。

因为时间关系，对这个问题，这一讲我们就先简要讲讲。总而言之，世界上有多少个当事人就有多少种法律服务需求，有多少种法律服务需求就有多少种法律专业知识，有多少种法律专业知识就有多少种专业律师，有多少种专业律师就有多少种律师营销。

第五个问题，律师营销的成功案例有哪些？

第一个案例：我们就先从这个"拆迁王"开始吧！"拆迁王"你们不知道是谁吧？那说明他的品牌还不够，还要继续努力，不然你们一定会知道的。其实在律师界都知道，所谓"拆迁王"，说的就是一位叫作王才亮的律师。这位律师是我的江西老乡，他原来生活在江西的景德镇。作为律师，他在景德镇也可以过着衣食无忧的生活。但是，他有想法，有目标。2000年，他成立了王才亮律师事务所北京分所。他来到北京后，发现北京的法律服务市场更大。他原来在景德镇时，刑事业务也做，房地产业务也做，医疗纠纷业务也做。后来他发现在这些业务领域中，有一样业务更适合他，那就是拆迁安置法律服务。于是，后来他就专门做拆迁安置法律服务。这样，他就把北京的分所搞成了总所，把原来在景德镇的总所变成分所了，并且就专门做拆迁法律服务。后来有人不叫他王才亮，叫他"王拆迁"，"王拆迁"倒过来不就是"拆迁王"吗？所以现在很多跟拆迁有关的案子和诉讼，都跟王才亮有关系。因为王才亮律师的营销方式就是办案与出书，做完业务之后再写书。写书有两种书，一种是写理论的书，比如拆迁当中一些严重的问题，还有就是对拆迁当中的一些突发事件与案件，进行总结与分析。所以，王才亮律师的律师营销就是出书讲课。

第二个案例：讲课是不是一种营销？在我看来，这应该是律师最好的营销方式。同学们，是否知道在上海滩有三位姓朱的律师？一位是上海最早的执业律师会长朱洪超律师，一位是上海朱妙春律师事务所的朱妙春律师，一位是上海建纬律师事务所的朱树英律师。这几位律师，你们在上海上学，一定要知道。朱洪超律师现在主要专注于律师行业管理，这些年来他在这方面花费了很多时间与精力。朱妙春律师今年已经68岁了，但他还是到处讲课，天天写东西。他主要是做商标、专利、版权等知识产权业务与反不正当竞争业务。他到处讲课，有时候讲课有钱，有时候讲课是没钱的。但是，不管有钱没钱，其实都能给律师带来效益，带来客户、带来市场、带来平台。今年 64 岁的朱树英律师，他讲的课就更多了。他是做房地产法律服务的，他原来在上海市建委工作，1992 年他出来成立了"建纬律师事务所"，"建设"的"建"，"经纬"的"纬"。为什么要取这个名字呢？因为"经纬"的"纬"就跟建筑有关。他们所去年年底庆祝了自己的 20 周年生日，还出了好几本书。他的营销方式也是到处讲课，有时候给律师同行讲，有时候给律师业外讲。各位同学，等你们做了律师之后，一定要学会讲课，善于讲课。因为讲课确实是一个很重要很有效的营销手段。还有出书，也是一个很管用的营销方式。在建纬所，他们有时候还组团出书。所谓组团出书，就是无论是按专业还是按律师个人排序组成的系列丛书。朱树英律师在全国律师协会还担任了民委会主任的职务，所以他还组织制定各种各样的专业操作指引。比如说建筑房地产，还比如说招投标，这一系列专业指引做出来后，无论是律师界还是经济学界或是建筑房地产管理界，都知道这是朱树英、这是建纬所的功劳与追求。那么，除了出书和讲课，还要做什么呢？还要多做公益，如要到大学设立奖学金或奖教金，如设立希望小学，以体现对弱者的关怀。朱树英律师还经常到西部去讲课，这是他对西部律师的关怀。帮助自己的同行，不仅不收费，而且还要搭钱。可以说，这是一种公益性的律师营销手段。

第三个案例：上海有一家小所，这家所的主任叫贾明军。这是一位来自河南的小伙子，当年到上海的时候吃过很多苦。他究竟吃过多少苦，今天就不细说了，反正他刚来上海的时候既没房子也没钱。大概十三年前，因为某种特殊的缘分，我当时非常看好两个年轻人。这两个年轻人，其中一个就是贾明军，他是河南濮阳人，还有一个叫作杨晓林，也是濮阳人。他们俩都是在濮阳长大的，我年轻的时候参加中央讲师团到濮阳当过一年老师。他们到北京找我，我告诉他们，你们要获得更大的天地的话，一定要选准自己的专业。后来，他们两位果然一个北上一个南下，南下的就是贾明军，北上的叫杨晓林。杨晓林律师现在专门做家庭婚姻案件，也就是是家事法律服务，也做得不错。贾明军的业务重点就是做婚姻与财产，这个财产是指与婚姻有关的所有财产。他做得很好，现在上海有关婚姻财产方面的法律业务也很多。另外，贾明军律师的学术营销、网络营销，都做得不错。有一段时间，他专门研究股权股票问题，大家都知道，在上海不管是谁、多少收入都一样，当婚姻出现问题的时候，之后的问题必然就是股票纠纷，股票纠纷后面就是法律服务。

第四个案例：你们知道北京的岳成律师事务所吗？据我观察，我认为他是全国做营销做得最好的律师。他说他从来不送礼，他常说岳成只请客不送礼。在我看来，请客吃饭也是一种营销方式。今年是他们所的 20 周年，他请了好多次吃饭。其实，四年前他就开始请客了。当时,他说庆祝建所16周年,第二年说是庆祝成立17周年,后来又庆祝成立18周年,再后来就是庆祝成立19周年。到了周末,他也请客吃饭。他请客的钱是怎么来的呢?他给净雅酒楼做法律顾问,一年收费50万。他说,50万不用给我了,就拿来请客吃饭吧。他的请客方式是今天请20桌,全是新闻界的。明天请20桌,都是企业界的。后天请20桌,全部是黑龙江老乡。请20桌客人,你们可以想想是一个怎样的场面。一眼看过去,像个大礼堂一样,还有领导和嘉宾上去讲话,感觉就像个大party。岳成所的一个专业特色是做法律顾问,尤其是许多媒体的法律顾问。大多时候,他们与媒体签完协议后先不收钱,为什么呢?因为觉得要媒体出钱是很难的,你们知道吗,如来给我们"民主与法治"当顾问,要我们"民主与法治"出钱,不大愿意出,为什么呢?只是等到媒体有诉讼了,再单收费。所以,许多媒体愿意请岳成当法律顾问,要打官司就会找岳成。文化文艺界也是一样,如姜昆、崔永元这些文艺界的名人,都找岳成打官司。如此营销,品牌就来了,客户就来了,市场就来了。他们还有请客听课的营销方式,现在每个礼拜四下午,他们搞一个有关的课程,这些课程都是跟老百姓生活有关的。他们邀请通知大家来听课,一是免费,二是想来都来!听完之后,大家觉得这个律师讲得好,我们将来打官司时可以找他,这是一种接地气的营销。央视"东方之子"请岳成参加他们的节目,他们也参加岳成组织的活动。岳成所还设立了不少奖学金,在我们华政也有岳成所的奖学金项目。岳成所正在跟一些电视台合作做栏目、做影视,还要拍电视剧。岳成律师说要投入一千万拍一部中国律师的电视剧,为了这个电视剧我已经参加他们组织的好几次论证会了。所以,这也是一种营销,一种特别的营销。一家律师事务所愿意投入一千万拍一部电视剧,显然不仅需要财力,更需要魄力。尽管到现在还没拍,但话已经说出去了,影响力也已经出去了。

第五个案例:接下来我要介绍一家很有特色的专业所,那就是北京尚权所,这是一家于2006年成立的专门做刑事业务的律师事务所。从2007年开始,每年十月份的第三个周末举办一个论坛,叫作尚权刑事辩护论坛。从第一届的30多人到现在的每届300多人,人气指数很高。他们邀请了各种各样的专家,有大法官、大检察官,也有大学者、大律师,还有媒体人。每年设置不同的主题,每年还与不同的高等院校或科研院所联合主办。这就说明,一家律师事务所不怕大小,只要有专业方向,也不怕成立早晚,只要有独特的客户群,你就一定做得好。同学们,你们看,做律师的每个人都有一张自己的名片。除了我们平常见到的有形的名片,还有一种无形的名片。刚才说到的王才亮律师的无形名片是一个"拆"字,建纬所朱树英律师的名片是一个"建"字,而尚权所的名片就是一个"辩"字。这些字,既是一张无形的名片，也是一种特别的营销。这种营销到底在营销什么呢？就是一种专业知识或者专业本领，当然还有一个专业形象或者是专业魅力。

第六个案例：这位律师到我们华政来讲过课，他就是陈有西律师。这是一位很有学术含量的律师，所以他自己做了一个陈有西学术网。他原来在基层工作过，在广播电视局也工作过，后来到了法院，还做过省政法委领导的秘书，后来出来做律师了。说实话，他原来律师做得挺好的，但是没有到全国大红大紫的程度，只是在江浙一带有名气。努力的人总会有回报的，李庄案来了。当李庄案被中国青年报报道之后，他就发表了一篇批驳《中国青年报》的文章，题目就是"八问中青报"。就是这篇文章，使他获得了全国性的影响。无论是新闻界还是法律界乃至整个律师行业，甚至李庄的家人，都觉得他的文章写得好，写得既有针对性，也有专业性，更有影响性。于是，许多人呼吁应该请他做辩护人，后来李庄的家人确实请他做律师了。同学们，你们看陈有西律师就是通过这篇文章，扩大了影响力，提升了品牌力。后来，有人风趣地总结了一句话：李庄进去了，陈有西出来了。后来，又有人接龙说：李庄出来了，王立军进去了。一个是非著名律师、著名的非律师，另一个是非著名警察、著名的非警察。关于陈有西律师，他不仅有智慧，而且也非常勤奋，他每天除了办案，到了晚上都要写文章、发博客，他睡得很晚，有时两点三点才休息……还有一位律师跟陈有西一样也很有名，他就是湖南的杨金柱律师，号称"律坛怪侠"。他在开博客之前一直都不知道博客是什么，后来他跟我吹牛说要一日一博。我说你肯定做不到，如果是每天一篇文章，要一日一博谁能做到呢？那个时候还没有微博，微博是一日几博都可以。然而，这个杨金柱就开了个博客，还弄出个几千万的点击量。陈有西也是一样，几千万的博客粉丝。还有一位陈光武律师，他在哪里的呢？他在山东的临沂，一个相对来讲比较偏僻的城市。现在因为有了网络，所以偏僻也不怕。现在，律师营销进入了一个新时代，也就是网络营销时代。陈有西律师、杨金柱律师、陈光武律师，都是网络营销的受益者。

第七个案例：坐落在北京天安门广场附近的天同所，是一家非常小的所，目前加起来不到30个人。他们就在北京贵宾楼旁边的一个四合院内办公。这个四合院竟然是他们买下来的，装修非常温馨，也非常别致，很有个性。你们如果到北京参观的话，一进门可以看到一副对联。如果你们能够读出那副对联，天同所蒋勇主任就一定会热忱欢迎你们。那副对联是我的创意，但不是我书写的，是著名的江平教授书写的。他们搞了哪些特别的营销呢？第一，搞了个梦工厂，其实就是一个创意工厂。有些什么创意呢？就是完全与互联网紧密相连的创意工厂。天同所成立于2003年，到现在才十年，但现在他们的业务收费已经进入北京排名前20名之列。

你们要知道，他们可是不到三十个人啊！他们专门做什么业务呢？专门做二审和再审案件，所以他们只要向律师同行营销就可以了。他们办案的成功率非常高，因为在收案之前还有个筛选的机制，也就是模拟法庭。通过模拟法庭的审理，他们知道哪些案子该接，哪些案子不该接。第二，他们现在成立了联盟，这个联盟就叫作"精专联盟"。这个"精专"不是中国、俄罗斯、巴西、南非组成的"金砖联盟"。这个联盟体现了一种差异化合作的方式，因为联盟体内一种专业业务只有一家律师事务所来代理，这就叫作互通有无、取长补短。第三，他们还专门成立了一个"商事诉讼联盟"，也就是专门做商事诉讼的法律服务。第四，在每个月的其中一个周五，他们又坚持搞了一个"天同开放日"。你们以后到北京就可以去参加他们的"天同开放日"。如果你们要去，我可以给你们介绍。因为那副对联的缘故，我享有直通介绍的权利。回家以后，你们一定要预习一下，那副对联到底应该怎么念。

第六个问题，律师营销应该有什么样的发展模式？也就是应该走什么道路？

因为时间关系，这个问题就不讲了，只是念念提纲吧。大家看看，一共有九种模式：一是专业营销；二是培训营销；三是产品营销；四是学术营销；五是政治营销；六是行业营销；七是网络营销；八是网群营销；九是多元营销。

好了！各位同学，其他的就先不讲了，以后有机会再说。总之，律师营销既是一门学问，也是一种本领。绝不是一下子就能讲清楚的，也不是一节课就能讲明白的。既需要实践锻炼与磨炼，更需要机会和机遇的把握与悟性。可以说，做好律师营销，也是一种丰富的律师人生。如何通过律师营销，扩大知名度、提升美誉度、加强信任度，最后实现依赖度，是需要每一位律师长期的学习与修炼，才能成功的。

今天的课就到这里，感谢各位同学的等待！感谢各位同学的参与！祝各位同学早日成为大律师！祝律师学院培养出更多更好的人才！

中国律师的现实生态与未来发展

——在"推动律师业科学发展 给力法治天津建设"论坛上的演讲

(2011年4月28日 天津)

【导语】

2011年4月28日,由天津市河西区政府主办,天津市律师协会和北方网协办的"推动律师业科学发展、给力法治天津建设"论坛在天津市政协俱乐部开讲。论坛旨在深入贯彻依法治国基本方略,大力弘扬社会主义法治精神,探讨律师在经济社会中的发展方向,推动律师行业更好更快发展。天津市人大、国家司法部、市司法局及河西区有关领导出席了论坛。

作为特邀嘉宾,我参加了此次论坛并就中国律师的现实生态和环境、理论动态以及律师的未来姿态等问题做了演讲,以下即为演讲内容。

尊敬的各位领导、各位专家、各位律师:

大家上午好!

首先要非常感谢张法连区长(时任天津市河西区副区长)的盛情邀请!感谢各位领导的关心和支持!当我知道这个论坛定了这样一个题目的时候,我就感觉到天津市的领导、河西区的领导一定是与时俱进的领导,是最讲科学发展的领导。

大家知道,这个题目里面有非常时髦的两个字,去年流行于全国上下、流行于全国人民、流行于各种各样群体中的一个词——"给力"。大家知道,在我们的传统词汇当中没有"给力"这个词,所以我们能用一个非常流行的词汇来作为我们的研讨主题,可见我们河西区的领导太有智慧和眼光了。更加值得一提的是,我觉得由河西区人民政府来主办这样一个活动更加合适,我们都知道有句俗话叫作"三十年河东，三十年河西"。如果说过去的律师业发展是别人的事情的话，那么接下来的发展就应该是我们河西的事情了，就是天津的事情了。无论是河东还是河西，此时此刻，都有必要应该一起来看看过去、看看现实、看看未来。

对我个人来讲，我曾经在律师界工作了十多年。五年前，我觉得自己已经赶不上律师业的发展，于是就将自己自动淘汰了。但是，我还是依旧在关心、关注着律师业的发展。无论我是在团中央工作，还是在中国法学会工作，在任何一个岗位，都会关注着律师业的发展。所以我也经常思考，在当今的社会现实下，律师业该如何发展？结合今天的主题，我个人有以下几个方面的思考，我也想讲讲在当下中国律师业面临什么样的生态，未来应该有一种怎样的发展模式。

在我个人看来，这个时候提提生态建设非常有意义。我们都知道，现在律师业的交往、交流越来越频繁。过去律师之间的交往，限于通讯和交通的问题，只能通过行政和行业的会议进行交流，但是现在已经不需要了。现在律师之间的交流和交往的空间越来越大，网络使律师之间的交流交往变得更加迅捷和方便。更重要的是，现在社会、科技、政治、经济上都面临着诸多的问题和矛盾，也就是都面临各种各样的生态平衡问题。接下来，我从八个方面讲讲律师业面临的矛盾，以及如何克服这些矛盾才能取得持续、平衡、可协调的发展。

第一是政治生态。

刚才，王公义主任讲了中央就律师定位的问题发了文件，所谓政治生态就是中国律师业制度层面的状态。不管西方国家如何定位，在我们国家，首先有一个定位是至关重要的，对每个律师来讲，首当其冲必须关注的一个定位：在中国传统的背景下，我们更加需要了解中国的政治生态——那就是"中国特色"这八个字。在这四个字下面，我们又有了"社会主义法律工作者"这个定位。这意味着我们是中国共产党一党执政领导下的中国特色背景下的一个制度的组成部分，也就是社会主义司法制度的重要组成部分，同时也是政治制度的重要组成部分。作为律师来讲，现在出现了党建工作，这是一个新生事物，这在别的国家不可能出现这种现象，这就是我们的政治生态。所以律师不管是业务交流还是学术研讨，我们首先要看到"中国特色""社会主义"这四个字，有了这个前缀，才有了"社会主义司法制度""社会主义法律工作者"这个定位。有了这个定位，就给律师戴了一个帽子，如果说律师过去戴过国家的帽子又摘了的话，现在党中央又重新给律师戴了一个帽子，那就是律师制度的政治性。现在关键是如何将这个帽子真正地戴到头上，也就是律师业发展中如何落实政策的问题。例如，选拔优秀律师进入党政机关、选拔优秀律师进入政法机关的问题。在1996年颁布《中华人民共和国律师法》之后，律师一下从天上掉到了海里。如果当时把国家法律工作者定位于"天上"的话,当时就是一跳到海底。如何使一部分优秀的律师从海底走到岸上来,这就是党中央高层决策的深度意义。所以,如何使一部分优秀的律师成为整个政治架构的一部分,如何落实"社会主义法律工作者"这个定位,应当是目前我国律师业政治生态所需要关注的关键点。

第二是法律生态。

我们都知道辩护制度是法律制度的重要组成部分,那么法律制度在政治制度中又是一个什么样的组成部分,也就是说律师制度在我们国家到底是种"必要"还是"需要"还是"不要"?其实现在我们很多领导人并没有真正把法律看作是一座灯塔,也没有把律师看作是使灯塔明亮的职业人士。如果他们看到的话,律师将考虑在政治定位确定之后接下来的法律定位。作为律师的法律定位,律师在30年来的改革开放当中经历了四次变化:第一次是1980年《律师暂行条例》给律师定位的是"国家法律工作者";1996年《律师法》颁布之后,又将律师定位为"社会法律工作者";2000年脱钩改制的时候又给了一个定位叫"中介法律工作者";2007年的《律师法》重新起草和颁布之后,我们才发现一个真正科学的总结性的定位,就是"接受委托或指定,为当事人提供法律服务的执业人员"。实际上这个定位可以叫作"自由法律工作者"。只不过现在我们的管理层面,从上到下都非常害怕"自由"这两个字。其实,所谓的自由并非完全没有规范的自由,而是自由地选择当事人、自由地选择自己的职业、自由地选择自己的发展空间。我认为"当事人"是律师法起草当中最科学,也是最关键的三个字,因为当事人当中既有法人,也有自然人;既有公权力,也有私权利。当律师为公权力服务的时候就是在为政府服务,当律师为私权利服务的时候就是为社会、为个人服务。同样,当我们为法人服务的时候就是为企业为团队服务,当我们为自然人服务的时候就是完完全全为个人服务。所以,2007年《律师法》对律师的定位是最完美的定位。这个定位就是我们的法律生态,但是还是没有落实,就像政治生态一样,未来如何落实。在法律生态当中,也是一个非常值得关注的关键问题。也就是说,如何真正使律师成为一个自由法律执业人士。

第三是社会生态。

社会生态也是一种矛盾,如果说政治生态、法律生态是一个矛盾的话,那么社会生态同样也是一个矛盾。这个矛盾就是一方面需要律师,一方面又觉得不要律师。现在对律师的评价褒贬不一,有的人说律师是最需要的人,也有的人说律师是讨厌的人。所以,现在法官看到律师就会觉得很麻烦,检察官看到律师就心烦,党政官员看到律师就眼烦——反正就是烦。我曾经说过一句在律师界流传比较广的话:"律师是一个看起来很美,说起来很烦,听起来很阔,做起来很难的职业"——这个"难"就是说我们律师职业乃至律师制度只是得到表面上的认识,但尚未在社会生态中得到认知乃至认同的一个职业。

第四是经济生态。

这是指我们律师业如何实现从行业到产业之间的转变,这也是一个矛盾。刚才海伟秘书长介绍了律师业去年全年的收入是 330 个亿,这个数字作为一个行业来讲,应该说是一个不错的数字。但是,若要使律师业成为一个产业,还有一段遥远的距离。现在如果各地律师都能像北京律师的收入一样成为当地 GDP 的 1% 的时候,我们律师业应该能达到一个产业化的开始了。我不知道天津律师的收费占了 GDP 的多少,如果能占到 1% 以上,那就是我们产业化一个非常好的开始。这就是经济生态表明,如何实现从行业到产业的转变与平衡。

第五是职业生态。

也就是律师职业如何落实政策的问题。如在刑事辩护中的会见权、阅卷权的问题,这些都是我们多年来一直在关注的问题。如何使这些权利得到落实,就是我们在职业生态当中如何落实的问题,也就是如何完善职业环境的问题。我们现在所面临的执业环境非常恶劣,尤其在刑事辩护当中。现在隔一段时间会有些敏感案件,我们对这个敏感案件怎么看,实际上就是我们对律师执业怎么看。有的人说律师是为坏人辩护的人,其实这句话从法律上讲没错。但是,这句话隐含着某种道德的评价。当律师是职业的时候,我们不能从道德去评价一个律师。所以,在职业生涯中如何实现诉讼和非诉讼业务的可持续化,这是我们在职业生态当中所要研究和思考的问题。

第六是区域生态。

区域生态是指大城市和中小城市中律师业的发展,中部城市和西部城市律师业的发展,这些是区域生态中所需要关注的问题。如证券业务,北京、上海、广州、深圳这四大城市占了大部分江山。我想这就是在律师业务当中所体现的区域生态的不平衡,而我们强调的科学发展观所要求的就是平衡。同样,在天津,大部分律师集中的河西区,还有其他区县的律师发展怎么样,这也是一个需要解决的生态平衡问题。在一个城市,城区和郊区的律师如何实现平衡,首先应该是一个区域生态所要关注和思考的问题。

第七是管理生态。

这是一个最不好讲清楚的生态,我们现在的律师管理是所谓"两结合"的律师管理——也就是司法行政机关的宏观指导和律师协会的行业管理相结合的管理模式。20 年来,这种"两结合"管理生态下的律师业管理面临许多问题。所有这些问题都是需要认真思考与研究的问题,到底哪些工作归司法行政管,哪些工作归律师行业管。这些年，在律师协会换届选举中发生了一些非常敏感的事情，比如律师协会会长选举的问题，还有一些敏感案件的问题。实际上，所有这些问题完全可以让律师协会自己解决。尤其现在在党建工作的前提下，司法行政不需要介入太多。所以，律师的管理生态如何实现可持续发展，如何实现宏观管理和微观管理的协调和持续，这是我们所需要立即解决的问题。因为我们现在所讲的是"两结合"下的行业自律，我们也可以讲行业自治，但是就像律师是自由职业者不敢说，同样律师协会行业自治也不能说。当律师业在党和政府的宏观指导下，律师业真正能实现行业自治的时候，也是科学发展到来的时候。

第八是专业生态。

在我个人看来，专业生态和区域生态是有关系的，比如在大城市专业化的律师比较多，在中小城市，万金油式的律师比较多。如何克服万金油的情况，在大城市已经解决。但是在中小城市、西部地区还很难解决。那么就需要党和政府给我们提供更多的空间。比如证券业务的发展完全是司法部和证监会两家联合为律师业创造了一个崭新的空间。说实话，中国律师业从1993年开始能够实现突飞猛进的变化，就在于证券业务的拓展。现在类似这样的拓展还缺少太多的空间。所以，在专业生态上，除了律师个人的主观努力之外，还需要党和政府更多的关照、关心和关怀。所以，在专业生态上如何使专业化成为现实，是我们在科学发展当中需要面对的问题。

这八个生态，无论是哪种生态，都面临一些问题，我们所追求的就是要实现一种可持续性的发展。而可持续的发展，就是要克服八个生态当中所面临的矛盾与困惑如何解决的问题。

因此，中国律师业未来最重要的两个发展，一个是在身份上将越来越泛化，另一个是在专业上将越来越细化，这是两大发展的模式。所谓泛化是指将来有一部分律师是政府律师，是公职律师，也就是为公权力服务的律师；还有一些律师是商业律师、社会律师、个人律师。律师在身份上因为当事人、因为法律而具有一种新的定位，"当事人"三个字给律师业的服务对象、服务模式、服务空间都带来了巨大的变化。所谓律师将来的身份将越来越泛化，是指律师将不再只是"海里"的律师，到时我们既有"天上"的律师、也有"地上"的律师，还有"海上"的律师——这是身份上越来越泛化。未来专业化的律师，我们将见到越来越多的很多没有听过的专业的律师。在专业化进程中，有的是从实体上解决，有的是从程序上解决，这些方面通过我们个人的努力和党与政府政策的关照，律师专业化的发展目标将很快能实现。所以，身份泛化和专业细化将是我们中国律师业未来进一步科学发展的模式。

谢谢各位！谢谢大家！

法律人的思维方法有何不同？

——在"西南法学论坛"上的演讲

(2009年9月21日 重庆)

【导语】

2009年9月21日晚,"西南法学论坛"在西南政法大学沙坪校区岭南厅开启新学期第一讲。应上任才一个月的西南政法大学付子堂校长盛邀,我在此次论坛上为广大西政学子主讲了一场题为"法律人的思维方法"的讲座。付子堂校长亲自主持了此次讲座并为我颁发了他就任校长以来的第一份兼职教授聘书。

我在演讲中,首先由衷地赞扬了久闻的西政精神,希望能"沾些西政人的仙气、灵气、大气"。然后,从法律人应有的思维方式、法律人的思维训练、法律思维的检验标准等方面进行了详细阐述。对于很多第一次感受西南法学论坛学术氛围的青年学子,我表达了深切的期望:"思维决定未来,思维决定行动,思维也决定能否对得起'法律人'这个光荣伟大的称号。"

尊敬的各位老师,亲爱的各位同学:

大家晚上好!

付子堂校长上个礼拜跟我说,说希望我到这里来做个讲座。我当时正好跟徐昕教授在一个会上,我说,我去还是不去?徐教授说,去呀!这是付校长上任以后第一个讲座,一定要去。我说我还是有点紧张,你们看出我的紧张了吗?

大家都知道,能到这个西南法学论坛来讲的人,有的人是被"吓死"的,有的人是被"打下去"的,所以待会儿,这里的同学给我留个位置,我一看不行,势头不对我就跑了。各位同学,你们知道吗?任何人的一生都有第一次,我不知道你们的第一次是什么,但是对我来讲,今天是我的第一次。因为这是我第一次到西政来做讲座,这是校长上任以后的第一次讲座,这是校长上任以后颁发的第一份兼职教授的委任状。所以，有这么多"第一"，我很感动啊！所以我希望我们在座的每一位同学应该经常能得到"第一"。

各位同学：你们知道吗，我看见你们一张张亲切的笑脸，听到刚才雷鸣般的掌声，使我想起了三年前的这个时候，尽管我不是西政的，但是我胜似西政的！三年前，"第三届中国青年律师论坛"在这里举办，这个论坛在这里举办是谁倡议的？是谁主张的？是谁牵头的？是我。第一个主持这个论坛的是我，我记得当时我还讲了一句很好听的文学语言，我说"清脆的鸟鸣，青青的绿树，青涩的青年律师，第三届中国青年律师论坛现在开幕！"（笑声）当时校长也坐在台上。然后，到了会议快闭幕的时候，我们组织了一场辩论，最初邀请的辩论主持人不是我，是撒贝宁，所以很多女同学四点半就来了。那天整个会场跟今天的形式一模一样，但是，撒贝宁没来。我们定的是七点开始。后来怎么办呢？只好我上！各位同学，你们别看我长得不好看，但是我有特色！你们看一下，各位老师都很有学问吧？你们看，他们今天穿的衣服跟我都完全不一样，所以我是有特色的。穿衣服还不是最主要的，关键是长相。撒贝宁是中央电视台最有名的主持人之一，也算是最英俊的主持人之一。不过，最近中央电视台又发了个文，说我们的电视台主持人要创新，比如找一些头发比较少的，年龄稍大一点的，普通话最好有点口音的……这样的人做主持人，像我这样的就有机会了。那天正好证实了我有机会站在主持人台上的可能性。因为十分钟之后，很多人都已经忘记了撒贝宁，只记得刘桂明。后来闭幕的时候，很多女同学，很多女研究生都上来跟我合影。我为此跟撒贝宁发了个短信，我说："主持人的一颗新星冉冉升起，这颗新星又是一个老星。"但是，就像臧克家的那首诗一样："有的人死了，他还活着；有的人活着，他已经死了。"我不知道你是哪种情况。所以我今天看到这么多人，就想起了我不是撒贝宁，但我是刘桂明。

作为刘桂明，说实话呢，尽管很紧张，我确实也想来，也要来，我也能来。我为什么想来西政讲呢？在这里尽管做过主持人，而且2002年西南法学论坛我还做过点评人，但是，我发现这些都不重要，重要的是主讲人。做主讲人是我的一个愿望，我想来又怕来，怕来又不想来，想来又要能来，要能来又要来，是吧？付子堂校长，不，校长，校长说你来做个讲座，我就来了。

所以，第一，我为什么说想来？我来的原因是什么？是西政精神照耀着我，西政精神指引着我，西政精神引导着我来到了西政！在中国所有的法科院校里面，不管是北大，还是清华，不管是政法大，还是北师大，很多人都会讲起、都会说起、都会念起西南精神、西政精神。我想，这个西政精神，有很多是我们校友这个群像塑起来的，同时，这个西政精神也是一代一代绵延传承的，就像我们有新的校长一样，也是一种新的精神的传承。所以我为什么想来，我想沾一沾西政人的仙气、灵气，乃至大气！

第二，我为什么要来？因为我要来感谢，感谢什么？因为在我的成长史上我曾屡屡受益于西政人。我记得1995年从《法律生活》调到《中国律师》的时候，我当时受益于一个西政人，当时有很多人在竞争一个位置——《中国律师》的主编，我是其中之一。然后，这个西政人助了我一臂之力，我于是就当上了主编。三年前，我从中华全国律师协会到了团中央，又是西政人助了我一臂之力。所以我要来感谢你们，感谢西政，感谢西政的校长！

第三，我为什么能来？我想起了作为去年奥运会主题宣传的一句话，奥运会的一句宣传口号叫"我参与，我奉献，我快乐"。因此，我可以骄傲地告诉大家，我参加西政的活动胜过我参加华政的活动。尽管最近十几天前，我刚刚被提拔为华政校友会北京分会的会长，但是我跟西政人还是保持如此密切的关系！也就是说我参与西政的活动非常多，通过参与西政的活动我得到了快乐，更重要的是，我也为能给西政作奉献而感到快乐。记得三年前的"中国青年律师论坛"，我除了把"中国律师论坛"领到这里之外，我还组织了一场"西政之友"的论坛，当时有78级的，有82级的，还有87级的，有三个西政校友，有法官，有律师在这里座谈。而且很巧的是，他们为建这个厅捐了资，而且捐的不少，这是广东的三个校友。所以我说我有奉献，"我参与，我奉献，我快乐"。所以我能来到这个地方讲。

今天我特别想讲讲法律人应该有一种什么样的思维方式，或者说思维训练，或者说思维方法。我今天就给大家讲讲法律人的思维。

我们任何一个人来到这个世界上，除了吃、穿、住、行，还有什么？"想"。我们每天都在想，也就是说每天都在"思维"。我们"思维"怎么当官，"思维"怎么挣钱，"思维"怎么找女朋友，"思维"怎么培养下一代，"思维"怎么在这个国家取得更大的成就，为国家、为社会做出更大的贡献……这一切，都是一种思维。但是，我今天要告诉大家的，是一种法律思维。我们法律人应该有一种什么样的思维？当然了，我看见这么多同学站着的时候，我就有点紧张，你看我都流汗了，刚才是流泪，现在是流汗。所以我想流汗，我这个是一个正常的思维，但是我们要想想、讲讲法律思维。法律思维有时候就是一种不正常的思维。我想，中国与西方都爱讲"十"，我今天也给大家汇报一下"十种思维"。我们法律人到底应该具备、应该面对、应该向往、应该拥有哪十种思维？

第一种思维是逻辑思维。其实我们在座的各位同学都知道——"逻辑"是一个外来词。但是，这是一个谁也解释不清，又是一个谁都能说得清的道理。其实所谓逻辑，实际上就是一种思想，就是一种推理，就是一种从概念，从事实到结论的推

183

理的过程。正如有学者有时候批评别人说"不合逻辑",我估计大概台下有的人可能会说我这个观点逻辑不通,他说他的不通,我说我的通。说到逻辑,我在心里想,在座的同学不知道有多少人谈过恋爱,谈过恋爱的同学多吗?肯定很多,但我不知道你们谈恋爱是怎么发生的?第一步是怎么实现的?因为我们都知道,男女之间实际上就是一层纸,你怎么样捅破这样一层纸非常关键。我在大学里的时候,屡屡错失良机(笑声),就是因为不会捅破这张纸。我看见我的女同学从国外回来,我说"哎呀,我老实讲,当时我要脸皮厚一点或者说采取某种办法追求一下,你可能也到手了。"后来我问:"到底多少人追求你?"她说:"没有"。我说:"不可能"。因为她是我们年级最漂亮的女同学,但是很遗憾,到现在她还没结婚。后来呢,我想我又没有机会了。所以我劝告各位同学,尤其是男同学,千万不要错失良机。如何不错失良机?我告诉你们一个办法,用逻辑去追求你梦中情人。相传有一个人在学校很内向(我在学校也是很内向的,不敢说话),他特别喜欢一个女同学。他就想:该怎么追求她呢?写情书?很显然,好像有点老套。可是,大胆向她表白,他又不敢。请别人去传话呢?他又觉得多余。这怎么办?终于有一天,他想出了一个高招。他走到这位美丽的女同学面前,说:"亲爱的同学,我给你提个请求,我写了一张纸,里面是有关你的内容,这个上面写的如果是事实的话,请你把你的照片给我。"那位女同学想:又是一个捣蛋的、捣乱的追求者。我不理他,他反正说什么,我就说那都不是事实。这位男同学说:"确实,如果不是事实,请你不要把照片给我"。当时,这位女同学打开这张纸条以后,她发现,她既不能说是事实,也不能说不是事实。因为这位男同学写了这么一句话,说:"你不想吻我,你也不想把你的照片给我。"(笑声)你们看,是事实吗?是事实。不是事实吗?就不要把照片给他。很显然,男同学希望不是事实,不是事实那就意味着可以吻一下,如果是事实那就是不能吻。后来,这位女同学想来想去,算了吧,我还是投降吧,给了他一张照片,没有给他吻。但是,这个吻非常关键,不是这个时候给的,而是后来给的。因为这个人后来成了伟大的逻辑学家,这是一位美国的逻辑学家,这位女同学成了他的夫人。所以,各位同学,你们要去追求女同学的,明天就写张这样的纸条。这是什么啊?逻辑。逻辑能得到什么呢?爱情。所以我想我们法律人思维用逻辑去得到什么啊?首先,是要想跟我们的情感有密切关系的爱情。

　　逻辑还能得到什么呢?当然了,逻辑还能得到很多东西。我们看看能得到什么东西呢?还能得到生命。逻辑不仅能得到爱情还能得到生命,这个生命怎么会得到呢?

　　我想这里有这么一个故事。相传古希腊有一个国王,要处罚一批死刑犯,但是他想做个游戏，国王要求每个死刑犯说一句话，而且必须是马上能验证它的真假。如果说的是真话，处以绞刑；如果说的是假话，则会被砍头。有的人说了半天却不能验证真假，那就当成是假话被砍头了；有的人是半天不说话，就被当成是真话处以绞刑了。但是有一个人灵机一动，急中生智说了一句话，就像刚才我说的那个逻辑的故事一样，这句话他说完以后，国王发现既不能对他处以绞刑，也不能将他砍头。这话是怎么说的呢？这个囚犯说："要对我砍头"。你们想想看，如果这句话被认为是真话，那就是绞刑，如果是假话他就要被砍头，但是真要是砍头它又成了真话，所以你不知道它是真话，也不知道它是假话，既不能绞刑，也不能砍头。后来，国王怎么办？无奈之下，只好把他放了。这是逻辑的另一种境界，能够得到生命。

但是我想，对于我们法律人来讲，得到爱情、得到生命可能都不算什么，我们还要得到什么？得到正义。这个逻辑怎么样去得到正义呢？林肯当律师的故事我想你们大概都看过。相传有一个人被指控杀人，而且据说这个人还是林肯的亲戚。当时，林肯就去给他作辩护人。在辩护人交叉询问的时候，林肯问了一个问题（大家都看看，这个林肯律师是如何实现大逆转的）。林肯问他："你能确定那天晚上是十一点钟吗？"他说："我能确定。"林肯问："你能确定当时看到他的脸了吗？"他说："我能确定。""你能确定你不是因为看到他的衣服而确定是他吗？"他说："我能确定，因为当时月亮正好照在他的脸上。""你能确定当时你和他有多远的距离吗？"他说："我跟他非常近，也就是20米"。交叉询问结束之后，林肯面对各位陪审员说："各位陪审员，我要明确地、坦率地告诉大家，这个人是一个彻头彻尾的骗子！因为，那天晚上是上弦月，十一点已经没有月亮了，所以他从脸上看出来很显然不可能。另外，就算是有月亮也不是照在脸上，而是照在后脑勺。"他由此揭发了一个假的证据。也就是说，这个证据没有任何效力，而且是个伪证，于是被告人被无罪释放。

这是什么啊？这是一种正义。当然了，在现实中，我们有时候通过逻辑能得到很多有趣的故事。马克·吐温先生有一年对华盛顿的议员非常的愤怒，愤怒之下他说了一句话，他说："华盛顿的国会里面有些议员是婊子养的！"很多国会议员看了这句话以后，觉得马克·吐温太可气了，怎么能这么骂我们呢！所以纷纷要求他辞职，要求他道歉，而且要通过法律来维护他们的权利。这个时候马克·吐温采取了另外一个办法。他说："我经过深思熟虑，也觉得这句话表达不妥，有些不是事实，所以我郑重地在这里道歉，我把原来的话改成——国会里有些议员不是婊子养的。"这个是更正吗？各位同学都知道，这是典型的马克·吐温的讽刺方式、幽默方式。"不是"他说"是"，"是"又"不是"，这个时候所有的人都不敢再让他道歉了。

因为他说，"我就是不是婊子养的"。所以，这对马克·吐温来讲，他的目的达到了，既道歉了，该批评的人也批评了。这就是从逻辑里得到的一种智慧。所以在我们的生活当中，逻辑故事很多。

记得我们在学逻辑的时候，还听过一个故事是古希腊一个学生和一位老师之间的"半费之讼"，这个"半费之讼"就是一半的费用。当时在古希腊，一个老师教一个学生如何打官司，说："我跟你签一个协议，收你一半的费用。"大家都知道，这相当于现在律师的风险代理，或者说这是提前支付一半费用的风险代理。老师说："你毕业以后打的第一场官司，只要是赢的官司，你就再付我另外一半。"然而，这个学生毕业之后，就天天待在家里，不打官司。这个老师着急了，很生气——当然我不是主张你们都去起诉你们的老师。因为西政的老师都很优秀，不能起诉的（笑声）——就起诉这个学生，说："你必须把这另外一半的费用给我，不管是哪个途径我都能赢。如果按照法院判决我赢了，我也可以让你将另外的一半费用给我；如果按照协议你赢了，你也得把另外的一半费用给我。"没想到老师厉害，学生更厉害。所以，在座的各位学生将来超过老师是正常的。学生说："老师啊，其实我的另外一半费用永远也不给你的，而且我也给不了你。因为这个协议签订完了之后，现在到了诉讼阶段，如果根据法律判决我不给你，那我当然不给你；如果你赢了我同样不会给你。"你们看，这又是一个逻辑道理。只不过，这个里面双方利用了一个概念的偷换达到了赢得自己胜利的目的。这就是一种逻辑推理。所以在法律思维当中，逻辑思维可能是我们最需要考虑的问题。我们经常讲"因为""所以"，这是一种逻辑思维。在我们的法律规范当中，如"假定、处理、制裁"，也是一种逻辑思维。例如，我们要设定一种权利，就要考虑这种权利的来源。例如，我们设定一种权利，我们同样考虑为这种权利设置了某些救济措施。这就是我首先要告诉大家的逻辑思维。

我们作为法律人来讲，有逻辑思维当然是最重要的，也是最基本的。但是，仅有逻辑思维还不够，还需要一些别的思维。那么，最主要的是什么思维呢？

第二种思维是逆向思维。逆向思维也就是反向思维。我们现在生活在网络时代，每天都能看到我们所谓的"民意"。"民意"是一种什么思维？就是一种大众思维。我经常讲，我们法律人的思维，跟"民意"究竟是否属于一种思维？我认为就是这样一种思维：当全社会皆曰可杀的时候，我们法律人要说不杀，因为我们法律人拥有的思维之一就是这样一种逆向思维。当大家都说这个人犯罪的时候，我们有可能要想：他有没有可能不构成犯罪的理由、条件、事实、证据。刘涌案件，这是9年前的案子。当时刘涌案件发生以后，第一审判决的结果，所有不满意的人都是什么人？都不是学法律的人。由此更加证明法律人思维是能看到它的结果，能看到事件的推理的过程。因为在很多社会人眼里看来，刘涌这么一个罪大恶极的人怎么能不判死刑？怎么还能让他逃脱法律的惩罚？而且还有些刚刚入学的大学生，给田文昌律师写信，说："田老师啊！我原来多么崇拜你、多么敬仰你，没想到你竟然为黑社会头子去辩护！"这就是一种与我们法律人所思所想不一样的思维。在我们法律人看来：在社会人当中都认为不可能的时候，我们要认为可能；当社会人认为不是的时候，我们要认为是。所以我们来判断，在这个网络时代的民意当中，我们能看到法律人的影子在哪里。今年发生了不少敏感案件，当然这几年每年都会发生一些热点案件，如"许霆案件"，如今年的"邓玉娇案件"，如"杭州飙车案"，尤其是"杭州飙车案"。"杭州飙车案"前面有很多人提出了一些质疑，我觉得都是非常符合逻辑推理的，但是最后在提出胡斌是否是替身的时候，我就发现：整个"民意"已经变成了"民粹"——他们都认为胡斌是替身。后来我就写了篇文章，我说：胡斌有替身，怎么可能？我认为，从时间上来讲，不太可能；从空间上来讲，不太可能；从必要性来讲，不太可能。我认为，我们法律人就是应该这样去逆向思维：当大家认为可能的时候，我认为不可能；当大家认为不可能的时候，我认为可能。所以，在座的各位同学，当你们面对一个自己无法判断的问题的时候，如何判断你是法律人？我觉得：你就应该跟大众保持一种清醒的不一致，这就是一种逆向思维。

作为法律人，将来可能会面对很多的案件，面对各种各样的社会现象，我们都有这个问题。在我们的将来，比如说做法官、做律师、做检察官、做警官、做学者，我们法律人就是要保持一种理性的思维。我觉得这种理性的思维，它首先就要考虑这个逆向的思维。当然了，我们也不能为了逆向而逆向，为了反向而反向，为了不一致而不一致，也要保持理性和独立，逆向思维在某种情况下往往就是理性而独立的思维。所以，在网络时代，我们在座的各位同学，你可以检验一下你的逆向思维是什么？

我们都知道美国的"马伯里诉麦迪逊案件"。"马伯里诉麦迪逊案件"本质上是两个政党之间的较量，是两个国务卿之间的较量，是两个法官之间的较量，是两种人之间的较量，也是两种理念的较量，更是两种意识之间的较量。"马伯里诉麦迪逊案件"的法官是马歇尔。马歇尔看到这个案子，他知道这个案子他必须判，他不判也不行，因为，他必须要让自己所属的党派赢。因为马伯里跟他是同一党派的，因为这些委任状就是他签发的，现在还有32份委任状没有签发。这个时候他就必须要有一种逆向思维。他不能跟本党的同志说，我一定要保证赢，也不能说不赢。

这时候的马歇尔真是煞费苦心。所以，这个时候就是考验法律人的时候。他就提出了一个思路，这个思路有点"引诱别人上钩"的感觉。例如，首先，在他的判决书当中，他问道，"马伯里的权利是否受到侵犯？"他的结论是肯定的。"马伯里的权利受到侵犯之后，法律是否应该给他提供救济？"他的结论是肯定的。既然这样，法律应该给他提供救济。"法律救济是不是就是给他提供委任状的这种法律的判决？"这个时候，马歇尔没有立即给出结论。作为法律人的思维，先不作回答。第一，他要了解这个委任状的性质；第二，他要清楚这个官司是怎么来的。因此他从程序和实体做了分析，从程序方面，马歇尔找出了法律当中有这样一个条文，我相信在座几位研究诉讼法的教授肯定会说到这个条文。他研究了这个程序，最后得出了一个这样的结论：这个案子首先是该审，但是不是由我审。我所在法庭有上诉管辖权，没有初审管辖权，所以这个案子从程序上来讲应该到别的法院去起诉。此外，这个案子属于政治性案件，不是由法律来作出判决。因为这个案子所依据的法律条文，是1793年的《司法法》，而这部《司法法》又是违宪的。就是说，他在宣布这个判决的过程当中，突然亮了一招：审查是否违宪的权力是由谁来掌握——最高法院。最高法院得出了这么一个结论，《司法法》是违宪的，于是依据《司法法》来打官司也是违宪的。所以，无论是实体上还是程序上，这个案子都应该到别的法院去审，而最高法院的司法管辖权是指，关于司法审查的管辖权是最高法院来决定的。于是，二百多年来，美国人民都在感谢马歇尔。所以，这个马歇尔的思维就是突破了大多数思维、大众思维和所谓的"民意"思维的思维。我想我们作为法律人来讲，任何时候都要检验我们的思维是否属于逆向思维，是否属于法律思维，这就是我们作为法律人来讲检验自己是什么思维的第二个标志。

那么，作为法律人来讲，我们检验自己是否属于法律人的第三个标志是什么呢？

第三种思维是程序思维。刚才我讲到了"马伯里诉麦迪逊"这个案子，实际上就是一个程序思维。我想所谓程序思维，在许多诉讼法学家来讲，所谓程序就是一种遵守法律、适用法律的程序。但是，更重要的是一种能充分地吸收方方面面的不满的程序。我们都知道，任何的事情，在中国，我们是两审终审制。那么，说到两审是个什么结果？一审是个什么结果？我想起来有个例子。在前年"许霆案"还没有判决的时候，当时最高人民法院有一位副院长，他对记者说，"许霆案"判得确实有点重，我们正在研究。他说完这句话之后，所有的法律人都在抨击他，你作为一个最高法院的副院长，不应该讲这句话。即使你知道情况，你也不应该讲这句话。因为这个案子到不了你们最高法院，就算到最高法院也是一种内部请示程序。但作为法律程序来讲，是不应该出现这种情况的。所以，这位副院长的思维就不是程序思维，尽管他是法律人。所以我们由此可以证明，法律人的思维——程序思维不可或缺。我们为什么要考虑这个程序思维？因为有一个观点我们都知道："迟到的正义是非正义"。当然，我们迟到的美丽是最后的美丽，例如，你谈恋爱，经过若干年的追求，二十年之后，你最后得到了你想要的爱情；例如，我若干年之后，或者说马上我跟我的那个梦中情人——我的大学女同学最终在一起的话，那就是最美的爱情。（笑声）你想，经过二十多年的追求，终成眷属了，梦想成真了，心想事成了。爱情可以这样，但是正义不能这样。正义一定要讲究程序，不能说迟到的正义还是正义，迟到的正义是非正义！当然了，从形式程序来讲，我们肯定还会看到这样一种情况，就是任何人当他被当成犯罪嫌疑人或者被告人的时候，我们就要看到他还有什么权利。为什么？在法院给出最后说法之前，任何一个人都是无罪的。因为什么？所有的有罪都要程序完成之后他才能成为法律意义上真正的有罪的人。所以，所谓的"无罪推定"实际上就是一种程序思维。所以，任何时候我们都要想到，作为一个法律人，我讲话或发表意见的时候，我就要考虑是不是程序已经完结。因为在法律上，对任何一个人都有保护他的程序，同时还有救济他的程序、惩罚他的程序。这个程序对任何一个人来讲，它是保障人权的一种需要。所以，无罪推定也好，还有刚刚讲到的"吸收不满"也好，实际上就是一种程序思维。但是这种程序，不是走过场。我们经常讲，我们中国好多事是走过场的。例如，人家说"小会办大事""大会不办事""办事不开会"。你们知道，实际上这就是一种走程序。我们是讲程序思维，在我们的政治生活当中走程序，很显然我们会遇到太多常见的情况。例如，我们中共中央组织部任命付子堂同志为教育部副部长，实际上在此之前都已经定完了，后面只是走走程序。但是，我们子堂校长，他那个校长是没走程序的，是正儿八经、完完全全地走程序来的。我说的没走那个程序，但又走了这个程序，听起来像绕口令。反正呢，我们校长已经当上了。但是在我们现实生活中啊，就得有一些政治的程序。今天我们不管它了，我们要讲的就是法律的程序。所以，在座的各位教授，如果要点评一个人的发言，点评一个事实，点评一个现象，他必须等程序完成之后才能发言。就像等我讲完之后他们才能说，现在他们不能插话。我说的他们认为不对，他们也不能插话。这个呢，就是一种程序思维。所以我觉得对我们法律人来讲，检验自己是否属于法律人，或者说用这种训练方式训练自己是否能够成为完全的、完整的、完备的法律人的时候，我们要看看这第三个标志。

接下来，我们看看第四个标志。**第四个标志叫规则思维**。我们经常讲我们做什么事情都要讲"游戏规则"，这种所谓的"游戏规则"实际上是一种现实生活中的规则。所以，我们有人讲"显规则"，又有人讲"潜规则"。自从吴思先生发明"潜规则"这个词汇之后,现在"潜规则"到处都在用。现在要当演员,人家说:必须被"潜规则",如果不被"潜规则"你就当不了演员,当不了主角。所以呢,我们看到任何一个演员或者成为一个一夜走红的明星,有的人就有理由怀疑,她是否被"潜规则"过。但是,这个规则不是我们法律人说的规则。我们法律人的规则就是法律,就是规定。

我们知道,法律是什么呢?法律就是一种规则。法律就是一种调整权利和义务之间关系的规则,法律就是一种调整各种利益关系的规则,法律就是以公权力作后盾来保证它实施的一种规则。任何时候我们讲有规则,就是说按规则来办事。在讲规则的时候无形当中就会涉及一个问题,这是我们在法理学界,在诉讼法学界都争议过的——就是说,规则到底是善法还是恶法,恶法是否也是法?大家都知道善法是法,恶法是否也是法?苏格拉底被关起来之后,他的徒弟挖了条地下通道,告诉他:"师傅,我们已经把地下通道打通了,走吧,赶紧撤。要不你就被杀了。"苏格拉底说:"恶法也是法,我鼓吹、我呼吁、我主张要建立一套规则,按规则办事,我不能违反规则。尽管这个规则是不正确的,是不合法的,是不合理的,是没有人性的。但是,在它被修改之前我们就要遵守它、适用它、敬仰它",这就是一种规则的思维。我们很多人对规则有没有一种顶礼膜拜的信仰,就在于我们是否属于法律人。我们法律人都知道,这个规则摆在我们面前的时候,我们不能无视它,也不能忽视它。作为一种规则,我们如何去用它?这个对法律人来讲,我们想想我们追求的是什么?追求的就是要用一种规则来保护我们的权利,来调整好各种利益关系。但是,在现实生活中可能有很多不规则的事情。当然了,我们有时候啊,还有不讲规则的时候。我刚才跟校长说:过去在律师界,我经常代表律师界讲话。现在我不在律师界了,现在我在团中央青少年犯罪研究会,我就经常代表未成年,代表弱势群体,代表边缘群体,代表闲散未成年,代表特殊未成年,代表困难青少年,代表他们讲话。其实,在我们的《联合国儿童权利公约》当中,有一个著名的规则就是:儿童利益最大化。但在我们国家,关于未成年人权利保护的情况和青少年犯罪的情况,我们有多少是按照规则来的?可是,如果是按照规则来又有问题,我们这个青少年犯罪问题又是怎么回事啊?在座的各位同学都是优秀的青年,我们有时候想想那些处在高墙之内的青少年。今天上午我还去了一趟重庆市少管所,每次去我都会觉得感慨万千。因为我曾说过这么一句话:一个人呐,去了医院才知道健康多么重要,去了八宝山才知道生命多么重要,(笑声),去了监狱才知道自由多么重要,去了少管所才知道青少年的教育、青少年的预防犯罪、青少年的权利保护是多么重要。但是,我们国家的预防青少年犯罪是一种什么情况呢?是"想起来紧要,说起来重要，做起来次要，忙起来不要"。面对这种情况，我们要问：这个规则在哪里？我们有时候讲规则，有时候我们也可以发现一些矛盾。今天下午我到沙坪坝区检察院，我说：我求求各位检察官，为了我们的未来，为了我们的孩子，为了我们的希望，你们有时候，不要讲规则，不要教条执法。我说的"不要讲规则"实际是说：要讲一个比规则更高的原则。有时候当一个中学生，例如，某个学生抢了一个，或者偷了一个同学的 MP3，MP3 价值 1000 元以上，很显然从法律上讲是构成了盗窃罪。但是，如果我们处罚他会怎么样呢？我们无法想象，一个人的命运从此就改变了，本来他可以上大学，本来他还他可以上西政，本来还可以上北大、上清华；可是就是因为这个 MP3，他没有上成。我们为什么不帮他一下呢？我们对青少年的保护，对未成年人权利的保护，实际上是相当于一种什么关系呢？相当于"敌对双方"的关系。我们挽救一个，就相当于拉回来一个孩子；我们处罚一个，就相当于又把一个孩子推向对立面。所以，这个时候我们要讲一种比规则更高的原则。当然了，这个在许多法律人看来，没有规则的时候讲原则，没有原则的讲什么呢？讲公平。

我记得，前几年广东省高院判了一个案子，我觉得这个法官太优秀了。他就是用一种法律人的思维，帮助自己解决了这个案子，和平地、和谐地、和美地解决这个案子。案情是这样的：有一个叫"五月花"的餐厅，环境非常美（这个餐厅是在美丽的珠海海边）。有一天在这个餐厅里发生一起爆炸案。在这个包间里面爆炸了，把一个服务员炸死了；还有一个更重要的是，把这个包间外面的一家三口炸得一死一伤，而且伤的这个人基本上后半辈子就没有任何的生活能力了。为什么会发生爆炸？因为有人在开酒瓶的时候发生了爆炸；为什么开酒瓶时发生爆炸？因为酒瓶里有炸药；那谁把这炸药拿进来的呢？是一个医生把酒瓶带进去的，因为那个酒楼可以自带酒水。所以这个话我们不能跟餐厅说，因为现在好多餐厅是不让自带酒水。当然，从这个案子来看，不让自带酒水可能会保护一个人。这个医生的酒从哪里来的呢？是一个患者送给他的。因为患者对他的医术不满意，没把他的病治好，所以就买了一瓶酒，放好了炸药，送给他，是想把医生给炸死。但是，没想到这个医生把酒收了过去以后一直不喝，摆在家里。一年之后，他终于把这个酒还是带到餐厅去了。在服务员开酒瓶的一刹那，爆炸发生了。服务员炸死了，还有一家三口一死一伤。最后，这三口一死一伤的家庭起诉了这个餐厅。一审餐厅赢了，消费者输了。二审，这个时候考验我们法官的时候到了。因为双方肯定在争议：到底是侵权还是违约？有的人说侵权，有的人说违约，反正，各说各有理，双方都是各持己见。这个法官最后想到了第三个思路，他认为：这既不是侵权，也不是违约，依据公平正义原则判决这个餐厅补偿消费者 30 万。请注意：我讲这是补偿，不是赔偿。30 万，对一个餐厅来讲算多又不算多，对一个消费者来讲算少又不算少，但是毕竟能够稍微简单地抚慰受伤的心灵。同时，也能稍微清楚地告诉大家，这个餐厅尽管自己也受到损失，但毕竟它也补偿了消费者，所以消费者的口碑，不，这个餐厅的口碑，也能由此而建立起来了。所以，通过这个案子我认为，这法官判得太高明、太优秀、太有思维了！他就是一种公平思维。所以我们假如讲到规则思维的时候，我们要看到，规则之上，还有谁？还有原则。原则之上还有谁？公平思维。有时候，我们要看到的是一种更高境界的、更高意义的规则思维。

好，检验我们自己是否属于法律人的思维，我觉得接下来的应该还有一个。那就是**第五种思维，民主思维**。这个问题相对来讲，对我们法律人来讲，好像这是一个非常简单的问题，还需要来强调吗？没错，一定要强调。不过，民主思维可能有很多理解的含义，我现在主要的理解就是：当票数出现 51 对 49 的时候，当票数出现 99 和 1 的时候的民主问题。大家都知道，完全一致的肯定不是民主的。比如说，我们一致拥护校长的领导，那这话肯定是假话，肯定也有若干人不拥护。但是，不拥护是少数派。对校长来讲，不拥护的人不是说不值得尊重的人，同样是值得尊重的人。正如马英九当选台湾地区"总统"之后，他说这是我们华人地域的第一个民主的胜利。他讲的民主就是多数人战胜了少数人，但他同时也看到，少数人该怎么办？也就是说：民主的思维是要服从多数，尊重少数。当 99% 对 1% 的时候，我们难道能对这 1% 忽略不计吗？显然不可能。作为一种民主思维，作为一种民主政体，作为一种民主法治，实际上我们想到的都是说：我们要如何地尊重多数，如何地尊重少数。

我记得，美国有一个非常著名的案件——焚烧国旗案。我们都知道，焚烧国旗啊！如果在中国发生的话（当然后来香港也发生过一起），如果说我们在大陆发生焚烧国旗案，很显然，有可能全社会会"皆曰可杀"，我说的"杀"是说惩罚。但是，美国这个案件它怎么发生的呢？就是有一堆人去对政府的管理提出意见，（政府）不同意，（民众）就要表达他的反对的声音。他们游行了，游行经过一个银行门口看见有一面国旗，就把这国旗给摘下来了，然后就把它烧了。一审判决这个人构成犯罪，二审还是判决构成犯罪。案子到了美国联邦最高法院，9 个大法官对这个案子也发生了争议：焚烧国旗到底算不算一种违法行为？一种犯罪行为？最后，案子出现了 4 : 4 的情况，最后一票投票的就是安东尼·肯尼迪大法官，他投下了认为不构成犯罪的一票。后来他到中国来，很多人问他这个问题（百思不得其解啊）：怎么焚烧国家的国旗能不构成犯罪呢？肯尼迪大法官说："我们的法律要保护一个人的表达的权利,但是我们这次表达的是,一种叫'不得人心的政治表达'"。你们看见没有?这是一种"不得人心的政治表达"。我们肯定它是一种政治表达,尽管它是不得人心的,但我们还要保护它。很显然,这是少数。那就是说,在法律思维当中,如何体现民主思维?实际上就是,如何处理多数和少数的关系,因为我们任何时候都会出现多数和少数的问题。美国总统大选中,当戈尔输了以后,他发表了非常动人的"败选宣言"。这次奥巴马和麦凯恩,结果出来之后,麦凯恩同样也发表了一篇感人泪下的"败选宣言"。所谓"败选宣言",它也是一种民主思维,就是说呢,我服从,尽管拥护我的这么多。你要想想嘛,如果是51%对49%的时候,49%的人都能赞成我,我能不欣慰吗?所以我向对手表示祝贺。为什么法律人能去搞政治?就在于法律人能赢得起也输得起,这就是一种民主的思维。

好,接下来检验我们是否属于法律人的这个标志,我觉得就是**第六种思维——权利思维**。因为,我刚才讲了,法律就是一种权利和义务的关系的总和,人家说宪法就是"写着人们权利的一张纸"。那么我们权利思维就要求我们任何时候都要想:他有没有这个权利?但是我们更重要的是要想:政府和国家,政府和人民,权力(利),哪里来?政府的权力是公权力,我(们)的权利是私权利。大家知道,就公权力来讲,法律没有规定你可以去做的,你就不能去做,这就是一种权力的来源。那么,对私权利来讲,法律没有规定的我就可以去做,这就是一种私权利的来源。所以,所谓公权力和私权利,我们看看关于信息公开和保密的问题。我们中国这么多年来,已经使我们习惯了一种传统思维,什么思维啊?保密思维。什么事都保密,"无可奉告",什么都绝密、机密、特别是机密。所有,我们看到的文件,有多少打满了"机密""绝密"这样的字眼?在现代社会,其实保密是一个例外,公开是一个原则。那现在又讲到了我刚才讲的原则,什么是原则?权利也是这样。所以公权力和私权利的不同,我们知道,我们现在主张私权利,如何做到这个,我们私权利这个权利来源是什么?例如,我讲到未成年人,现实中我们能否做到?能否对未成年人做到(维护权利)?今天沙坪坝区检察院告诉我,他们现在对未成年人原则上是不捕,逮捕是例外,从哪学的?从上海市人民检察院学的。在现实生活中我们如何做到?如对犯罪嫌疑人,我们中国的取保候审(也就保释制度)不发达,我们是:关起来是原则,保出去是例外。其实真正从权利思维来讲,应该是什么呢?关起来是例外,保出去是原则。因为任何一个人的权利的自由、权利的来源,靠什么?就是要靠法律来保护。而且更多的要保护私权利,私权利应该给我更多的保护才对;公权力应该被给予更多的限制才对。这就是我们的权利思维。所以我们会想到权利,会想到我们如何来保护它;如何寻找、确定并保护好权利来源,这就是权利思维。

当然，我们讲人权，肯定要讲到人权思维。因为，对于我们任何一个人来讲，这就是：你有这种权利。我刚才讲了你有这种权利，但是呢，你有批评我的权利，同时我也有保护你批评我的权利，这也是一种权利。所以作为法律人来讲，无论任何时刻都要首先想到，他有没有这个权利？我有没有这个权利？公权力有没有这个权力？私权利有没有这个权利？男同学有没有这个权利？女同学有没有这个权利？我们要能够分辨出并看到：谁有这个权利？这就是一种权利思维。

接下来我们看到，我们检验法律人的思维方式的训练，应该是**第七种思维，就是证据思维**。也就是说平常我们在现实生活中说的"讲话要有证据"，这就是现实中的一种证据思维。但是，在法律人来讲，我们的证据是指什么？我们理解的就是：客观事实和证据事实。比如说，双方之间发生了借贷纠纷，后来因为借条丢了，而且这个借条丢了的人的钱没有还回来。很显然，他感到莫名的生气，甚至愤怒，那为什么？他就觉得我怎么借出了钱就还不回来？他就没想到，我们从法律上讲，证据思维就是如何区别证据事实和客观事实的问题。我们法律所要求的不是客观事实，而是证据事实。作为一个证据事实，我们如何去把握，所以才有了"非法证据排除规则"的问题。我们中国人喜欢吃"面条"，主要喜欢吃三种面条：一种是"场面"，一种是"情面"，一种是"体面"。但是不管哪一种"面条"，你们吃吃看，如果"面条"里面出现一个什么苍蝇，出现一个什么反正不习惯的问题，按照我们过去的思维，把它挑出去接着吃，这就是我们的传统思维。当然，这种传统思维也贯穿了我们什么思维呢？我们的节约思维。但是，同样的情况在西方国家可能未必如此。就是这个里面可能有虫子，而且我们看到一条虫子，会想到可能还有什么，于是我们就有理由提出还有很多虫子，所以就把这碗面条全倒掉。我们是倒一半，人家是全倒掉。这是什么呢？"非法证据排除规则"。也就是说，我们讲的合理怀疑就来源于证据思维。对任何一个问题，对任何一个事实，对任何一个现象的发生，我们都可以合理怀疑。辛普森案件，为什么最终辛普森能判决无罪？因为从刑事案件上讲，它要求的是百分之百的不能怀疑。只要有但凡百分之零点一的怀疑，那就是有了合理怀疑。所以，辛普森的律师就提出怀疑：第一，你这个人可能有种族倾向；第二，你这个袜子上的血迹正面和背面的显然印迹是不一样的；第三，那个手套不能套进去，那你怎么能说他戴过这个手套呢？我就提出这几个合理怀疑，我就有理由证明有可能还有更多的证据有瑕疵，我有理由怀疑。对于陪审团来讲，哦，可能是有这种情况，现在我们看到好几个证据都有问题，那接下来是不是都有问题呢？所以，律师在用一种证据思维给陪审员辅导，同时也给陪审员提供一个倾向。

然而，在中国和美国有个极大的不同，有人说，当警察到哪里当？到中国。当律师哪里当？到美国。为什么美国当律师好？美国当律师，他有时候不需要取证，我完全用我的证据思维就可以打倒对方，这就是说，我只要提出合理怀疑我就赢了。证明这个证据的真实性、可靠性、有效性的，不是我而是你——是控方。所以，美国的律师做得很滋润，道理就在这里。当然了，也有人说美国的律师收钱多。我想这就说明了：从一个工作职业的产生导致了一种什么样的思维啊？证据思维。对于我们做律师来讲要求证据思维，但是，在中国做律师比较难的地方就在于他无法提出合理的怀疑，或者说即使提出合理怀疑也没有结果，有时候是你说你的，他办他的。比如说成都的孙伟铭案件，大家都知道，这又是一个热点案件，这个案子其实非常值得解读。我看了他的判决书，也看了律师的辩护词。我认为这个案子判决书写得不错，但是它对某些关于辩方提出的对证据瑕疵表示的怀疑没有能够运用证据思维去说服社会，去说服我。因为这个案子很有意思，这个案子非常偶然。大概有这么多偶然，你们看：第一是无证；第二是超速；第三是醉酒；第四是跨越双黄线；第五是刚好那个监控视频看不见；第六是他醉酒之后，他的意识完全保持不清醒。其实，当事故发生后他下车一看有人躺着，他马上说：“找医生！找医生！快救人！”。他讲过这句话，当时现场的人也都能证明他讲过这句话。但是，他忘记了，这又是一个巧合。当然，最重要的巧合是：这个案子一审判决死刑，于是引起了全社会、全中国乃至全世界都在关注这个案子。所以，有这么多巧合导致这个案件的发生。当然了，后来到了二审的时候判决无期。大家都知道二审的结果，大家都觉得判得不错，无论是控方还是辩方，无论是有关的还是无关的，都说判得不错。但是，我想说：这个判决在证据上讲，实际上还是有瑕疵的。当然，在我们国家，针对证据瑕疵提出合理怀疑之后，律师往往胜算不大。所以，这次孙伟铭二审能判这个结果，得益于什么？得益于法律人。所有的法律人都认为：虽然孙伟铭案件在性质与后果上恶劣而严重，但罪不该死。但是有的社会人却认为就该判死刑，轧死了四个人啊！所以，我们法律人的思维非常非常的重要，就像我刚才讲的，我们可以得到爱情，可以得到生命，可以得到正义，可以得到美丽的笑话，可以得到有趣的故事。但是，我想对我们法律人来讲，应该还有更能提升我们境界的思维。这就是第七个标志思维。

接下来是**第八种思维，就是平等思维**。当然了，有些人永远不能平等的。我跟付子堂校长永远不能平等的，他是付校长，不，他是校长。我呢，不是校长。我跟徐昕教授很熟，尽管我跟他个子不太平等，我唯一跟他一样的，也有一个平等。他是正义网博客的第一博，我是法之光博客的第一博，这个我们是平起平坐的，其他无法平起平坐。当然，在座的其他教授，从学识上，从能力上，我无法跟他平起平坐，我讲这话都是有所指的，希望大家待会儿对我手下留情。但是，作为我们法律人来讲，所谓平等思维，我们首先想到"法律面前人人平等"这么一个思维。其实我脑子里想得更多的还不是这个，我脑子里想的就是面对未成年人。因为我刚才告诉大家，每一次我到未管所去，我就有一次"震动"。有时，问一些孩子的问题，比如说：你怎么进来的？今年多大了？家庭什么情况？每次来了都会问一问（这样的问题）。我有时候觉得，我们现在的未管所关了太多不该关的人，有很多未成年犯不应该送进去。所以，我今天跟检察官讲，我说你们少送一点，可能法院就会少判一点，那未管所就少收一点。现在，每个省未管所都有几千人。比如说我有一次到四川的未管所问一个孩子，他14岁，跟别人一起，三个人抢了1500块钱。从法律上讲，我觉得教条执法应该是没有问题的，肯定要判的。但是，我就觉得这些孩子你为什么一定要判进去？我们作为中年人啊，我有时候就想，其实我们任何一个人，包括你们，在你们十八岁以前，可能都干过一些荒唐的事情。我们任何一个人都有美丽的童年，青春的少年，同时也有可能有荒唐的青年，你们敢扪着自己的心发问：你偷过西瓜吗？你爬到人家楼上干过什么坏事吗？都干过。我们的童年，我们的少年，我们的青年，正是由于有这些荒唐的事情才使我们的人生变得更加有意义。但是，我们有意义，人家却没意义！这些未成年人被送进去，有时候就是一个几百块钱的事。我觉得，对这些人我们更应该考虑如何去保护他。所以，我跟法官们、检察官们都讲，我说：我们面对未成年人，我们一方面要把他们当成成年人，要保护他们的权利，他拥有我们成年人所拥有的一切的权利；同时我们也应该把他们当成真正的未成年人，因为大家都知道，未成年人的心理、生理、思想、思维没成熟、没固定、没确定，我们就要引导他、保护他。所以呢，我们这种平等思维，实际上就像我们成年人和未成年人之间的这种平等，当然，这是一种状态的平等。但是，我想，作为我们这个社会来讲，重要的是我们如何对他们予以足够的保护。当然，在西方国家，比如说种族的平等，我们现在也有民族的平等。其实，所谓平等，我想更多的应该是从法律主体上讲它的平等。我们讲民事关系，说平等主体之间签订了调整权利和义务关系的协议，他们产生了契约关系。那么说，在其他时候，我们是不是一种平等的关系？所以我们法律人要看，其实任何一个人，人与人之间都是平等的，人与人是互相支撑的，这个人字怎么写？就是互相支撑的，也是互相平等的，无法平等，它就无法支撑。所以我们要看到任何一个人，不管这个人是强势还是弱势，我们想说：作为一个人来讲，他终究是平等的。还有好人和坏人的平等，其实我们学法律的人都知道，在法律人眼里没有坏人，在道德的眼里有坏人。所以律师为坏人辩护，我们实际上不是为坏人的"坏"去辩护，我们实际上应该是为坏人这个"人"去辩护。因为他跟我一样,都是一个平等的主体。我们在座的任何一个人都有可能会成为或者就是潜在的犯罪嫌疑人,我们对犯罪嫌疑人的保护实际上就是保护我们自身,就是说:对他的保护,也是保护我。所以,这个人与人之间的平等在法律上的体现就是,好人和坏人也是平等的主体。就算是最后判决他有罪,我跟他之间还是一种平等的关系。当然,比如讲人格权的平等问题,比如说民事权利的平等问题,这就是说我们任何时候要有一个思维,这就是作为法律人来讲,应该有的平等思维。

第九种思维,救济思维。作为法律人,我刚才讲了权利的来源,同时,我们要想想,我们设置一种权利的时候,我们是否给它附随了一种救济的权利。也就是说,法律规定了你有这项权利——被别人侵犯了,谁来救济?刚才讲了,马伯里诉麦迪逊的时候,他第一句话就是:他是否有这个权利?第二句话就是:他是否有权要求颁发委任状?这个就是救济思维。他有这个权利的时候,我们法律给他提供了什么样的救济。我们讲法律规范,我刚才讲了假定、处理、制裁,实际上这个里面分化下来,就是权利的规定和权利的救济组合起来,就是我们要有一种救济思维。我们救济不是说地震灾害的救济,不是生活困难上的救济,这都是现实生活中的救济。我们法律人的救济就是:任何人都有得到救济的权利,任何人的权利被侵犯之后都有权要求法律给他提供救济——程序上给他提供救济,实体上给他提供救济。律师帮助犯罪嫌疑人也是一种法律的救济。所以,为什么要有律师?律师制度怎么来的?就来源于我们的救济。法律规定的权利,怎么来救济呢?那就是要从各个方面来保证他的权利的实现,现在有人对《律师法》提了很多意见,尽管《律师法》经过这次修改现在好的多,但是,还是没有逃出一个什么思维呢——管制思维。其实我们中国律师很难呀,为什么有人说在中国律师当中我人气指数很高,就在于我把任何一个律师就是当成律师,当成一个人,我并没有当成,比如说他是我的部下,他是我管的对象,我没有任何这个观念。我认为:他就是一个律师,一个为社会服务的律师,运用法律维护法律权利与正义的律师,维护社会公平和正义的律师。所以,律师觉得我这个人对任何一个人都是尊重的。因为,律师他就是一种救济的手段、救济的程序、救济的权利,也就是说制度的设计要有律师为他们去提供辩护。这就是一种救济思维。

好,讲过法律人九大思维之后,还有最后一个思维——**第十种思维是公平思维**。其实,对于公平思维,就像刚才我已经讲到的,如果说平等思维是一种状态,那么公平思维就是一个结果。我们看看,我们在现实生活中,公平到哪里去找?通过法律去实现。刚才我们举了广东的那个例子,我觉得这个例子就是一种公平思维。当然了，律师帮助犯罪嫌疑人也是一种公平思维，在律师的面前没有坏人，在法律的面前没有坏人。那么就是说我们对一切人的权利要公平地去保护，要依据一种公平的原则，就像我刚才讲的那个爆炸案一样，对餐厅来说，可能是侵权、可能是违约；可能不是侵权，也可能不是违约；但是不管怎样，最后要找到一种公平的思维。也就是说，平等是状态，公平是结果。结果就要求我们要让全天下所有的人能实现在法律上的平等保护——公平的结果。

我想，我们在座的任何一个法律人在面对纷繁复杂的社会现象，面对任何各说各有理的法律纠纷，面对众口一词的"皆曰可杀"的困境时，我们法律人想到了什么？我们法律人该说什么？我们法律人能说什么？我想，这就是我们检验自己是不是法律人的标志。当然检验法律人的标志很多，但是，我认为，这十种思维应该足以概括我们自己是不是一个法律人。所谓法律人，包括法官，包括检察官，包括律师，包括学者，也包括一些警官。这就是所谓的法律人共同体，一个法律人共同体的建构，要有一种共同的理念，共同的思维，才能建构出一个完全理想、一致的职业群体。所以这个思维既是检验我们是否属于法律人的标志，同时也是打造法律人这个团体的一个必要的程序。

各位同学，我们的未来在我们在座的每一个人的手中，在我们每一个人的脑中，在我们的心中。应该说，思维决定出路，我们的思维决定了我们的未来，我们的思维决定了我们的行动，我们的思维决定了我们能否对得起"法律人"这个光荣而伟大的称号。

谢谢大家！

《律师法》：对律师究竟意味着什么？

——在江西省律师协会培训班上的演讲

（2008年4月28日　南昌）

【导语】

新修订的《律师法》于2007年10月28日通过后，我曾应邀赴部分地方律师协会和政法机关授课，具体讲解《律师法》的立法意义和深刻内涵。

以下文字即为本人在江西省律师协会的授课内容（根据录音整理而成），考虑到篇幅有限，因而略去了互动阶段的有关内容。

各位律师、各位朋友、各位老乡：

大家好！

首先，我给大家讲两句题外话：第一句题外话是，请问在座的律师朋友们，你们谁知道新修订的《律师法》在什么时间实施？

回答："2008年6月1日。"

回答正确！

这部新《律师法》的确是6月1号开始实施的。不知大家是否想过，为什么是在6月1号实施呢？请注意，这里有两种解读。一是它可能只是一场游戏而已。2007年10月28日全国人大常委会颁布了4部法律，其中有两部法律与我们律师密切相关。一部是关于《民事诉讼法》的若干修订，另一部就是今天我要给大家介绍与解读的新《律师法》。

为什么新修订的《民事诉讼法》是在4月1日实施呢？大家请注意，我这里没有说《民事诉讼法》的实施是愚人节的意思啊！那么，为什么同时修订的《律师法》却要在6月1日实施呢？曾经有人这样开玩笑说，因为《律师法》或者说律师管理、或者说律师权利、或者说律师专业、或者说律师职业、或者说律师制度，都被当成了儿戏。因为 6 月 1 日是儿童节，把你当成小孩，让你只是高兴一下。这是一个方面的解读，这种解读不禁让我们对这部法律的前途更加担忧。因为新修订的《律师法》规定了这么多执业权利、出现了这么多亮点，确实让我们很高兴、很兴奋。其中有一个亮点是关于律师执业权利的改善。原《律师法》规定的很多不太现实执业权利在这部法律中都已经得到了改善，都已经得到了落实。但是，这一次新修订的《律师法》还是让我们有些担心，为什么是在 6 月 1 日实施呢？难道《律师法》规定的权利只是让我们画饼充饥，让我们高兴一下子？我们的担心就是怕律师的执业权利成为一场游戏一场梦，当然我想我们每位律师都不希望出现这样的结果。

另外还有一种解读，说明《律师法》还很年轻。《律师法》为什么会在 6 月 1 日实施？因为律师职业、律师专业，在我国还是一个幼稚的、稚嫩的、脆弱的一个行业，所以需要国家，需要政府，需要社会方方面面的扶持、支持、帮助和推动。只有国家、政府、社会的关心，我们律师事业才能获得发展的外力。所以，要将这部新《律师法》的实施安排到 6 月 1 日，以起到提示社会方方面面的作用。

以上两个方面，是我们离开条文内容的另类解读。

当然，有些律师盼望《律师法》早日实施，盼望 6 月 1 日早些到来，因为他们关注个人所的问题。《律师法》能不能规定开个人所，过去一直是一个问题。其实，在制定 1996 年《律师法》的草案中是有个人所的规定，但在最后通过的时候，不知道是什么原因，还是把它删除了。现在，很多律师想办个人所，他们都希望这一天早些到来。不管是早也好，晚也罢，6 月 1 日眼看就要到了。新修订的《律师法》的实施既没有放在元旦，也没有放在"五一"，更没有放在国庆，而是放在"六一"，其中肯定有它的昭示意义。因为我们都希望这部《律师法》不要成为一场游戏，而希望它成就一个非常美丽的梦想，一个非常美好的节日。我们的上一部《律师法》通过那天是 1996 年 5 月 15 日，实施是在 1997 月 1 月 1 日，当时我就在《中国律师》上写了一篇文章《5·15：中国律师的伟大节日》。

因为这是中国律师制度恢复重建以来制定的第一部律师法典，原来制定的是 1980 年颁布的《律师暂行条例》。所以，我们可以离开条文进行解读，可以在更加客观、更加广阔的视野中去观察、了解我们律师制度的昨天、今天和明天。

好！这就是我今天要讲的第一句题外话。

第二句题外话是什么呢？我想了解一下在我们律师眼中的这部《律师法》究竟可以打多少分。

我现在点名提问：

"请何秋英老师（江西司法警官学院、兼职律师）回答！"

何秋英回答:"70分。"

"请说一下理由!"

何秋英:"我觉得任何一部法律得70分已经不错了,超过60分就算及格,它比及格还多一点。"

"我还想问刘锡秋律师(原为江西华兴律师事务所律师、现为江西刘锡秋律师事务所主任、江西省人大代表),你给它打多少分?"

刘锡秋律师:"以律师行业的从业者对自己的从业环境以及作用看,我打30分。从目前国家的法制环境以及立法所能给我们的权利地位看,我打80分。"

各位律师朋友,我们看到,在何老师这里,这部法律已经算是一部已经及格并且很不错的法律了。但是,在锡秋律师的眼中却有两部《律师法》,一部是理想的律师法,一部是现实的律师法。我想,对这部法律的批评、对它的赞成,都是对《律师法》的关注,都是对律师事业的思考,都是值得肯定的。

其实,我对这部《律师法》也打了两个分数。这部新修订的《律师法》是10月28日通过的,10月29日中央电视台"今日关注"栏目请我去做节目时,我谈到三个评价:在概念上有突破,在理念上有进步,在思路上有遗憾。当时,在那个场合,我对《律师法》打了90分。后来,我在私下场合,对《律师法》打了75分,比何老师多打了5分。但是,我想不管是90分还是75分,这都是我个人对这部新《律师法》的关注和解读。因为1996年《律师法》通过时,大家都为此欢欣鼓舞,我也一样。当时,我除了写了一篇卷首语《5·15:中国律师的伟大节日》发在1996年第7期《中国律师》杂志上,同时我也发表了一篇律师唱反调的文章,题目叫作《律师调查权:一个美中不足的话题》。这篇文章对当时《律师法》规定的"律师调查要经有关单位和个人同意"这一条文提出了意见。后来,司法部当时主管法律服务工作的张耕副部长(现为最高人民检察院常务副检察长)批评了我,说我发表的文章观点是对的,内容也不错,按理说也应当有人说,但是文章发表的时机不对。张部长说,你这是在不合适的时间、不适合的地方,发表了不应该发表的文章。即使要说它的不足,也不应该在它刚刚通过颁布时就说它不好。

但是,我们律师一直在强调、一直在思考,我们这部《律师法》当中应当规定什么,什么是我们最主要的权利和权益?

对于我们律师来讲,一个是"权利",一个是"权益",我们所做的事情都是围绕这四个字进行的。不管你做什么事,不管你做出什么样的贡献,不管在什么地方从事律师,都必须围绕这四个字。我们要考虑的是我们的权利在哪?上一部《律师法》在这方面有很大的缺陷,但是这部《律师法》在这方面已经有了很大的进步。

好！我们现在开始进入今天的正题。

我们这部《律师法》究竟做了哪些修改？概念上究竟有哪些突破？理念上究竟有哪些进步？思路上究竟有哪些遗憾？今天，在接下来的2个小时的时间里，我将用15个关键词来对这部《律师法》做一个不同于其他人的解读和介绍。

摆在我们眼前的这部新修订的《律师法》，从条文来讲，上一部《律师法》是53条，现在的《律师法》是60条，看起来只是增加7条而已。但是，值得我们关注的是本次修订的几大亮点。

根据我个人的总结和概括，这部《律师法》有以下几大亮点：第一是关于律师定位，第二是关于执业权利，第三是关于组织形式。当然，遗憾也有，比如关于律师协会的定位、关于律师协会的权利等遗憾。

很多律师都在问，《律师法》的首要问题究竟是什么呢？这里应该包括哪些概念？律师是什么职业？是不是一个行业？是不是一项事业？律师的作用有哪些？律师制度在国家政治生活中的定位应该是一种什么制度？是一种独立的还是附属的制度？

我们知道，对律师的定位，既有个人定位，也有专业定位、行业定位，还有功能定位、服务定位等等。

所以，我现在就讲讲第一个问题，也就是第一个关键词。

第一个关键词：从定义到定位

从定义到定位，主要写在第二条，这是这部新《律师法》中最为耀眼的、最有新意、最有深意、最值得解读的一个关键词，也是一个将影响我们律师业相当长一段时间的条文。这个关键词，主要体现在《律师法》的第二条。这个第二条，看起来字数也不多，主要规定了对律师的定位。但是这个定位是从第二条的定义开始定位的，不管将来会发生什么样的变化，都是因为定义决定了定位的变化。

我认为，这一条比过去的法律规定要好得多。我们知道，我们现在的律师实际上既不是官，也不是师，不是家，更不成行。所谓律师不是"官"，是指律师不是国家法律工作者，不是"师"，说的是律师不是主持社会发展导向的导师，也不是受到方方面面尊敬的名师、学者；不是"家"，律师尽管是法律人但没有成为法律家，常常被当成仅仅是一种职业；所谓不成"行"（hang），律师还没有达到或实现行业化管理，另外，基本的行业认同文化也还没有形成。

我们将目光拉回到1980年的《律师暂行条例》，当时《条例》规定律师是"国家法律工作者"。应当说，当时的定义和定位是比较准确的。那时律师制度刚刚恢复重建，需要给律师一个国家工作人员的身份定位才能向社会宣示它的存在。其实，当时我们国家是否需要律师制度，有些领导人并没有明确的考虑。之所以要设立律师制度，当时的国家领导人在决策时可能主要是出于两个考虑：一个是别的国家有，我们也要有。另一个是表面的理由：当时许多主要领导人大多是从牛棚回到一线领导岗位，都是在"文革"当中受到冤枉而被解放的。他们深深体会到，在一个制度架构下，需要有人出来说话，需要有人帮助那些受到冤枉的人。邓小平说："不搞这个法制不行。"在这个前提下，我们的最高层决策者决定恢复重建律师制度。

在那个特殊的年代那么多身居高位的领导干部一夜之间就成了走资派，一夜之间就被关进了牛棚，一夜之间就失去了自己所有的权利，连一个公民的基本权利都没有了。这时，就需要有一批人为他们说话，需要有律师这样一个职业，需要具有法律专业知识的人为他们讲话，为他们争取权利。大家都知道，律师对一个公民，至少可以起到三个方面的作用：第一，帮助当事人了解自己的权利；第二，帮助当事人主张自己的权利；第三，帮助当事人在自己的权利受到侵犯时获得救济的机会，也就是维护自己的权利。

所以，律师制度就是在这样的背景下恢复重建了。

从1978年开始，我国《宪法》规定了被告人有权获得辩护。1979年12月9日，司法部发了一个文，通知全国各地恢复重建律师制度。在此之前，出面筹建律师制度的实际上是各地的法院。所以，在我们国家有一个很有意义的现象：那就是先有律师事务所，后有律师管理机构。在行业协会上也是这样，地方律协先成立，全国律协后成立。还有，也是地方司法行政部门先成立，司法部后成立。这是我们的律师制度恢复重建时出现的一个很有趣的现象。可见，律师制度恢复重建时其实并没有形成一个整体的宏观思维，也没有一个非常全面的战略考虑，但是有一个考虑是值得总结的，那就是将律师职业设计为"国家法律工作者"。

那时从事律师的基本上都是在"文革"前从事过律师业或者学习过法律，还包括在大学里学政治、学语文的人。那时候的律师，到现在都已经70岁以上，已经光荣地退出律师业的第一线了。因为那时候的律师都是有编制、有经费的，所以我们说律师是国家法律工作者。但是，在1980年《律师暂行条例》实施后（当然，实际是从1982年1月开始实施的），律师的身份却出现了多重身份、多重属性、多重角色的情况。1983年，有些律师事务所开始探索实行承包制。1984年，有些律师事务所开始聘请不占编制的律师。1986年，有些地方的律师事务所开始允许一所两制，其中允许一部分人实行合作制形式。1988年，全国统一开始推行合作制律师事务所。所以，我国律师业的第二次发展是从1988年开始的。

需要提请各位注意的是，在我国律师业发展过程中，我们江西曾经创造了两项全国纪录：一个是首次举办了律师辩论大赛，另一个是率先组织了律师资格考试。首次律师资格考试是 1984 年在我们江西举行的，后来全国性的律师资格考试是 1986 年举行的。当时只是面向政法系统招考，到了 1988 年才真正面向全社会公开招考律师。而"首届全国律师电视辩论大赛"直到 2001 年才真正举办。当然，这次"电视辩论大赛"实际上在 1999 年就开始启动了。我还清楚地记得，最早就是由我与中央电视台的吴济榕导演和庞克导演在一起开始商量策划的，那还是在 1999 年秋天。

我们还是回到律师业改革的道路上来说吧。1993 年，司法部开始了我国律师业发展道路上"重中之重"的重大改革。

按照当时以肖扬部长为首的部党组开始推行不占国家编制，不要国家经费，没有行政级别的改革，允许开办合伙律师事务所。我们知道，律师事务所的组织形式和我们律师职业的定位是有关系的，那时的改革实际上就是国家法律工作者向社会法律工作者的过渡。20 世纪当律师的基本上没有什么钱，但那时候的律师比起现在的律师感觉上似乎要好一些，司法机关对律师也比较尊重。因为我们同样是国家法律工作者，但是当我们成为社会法律工作者时就发现，这一切感觉，这一切尊重似乎都没有了，我们曾经拥有的一些权利似乎也没有了，被无形地剥夺了。到 2000 年时，我国又实行了社会中介机构的改革，要求将所有能够自收自支的国资律师事务所全部脱钩改制。所以，那时候国资所的律师见面时的流行问候语是"脱了吗？"后来又流行"改了吗？"这就表明，那时候的律师职业定位是中介机构的定位。这可以算是一个插曲，有了这个插曲，才有律师今天的法律定位。

所谓中介机构，一手跟市场结缘，一手和客户结缘；一手和这个客户握手，一手和另一个客户接触。现在又变了，现在是把律师变成一个社会阶层，以后律师会慢慢成为一个新社会阶层，将来可能会有很多律师参加人大，参加政协，成为人大代表、政协委员，将来还可能会有一个统一的组织。统战部正在研究这些新的问题，我们的律师也不算政法界，如果我们律师能够纳入法律界那更好，但是更多的倾向性意见是将律师划入新社会阶层。去年（2007 年）的全国"两会"期间，有一次新闻发布会，就将会计师、律师、民营企业家划入了新社会阶层。

我们律师是什么？律师定位发生了什么变化？现在看来，可以是国家法律工作者，也可以是社会法律工作者，可以说是亦官亦民，非官非民。

刚才我介绍了律师定位发展过程，我们现在仔细看看《律师法》第二条对律师的定位的发生的变化，条文里说"为当事人提供法律服务"。"当事人"这个概念很有深意,在我个人看来,"当事人"这个概念既包括国家也包括了社会。从传统意义上解释,律师是什么,律师是代表私权利,抗衡公权力,律师是制权,是衡权,是平权,是分权,是限权的一种力量。应当说这种定位也没有错,但是现在慢慢地发生了变化。因为律师的多种属性、多重身份、多种角色并没有体现出来,也就是律师的亦官亦民、非官非民的定位应该如何体现出来。比如美国的律师有多重种属性,如社会律师、议员律师,还有担任法官的律师、担任检察官的律师、司法部的律师以及环境律师、公司律师等。

我们现在的《律师法》对律师的定位终于发生了变化,所以我说这是最闪光的一个条文。因为我们的当事人是非常的多元化,从传统意义上说律师是化解私权利与私权利之间的矛盾,也化解私权利与公权力之间的矛盾,将来我们还要化解公权力和公权力之间的矛盾。所以说,当事人概念的多元化也使律师的身份多元化,可以是国家法律工作者,也可以是社会法律工作者,总而言之我们是自由职业者。尽管官方没有出现这个词,而用新社会阶层来代替自由职业这个概念。我想,我们律师定位将来发生变化的标志就是认同自由职业这个属性。如此而来,我们的律师行业里就会出现这样的盛况,有的律师担任政府律师或者公职律师,也有的律师去当公司律师,还有军队律师,当然,更多的律师是私人律师、社会律师。

我一直认为,这个条文的定义变化将带来三个好处:第一,为司法改革埋下伏笔。第二,为律师改革留下空间。第三,为业务开拓留下契机。

第一,为什么说会给司法改革留下伏笔?在几年前中央的司法改革设计中原来有个方案,准备将看守所的管理职能从公安部门转移到司法行政部门。我们知道,这样一来,就可以有效地充实、扩充基层司法行政部门的职能。同时,这不仅给司法行政管理带来许多好处,也给我们律师执业环境带来不少好处。在律师会见犯罪嫌疑人时将不再受到责难,受到推托,受到刁难。当然,更重要的受益者就是当事人,他们被刑讯逼供的机会和可能性就变小了。现在是公安作为一个机关既可以关一个人,同时又可以审一个人,所以,犯罪嫌疑人受到刑讯逼供的可能性将增加。

另外,原来还有学者提出将最高人民检察院与司法部合并,司法部部长同时是总检察长。因为原来的"一府两院"体制都是从苏联搬来的,现在苏联也不存在了,而我们为什么还要保留苏联的体制呢?那位学者建议将代表国家控诉,指控犯罪嫌疑人的部分工作人员划入司法行政部门,这样一来,检察官和律师在台上对庭时,就不会出现动不动说双方诉讼地位不平等。因为大家都是一个行业的人了,只不过你是吃公家的饭,我是吃个人的饭。都是提供法律服务的人,只不过你是政府律师,我是社会律师。我认为将来完全有可能会走到这一步,至于什么时候我也不敢确定。

但是，这样的法律定义乃至这样的学者主张无疑为我们的司法体制改革埋下了一个美妙的伏笔。等到将来律师行业大大发展了，我们再来看看今天这个条文的意义，将很有长远意义。现在我们的律师队伍有十三、四万人，加上这些即将加盟的人，律师行业将有30万左右。小平同志曾经说过"中国律师有50万人也不算多！"1993年司法部推出律师改革方案时，曾经预计到2000年时律师队伍将达到15万，2010年发展到30万。但是，现在看来这个目标有些不切实际，我们知道现在的律师是13万多。我们看到，尽管律师业引起了社会的广泛关注，但还是没有影响力，缺乏足够的吸引力。当然，律师业如果能照着这个方向改革的话，律师业的前景是大有希望的。

第二，为律师改革留下空间。这次《律师法》修订的结果让司法部有些不太高兴，因为没有把公职律师和公司律师写到法律中去。他们特别希望在法律中写上公职律师，写上公司律师，或者写上"另行规定"的文字。其实，某些领导可能不知道，实际上已经写进去了，所以不要只是进行字面解读。因为"当事人"这个概念非常广泛，它不是简单的三个字，它还告诉我们，我们在为公司服务时，公司就是当事人；我们在为政府服务时，政府就是当事人；我们在为个人服务时，个人就是当事人。所以，"当事人"这个概念提得非常好。

还有，如第二十八条也作了修改，它把"公民"改成了"自然人"，把"聘请"改成了"委托"。"当事人"概念的扩充，必然导致律师角色的扩容。当事人的概念扩大了，既有利于司法体制改革，也有利于律师制度改革，更重要的是有利于律师业务的开拓。

第三，为业务开拓留下契机。业务开拓的前提就是我前面讲的那句话"接受委托和指定。"曾经有人提出来，为什么要写这句话，上一部法律是没有这句话的，有的人表示强烈的质疑，难道没有接受委托和指定就不是律师吗？

有些律师在所里面没有办案，我认为没有办案那还叫律师吗？作为律师不办案那只能叫资格律师，兼职律师可以不办案，但是专职律师哪有不办案的，所以接受委托和指定应当是我们律师开展业务的前提。只要是当事人委托或公权力机关指定的就是我们开展业务的前提。当事人是我们的最高利益，只要有委托，只要有指定，我们就可以接受。由此可见，在我们的业务开拓中，除了传统的刑事业务，诉讼业务之外，另外还有很多业务，比如在美国有些律师就只从事事务性的工作。

还有一个更重要更美好的将来，那就是将来所有基层的律师法律服务业务不用自己操心了。谁来操心呢？政府，政府指定你做，将来政府财政预算当中都有这部分资金，使用政府财政来购买这些法律服务产品。《律师法》第十一条规定"公务员不能兼任律师"，请注意这里说的是律师不能担任公务员，但律师是可以为公务员服务，为政府服务的。将来发展到一定程度后，由律师事务所与政府签订购买法律服务产品的协议。打官司找律师，到一定的时候，政府来支付这笔费用，老百姓不用支付费用，特别是贫困地区的老百姓。贫困地区很多老百姓也打不起官司，律师业务的开拓除了自己主观的提高努力之外，还要有国家、政府的扶持。这种扶持既扶持了弱者，扶持了穷人，扶持了贫困线以下的人，同时也扶持了基层的律师，这样才能稳定这部分律师的收入。更重要的是稳定这些律师的心态。比如现在有的县没有律师。以后每个县都有律师，变过去发工资的形式为购买法律服务的形式。当事人的这个概念变化，使我们律师接受委托和指定的前提也就具备了。

如果这个条文前面是为了明确律师是什么的话，那么下面我们就为了明确律师究竟是做什么的。

律师应当维护当事人的合法权益，应当维护法律的正确实施，维护社会的公平正义，这是律师按照《律师法》规定需要做的三件事情。这三件事情首要的就是维护当事人的合法权益，接下来才是维护法律的正确实施，最后是维护社会的公平正义。我们是通过维护当事人的合法权益来维护法律的正确实施，而维护法律的正确实施是我们律师的职业要务，但不是第一要务。

一个法律、一个行为、一个事实的性质，不是取决于我们预先对它的判断，而是取决于法律的最后结果。在法律结果出现之前，要有人为他说话，那个人是谁，那个人就是律师，就是法律专业知识的职业人。我们律师的首要义务是维护当事人利益，通过为当事人服务维护法律的正确实施，最后结果是什么？是维护社会公平正义。

如果律师在为一个千夫所指的被告人或犯罪嫌疑人辩护，最后的结果被告人还是被判了死刑，那么你是不是达到目的了呢？应该说，我们应当告诉社会，告诉社会的方方面面，我们依旧达到了目的。为什么呢？因为我们通过我们的执业，通过我们的专业，通过我们的技巧，通过我们的智慧，为当事人争取了利益。他的哪些利益呀？那就是他的实体利益、程序利益。律师在争取了当事人实体利益的同时，也就维护了法律的正确实施。只有实现控辩双方的平衡，才能使被告人的程序利益得到维护。其实，对被告人来说，首先的利益就是程序利益。我们在为千夫所指的被告人辩护的同时就是维护他的利益，维护法律的正确实施，最后的结果是维护了社会的公平正义。如果能够这样，即使他败诉，那么他也输得心服口服，同时被害人的利益也得到了维护。这个实现正义的过程都让社会看到了，就是我们法律所要求的正义价值，正义的过程就是这样实现的。不是说一句话把他"枪毙"了，而是要用法律把他"枪毙"。从事实上来讲，你可以把他"枪毙"，但是这个过程必须排除一切合理怀疑。

在这个条文中也有三个关键词，第一个关键词是律师维护当事人合法权益也就是客户的代表，第二个关键词是维护法律的正确实施也就是社会公益的代表，第三个关键词是维护社会公平正义也就是一种司法角色代表。为了更明确地说明这个问题，我把律师的职能解读为三个"职"。一是维护当事人的合法权益，这是律师的本职；二是通过维护当事人合法权益，达到维护法律的正确实施的目的。所以，维护法律的正确实施是律师的专职。为什么是专职呢？因为你是法律执业人员，是法律专业人士；三是通过维护当事人权益乃至维护法律实施，最后达到维护社会公平正义。所以，维护社会的公平正义是律师的天职。

讲到这里，我就想起了在这部新法中有几个词，让我们感到有些遗憾。尽管已经改掉了几个词，但是又增加几个新的遗憾。原来《律师法》当中规定要"发挥律师在社会主义法制建设中的积极作用"。显然，"积极"这个词纯粹多余。难道说我们律师发挥了消极作用吗？谁说我们律师发挥的是消极作用？如果发挥消极作用还用律师吗？这次《律师法》终于把此条删除了，但是在删除的同时又多了新的定义词。你们看第二条第二款"维护当事人的合法权益"，"合法"这两个字是多余的，"维护法律的正确实施"，"正确"两个字也是多余的。什么样的法律代表什么样的理念，在这次立法中出现了好多人发现不了的错误。作为律师，在维护当事人合法权益的时候，尽管有主次之分，但首先是为当事人服务。这个当事人可以是国家，也可以是法人，还可以是自然人。为此我们要充分考虑到律师的角色定位的特殊性，我们为当事人服务时，我们不能做预先判断。所谓"合法权益"，什么是"合法权益"呀？"合法"是只有在法律最终结果出来以后才能称其为"合法"。我认为只要是当事人的利益就要去维护，不管是什么利益。所谓"合法"只是我们律师个人的判断，不是法律判断，所有的价值判断不应当发生在前面，而应该是发生在后面。在前面，作为律师我只能做一个专业的判断，不能做结果的判断。所以说只要规定"维护当事人利益""维护法律实施"就可以了。我认为如果规定为："维护当事人利益、维护法律实施，维护社会公平正义"就比较完美了。

但是，话说回来，我们对照现实发现这部新法能够这样写就已经非常不容易了。今天为什么我要花这么多时间讲这一个条文？因为后面好多条文都非常好理解，就是这一条非常难理解。当然，也可以说非常好理解，因为我们只有这样理解，才会发现对司法改革、对律师改革、对业务开拓都是大有益处的。在这一条中，有本职、专职、天职，因而前提、行为、结果都有了。所以说，在这部新修订的《律师法》中最闪光的条文就是这一条。这是我今天要讲的也是需要重点强调的第一个关键词，那就是"定义和定位"。

花了这么多时间就讲了这么一个概念，实在是因为它太重要了。我为什么要给这部新法打 75 分？就是因为这一条的缺憾至少扣了 20 分。

第二个关键词：从司法行政到行业协会

这个关键词在本法中第四条可以找到。我个人认为，第二个概念也是需要扣分的，那就是关于司法行政和行业协会的关系。各位律师知道，只有中国才有"两结合"管理的概念。当然其他国家也有司法行政管理和律师行业管理，但是它们不叫"两结合"。现在看来，"两结合"管理这个现实，一段时间内还很难改变。目前我们的具体表述是司法机关的宏观指导和律师协会的行业管理相结合，但我国律师协会的行业管理还只是一个雏形，应当说只是刚刚开始，或者说是还没有完全开始。我说的所谓"不成行"就是说行业协会这部法律当中的定位。

我们来看看《律师法》第四条规定："司法行政部门依照本法对律师、律师事务所和律师协会进行监督、指导"。关于这个条文，我想起了曾经有一个未出台的 2005 年版《律师法》修订稿。因为 2004 年全国搞律师教育整顿，也就是有些律师形容的"法官得病，律师吃药"那一年。在那个时代背景下，出台了一个 2005 年版的《律师法》。在当时 2005 年版的《律师法》中，还有这么一条规定"律师协会对律师事务所进行行业管理"。但是到此次修订时，这个规定就被删除了。为什么会删除了呢？是不是意味着短期内不会让律师协会实现行业管理。我认为，完全可以这样解读。

律师协会是什么呢？是机关还是社会团体？可以说，律师协会亦官亦民，也非官非民。谈到律师协会的定位，我们要看本法第四条和第四十五条的具体规定。按照一般意义上的理解，社会团体的前提是自愿加入，但是第四十五条规定是"应当加入"，也就是强制加入。既然是强制加入，那么它就未必是社会团体。大家知道，我们入党是自愿的，但是加入律师协会并不都是自愿的。你只要做律师，自然就要成为律师协会的成员。不是自愿加入，那么，这就意味着律师协会不是一个社会团体。

《律师法》对律师协会的定位如此不明确，看起来是故意搞得不明确，搞得你不知道律师协会究竟是干什么的。律师协会现在是干什么的呢？律师协会现在主要是开展业务教育、执业培训，但没有处罚权力，处罚权在司法行政机关。所以，我们的律师协会实际上没有什么权力，想起来其实挺可怜。

我们来看看美国律师协会可以做什么事情。美国律师协会要做四件大事：第一是考察、鉴定法学院的资源、品质教育即法学院学生的培养问题。可见，法学院要听律师协会的；第二是管理律师资格，我们国家是司法行政部门管理；第三是对律师的惩戒。我们律师协会对律师的处罚是停留在口头上的。为什么这么说呢，请大家注意，我们的律师协会对律师的处罚都是带"言"字旁的。比如说"训诫""通报批评""谴责"都是如此，可见律师协会的权力只能是说说而已。重大的处罚权实际上都在司法行政部门；第四是制定律师执业守则。美国的律师执业守则还管法官。而我们的律师协会连管自己都没有那么大的权威；第五才是日常事务，如注册、调查统计、调研、律师文化、对外交流、出版杂志。

我们现在是在司法行政宏观指导下的行业管理，但是以后怎么样我们还只能给予梦想吧。我们现在没有赋予律师协会作为行政机关的机会，如果赋予律师协会作为行政机关的机会，那么对律师协会作出的处罚还有获得救济的权利。现在对律师协会的处罚，被处罚者还不能起诉。不知道为什么，这部新修订的《律师法》关于律师获得救济的条款被删除了，原来的《律师法》还有律师受到处罚的时候能够获得救济的渠道，我们律师一天到晚维护当事人的利益，自己却没有获得法律救济的渠道，这不仅是一个遗憾，更是一个悲哀。从律师能否获得救济的条款，我们可以看出当下律师协会的定位和地位。而律师协会的定位又将决定我们行业管理的未来走向。我们的行业协会将来究竟能够达到什么位置，将决定于律师协会的定位。这将是我们未来很长一段时间内，急需研究和解决的重大问题。

第三个关键词：从实习到执业

这部法律在第五条中，特别强调了律师申请执业的实习期限、执业条件、执业平台、执业机构，也特别强调了我们律师协会、律师事务所对新一代律师、对青年律师的关注和培养。这一条看起来是讲实习的问题，是强调律师准入和内部管理问题，但延伸的解读就是我们如何加强对下一代律师、对青年律师的培养。

当然，这一条规定得比较笼统。我们如何在业务指导、业务推介乃至会费缴纳上，能否对青年律师在多一些倾斜，不一定是这部法律能够解决的，但一定是管理者应该考虑的重要问题。

第四个关键词：从专职到兼职

这个关键词主要体现在第八条、第十一条、第十二条中。

这里我要讲讲特许执业，所谓特许执业就是指那些除经过司法考试外，只是通过考核而获得律师资格的人。特许执业有几个条件，如在紧缺领域工作、从事某项工作已满多少年限、具有什么样独特的专业知识这三个条件。这三条件写起来容易做起来难，我们谁来判断工作期限呢？尤其是第一个条件，究竟什么是紧缺领域？这个紧缺领域将来涉及我们律师业的垄断问题，这个紧缺领域究竟谁来决定？将来国家或律师协会是否有必要设立这样一个机构？

还有公务员不得兼职和教授兼职的问题，公务员既然吃国家的饭当然就不能吃社会的饭。但是吃社会饭的人，可以吃国家的饭，这就是律师的自由性所在、自由定位所在。至于教授兼职，现在尽管有一些争议，但这个话题说来话长。

其实，请大家还要注意一下第十三条，其中涉及律师能否专职从事刑事辩护的问题。但是，这个条文规定得非常没有水平。你们看看，一会儿是"不得以律师名义"，一会儿又是"除法律另有规定外"，不知道究竟是想要说什么。当然，我知道立法者尤其是我们司法行政部门可能另有隐情。

第五个关键词：从参政到议政

关于律师担任人大常委会组成人员不得从事律师业的问题，我们过去曾经有过惨痛的教训，那就是第三届全国律师协会副会长张斌生。他是第七届、八届全国人大代表，厦门市人大常委会副主任，他在担任全国律师协会副会长不到一年的时候，《律师法》通过了。1996年《律师法》中有这样一条："担任各级人大常委会常务组成人员的不得再从事律师"。张副会长说："这一条是自己害自己，自己把自己捆住了。本来我好不容易争取到这个位置，我的一些权利却没有了，我的后方根据地没有了。无形当中，我好像受到了很严重的职业处罚，无形当中我就再也不能做律师了。"后来，张斌生副会长为此不得不辞去了全国律协副会长的职务。这次《律师法》修改得不错，具体修改为"不得从事诉讼代理和辩护业务。"这次的修改做了一个明确的区分，把他和从事诉讼代理和辩护业务的律师区分开来，同时把他同一般的律师作了严格的区分。

现在，我们的律师既可以做人大常委，又可以做律师，可以接受当事人委托或指定。只不过是我们不能做诉讼代理和辩护，但可以做其他事情，比如独立董事、法律顾问。这样，就可以将律师带到参政议政的平台，把参政议政的信息带到律师界。

所以说，这次《律师法》关于这一条的修改，非常有利于律师参政议政，有利于律师通过参政议政这个平台为社会、为国家做出更大的贡献。

第六个关键词：从讼师到律师

过去，在我们中国一直有讼师的传统文化。比如我们经常在文学作品和影视作品中见到的师爷，就是一种讼师。有人说，我们现在的法律服务所的基层法律服务人员就相当于讼师。我觉得有一定的道理，但是又有一定的区别。区别在哪里？过去的讼师多是挑词驾讼,而现在的基层法律服务人员主要是为偏远地区的普通老百姓服务。同时,我认为今天的律师和讼师之间的区别就在于专业不同,律师是法律专业人员,讼师是基层法律人员。这个关键词主要规定在第十三条中。这一条就是处理律师事务所与法律服务所的关系,处理律师与基层法律服务服务人员的关系。

实际上这个问题在司法部领导眼里,律师与基层法律服务人员是手心与手背的关系,我们还是要理解这条规定的初衷,这个问题不是一天两天就能解决的。

第七个关键词:从合伙到个人

关于律师事务所的组织形式,这次《律师法》修改最大的特点是在第十五条、第二十一条中把国资所的地位降低了,把合作所的形式删掉了,把个人所得形式落实了,把合伙所的规定充实完善了,这就是律师机构组织形式上的变化。

按照规定,特殊的普通合伙所与普通的合伙所最大的区别就在于责任承担方面:在特殊的普通合伙所中,律师在执业活动中因故意或者重大过失造成的债务,应当承担无限连带责任。合伙律师以其在律师事务所中的财产份额为限承担责任,但律师在执业活动中,并非因故意或者重大过失造成的债务,由全体合伙律师承担无限连带责任。但是,这次依据《合伙企业法》第一百零七条带来的法律修订变化,将在实践中特殊的普通合伙律师事务所带来一系列的问题:

第一,如何理解向社会公示你是普通合伙还是特殊合伙;

第二,怎样确定合伙人相互之间的责任;

第三,如何确定合伙人之间的财产份额;

第四,怎样区分条文中所说的产生过错的原因究竟是"故意"还是"重大过失";

第五,如何理解风险问题,也就是风险基金如何设立;

第六,具体人数问题,也就是究竟有多少人数才可以搞特殊合伙所;

第七,目前的律师事务所怎么进行改制的问题。

我们先来说说个人所。个人所的规定是一个非常好的举措,它最大的好处是可以有效地降低服务成本,可以满足不同当事人的需要。更重要的是,避免了一个地区只有一家律师事务所,从而出现同一个律师事务所的律师同时担任双方代理人的情况。

如果说合伙人所的发展是有助于律师业规模化,那么我们同样也可以说,个人所的出现则有助于律师业的精品化,有助于有些律师事务所做成专卖店形式的精品所。

律师定位的多元化、律师行业的多元化,会造成律师执业机构的多元化,从此,律师业服务将更加专业，更加负责，成本将更加低廉，更加深入基层，从而满足了方方面面人的需要。同时，国资所的形式还是有必要的，尤其是在西部地区，据统计，在目前13096家律师事务中还有1470家国资所，占11%。但是，在发展趋势方面，国资所将来一定会慢慢减少，可能下次《律师法》修改时就已经消亡了。

第八个关键词：从专业到副业

本法第二十七条规定："律师事务所不得从事法律服务以外的经营活动。"按照这个规定，律师事务所要努力提升专业水准，不得从事经营活动，也就是说不能搞副业，要把精力用在法律服务上。

但是，究竟什么是副业，律师是不是可以搞副业，法律没有明确规定。

第九个关键词：从"三不"到"三证"

这个关键词主要体现在第三十三条中，说的是律师的会见权。所谓"三不"，是指律师的会见不受监控、不限次数、不需批准。"三不"的前提是指要"三证"即可，所谓"三证"即律师事务所证明、当事人委托证明、律师执业证。中国很多事情其实都是走形式，即使法律规定了也未必管用。比如我们律师到看守所会见，看守所就只按照公安部的规定，根本就不管《律师法》如何规定的。再说《刑诉法》还没有修改，就会造成我们适用法律的混乱。他们即使是违反法律，我们也要按规定执行。这就是中国现实中的"县官不如现管"。

所以说，这一条规定在现实中究竟效力如何，值得我们拭目以待。

第十个关键词：从起诉到受理

在本法第三十四条中规定了律师的阅卷权。按照规定，起诉的时候，律师可以查阅、摘抄和复制与案件有关的诉讼文书及案卷材料。而到法院审理的时候，律师就是可以查阅、摘抄和复制与案件有关的所有材料。我们实在无法理解，"诉讼文书及案卷材料"与"与案卷有关的所有材料"这两者之间，到底有多大的区别。但是，其中可能还包括有关领导的批示或电话记录。

不过，有一个变化请大家一定要关注，那就是第三十一条中的"提出犯罪嫌疑人、被告人无罪、罪轻或者减轻、免除其刑事责任的材料和意见"，过去的《律师法》中"提出"两个字后面还有"证明"两个字。现在，只是"证明"两个字没有了，但又不仅仅是这两个字没有了。为什么如此规定？其中无论是执法理念还是执法习惯，表现在举证责任方面，对我们刑辩律师乃至检察官都将有重大变化。

第十一个关键词：从自取到求援

这里说的是律师的调查取证权。所谓"自取"就是律师自己取证，"求援"就是律师寻求检察院、法院的援助。我们来看第三十五条，这一条看起来是一个游戏。

我总觉得条款的顺序有问题，应该是第二款在前，第一款在后。我们知道，律师绝对不可能做到什么事都去找法院，我们律师百分之九十的业务都是靠自己去取证。可见，自己取证是律师最主要的工作。但是，我们看到，这一条将律师向法院、检察院寻求取证帮助放在第一款里面，其实自己取证才应当放在第一款，我不知道为什么采取这样的做法。

总而言之，我们从事刑事辩护的律师对这一条要倍加小心。如果觉得自己取证风险太大，就一定要考虑寻求帮助。至于能否寻求成功，那就是另当别论的事情了。

第十二个关键词：从职业豁免到后援保障

在本法第三十七条中，我们能够看到有关律师的职业豁免权规定。所谓职业豁免，就是律师在法庭上的言论豁免。而后援保障就是指律师如果因为自己的执业活动而成为犯罪嫌疑人，有关公权力机关在采取强制措施的 24 小时内，有义务告知家属、律师事务所及所在的律师协会。如果对律师采取强制措施，究竟要多长时间内告知家属、告知律协。这样的规定在过去的《律师法》中没有的。

第十三个关键词：从职业保密到个人安全

本法第三十八条就是这个关键词的反映，所谓"职业保密"就是为当事人保密，同时还要保守在执业活动中知悉的国家秘密、商业秘密。这条规定特别强调了当事人的利益，为了维护当事人的利益就需要保密，不能损害当事人的利益。这里面就表明了一个理念，那就是我们在为当事人服务时，当事人的利益永远是至高无上的。当然，我们为当事人服务同样也涉及我们的利益。因为我们律师本身的利益也是至关重要的，我们特别需要认真把握这个原则。因为我们这个国家在执法中还有许多不如意的情况，我们千万不要按理想去理解，一定要按规定的去理解。

总之，我们在现实中，既要维护好当事人的利益，同时也要注意保护自己，维护个人的安全。从某种意义上说，我们个人的安全可能还更加重要。所以，我们绝对不能为了当事人的不正当利益而牺牲自己的职业安全和个人前途。

第十四个关键词：从个人自律到行业自治

本法第四十三条规定："律师协会是社会团体法人，是律师的自律性组织"，但是，我认为"自律"两个字不能用到律师协会这个层面，律师协会应当是自治，而不是自律。自律应该是一个个人概念，我认为律师应该强调自律，因为自律是每一个个个人的问题，也就是说自律是一个道德概念，不是一个管理概念。

现在，既然法律规定了"自律"，那我们从每一位律师的个人自律开始要求自己吧。个人的自律当然也是行业自治的前提，因为一个人、一个律师就足以代表一个行业。所以，在现实中，一个律师出事了，外界就会对律师这个行业有所议论。

第十五个关键词：从执业红线到管理禁区

这个关键词涉及的条文最多，谈到的问题也就是如何避免红牌和黄牌的问题。究竟如何处罚？其中涉及第七条、第九条、第二十二条、第四十条、第四十七条、第四十八条、第四十九条、第五十条，这些都是涉及执业风险的条款。这是基于目前法律服务市场混乱、律师违规现象突出、不正当竞争现象严重等问题，所做出或设计的职业红线和管理禁区。目的是为了更加严格地规范律师的执业行为，加强律师事务所的管理，加大处罚力度。

足球场上的黄牌与红牌，我们看到了很多。但是，我们不希望看到律师管理中太多的黄牌和红牌。在我个人看来，只要把握好政治高压线和做人的底线，一般就不会触碰执业红线和闯入管理禁区。这里面说的还是做人与做律师的基本问题，做人做好了，做律师自然也不会错，当然也就不会遭遇管理禁区的问题。

各位律师、各位朋友：以上 15 个关键词是我个人从律师层面对《律师法》作出的解读。这 15 个关键词涉及了我们立法、司法乃至律师管理中的关键问题，这些问题最后透露的都是我们的理念、概念。进步也好，遗憾也罢，这部《律师法》经过 11 年的努力、11 年的实践、11 年的修订，最后走向立法，道路确实不容易，过程同样不容易。

坦率地说，作为绝大部分人的共识，这部《律师法》还是一部及格的《律师法》。作为一部及格的《律师法》，我们一定要充分有效地用足、用好对我们律师业发展有利的内容，同时要想办法避免对我们不利的东西。

另外，在这部《律师法》颁布的同时，更要认识到我们的责任，我们的使命，更重要的是我们任何一个律师都是为律师事业的发展做垫路石和铺路石。我们一定要把律师业务做好，把律师事业做大，为律师业的昨天、今天与明天架起一座更大、更宽、更通畅的桥，为律师事业的明天做出更大的贡献。

作为一个老乡，作为律师界的一个老打工者，我做出的解读不一定正确，欢迎大家批评指正，希望将来有更多的交流机会。

谢谢大家！

公益律师：为谁辛苦为谁忙？

——在"2007中国公益律师培训班"上的演讲

（2007年4月2日　浙江松阳）

【导语】

2007年3月31日至4月2日，公益律师培训班在浙江省松阳县举办。来自全国各地的近50名公益律师参加了培训班，中国人民大学经济法研究中心主任史际春教授从消费者权益保护角度厘清了公益诉讼的法理争论和司法困惑，为律师的公益诉讼活动提供了理论基础。前台湾法官谢启大女士介绍了台湾律师的公益行动。来自全国各地的多名知名公益律师还通过具体的案例探讨了公益诉讼的策略和技巧，领域涉及刑事、行政、消费维权、环境保护等。

作为与会专家，我也应邀在会上就公益律师的发展作了授课。于是，在崔丽主任（中国青年报社采访中心主任）的循循善诱下，结合我过去的工作实际，我就作了如下介绍性的汇报。

崔丽：

陈岳琴律师在这次培训班上给我们确定的这个有关中国公益律师的主题，也是我非常感兴趣的一个话题。从我的理解来讲，在媒体的传播当中，它其实有一种天然的公益性色彩。因为媒体有这样一种力量，它是处在相对中立的第三方。它能够起到这样一种作用：它在跟各种垄断性的利益集团，包括跟一些政府的、一种非正常的、一些非常规的、一些主导力量接触与碰撞当中，可以起到一种很好的平衡和博弈的作用。我想说的意思就是，作为媒体，它可以代表公众来发出自己的声音，可以为了公众的利益而进行努力。

从这一点上来讲，作为媒体和在座的公益律师们，我们的价值理念和职业追求是一致的。所以在这个意义上来讲，我就感觉媒体跟公益律师好像就是一对天然的

演讲：情深意长看律师

知己，我们总是在相互地寻寻觅觅。一方面，作为公益律师，也是希望寻求媒体的各种支持也就是对他所提起的诉讼进行的关注和报道，以取得社会公众的理解和支持。作为媒体，我们也是在寻找和探索一些具有广泛社会意义和公众价值的新闻事件。

我想，我们之间的成功合作将会起到一种相得益彰的作用。我本人也曾经做了一些这样的报道，包括三个博士上书全国人大常委会要求提起违宪审查的报道，包括刚才郝劲松律师讲到的跟铁道部较劲的经历，还有陈岳琴律师所在律师所进行的环境诉讼的公益案例。所以，我想，我们就是在这些方面通过这一件件的事情来推进公益诉讼。其实，这是一种非常丰富和生动的司法实践。我相信我们在座的每一位律师朋友都看到了，媒体与律师对社会发展和法治进步所起到的推动作用。

所以，我们大家利用这么一个宝贵的时间，来到松阳这样一个美丽的地方，来共同探讨这样一个主题，是很有意义的。我想，在座的每一位公益律师都是值得推崇的，这是我自己的心里话，也是我来到这里的一个切身感受。

上面我说了这么多，都是在抛砖，其实是为了引出我身边的这块玉。刘桂明这块玉大家都非常熟悉，我和他也是十几年的老朋友。我们看到，他马上就要从今天上午的繁忙的角色当中转变过来。因为他当完主持人，马上又要当主讲嘉宾。他写了好多文章，又出了好几本书，他非常睿智也很有才情。在他身上充满了具有戏剧细胞的幽默和诙谐，他总会给大家带来愉快。

我一直非常感慨的是，刘桂明是伴随着中国律师十几年的发展和壮大而成长起来的，他的坚持和努力还有不断的探索，我想其中的艰辛，律师朋友们都可以感受得到。所以，在这个过程当中，刘桂明其实是跟中国律师界结下了浓得化不开的情结。我想，他跟在座的公益律师更有一种水火交融的感情。我的话到此打住，下面的时间给刘桂明，让他谈谈在他眼中的中国公益律师的形象，我想他一定会给大家打开一个别开生面的公益律师的新世界，下面让我们热烈地欢迎刘桂明总编开始演讲！

以下均为刘桂明的演讲内容。

尊敬的崔丽，美丽的崔丽，各位律师，各位朋友，大家好！感谢美丽的崔丽，一开始就说出了这样感人的话题。

其实我对律师的感情，在座有一些律师可能体会深一点，有一些可能刚刚认识还体会不深。我可以这么说，我不一定是律师最爱的人，但是我一定是最爱律师的人。因为我跟律师接触了十多年，我和律师的喜怒哀乐、酸甜苦辣基本上是一致的，或者是相似的。最近，我要出一本书，书名就叫《律师中国》。在这本书里面，我就谈到了我与律师的酸甜苦辣和喜怒哀乐。

我经常讲，我没有能力、没有条件、没有前提、没有资格去做一个律师，但是我可以去做一个最爱律师的人。也许，你们因为繁忙而无法体会律师，但是，我却可以在旁边经常帮助你们做一些事情。这种事情恰恰是我愿意做的事情，所以，作为律师界打工者，可以说这就是我的希望和寄托。

今天我要谈的话题是，中国13万律师当中的一个方面军、一支生力军，那就是公益律师。

非常有意思，我前年去美国访问的时候，上飞机以后见到第一个外国人就是一个美国人，而这个美国人就是一个律师，而且还是一个环保律师。她在美国环保署工作，她在与我的交谈中，就中国的环保建设、环境保护等问题，提出很多中肯的建议。她跟我讲，你去美国的安排里面有没有访问环保律师的计划。我一看美国大使馆给我的计划安排里面确实没有，我就告诉她，如果可能，还可以添加一项。所以，在我离开美国之前，因为她的热心，我在旧金山访问的最后一个美国人，就是一个美国律师，一个美国的环保律师。由此，我就想到，美国为什么有这么多律师？美国到底有多少律师？据了解，现在美国有96万律师，这96万律师里面又可以分为八种律师。我曾经写过一篇文章，题目就是《美国律师"八路军"》。

在美国，社会律师占了90%，还有就是政府律师、公司律师、环保律师、公益律师等。在我们中国，也是社会律师占绝大多数，这里面也有交叉的，如公职律师、公司律师、公益律师。当然，这里面还有一些其他分类，比如说商业律师和公益律师。今天我要谈的话题是，我所理解的公益律师。刚才演讲的郝劲松也是公益律师，他现在自己组成了一个团队，他这样做可能也是因为在中国做公益律师的艰难，尤其是在挑战强权的时候会受到的各种各样的压力。由此可见，做一个公益律师是多么的艰难。

虽然这个问题到目前还没有解决，但我觉得公益律师就在于不一定是一步一步地推进中国的发展，而是半步半步地推进中国的发展。所以，所谓"个案推进法治"就是由公益律师一点一滴地来完成的。我们全国律师协会有一个宪法与人权委员会，这个委员会每年都要评出十个影响性诉讼案件。当时，我还跟吴革说用"影响性"这个词不好听，叫"影响力"多好啊！，后来他们没有接受我这个建议。当然，是否接受并不重要，重要的是坚持把公益诉讼做下去。

影响性诉讼也好，影响力诉讼也罢，都是社会关心的、媒体关注的公益诉讼。所以，今天我准备从以下几个方面来谈谈我所理解的公益律师：

第一，什么是公益；第二，什么是公益诉讼；第三，什么是公益律师；第四，公益律师是做什么的；第五，公益律师怎么做。

昨天，史际春教授、叶培红主任分别从学者与记者的角度谈了公益律师的作为。今天，我就从曾经是一个打工者的角度来谈谈公益律师的几个基本问题。

第一，什么是公众利益？

公众利益实际上是一个众说纷纭的概念，按照大多数的说法就是获得某种需要的精神和物质，那么公众利益就是大多数人需要的物质和精神。在我看来，公众利益应该有三个方面的含义。我再拿郝劲松打官司的例子来讲，大家都听到了他讲的例子，其实跟他本人的利益没有太大的关系。那些官司他完全可以不打，他要打就完全不是为了自己，而是为了别人，为了大多数的人。所以，从这个意义上来讲，我觉得公众利益第一个含义就是指不特定的多数人的利益。

这两天，大家都在关注重庆那个"中国最牛的钉子户"。这个钉子户，实际上跟德国那个磨坊的故事有一点类似。但是，这个磨坊与皇帝的故事在德国会出现，在中国就不一定会出现。现在，我们无法评判和最后预测，重庆钉子户到底是一个什么结局，但是我们可以看到它给我们带来的启发意义。

我记得，有一个人曾经说过一句话，很有道理。他说，这个钉子户事件胜过我们二十年的普法。其实，前面二十年的普法贡献还是很大的。但是，他这个说法告诉我们，我们过去所有的普法都只是告诉我们自己的义务，其实普法也应该告诉我们自己的权利。对我们公益律师来讲，我们要把握好两个关键词，那就是权利和义务，尤其是权利的维护、公众利益的维护。

到底什么是公众利益？针对重庆的钉子户事件，江平教授说，是不是公众利益不能由一个人说了算。既不能由他一个人说了算，也不能由其他方面的一个人决定是否属于公众利益。但是，从这个事件，确实透露出这样一个事实，那就是作为一个公民，作为一个被拆迁户的权利。我也同意重庆市市长的说法，他说我们能让这么一个钉子户在这儿存在了两年多，也就意味着我们是一个法治政府。王才亮律师曾经告诉我，武汉市某部门在与一个拆迁户还没有谈妥有关要求的前提下，就把人家的房子给拆了，人家家里的东西扔得到处都是。所以，这个里面就有一个被拆迁人的权利问题。现在，我们很欣慰地看到，重庆这个钉子户的有关权利已经得到了保证。所以，作为公益律师，我们首先要明确的就是公众利益的第一个含义，也就是不特定的多数人的权利。

第二个含义就是弱势群体的权利。我们仔细回想一下，我们经常说要维护社会稳定。其实，维护弱势群体的权利，就是维护社会稳定。没有完善地维护弱势群体权利的机制，就没有真正的社会稳定。

第三个含义是什么呢？昨天史际春教授讲，公共利益就是对于社会受到道德承认和尊重的利益。对一般消费者来讲，实际上是一个习俗。如果说前面讲到的两种权利都是有形的权利，那么这个第三种权利就是一种无形的权利。社会的风尚、社会的风俗，社会道德承认与尊重的权利，这些都是一种无形的权利。

不管是有形的权利，还是无形的权利，我觉得，目前这个时代正是一个主张权利、发现权利、实现权利、维护权利的时代。

我现在工作的单位共青团中央从今年开始，将实现最大的职能转变，那就是大力建立与完善大维权格局。作为共产党的后备军，更重要的是作为全国青年的一个组织，也已经意识到了维权职能的重要性。团中央领导说，不担心共青团不跟党走，而担心青少年不跟团走，怎么办？那就要充分地了解青年，理解青年。要了解青年的利益诉求，化解青年的利益矛盾，平衡青年的利益需求，更重要的是，要维护青年的利益。

胡锦涛同志曾在谈到青年工作的时候特别提到，新时期我们的工作重点要从组织青年、引导青年、服务青年过渡到代表青年，更重要的是要维护青年的合法权利。

严格意义上说，我们律师也一直在努力维护未成年人的合法权益。为此，全国律师协会还成立了一个未成年人保护专业委员会。这个专业委员会做了大量的公益性的事情，社会评价很好。现在，还有几个专业委员会，公益色彩比较浓厚，如宪法与人权专业委员会、法律援助专业委员会。我们今天在这里举办公益律师培训班，我希望最后达成这么一个倡议或者共识，那就是在合适的时候成立一个公益法律专业委员会。

这个公益法律专业委员会到底怎么建设、怎么开展工作，当然还需要讨论。但是，我们可以提前就一些实际问题、一些基础性的问题，比如说公共利益的定义和定位问题，进行讨论和研究。所以，刚才郝劲松讲，我们的社会对公益律师或者说对公益诉讼，现在还不怎么认可。原因就在于他们不了解哪些是公共利益，也不了解公共利益是哪些人的利益。

我们去打官司，有时候跟自己的利益有关，有时候跟自己的利益没有关系。如环保诉讼，有可能是一个组织起诉，就不是哪个人的利益。所以，这个组织就代表了多层利益。有一段时间曾经有人质疑，作为律师，能否出庭参与这样的诉讼。我想，作为公益律师，我们也要回答这个问题。在公益诉讼中，律师能否成为诉讼主体。因为有人说，律师就是一个法律服务者，你不能担任诉讼主体。对于这个观点，我们怎么回答、我们怎么研究、我们怎么应对？

为了解决上述问题，在什么是公共利益明确以后，我们就要了解公益诉讼的主体。为什么我们的工作经常难以得到社会的认可，我们的主张难以受到法律的采纳？

对于公共利益，我觉得我们要关注这个权利究竟体现在那里，权利的概念是什么。我们经常讲到的权力（权利），一个是力量的力，一个是利益的利。我们公益律师要做的事情是维护那些带"利"字的权利，而挑战的就是带"力"的权力。权力是支配他人的一种力量，而带有利益的权利是宪法范围之内，一个人的作为和不作为，或者说要求国家或者其他人的作为和不作为。从权利延伸出的公共利益，就是我们和谐社会里面最需要了解的问题。和谐社会绝不是说一团和气，和谐就是在权力得到平衡、利益得到均衡、矛盾得到化解、权利得到维护的这么一个社会。

著名心理学家马斯诺的关于人的基本需要理论告诉我们，人有五大需要：第一是生存，第二是安全，第三是社交，第四是尊重，第五是自我实现。我觉得前两种对于我们公益律师来讲是别人的权利，后三个就是我们自己的权利。但是，不管是别人的还是自己的，这五大需要都可以作为公益律师维护公共利益，主张权利，实现权利，维护权利的时候，必须重点考虑的一个问题。

所以，我们对公共利益的理解就决定了公益诉讼的产生与发展。现在的公益诉讼越来越多，应当说这是一个非常好的现象。退回到20年前，这种公益诉讼几乎没有或者说很少，这就是我们这个社会公民权利意识的觉醒、法治意识的觉醒、民主意识的觉醒。这是一种最有意义的觉醒、最有意义的进步。所以，在当今这个时代背景下，就开始由公共意义延伸出公共利益，由公共利益延伸出公益诉讼，由公益诉讼延伸出公益律师。

第二，什么叫公益诉讼？

一个官司应该有四个方面的特点：第一个特点就是原告的身份，这个原告有可能是个人，也有可能是组织。在西方国家，尤其是美国，这样的个人或组织非常多，尤其是在环境保护当中。他们有一批律师、有许多公益性的组织，在维护公共利益、进行公益诉讼方面发挥了巨大作用。我记得美国有一个案件，一家石油公司因污染被起诉，判决该公司赔偿250亿美元。代理起诉的就是由公益律师组成的环保组织，这就是公益律师起到的作用。因为美国的环保法律有一个特殊性，法律除了判决侵权者补偿损失之外，还要判决惩罚性赔偿。而且这个赔偿不是一般的赔偿，是巨大金额的赔偿。所以，美国的环保律师都非常的卖力，这一方面是为了公共利益，另一方面是为了最后获得的职业回报。

所以，在公益律师当中，原告是一个组织可能更有优势。当律师要挑战一个强大的权力主体的时候，首先要通过组织、依靠组织。

第二个特点就是诉讼的目的。从目的上来讲，一定要看到大多数的利益。公益诉讼不是为了个人的利益或者说不仅仅是为了自己的利益。如果是为了自己的利益，社会的眼光、司法机关的眼光对你就难免缺少公平。就像刚才郝劲松讲的，可能有人说你是炒作。我想，如果真是炒作的话，我倒希望这样的炒作越来越多，越多越好。现在，这么多八卦都在炒作，我们做好事为什么就不能炒作呢？

所以，从目的上来讲，我们的公益诉讼一般不是为了个人的利益。

我们常说不以失败论英雄。其实，公益诉讼就常常以失败论英雄。失败越多，促进的社会进步就越多。因为公益诉讼胜出的概率非常小，只有不断地通过个案的失败才能不断推进社会的进步和社会的和谐。

第三个特点就是公益诉讼的内容。昨天叶培红主任讲了一句话，也是最有用的一句话，她说在我们的民法当中有一个恢复原状的赔偿，但是在一些损害赔偿当中是永远无法恢复原状的。例如，人死了就不能复生，美丽的脸蛋儿没有了就不能再长回来。

所以，我们进行公益诉讼主要是为了预防，而不仅仅是为了惩罚，不管这个惩罚是事前惩罚还是事后惩罚。所以说对公益诉讼我们更多的是要看到事先诉讼。今天我要给大家讲讲扁鹊的故事，过去从中医学上讲，上医是治未病之病，中医是治欲病之病，下医是治已病之病。扁鹊说我父亲就是治未病之病的，却只能在村里出名。我哥哥是治欲病之病的，也只在乡里有名。而我是治已病之病的，却闻名全国。你们看这是多么不公平的事情啊！由此可见，律师代理公益诉讼一定要在预防性的赔偿方面下功夫，这就是公益诉讼和其他诉讼不一样的地方。其他诉讼更多的希望是恢复原状，但是公益诉讼更多的是要以预防为主，通过预防来完善整个社会的治理。

第四个特点就是公益诉讼的效果。公益诉讼的效益往往不是体现在一个案子上，有时候是一个案子输了，但其他案子却都赢了。就像刚才郝劲松讲到的那些案子，他都败诉了，但是他依旧无怨无悔。原来在天津做律师，后来到北京做律师的庞标，因为工作与家庭的原因，他经常往返于天津与北京之间。但是，他把华北高速告到了法院，他说既是高速却不高速，既不高速却照收过路费。所以，他就要告高速公路公司。他这个诉讼也是一个公益诉讼，尽管他个人是败诉了，但他选择的路应该是正确的。

因为他的诉讼促进了高速公路公司的管理，他们对自己的规定与规章都已经做出修改，而且是悄悄地做了修改。从结果上来看，是大多数人受益了。因为他们的权利得到了维护，这个诉讼足以让我们欣慰。所以，我认为公益诉讼就是为了公众的利益而主张权利、实现权利、维护权利的一种解决方法。

接下来,我们再看看到底有哪些种类的公益诉讼。现在的公益诉讼有很多,但是我想大致有以下几类。

第一类公益诉讼就是面对政府权力瑕疵的诉讼。我们现在有很多诉讼是针对政府的行为起诉的,大概有哪几种呢?第一种就是不作为,有时候该政府做的事情政府不做。就是说,法律要求他做什么,然而他又没有去做。我们应该怎样告诉他们做什么,这往往不是一封信、一个上访就能解决问题的,而是要靠一场诉讼才能解决问题。也许,一场诉讼也不能解决问题,那接着再来一场诉讼就可以解决问题。这就是因为政府的不作为侵害了公共利益而形成的公益诉讼。第二种就是乱作为,也就是因为政府错误的行为侵害了公共利益而形成的公益诉讼。面对这种乱作为,我们的公益律师为了体现社会的良心、实现社会的正义,就要通过我们的诉讼慢慢地一步一步地告诉他,那种认为我们政府还是靠强势使别人服从的习惯需要改变。政府是执行决策的机关,政府的权利越来越小、越来越规范才能是越来越有效的政府,才能是维护公共利益的政府。第三种是政府的滥用职权,刚才讲到的第一情况就是法律要求你做的事情你没有做,第二种情况就是法律要求你做的事情你"瞎做"。第三种情况就是法律要求你做的事情,你不仅"瞎做",而且还超越权限、滥用职权,这些情况中我们都可以通过公益诉讼来提醒、来纠正政府的作为。

第二类公益诉讼就是面对消费侵权的公益诉讼。我们任何一个人都有潜在的诉讼权利,如果从诉讼法的法理来讲,任何一个人都是潜在的犯罪嫌疑人,所以我们维护犯罪嫌疑人的权利就是维护我们自己的权利。同样,维护消费者的权利就是维护我们自身的权利。所以,为消费者维权是公益诉讼当中最值得关注的一个问题。面对消费侵权行为的维权比面对政府行为侵权的维权要艰难得多。

我们讲到的权利无非就是生命权、健康权、发展权等权利,或者就像我刚才讲到的马斯洛的五个需要延伸的权利。其实,还有一个更重要的权利,也就是知情权。现在有人起诉就是以知情权被侵犯为由,认为对方没有履行告知的义务。前不久,我看到报纸上有一篇"我与银行的一段故事",很受启发。这篇文章介绍道,消费者到银行办理有关手续需要复印,而复印却要消费者自己付款。然后又说是银行没有复印机,要消费者自己出去复印。这个消费者走到半路突然想起来了,自己的身份证已经给银行了,就算是要复印也不是自己的事情啊。所以,他就跟银行开始较真,最后那个银行没办法,只好缴械投降。一般来讲,任何违反公共利益的人面对较真的人,最后往往是后退。就像郝劲松讲的索要发票那个案子一样,所以,"世界上就怕'认真'二字"这句话,用在这个时候最合适。比如说在旅行纠纷中,作为消费者，你就要了解你有什么权利。所以，在消费维权当中，美丽的故事和辛酸的故事是并存的。辛酸的故事是指那些个人艰辛维权的故事，而美丽的故事则可能是大多数人受益的故事。

但是，在消费维权当中如何体现我们公益律师的作用，我相信我们通过公益诉讼去做一些我们该做的事情是可以做到的，同时我们还可以通过别的诉讼达到这个目的。所以，我经常提倡律师要多说，要通过讲课的机会宣传自己、宣传公益律师。在讲课中，既有一些是商业资源，也有一些是公益资源。这就像美国一些律为了扬名而去打官司一样，因为他扬名的本身也是为了公益事业。我们讲课要讲什么呢？就讲两个字，那就是"维权"。要讲我们到底有什么权利，我们如何实现我们的权利，如何发现我们的权利，如何维护我们的权利。所以，为权利而斗争，不仅仅是我们自己的权利，更是我们对社会的一种义务。作为公益律师，我们最不可忽视的、最需要牢牢记住的就是"维权"两个字。

第三类公益诉讼就是面对环境侵权行为的公益诉讼。我们从空间上将环境侵权划分为三个概念，上面是空气污染，中间是噪声污染，地上是水污染。原来有一位法官说了一句话，曾被好多人痛骂。后来，我们发现这句话用在环境保护工作中最贴切，这句话就是"上管天，下管地，中间还管空气"。我们中国重视环境保护的意识越来越强了，现在已经不再让很多官员去用 GDP 去衡量他的政绩了，而是让官员们考虑为了维护环境而需要作出怎样的努力。原先，有的官员说，"既要金山银山，也要绿水青山"。后来，有的官员说，"既要金山银山，更要绿水青山"。现在，有的官员说，"绿水青山就是金山银山"，还有的官员说，"宁要绿水青山，不要金山银山"。作为公益律师，为了维护环境的优美，我们要团结起来，依靠组织，依靠每个人的努力，依靠每个人的智慧。

第四类公益诉讼就是面对铁路、公路、航空行业侵权的公益诉讼。这三个行业涉及人们出行的方方面面引起公益诉讼的可能性比较大。我希望将来有一批律师专门从事此类公益诉讼。宁波有一个律师就打过好几起这样的官司，他有一次在高速公路因为修路而耽误了工作，他认为高速公路公司没有将修路的情况告知消费者。而且，高速公路公司也没有为此少收过路费。所以，最近某地作出一条规定，排队200 米以上就可以不交钱。所以，我觉得这种事情、这种诉讼尽管要付出很多的心力、财力和物力，但可以不断完善上述行业的管理，促进社会的进步。

如果我们有机会到国外去看一下，就会充分感觉到完完全全的以人为本的服务内涵。我是一个土包子，前年我去美国访问的时候，在旧金山转机，我就不断感叹其机场的人性化服务。大家知道，如果在中国转机，自己的行李还要自己拖出来，再送进去。他们的机场就非常好,你的行李一拖出来直接扔到一个行李通道里面就可以了,其他都不用管了,你自己空手出去转机就可以了。据我所知,咱们中国现在还没有这样的服务。其实,我买了你的机票,我的行李就应该享受这样的服务。所以,这样的事情我们可以通过公益诉讼来提醒那些公告管理或公告服务部门。从这个意义上说,公益诉讼也就是提醒诉讼。

接下来,我们来说说电信行业。现在,中国移动也开始慢慢地觉醒了,因为有联通和电信在跟他竞争。我想,对中国移动我们大有很多文章可做,也有很多的公益诉讼可打。所以,我们的公益律师要特别关注那些此类行业。对他们的较真,就是对社会的真诚。第三种行业就是电视台。现在,有一些电视台在节目中安排广告太多,这就需要我们通过公益诉讼来提醒他们完善管理。因为你是电视台,你要最大地维护公共利益。我是在看你的电视,为什么要我花这么长时间去看那些广告?自打公益诉讼提出来后,有些电视台开始在屏幕上打出字幕,告知这个广告是多长时间。但可气的是,有时后面的节目不播了,他们并不告诉你。如果咱们中国的电视台还是这种状态,我们就需要不断地去发现他们的管理缺陷,不断地去提醒他们完善自己的管理,这就是我们的公益诉讼要做的事情。

如果说上述第一种行业跟"行"有关,第二种行业跟"听"有关,第三种行业则跟"看"有关,那么,第四种行业就跟"吃"或跟"饮"有关。例如,自来水公司,那就跟饮有关。就像昨天培红女士讲到的在行业存在的霸王条款一样,为了完善市场经济,为了我们自身的利益,我们就要不断地跟他们较真,不断地向他们挑战。我们再来看看第五种行业也就是服务行业,这里主要就是说银行。我记得,有一位律师一年打了十多起有关银行卡收费的官司,充满了艰辛,也充满了戏剧性。

第五类公益诉讼主要就是在宪法规定范围之内的一些公益诉讼,比如说歧视,我看美国社会的进步有很多就是通过公益诉讼而实现的。比如说,原来黑人和白人不能坐同一部车,通过一代又一代人的努力,现在这个问题都已经不是问题了。我们现在还有这样的情况,例如,对农民工的歧视、对妇女的歧视、对未成年人的歧视,尤其是对残疾人的歧视,所以,我们律师在这些方面可以做很多的事情。我现在工作的领域就是预防青少年犯罪和未成年人保护的工作。当然,在咱们中国,这个青少年的概念比较广泛。按照《国际儿童公约》的规定,儿童是 18 岁以下,而我们的未成年概念是指 18 岁以下,儿童概念则是学龄前儿童,至于青少年的概念是指 25 岁以下的年轻人。

尽管在青少年的年龄概念上有分歧,但对于反歧视这个问题,现在已经形成了共识。我记得前几年有一些因为身高受到歧视、因为身体受到歧视的官司,曾经引起了社会各界的讨论与反思。我以前看过美国一个片子，片名叫"费城故事"。说是美国有一个律师得了艾滋病，受到了歧视，并予以辞退。代理他打公益诉讼官司的律师抓住这个歧视问题，将官司打到了最后，也笑到了最后。

所以，对我们公益律师来讲，不是缺少美而是缺少发现，不是缺少焦点而是缺少发现。我们要做的事情还很多，我们要承担的任务还很重。比如说受教育权的问题、生育权和健康权的问题，还有儿童参与权的问题都需要解决。

有一年北京保利大厦因为小孩的身高而拒绝其入场，该家长将保利大厦告到了法院。还有，1988年两个女孩子到国贸逛商场遇到了不公平的对待，后将国贸也告到了法院。所以，我们看到，不管是过去还是现在乃至将来，我们在这方面还有很多很多的事情要做。

第三，什么是公益律师？

这是我今天要跟大家探讨的第三个问题：刚才讲了公共利益和公益诉讼，现在我要讲讲公益律师。公益律师就是发现权利、主张权利、实现权利、维护权利的人，他们为特定的人或者是不特定的多数人的利益、为弱者的利益、为未成年人的利益、为受歧视人的利益，去做那些有人不想做、有人不愿做、但又必须有人做的事情。他们是不一定是为了自己的利益而通过法律的手段去做事情的那一部分律师。我们经常讲过这样一句话，叫作"无私奉献"，其实这句话未必完全正确。当然，我们从道德层面上讲要"无私奉献"，但是我们现在应该看到"有私奉献"的一面。"有私奉献"有两个概念：第一个概念是说我们通过公益诉讼能不能获得一定的回报。美国律师说，他们用80%的律师去养20%的律师，那20%的律师去干什么？就是去为公共利益服务。同样，我们能否做到用80%的业务养我自己20%的业务，那20%的业务去干什么？就是去做公益诉讼，那就是说要"有私奉献"，这个概念说的是公益律师通过公益诉讼要能够获得某种回报。第二个概念是说，我能够通过我做的事情获得精神上的快乐。有一句话叫"送人玫瑰，手有余香"，说的就是这个道理。所以，公益律师就是那些通过自己的专业，通过自己的智慧，通过自己的技能，为他人、为多数人谋得利益，而自己又能够获得快乐的律师。作为公益诉讼律师，不是说天天要苦大仇深，我们既要了解别人的苦，更要将别人的苦化为快乐，同时我们自己也能得到快乐。

第四，公益律师能够做什么？

根据我的观察，我觉得公益律师无非是做四件事情：一个是改变传统的思维，任何一个公益诉讼出现以后，很多人就会说原来我们怎么没有想到呢？所以，改变传统思维是我们公益诉讼律师首先给社会带来的积极影响。第二是要挑战强权，挑战强势，保护弱者，从而平衡社会利益。第三就是完善社会管理。社会管理的疏漏与缺失，有时不一定能够自我实现完善，而需要我们积极的诉讼与顽强的挑战，才能得到完善与弥补。第四就是促进社会进步。我们知道，社会的进步与发展是一个必然的趋势，但未必是大踏步的发展，而有可能是一小步一小步的发展。所以，我们公益律师的一小步，对别人来说就可能是一大步。就像孩子的成长一样，他在眼前的时候我们感觉不到他的成长，也感觉不到他的变化，但实际上他每天都在变化。社会也是这样一点一滴、一步一步地往前发展，从而不断地走向社会和谐。所以，和谐社会不是一团和气，不是你好我好，不是一派歌舞升平。和谐社会就是矛盾对抗下的和谐，就是矛盾不断得到化解的和谐，就是不同的意见和诉求得到表达、不同的权利和利益得到维护的和谐。所以，有人用了一个形象的比喻，说是人人有话讲，人人有饭吃就是和谐。从某种意义上讲，这还是有一定的道理的。我们进行公益诉讼的目的，就是要通过我们自己的努力，化解社会矛盾，平衡社会利益，完善社会管理，促进社会和谐，促进社会的公平和正义。

我们这次研讨班要讨论的其中一个案子就是发生在丽水的一个刑事案件，我看这个案件是值得讨论的。这个案件是不是公益诉讼呢？确实值得我们探讨。这个案件被告人共有20多个未成年人，这就首先给我们提出了一个严峻的问题，那就是网络时代青少年团伙犯罪的特点，第二个问题就是如何预防青少年犯罪，第三个问题就是我们律师在青少年犯罪中的辩护技巧。

有人可能会说，这个案子未必是一个公益诉讼，但我想应该是一项公益事业。面对这样的案子，我们是不是可以思考一下，我们该为未成年人权益保护做些什么？我们能为预防青少年犯罪做些什么？所以，这个案子尽管未必是公益诉讼，但一定是公益事业。

第五，公益律师究竟怎么办？

我觉得一定要讲四个依靠。第一是靠组织，所谓靠组织就是靠一些我们自己成立的公益性组织，比如说我刚才讲到的全国律协的宪法人权委员会、未成年人保护专业委员会、法律援助委员会、劳动保护专业委员会。当然还要靠别的组织。比如说保护未成年人的权益就可以找共青团，保护妇女的权益就找妇联。所以，依靠组织不是仅仅依靠我们自己的组织，而是还要依靠全社会的组织。

第二是依靠学者，所谓学者就是可以给我们提供理论支撑，能对我们一系列的社会现象进行解剖和分析。如法律学者、社会学者，像环保专家，还有自然科学学者，都是我们获得理论支撑的后盾。

第三是要依靠记者，可以说，公益诉讼都是新闻关注的事实，或者叫媒体关注的事实。有一句话叫作新闻是历史的草稿,我们要在这个草稿上写上我们最新最美的文字,就必须获得媒体的支持。我们在维权时,记者永远是我们依靠的力量。比如说在环境报道方面的有作为、有能力、有号召力的记者,都是我们依靠的对象。尤其是那些敢于表达自己意见的媒体,我们更要依靠。所以,不管是什么样的媒体,我们都要依靠。如果能够有效依靠媒体,我们的工作就可能是事半功倍。如果不能依靠媒体的话,就可能是事倍功半。我所见到过的在公益诉讼方面做得比较好的律师,基本上都跟媒体保持着良好的关系。即使是像佟丽华这样不一定是打公益诉讼,而是始终为公益事业服务的律师,也一直与媒体保持着密切而良好的合作关系。

实际上,我们的记者在这方面做了很多事情,比如说北京有一位律师起诉关于养路费的问题,就得到了在座的崔丽记者的大力支持。养路费大家都觉得没什么,都司空见惯了,但是这位律师就敢于向有关方面叫板。尽管有些领导乃至有一些老百姓都不太理解,但是,他的起诉又确实可以有效促进我们社会的管理。当然,发起这个新闻的是我们的律师,而发出这个声音的是我们的崔丽同志。崔丽大记者在《中国青年报》一报道,其他媒体也就跟着上了,所以说,媒体的介入对公益诉讼大有好处,使我们的公益诉讼即使输了也像赢了一样。我们现在做公益事业,面临很多障碍,如观念障碍、体制障碍、传统障碍,所有这些障碍,我们都可以通过记者来帮助解决。

第四要依靠外援,我这里说的外援还不仅仅是指钱的问题。当然,现在做公益律师的,不管是个人还是组织,相对来讲经费都比较困难,所以首先要依靠外援,让外援更多地支持我们。但是,我们的外援还不仅仅是这些,我们要从外援当中获得一种思维、数据、资料、档案、能力。所以,我们做公益律师的,如果有机会出去看看外面的环境,看看外面的同行是怎么样维护公共利益,怎么样为公共利益发出我们的最强声。同时,为了提高我们的专业技能和专业水平,到外面去看一看还是有好处的。比如说组织公益诉讼律师尤其是那些有作为的律师到美国去看看。我们知道,美国的公益诉讼律师在环保方面做的事情是最多的。所以,对公益诉讼律师,我们不仅仅要培养他们的责任,还要培养他们的眼光和技能。

我所理解的我眼中的公益诉讼律师,就是在目前这种体制下,我们如何用我们的技能和智慧去改变传统的思维,去完善社会的管理,这就需要我们公益诉讼律师不断地通过个人的一点一滴、一言一行去改变他们,去完善他们,去推进他们。可能相对来讲,目前可能还有很多困难,但是未来是快乐的。所以,从我的角度理解,公益诉讼律师是最有责任感的、最有使命感的律师,是不断地能够跟上时代脚步的律师。我们都知道曾国藩曾经向皇上面递过一个奏折,说的是屡战屡败还是屡败屡战。屡战屡败可能是一种现实，但是屡败屡战则是一种勇气。我们公益律师就需要这种勇气，需要这种信心，需要对未来充满希望。

所以，对公益诉讼律师来讲，我觉得现在不仅仅是缺少一种办法，而是缺少信心、缺少勇气、缺少对未来前景的发现。做公益诉讼律师尽管很苦，但是非常有意义，非常有价值，也非常有前景。我对公益诉讼律师始终充满了崇敬。

各位律师、各位朋友，我所理解的我眼中的公益诉讼律师就是今天我在这里所讲的，那些不断思考、不断行动、不断挑战的律师。

最后，我用在美国波士顿犹太人被屠杀纪念碑上的一句话，来作为今天我汇报的结尾，不过这句话也有不少人引用过。这是一个名叫马丁的德国新教神父留下的一句话，我在美国的纪念碑上也看到过。他说："起初他们追杀共产主义者，我不是共产主义者，我不说话；接着他们追杀犹太人，我不是犹太人，我不说话；此后他们追杀天主教徒，我不是天主教徒，我不说话；最后他们奔我而来，再也没有人站起来为我说话了。"

所以说，社会的陋习跟我们有关系，社会的进步同样跟我们有关系，我们需要勇敢地站出来，勇敢地做起来，越跟我们的生活和工作有关系的，就越需要我们有实际行动，需要我们用专业的责任、职业的使命，去推动社会的进步，完善社会的管理。这就是我对公益诉讼律师的希望与祝愿。

谢谢大家！

国字招牌是如何打造出来的？

——在国浩律师集团（天津）事务所开业仪式上的即兴演讲

(2006年5月19日)

【导语】

2006年5月19日，国浩律师集团继北京、上海、深圳、杭州、广州、昆明之后，在天津开设了第七家分支机构。国浩律师集团（天津）事务所的设立，是他们将"服务中国"的理念进一步具体化，也是他们在参加2005年于天津滨海新区召开的"第五届中国律师论坛"之后，将"服务天津"真正落到实处的具体步骤。为此，该集团理事长吕红兵律师预测，天津事务所的设立，将带来法律服务业与天津滨海新区的大开发、大合作、大支持。

作为特邀嘉宾，我在开业仪式上作了如下演讲。

各位领导、各位律师、女士们、先生们：

大家晚上好！

时间过得很快！刚才宋茵主任（国浩天津所主任）讲话的时候还是下午，到我讲话时就已经是万家灯火的晚上了。是啊！时间真的过得很快！刚才主持人李淳说他是我认识的第一个律师，在某一种意义上说，应该说没错。因为我认识他已经有20年了，那时他还在吉林省社科院法学所工作，是一个兼职律师。实际上，诸位可能还不知道，红兵会长是我20年前的大学校友，国浩北京所的黄伟民还是我20年前的大学同学。20年很快就过去了，国浩律师集团也已经成立8年了。时间过得真快！作为中国律师业的打工者和旁观者，我清楚地记得，1998年6月28日，在人民大会堂，国浩律师集团揭牌成立的盛况；我也清楚地记得，在国浩律师集团成立5周年的时刻，司法部在北京专门为一家律师事务所召开的专题工作会议；我更清楚地记得我们《中国律师》杂志为国浩律师集团的每一个步伐、每一次创新、每一家新所成立所做的摇旗呐喊、加油助威，如1999年年初为国浩设置的彩色专版、国浩成立2周年的答疑对话乃至不断披露的国浩动态。

祝贺之余，我看到，继北京、上海、深圳、杭州、广州、昆明之后，今天是国浩律师集团的第七家分支机构，据说，第八家分支机构也就是国浩成都所也即将诞生，这是一个值得祝贺与祝愿的时刻。这个时候我上来讲讲是有必要的，因为刚才在我之前所有的讲话譬如局长、会长的讲话都是主要讲话，而在我之后的所有讲话譬如司长、会长的讲话都是重要讲话。所以，这个时候需要我讲一些闲话，也就是插插话，让大家轻松片刻。

如果说金杜律师事务所是金字招牌，君合律师事务所是君字招牌，那么国浩律师集团则是国字招牌。既然是国字招牌，它就自然而然地拥有以下与众不同的特征。

第一，成立模式的不可复制性。国浩律师集团成立于我国第一部《律师法》颁布实施之后的短时间内，所以它属于特殊时期的特殊产物和新生事物，同时，又有特别关照的特别效应和特别聚焦。以集团的方式实现规模化，此前此后都没有出现过，司法部始终只批准了国浩这一家，可见，这种模式既是空前的，也可以说是绝后的，更是独一无二的。这是国浩人的自豪，更是国浩人的自信。这也说明了国浩律师集团起步好、起点高，这是国浩人的良好开端。良好的开端就是成功的一半。

第二，改革模式的不可替代性。在我看来，我国律师事务所的规模化不外乎三种模式：一是自然做大，这是许多律师事务所譬如金杜律师事务所这样的规模所经过多年的探索实践而形成的模式；二是加盟做大，如许多律师事务所通过一定的协议组合在一个共同体内，但各自又保持一定的独立性，在对外承担责任与对内自我管理方面各显其能、各显绝招。实际上，这只是一种业务上的协作联盟。如已经成立11年、成员达30余家的"长江律师联网"和去年成立的"八方律师联盟"；三是合并做大。国浩律师集团的亮相，就是这种模式的范例。当年在国浩律师集团成立之前，国内也有一些合并的情况，但像国浩律师集团这样跨地域、跨专业、紧密性的合并，还没有真正出现过。国浩的成立与扩张，聚集了一大批我国律师界的专业专家、行业行家，所以这种模式是别的模式所无法替代的。

第三，发展模式的不可或缺性。我国律师业从1979年的恢复重建到今天，需要不断地改革与探索，更需要不断地发展与创新。律师事务所的规模化、规范化，同样需要不断地实践与建设。所以说，我国律师业发展需要国浩律师集团这样的模式，换句话说，国浩律师集团的应运而生，正是我国律师业发展的阶段反映和必然结果。同样可以说，国浩律师集团的发展是我国律师业发展中的不可或缺的一个部分。

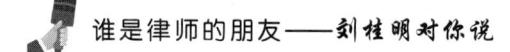

国浩律师集团既然是国字招牌，就应该也有这个能力为中国律师业做出更大的贡献。现在已经做大了，但做大只是一种手段，而不是一个目的。我们的终极目的应该是做强。说实话，做大容易做强难。要做强，就还要做精、做细、做好。所谓做精，就是专业化；做细，就是标准化；做好，就是规范化。

　　我希望并相信国浩律师集团在做大的过程中，通过不断地做精、做细、做好，逐渐地做强。通过不断地与国内其他强所、名所、大所的互相学习与吸收乃至借鉴，把这个国字招牌做得更好更强，从而不辜负司法部和全国律协领导及国内同人对你们的期待与厚望，不辜负你们提出来的"服务中国"的理念与追求。

　　再一次祝贺你们！

中国律师业发展的九大趋势

——在贵州省律师协会培训班上的演讲

(2006年4月3日 贵阳)

【导语】

我在任职《中国律师》杂志社总编辑期间曾经对我国律师发展情况,作了许多调研与思考。后来,在一些地方律师协会培训中又曾经将这些调研成果与思考心得作了不同角度的交流。2006年,贵州省律师协会将我在其培训班上的演讲进行了整理,最终就形成了这篇演讲稿。

亲爱的各位律师、各位朋友:

大家早上好!

刚才莫老爷莫玉辉秘书长介绍了我很多虚的身份,我建议大家只要记住一个身份就行了,就是中国律师界的打工者,是中国12万律师的打工者,也应该是我们所有的贵州律师的打工者。当然了,如果打工者变成了朋友就显得我们的交情加深了。刚才大家的鼓掌证明大多数律师已经同意了我的说法,我已经是贵州律师的朋友了!

很高兴又一次来到贵州,我这是第三次来贵州。2001年参加我们西南律师的片会,当时住在北郊一个地方,那个地方非常好,是一个高尔夫球场,所以在那个地方开会我们感觉非常惬意。第二次是前年参加我们全国律协的理事会,也是我们全国律师成立以来第一次将理事会放在美丽的贵阳召开,那一次尽管在市中心开,感觉同样好。

这一次我来到了一个更加美丽的地方——花溪,我记得自己还是一个文学青年的时候,曾经看过一本文学刊物就是《花溪》,所以今天我们在美丽的花溪一起共同探讨、回顾、展望中国律师业的过去、今天、未来,也应该是一件非常惬意的事情。我知道大多数贵州律师可能是西南政法大学毕业的，昨天讲课的赵旭东教授，大家都知道他是西南78级的，今天下午将要给大家讲课的王敏远教授同样也是西南78级的。我不是西南的，但我不是西南胜似西南，我经常跟西南的朋友们讲，西南政法大学现在增加了一个称号，这个称号叫名誉校友，我就是西南政法大学的名誉校友，请西南政法大学的各位校友为我鼓鼓掌！

我原来在上海上学，在华东政法学院。我不知道今天在座的有没有华政毕业的？好像是没有？没有也没关系，我们现在是天下一家。而且我觉得我四川话讲得最好的一句就是"我是贵州人"，谁要问我是哪里的，我说"我是贵州的"（四川方言）。我觉得这句话讲得还稍微地道一些，其实大家知道，我的普通话讲得不是很地道，但是我的心是比较地道的。所以我今天要用我地道的心来讲我并不地道的专业，因为在座的各位律师从专业上来讲都比我强。我给中国律师打工已经11年了，没什么大的长进，业务方面也不精通，而且我也做不了律师。好在我能给大家打工、为大家服务、为大家办杂志、为大家办论坛、为大家办讲坛。

今天我想给大家讲讲中国律师业未来发展的趋势，其实我们大家可以先用回顾的眼光往回看一百年。今天刚好是中国律师制度诞生一百年，我们现在讲的中国律师制度应该包括旧中国和新中国的律师制度。新中国的律师制度在50年代经过了昙花一现，先后只存在三年的时间。直到1979年开始真正意义上的恢复、重建、发展、改革、探索。实际上真正的中国律师制度诞生于1906年，是沈家本、伍廷芳那一代法律人开始设计和创建的，像伍廷芳、沈家本他们这一代法律人基本上都是海归派，他们目睹和观察了英美、欧美律师业发展的盛况，他们觉得在中国这么一个很有文化底蕴的国家，应该还有一项制度那就是律师制度。

我们准备下个月在西南政法大学召开"第三届中国青年律师论坛"，我们的主题就是"律师法十年和中国律师制度百年"。大家都知道下个月的5月15号就是我们《律师法》颁布10周年的日子，同样今年又是我国律师制度诞生百年的日子。我们现在是用一种回顾的眼光看将来，我们可能无法用100年的眼光来看中国律师业，但我们可以用20年到30年的时间来预测一下中国律师业的发展。从现在来看，中国律师业到今天最多也就是青年时代，青年时代是一个既有很多遗憾，也有很多资本的一个阶段。中国律师业从1979年到现在也就27年的时间。一个人的27岁，是一个可以花前月下、可以卿卿我我、可以谈婚论嫁的年龄。是一个刚刚有点成熟但是还不太成熟，刚刚有一点成绩但成绩还不大，刚刚有点起色但起色也刚刚开始的年纪，我觉得这就是我们中国律师业目前的概况。大家说看一个孩子还得看小时候，我觉得看中国律师也要先看看27年的中国律师业，然后再看看未来20年到 30 年乃至到中华人民共和国成立 100 年我们中国律师业是一种什么状况。我们今天不妨用一个上午的时间一起来预测一下。

今天我想从九个方面来预测一下中国律师业的未来发展,实际上也就是中国律师业未来发展的九大趋势。

第一个大趋势：规模化——做大

现在中国律师业有的是在考虑怎么做大,有的是在考虑怎么做强,有的是在考虑怎么做活,有的是在考虑怎么做精,有的是在考虑怎么做好,规模化就是考虑我们怎么做大的问题。现在各地律师业都在兴起一股新风,那就是合并,也就是都在考虑律师事务所怎么做大。

我今天讲的规模化应该有以下几个含义：第一,我们整个中国律师业的规模化。大家都知道,我们律师制度恢复的时候才 212 个人,现在已有 12 万多人,但是再过 20 年或者 30 年乃至中华人民共和国成立 100 年的时候,中国律师能达到什么程度呢？小平同志说过,法官、检察官、律师队伍要扩大,他说至少 30 万。但是小平同志又说过一句话,中国有 50 万律师也不算多。大家可以看看美国,美国现在是两亿五千万人,其中律师人数是一百万,准确地说是九十六万四千多,所以号称一百万。但是一百万里种类比较多,大家注意到我在去年第九期《中国律师》杂志上写了一篇文章,叫"美国律师八路军"。我把美国的律师分为八种律师,当然最多的还是社会律师。美国 200 年的时间发展到 100 万律师,如果照着目前这种发展态势,我觉得我们到建国 100 年的时候应该能达到 50 万律师。但是再过 20 年我想中国律师业应该能达到 30 万人的规模,到那个时候我们在座的律师朋友,中年的律师就变成了老年的律师,青年律师就变成中年律师了。对我们中国律师事业来讲这个规模要不要？要,这个要取决于什么？取决于我们中国经济的发展,取决于我们中国百姓的需要,取决于我们中国政治民主生活的发达。

所以从规模化来讲,第一个含义是中国律师业的规模肯定要往前发展。但是大家都注意到我们这几年中国律师业的发展速度好像不快,大家可以看一下我们的统计数据。大概在 2001 年的时候,我们律师队伍号称洋洋十万大军,到 2003 年的时候有一个数据说中国律师人数是 136484 人,到去年我们第六届全国律师代表大会召开之前又有一个新的数据是 118298 人,也就是号称 12 万人。这个数据有时候多有时候少,我不知道这个统计数据的准确依据在哪里？这个统计有没有水分？我们中国律师业发展的数目到底是多少,我认为目前的数据也未必准确,需要加以核实。

前年我到贵州来的时候去了黔东南州好几个县,我记得好像有几个县都只有一个律师。现在我们有一个统计说全国 206 个县没有律师,我觉得这个数据也有问题。206个县没有律师的肯定都在西部，有没有206个县？我觉得这个数据也有水分，这是我的个人观点。但是很多县只有一个律师我相信。所以我去了贵州这么多个县，那个时候是陪段副部长去视察，先到黔东南的凯里市，看了几家所，后来一步一步往下走，走了好几个县。在凯里我看了贵州的兄弟律师事务所，这个所搞得不错。我看他们所几个律师的文章写得不错，后来我就给他们发表了。如果我不来我就不知道他们文章写得这么好，所以我相信在座的贵州律师当中还有很多做得很好的、写得很好的，可能我们不知道。

讲到规模化，我想我们这个规模化的首要含义是整个中国律师业的规模化。我们国家有"十一五规划"，我觉得我们律师业也应该有一个五年规划。从我们法律的眼光来看，应该有一个固定化的、常态化的一个规划，比如"十一五"期间我们中国律师业人数上、规模上应该发展多少。我的预测是中华人民共和国成立100年的时候我们可能是50万律师。

第二个含义讲讲我们律师事务所的规模化。关于律师事务所规模化，在座的律师朋友们应该有切身体会。我们律师怎么做大，这个做大跟当地的经济发展、跟当地的市场需要很有关系。律师事务所规模化做大的方式一般来讲有三种，一种"自然做大"，一种是"合并做大"，一种是"加盟做大"。"自然做大"大家都知道，像金杜律师事务所、君合律师事务所、康达律师事务所、琴岛律师事务所、德恒律师事务所、德衡律师事务所等等，基本上都是自然做大的。经过十几年的发展，他们均已发展到百人以上。金杜律师事务所在北京总部已经发展到239人，柳沈律师事务所已经发展到233人。由此可见，规模化和律师事务所的核心竞争力或者叫律师事务所的创收能力基本上是成正比的。

最值得注意的就是合并做大，我还没有掌握到现在贵州律师的合并情况，但是在其他地方我可以给大家列举一下合并做大的几种方式，1998年有一个国浩律师集团，这是我们司法部批准的唯一的一家以集团的方式组成的律师事务所，它当时是北京、上海、深圳三家律师事务所组成的国浩律师集团，而且他们都放弃了原来创建多年的牌子。1999年上海三家律师事务所合并成了锦天城律师事务所。其实就我所知，我认为最早的合并应该在1994年8月18号，当时北京有两家所的合并，合并成大众旭业律师事务所，但是很遗憾这个所合并三年以后就分家了。从1998年开始的合并是一种更高层次意义上的合并，国浩律师集团是一种，锦天城是一种，这是一个地域的跨所的合并。类似的这种合并还有2004年北京的金诚和同达律师事务所合并成金诚同达律师事务所，2004年北京的高朋和天达律师事务所合并成高朋天达律师事务所。去年天津的三家律师事务所合并成君汇律师事务所，合并以后做的第一篇文章就是出击第五届中国律师论坛，它是第五届中国律师论坛的主协办单位，所以当时在第五届中国律师论坛该所给大家留下非常深刻而美好的印象，最近听说他们又合并了一家所，已成了四方君汇律师事务所。类似合并的个案还有很多，比如说，湖北的得伟和君尚律师事务所合并成得伟君尚律师事务所，今年1月1号湖北的瑞通和天元律师事务所合并成瑞通天元律师事务所。

这是一种对等的合并，还有一种合并方式用俗话说就是吞并。这种情况就更多了，比如深圳的敏于行和星辰律师事务所合并成了广东星辰律师事务所，这两家所合并以后达到了70人。类似于这样合并的个案各地好像都有。但是基本上发生在大城市，因为大城市的经济发展、大城市的市场需要，使得大城市的律师都在考虑怎么做大。但是合并之后也出现了一些不和谐声音。据我所知北京有两家律师事务所合并后，已经在一起办公了，但是合并了一个月以后又分手了。一般来说我们律师界的分分合合首先是利益，其次才是管理。他们不是因为利益也不是因为管理，而是名称。两家事务所合并以后，自然就涉及名称问题，如果说北方与南方律师事务所合并就组成南北方律师事务所，那涉及原来两家律师事务所都要注销的问题，或者说原来北方律师事务所组成南北方律师事务所把原来南方律师事务所注销的问题，他们就为此发生了分歧。他们说要么都注销，但都注销他们又觉得有一点亏，那注销一家所注销谁？两家所扯来扯去，谈来谈去，吵来吵去，最后谈不成，一个月以后分手了。

这就说明我们律师要真想做大不容易，所以现在我听到律师事务所要合并的时候，我说你们一定要慢一点。就像结婚谈恋爱一样，谈恋爱的时间长一点，但是也不能太长了。谈个八年抗战谈得审美疲劳了也不行，我觉得像律师事务所合并要谈的时间长一点，最好把所有的问题都谈出来，可以说把所有的架都吵完。因为谈恋爱也是这样，两个人在谈恋爱的时候要互相吵架，吵得都不想吵了，就可以结婚了。律师事务所的合并就是要考虑这种情况。有的律师事务所合并了一个月，还有某地两家律师事务所合并一天就分手了，这是目前我所知的我们中国律师业的吉尼斯世界纪录。他们都已经给各个客户、各个媒体，各种各样的领导人物都发了迁址通知：我们两家所在一起办公。他们是办公了，但办了一天就分手了，原因不详。我觉得这两家所合并到一天就分手的记录目前没有哪个所能超过，而且我也不希望有人去超过这个记录。所以，在律师事务所规模化的第二种方式"合并做大"中，还有许多问题值得研究与讨论。

第三种就是"加盟做大"或者是"联盟做大"，这种做大的方式基本上是跨地域式的。当然这种做大不能靠行政命令也不能靠"拉郎配"，1993年司法部成立了一个中国律师事务中心，当时号称全国最大的律师事务所。但是那个时候最大的律师事务所是靠行政命令，当时有一个副部长牵头并担任董事长。这个事情相当于我们现在高校的合并一样，大家都知道，现在的高校合并是把很多文化背景完全不同的学校组合在一起，这是行政命令的产物。所以像浙江大学、吉林大学这样的大学，中央领导一声令下就合并，什么都还没谈好，但是再过五年乃至八年他们肯定又要分开，我可以这么预测。因为它不是靠双方的吸引、双方的互补，而是靠行政命令。有人开玩笑说，原来说吉林大学在哪里？吉林大学在长春。现在反过来说，长春在哪里？长春在吉林大学校园里。我想我们律师事务所的合并不管哪一种模式，尤其是联盟做大或者叫加盟做大都不能靠行政命令。所以1993年那种靠行政命令成立的中国律师事务中心，后来事实证明不成功。那个所后来更名为北京德恒律师事务所，山东德衡律师事务所也是中国律师事务中心的青岛分所，后来也分出来了。所以，有人以为中国有两家德恒所，其实一个是平衡的衡，一个是永恒的恒，这两家发源于中国律师事务中心的律师事务所后来都创出了各自的品牌，这是皆大欢喜的事情。

现在加盟做大有哪些方式？比如说1994年创办的长江律师联网，这应该是战略业务的协作关系，比如有一些调查、取证、见证、咨询业务可以互相委托。当时是香港的吴少鹏律师事务所发起成立的，这纯粹是业务上的协作，但是这种业务的协作比一般的没有组合在一起的业务协作要紧密一些，我跟他们讲还可以更紧密。将来香港和内地、内地与内地、东部和西部、大城市和中小城市怎么组合在一起，这种模式也许是一种值得注意的模式。这种模式的好处就在于它对外承担责任的时候是各自承担。现在有一些律师事务所都不敢做大了，就是因为做大容易受分所的影响。去年在评全国优秀律师事务所的时候，要求优秀律师事务所有一个指标，不能有投诉，投诉一查实就受影响。北京京都律师事务所深圳分所有一个律师受到投诉，北京京都律师事务所参评优秀律师事务所就没有成功。所以那些大所以后会害怕对外承担责任的问题，最怕的就是法律责任，像这种联盟或者加盟做大的规模化则可以避免这个缺点。

前年，北京、上海、天津、重庆、深圳、南京、沈阳、包头八家律师事务所组成一个八方律师联盟，我曾经给他们取了一个名字叫"八所联盟"。原来西方国家有什么七国集团、八国集团，我说你们也来一个"八所联盟"，所有后来的律师事务所就可以叫八加一、八加二，一直到八加十二，甚至到八加二十都可以，这是一个别人无法取代的名号。但是后来他们考虑来考虑去觉得用"八所联盟"不好，而用"八方联盟"，去年他们实际上也不是合并，他们都是各自对外承担各自的责任，各自做各自的业务，只是业务上有一些协作。而且这八家所非常有意思，这八家所基本上都是地方律师协会的会长和副会长，所以有人开玩笑说，这八所在一起可以召开中华全国律师协会会长办公会议，或者是中华全国律师协会常务理事会。所以这种做大的模式最值得我们注意。我相信保守估计在五年之内，在我们的贵阳肯定有律师事务所合并的情况。现在贵阳有几家律师事务所做得很优秀，据我所知，担任省律协副会长的律师所在的几家律师事务所都做得不错，陈朝洁主任的天职所、陈世和主任的威克所，还有原来做律师现在担任省高院副院长的李汉宇的辅正所，我觉得这几个所在外面都已经很有知名度了。我想贵州将来还会涌现出更多有知名度的律师事务所，而且这些律师事务所走到一起，完全有可能。所以规模化是我们中国律师业发展的最值得做的一件事情，也是最值得关注的一件事情。所以，我估计再过二十年中国至少有 10 家超过千人的律师事务所，当然这些超过千人的律师事务所应该是在北京、上海这些地方。这是我对律师事务所规模化发展的预测，如果从整个律师业的规模化来看，中国将有 30 万到 50 万律师。现在像金杜律师事务所加上分所，都已经七八百人了。

从去年和前年北京的律师事务所综合实力看，前年北京律师事务所有 3 家上亿的，去年有 6 家上亿的。我昨天听说，贵州去年全省律师创收第一次上亿了，我觉得这是非常好的迹象。前年上亿的律师事务所是北京金杜、柳沈、君合，到去年增加了三家，这三家是中伦京通、中咨、竞天公诚。前年北京律师事务所刚好是前一百名都是创收上千万的律师事务所，去年是前 115 名是创收上千万的律师事务所，这些所的规模基本上都在 30 人以上。

前面我讲了中国律师业的规模化、中国律师事务所的规模化，接下来就要讲讲中国律师业的专业规模化。现在我们基本上都是诉讼业务，话说回来，诉讼业务是我们所有律师的看家本领。律师业，作为一个行业，一个制度的发展不能完全依赖于诉讼业务，还要靠非诉讼业务。其实从一个所的实力来讲，首先看他的诉讼业务，但更重要的是看他的非诉讼业务，非诉讼业务越多这个所的综合实力就越强。前面我讲到的上千万也好、上亿也好，这些律师事务所的非诉讼业务都占了 50% 以上。去年我在美国看美国的知识产权管理杂志，统计中国律师业务综合实力的时候，我看到能够入选的那几家律师事务所基本上都是依靠非诉讼业务中的知识产权业务。比如说金杜律师事务所大概有 40% 的人都在做知识产权业务，所以一个律师业也好，一个律师事务所也好，从我们专业上来讲更重要的是专业的规模化。

大家可以注意一下，我刚才列举综合实力比较强的律师事务所，你可以上他们的网站看看，他们在业务上都已经达到了规模化。比如说金杜所，原来没有诉讼业务，后来考虑到一个所综合全面的发展，他们觉得还是要有诉讼业务。当然诉讼业务是做一个专项，把它做成一个专卖店形象，更重要的是靠非诉讼业务。非诉讼业务里也有很多，如金融、投资、上市，现在又派生出许多新的业务，如国企改制的问题、像二板上市的问题。这些新的业务要靠我们去开发，现在"十一五规划"给我们的定位叫商务服务型，服务就是法律服务。法律服务市场一要靠政府的推动，二靠我们本身的开发。比如说1993年股票上市，这个完全靠政府推动，政府一推动就给我们中国律师业带来了一个突飞猛进的变化。当然，我们也需要学会怎样利用政府的推动，同时开发自己的市场。我们将来律师业的开发只要是法律上没有规定不让做的事，我们就可以去做。所以我觉得将来开发业务这一块有很多是我们自己要动脑筋的。所以，只有人数的规模化和专业的规模化相结合，才能促成我们综合实力的提高和发展。

规模化可能对我们在座的贵州律师来讲听起来好像还比较遥远，有人可能会说我们贵州的律师哪里来的规模化？我的个人观点是，规模化趋势永远只是一个导向，比如说贵州律师事务所将来有一到两个超百人的律师事务所，我觉得这是一面旗帜，是完全能做到的。但是都这么做就不合适了，尤其在我们的中小城市中有时候还不能都这么做，因为有利益冲突问题。因为中小城市律师事务所大多是做诉讼业务，所以还不能都做大，那怎么办？如果做大做不了，那就做什么呢？那就应该考虑怎么做精，也就是专业化的问题。

第二个大趋势：专业化——做精

一般来讲，专业化主要是指个人的专业化和部门的专业化及领域的专业化，这是业务的专业化。现在我还要讲管理的专业化，我们律师事务所管理的模式现在基本上是主任管理，稍微走得快一点的是合伙人管理，再快一点的是管委会管理，这些管理都是有必要的。但是有一个情况大家要注意，就是我们在管理的专业上有没有职业管理人，或者叫职业经理人？我们中国律师界有没有CEO？或者说我们中国的律师事务所有没有CEO？现在很多所都已经意识到这个问题，比如说金杜所专门请了个外国人来管理。还有一些所专门请一些不是学法律的，而是学经济的人来管理，也有请退下来的领导来做管理。但是这种请退下来的领导做管理基本上是办公式的管理、行政式的管理，甚至说是协调式的管理。那么，管理究竟是什么？我认为，管理就是如何发挥你的综合实力，如何发挥你的核心竞争力，如何让每一个人在这个团队当中得到承认，如何让每一个人的潜力得到发挥，更主要的是如何处理好"锅"和"碗"的关系。

所有的律师事务所，首先要面临一个问题就是分配问题。所谓分配问题不就是

"锅"和"碗"的问题吗？律师事务所是一个锅，律师个人是一个碗。锅里应该留多少，碗里应该放多少，我觉得这就是我们的管理要考虑的问题。所以管理的专业化是一个非常值得探讨的问题，当然，现在业务方面的专业化做起来也很难，尤其是在地市州的律师事务所，但是专业化也应该是一个导向。美国有一个统计，1999年卖飞机卖了290亿美元，其中当然也包括我们中国的贡献。但是有一项经济收入比卖飞机还厉害，那就是特许和版权的收入达到了370亿美元，可见在经济领域的专业化能折射我们法律服务业的专业化。现在这方面著名的个案很多，例如，上海的朱树英律师说过，不要以为我都在做建筑房地产，建筑房地产我不敢妄称所有的专业化，建筑房地产里还有很多专业。有一个美国同行专门做机场建筑工程的保险，现在世界经济在发展，机场也在逐步完善、逐步扩建，这里面有一个建筑工程的保险，他就做这一项业务。这个业务是非常细的一个专业。现在有些律师业看准了，就专心致志做下去。比如说有一些律师专门做拆迁，当然，拆迁里有政府拆迁和百姓拆迁。所以有一些律师专门做百姓拆迁，当然做百姓拆迁可能稍微有一点风险，做不好的话会触犯某些条例，当然也可以做政府拆迁，代表政府一方的。

业务越做越好，来源于专业越来越精，但并不是说西部地区就不能实现业务的专业化。湖南的戴勇坚律师跟我讲，他现在通过网络去做建筑房地产，所以他搞了一个建筑房地产网，专门对建筑房地产的业务进行咨询、问答、交流。据介绍，去年一年网络给他带来的建筑房地产的业务就有30万，这还不包括他平常的一些客户。所以我觉得用一个广告词形容专业化就是"只要你想"、市场有多远，我们的业务就能做多远。专业化也是，但是很多地市的律师都在说，我们那里还是"万金油"，要不要？还是要，但是得想办法协调起来、淡化起来、或者说结合起来。我们中国律师论坛几乎每一届都有一个辩论，去年是关于提成制的辩论，辩题是："提成制是'营养液'还是'海洛因'？"我就在想"万金油"对律师业的发展到底是一种什么样的状态？能否进行一次辩论？今年第六届中国律师论坛将于9月在太原召开，到时我希望大家踊跃参加。因为我看每年参加中国律师论坛的贵州律师不太多，我希望越觉得自己偏僻、越觉得自己欠发达，就越需要到那些场合去展现、到那些场合去发表我们对未来的意见，更重要的是说一说我们目前发展中的困惑。在今年的论坛上，我们想辩一个题目，现在我还没想好，可能是关于律师事务所人才发展的题目。下个月第三届中国青年律师论坛将在重庆、在西南政法大学举办，题目我已经想好了，就是律师业是否属于自由职业？我认为，这也是很有意义的。但是对我们律师业的发展来讲，确实需要研究一下，今天的我们还是否需要"万金油"？正方是需要，反方是不需要，反方认为不需要的潜台词就是专业化。

一个律师的专业化或者一个律师事务所的专业化都要考虑专业特长的问题、市场需要的问题，还有人才结构的问题，乃至地域特色的问题，这个就是考虑怎么做专业化。我认为，专业化开始要小题大做，要选小的，比如说现在选了一个专业，医疗纠纷，不能什么都做，比如说你得选一方，比如说专门选医院这一方，这样一直做下去，做出你的特色来，做完以后发表文章，发表演讲，然后通过媒体宣传自己在这方面的研究特色、研究成果。同样劳动关系将来也有一个劳方和资方的问题。北京有一个青年律师，他原来刚到北京时住过候车室，后来他的业务发展了，专门做小区里的业主这块业务，所以现在一天到晚是业主找他的业务就做不完。现在大家知道，我们开发的小区问题非常多，大多集中到开发商。对开发商有意见的，或者对物业管理公司有意见的就是我们的业主，而且很多小区的业主委员会还没成立。这个时候律师们抓住这项业务，就是抓住了一个专业发展趋势。当然做这些业务的时候千万要注意掌握政策界限，不要让领导觉得你挑动群众斗领导。我们一定要在把握好政策界限的前提下，把专业做好。有一些律师专门做离婚业务，有一个律师在做离婚业务时就专门做女方的，而不做男方的。所以只要男方来，他说对不起，我不做这个业务，我的专业在女方业务。大家都知道在我们国家的婚姻里，天平大多偏向女方，在我们的传统眼光中女方是弱者。一般的婚姻案件表面上是一个离婚请求，背后实际上是一个财产分割，有些财产千万、上亿的都有。所以一般来讲，如果女方是弱势一方的话，想要离婚很容易，男方包了"二奶"，说："行，离婚就离婚，我给你多少财产。"但是他还有多少财产没告诉女方，那个怎么办？靠律师去调查，靠律师去取证。

大概在四五年前，南方某市出了一个离婚案件。在这个离婚案件中涉及一笔财产的鉴定。有一个律师，代表当事人去向一个领导行贿，这肯定是有问题的，结果是这位法院领导与律师都受到了法律处罚。这种违法的事咱们律师绝对不能干，但是律师想方设法调查取证则是应该干的事。所以现在有一些律师专门做女方离婚方面的相关业务，当然也有人专门做男方离婚方面业务的，而往往做女方的大多数还是男律师，做男方的可能是女律师。据我所了解的律师，实际上没有限定谁做男方还是做女方律师，主要是指专业越做越细。比如说在知识产权方面，有一些律师专门做版权，有一些律师专门做医药商标业务。所以业务可以越做越细，做细了以后还要做精。

现在地方律协和全国律协的各大专业委员会，实际上是我们实现专业化途径一个非常好的平台。据我所知，咱们贵州律师参加全国律协各个专业委员会的律师不太多，现在全国有13个专业委员会。北京律师更了不得，北京律师现在过了一万人，专业委员会就有 53 个。我想，一个人要实现专业化，除了你的专业知识、专业特长、领域特色、本所发展的目标以及人才的知识结构，还有一个更重要的是如何通过跟区域以外的律师们的交流和沟通来实现你的专业化。比如说像专业委员会的交流、沟通的问题，就是我们要考虑的选择。看来，做大不容易，做精也不容易，但是我觉得有一件事情我们可以做到，那就是品牌化。

第三个大趋势：品牌化——做活

前面讲到的是规模化是要做大，专业化是要做精，而品牌化是要做活。做大是导向，做精是目标，做活就是基本。任何一个律师，任何一个律师事务所都面临一个做活的问题，也就是如何实现品牌化的问题。我认为品牌化就是三个度，一个是知名度，一个是联想度，一个是忠诚度。知名度取决于你这个团队，你这个人在业内和业外的知名度。大家可不要小看业内的知名度，有很多律师想我要出名到业外去出名，这是对的，但又是不够的。例如，与区域外同行交流发现，同行有一项业务不知贵州哪个律师能做，打一个电话给你，如果你能做，不就是你去做这个业务了吗？所以知名度非常重要，怎么样提高知名度，有很多办法。

还有一个是联想度。联想（品牌）的广告是什么？人若失去联想，世界将会怎样。我想若我们的市场失去联想，我们的服务将会怎样？客户若失去联想，律师将会怎样？我们的律师在客户面前，在老客户、新客户，在现有的客户和潜在的客户面前，我们的联想度在哪里？所谓联想度就是客户对你的联想能力，就是你的品牌在他那里的联想能力。如说到可口可乐，我们马上想到可口可乐是非常有规模的、非常有号召力的、非常有竞争力的一个品牌。我们律师也是，我觉得个人也好、律师事务所也好，谈起某位律师就可以联想到他做什么专业的，或者他是做什么方面的业务，或者他在什么方面做得比较好。有了知名度，有了联想度，还要有忠诚度。忠诚度，就是客户对你的忠诚。现在有一个说法是，客户分两种，一种是"狗客户"，一种是"猫客户"。"狗客户"是比较忠诚的，你怎么变化他还是跟着你走；"猫客户"就是谁给他一点便宜他就跟谁走。所以我们要巩固"狗客户"，发展"猫客户"。巩固也好，发展也罢，就在于他对我们的忠诚度。忠诚度又取决于我刚才说到的知名度和联想度。联想度就是要考虑专业和责任的问题，当我们律师面对客户的时候，是专业重要还是责任重要？我想在同等条件下，对客户来讲就是责任比专业重要，对我们自己来讲专业比责任重要。既然我们的目标是客户，就应该考虑到我们的专业责任与职业责任。所以品牌的三个度如果能做好，我相信我们客户维护的系统和目标就实现了。

当然，品牌有很多种，一是规模品牌。我刚才讲到的做大还有一种情况，那就是自然的做大。自然的做大就要面临去年第五届中国律师论坛辩论的提成制分配问题。目前我们律师事务所分配的模式大概有三种，一种是工资制，一种是提成制，一种是承包制。这三种模式的律师事务所都有规模化的因素，但是工资制的律师事务所可能与律师的关系更紧密一些，提成制关系紧密程度差一些，最差的就是承包制。承包制是指在律所中人和人之间没有任何联系，甚至一个所的律师都互不知道。在这种律师所，你交两万之后，其余的全部是你的。就像日本一种相机的广告词，你只要按一个快门，其余的事都是你自己的了！这种承包制律师事务所也是一样，你只要交一下你的承包费，其余的钱都是你自己的了。所以规模化有各种各样的规模品牌，但是起码在客户的联想中这个所规模挺大。

二是专业品牌。比如说大地所可能知识产权做得好，北方所企业改制做得好。专业品牌就是要让客户和非客户都能联想到你在哪方面做得好。所以我们一定要搞清楚自己想建立什么品牌，自己想要什么。我们如果想要一个规模化品牌也是可以的，现在某大城市一家律师事务有100多人，它基本上是柜台式的，好像是两万块钱一个柜台，也是承包制的。我前两天到中部某省会城市，有一家律师事务人也是100多人，但是也是承包制的。说实话当这个承包制的事务所老板挺舒服，但是万一出问题就麻烦了。这种规模化有没有好处？有，对客户来讲这个所很大。上一届深圳律协的会长徐建曾提出一个建议，他说我们与其建这么多的柜台式的律师事务所，还不如组成一个类似于香港大律师公会的模式。香港大律师公会就是在一个楼里办公，一人一个办公室，业务各自接受委托。所以，徐建律师提出来我们建一个律师大厦，律师大厦里有各种各样的业务专家。

我想这个设想如果能实现的话，那就意味着专业品牌的联想度有了具体指向。所以我想我们要着手建立一种品牌，规模化建立不了什么品牌，那我们做专业品牌。

三是领袖品牌。所谓领袖品牌就是人才的品牌，如果我们讲规模实际上就是规范，专业可能就是业务，但是从领袖品牌来讲就是人才，就是人才品牌。比如说我们这个律师事务所里面有哪些人是行业的领袖，为行业做了多少贡献，这是一个品牌。还有一个就是专业领袖的品牌，比如说这个律师是我们贵州刑事辩护的精英，或者说这个律师是我们贵州律师知识产权的"老大"。

北京康达律师事务所，大家都知道是一个很大的律师事务所，也是我们上届全国律协副会长付洋律师领导的一个律师事务所。所里分成了几个团队，其中有一个团队据我所知有一个律师带了30个人，这30人一年创收大概能达到1500万。这些团队结合了什么品牌？结合了三个品牌。一是规模的品牌，因为康达所是一家大所；二是领袖品牌，因为那是付洋领导的律师所，三是专业品牌。

四是文化品牌。如果我们建立不了一种规模品牌，建立不了一种专业品牌，也建立不了领袖品牌，那么我们能不能建立文化品牌。律师文化现在是司法行政机关和律师协会着手研究的一个发展问题。律师文化到底是什么？律师文化应该有一种行业的文化，有一种专业的文化，也有一种职业的文化，更重要的是有一个整体的文化，有一个集体的文化，也有一个个体的文化。但文化最终的含义是什么呢？我去年写了一篇文章，就发在我们的杂志上，题目是《律师仅仅是同行吗？》。我认为，律师不仅仅是同行，律师还是同行的关系，"行"这个词在我们中国词汇里面是两个含义，两种读法，同行和同行，同行也好，同行也罢，都是为了加强和提升我们律师与律师之间的认同，我觉得从文化来讲这是一个观念。

还有一个观念，就是我们作为法律人，如何增强我们对法律职业的认知，更重要的是我们如何把我们的职业上升到事业这种认识。我觉得这三个"认"如果都能做到，那么律师文化的雏形就已经初步具备。同样我们作为一个团队，不管我们的团队有多少人，也有可能我们律师事务所就15人，15人未必不能建立这种律师文化。当然文化品牌里面有很多载体，什么载体？比如说现在有一些律师事务所每年专门开一个研讨会，邀请方方面面的人，如政府官员、专家学者、经济学家、企业家，同时邀请一些媒体。我觉得这就是团队文化的一个载体。还有一些律师事务所，每年做一件大型公益事业，这也是律师文化的一个内容，这是着手从律师形象上构建他的律师文化品牌。

我们律师文化品牌有很多，比如说每年我们能不能对青年律师做一些事情。我觉得我们中国律师业现在对青年律师下的功夫不多，对青年律师关心不够。我觉得在律师文化品牌当中我们能否对青年律师开设一个品牌，也就是对青年律师创造一个品牌。律师事务所的所刊、所训，都是我们构建律师品牌的载体之一。我很看重律师事务所的所刊，我现在每天收到的刊物非常多，只有律师事务所的所刊我舍不得扔。因为这是内部刊物，越内部越珍贵，而且我能从他们的所刊看到律师事务所的发展。现在北京、上海、广东等地很多大所都在办所刊，我觉得很多所刊办得不错。还有就是所训，所训实际上就是一个律师事务所的精神内涵。四川成都有一家事务所叫守民所，他们的所训我觉得很好，我还特别写了一篇文章称赞他们的所训。他们的所训是"把事情做好，把事业做大"，这是非常直白的一句话，也是令人印象非常深刻的一句话。所以我们的所训一定要找出自己的特点，一定要让人家不会跟你重复，要与众不同。比如说诚信、公正、卓越、理想，类似这样的话容易重复，没有特点。所以我们要创造一种与众不同的文化品牌，文化品牌就是一个律师事务所的形象名片。我们每个人手里都有名片，我们律师是不可能不带名片的，随身随时要带名片。但是还有一张名片我们带了没有，那就是我们的形象名片，我们的文化品牌。还有例如，律师事务所每年出一本书，这就是立体名片。这本书送到了国家宏观调控部门的领导案头上，他觉得这个所不错，每年还花这么大的精力去研究这些问题。如果有一些比较高端的、重大的业务的时候，他就会想到这个所，或者说几家所投标一单业务的时候，他就考虑哪家所有后劲儿、有实力。这种律师所不是赚了钱就跑，也不是赚了钱就分光，而是想做事业，想把这个所的品牌做得更好。

五是实力品牌，也就是核心竞争力的品牌。什么叫核心竞争力？第一是偷不去，第二是买不到，第三是拆不开，第四是带不走，第五是流不掉，第六是变不了。也就是我们原来经常讲的人无我有，人有我精，人精我特，这就是一种核心竞争力，一种与众不同的核心竞争力品牌。

我们律师是很有智慧的，所以我们律师绝对不能做那种跟别人重复的事情，尤其在品牌方面。比如说形象品牌有两种，一种是实在的形象，一种是虚拟的形象，但是这个形象有时候不仅仅是我们律师、我们合伙人的问题，甚至和管理人员、工作人员都有关系。比如说前台接待，大家知道前台一般都要接电话的，有些所的前台可能接电话没接好，就可能会导致别人对这个所产生某种不好的印象。

现在有些律师事务所开始建立一种专门负责客户方面的部门，叫客户联络、客户公关、客户维护。它负责什么呢？负责巩固老客户，发展新客户，更重要的是发展目标客户。为什么叫目标客户？比如说我未来的一年当中或者三年之中我要发展什么样的目标客户。比如说我的目标专业是国企改制，那么所有国企改制的会议我应该去参加，所有国企改制的研究成果我应该去学习，所有国企改制的有关政策我要去了解，所有国企改制的信息我要去收集，这是谁做的事情？这就是律师事务所专门负责客户维护的那个部门的工作人员去做的事情，这就是有意识地去发展目标客户。

我们业内每年有好多研讨活动，我建议大家只要有机会，只要能放下手头的工作，就应该多去参加这样的活动，多去沟通，多去联络。毫不夸张地说，中国律师论坛为中国律师业沟通和互动架起了一座非常好的桥梁，有很多律师事务所业务的协作，有很多律师事务所的合作乃至于合并，都是通过在中国律师论坛上认识以后，形成了一种联络。

我经常讲这样一句话：一个人执业是需要奋斗的，两个人执业是需要配合的，三个人执业是需要分工的，四个人执业是需要协调的，五个人执业是需要管理的。刚才我讲到的那几个方面都是管理，如何配合、如何分工、如何协调、如何合作，这就是我们管理当中要面临的问题。我们律师事务所、律师之间需要这样的沟通、互动，同样区域内到区域外也要有一个互动、沟通的问题。所以我希望今天讲完以后，在全国性论坛上能看见更多的贵州律师。

我觉得很遗憾，我刚才跟莫老爷（贵州省律师协会秘书长莫玉辉）道了个歉，我说我认识的贵州朋友不太多。全国各省的律师，每个省我至少能叫上30个人到50个人的名字，在贵州还没达到那个目标，责任首先在我。所以我承担99%的责任，1%的责任就是咱们在座的和不在座的贵州律师。因为你们出去交流少，见面机会也不多，所以这一次莫老爷安排我来讲讲我很高兴，因为我想来看看贵州美丽的山水，今天早晨起来我觉得我呼吸到的只有甜，没有其他东西，所以感觉到空气里面是一种甜蜜的味道，所以我还想多来，我也希望在座的贵州律师朋友也给我创造和提供这样的机会。其实人和人之间都是这样的，我们文来文往固然是重要的，但是人来人往更加重要。原来我们的老部长，现在是最高法院院长肖扬同志曾经说过一句话，少一点文来文往，多一点人来人往。现在文来文往的方式很多，发短信、邮件这都是文来文往，而且像过去写信的方式比较少了。所以现在我对写信的这种方式很珍惜，现在如果谁给我写一封信，我得把这封信保存起来。现在收到一封信多难呀！基本上是打电话、发短信、发邮件或者网上聊天，很少是写信。我看大家过年过节写的贺年卡，有的人连名字都懒得写了，全部印刷体，当然还有的人会签个名。这样尽管达到了互相沟通、互通联络的目的，但是难免少了点人性化的东西。所以我觉得我们人与人之间交往有多种模式，但是最关注的是人性化的落实。我们律师同行和律师以外的人交流，比如说我们参加各种各样业内的会议，跟经济界、商界、企业界的交流，都是我们推销品牌的机会。关于如何做好客户维护、客户回访的问题，回访就是做业务的人和回访客户的人不是同一个人，是专门有这样一个部门。还有研讨会的模式大家一定要注意，第一是举办，第二是赞助，第三是参加，无非就是这三种模式。我参加了很多会议，也从会议上学到了很多东西。大家不知道，人与人之间只要思想一碰撞智慧就出来了。古人云"三人行必有我师"，三个人在一起，一个人在说话，两个人说话，第三个人再说话的时候思想就会发生碰撞，一碰撞就有火花，必有智慧。我就是通过我们律师界的很多会议和我们律师界以外的很多会议，学到了很多东西。我想我们律师是很有智慧的，我觉得我们应该通过我们的努力做好品牌方面的业内和业外的交流。

要交流就面临讲话和演讲的问题。现在你们看到有一些律师只要一开会他就要发言，就要提问题，我觉得这是好事。律师就是要善于提问、敢于提问。原来有一句话，提问是记者的天职。同样，提问也是律师的天职。因为你的提问来源于你的思路、你的思想、你的思考。所以我们参加研讨会，除了参加举办研讨赞助之外，还有一个就是我们怎么样不断地去演讲，不断地去发言。

在品牌营销上，除了参会还有讲课这种模式。我认识一位做日本业务的律师，他们怎么去发展他们的客户？讲课。比如说到一个公司，他说你们对中国法律可能不大了解，我给你讲一讲。实际上他讲的基本上是概念性的介绍，比如说中国投资方面的法律、中国知识产权方面的法律、中国国企改制方面的法律。听着听着、谈着谈着感觉就出来了，对方有可能就成了客户。现在很多律所是主动走上门去发展客户，还有一些律师现在专门讲课，比如说我刚才讲到的朱树英律师，他现在业务就做不过来，他很多业务都靠讲课。例如，他到贵阳讲，讲完以后贵州建设厅的领导说这个律师讲得不错，如何如何。还有很多这样的情况，我们江西原来有一个律师在老家做得不错，他自己总是感觉还有空间，后来去了北京。我不主张谁都去北京执业，因为律师是有地域化的，资源也是有地域化的，所以不能什么人都到北京去，但有些人是可以到北京去的。原来贵州有一个律师听说也做得不错，他叫顾先平，也到北京去了，我想律师流动是必要的，但是并不是谁都可以流动，关键要看个人的特长。

我刚才讲到的那位从江西到北京的律师叫王才亮，现在做什么业务呢？一边做拆迁，一边到处去讲课，他从北讲到南，从东讲到西，甚至讲到了拉萨。这个讲课给他带来了很多资源和案源，所以，我们律师如何做品牌当中讲课是一种值得推广的模式。另外，参加一些俱乐部的活动，有针对性地瞄准一些政界、商界人物，也是一种值得推荐的模式。

比如北京中伦金通所的张学兵律师，他当年刚开始做律师的时候就瞄准了几个房地产的开发商，这些开发商在发展中有起伏、有波折，最终他们还是成功了。其中有一个人叫潘石屹，潘石屹经常都会想到他，他们已经形成了一种你中有我、我中有你的关系。这就是目标性人物变成目标性客户的一个最好说明。

当然还有各种各样的会议，比如商贸方面的会议、社会公共关系方面的会议，都是我们将品牌做活的机会。另外还有一个如何将品牌做活的办法，如律师事务所的简介，我看有些所的简介就是几张活页纸订一下，显得过于简单了，我觉得我们律师是要有讲究、有品味的。因为品牌来自于品位和品质，品质是人，品位是思想。思想的体现就在简介中。当然，律师事务所网站也面临这样的情况，我们律师为行业、为弱者、为社会所做的公益事情，都是我们将品牌做活时需要做的。

同样，还有律师事务所简报也很重要。简报有两种，一种是我们对司法行政机关和律师协会的简报，比如说律所做了一个业务向主管部门报一报，这是有好处的。还有一种简报就是关于客户的简报，客户的简报就是对客户有用的信息与动态。有一个律师事务所做了一份简报叫《天天想你》，每个礼拜出一期，内容是有关这一周关于中国经济发展态势的一些问题，都是对客户有用的信息。所谓"天天想你"就是不仅仅我（律所）天天想你，而且我们中国的经济形势发展也在想着你。对客户来讲他觉得是一种温馨，你天天想我，那我还不想着你吗？所以做活品牌当中，只要你想，理想就在前方，目标就在前方，就怕你不想。只要我们用心去想我们就能做到，律师事务所的品牌就是条条大路通罗马，条条小路通罗马。

刚才我得到一个消息，我刚才讲到我们贵州的律师事务所，保守的估计五年之内应该有合并的范例，实际上两年前，我们贵州有一家律师事务所叫中创联律师事务所，就是由四家律师事务所合并的，这个信息我没有掌握。我刚才跟中创联所的律师讲1%的责任是他们，99%的责任在我。因为我没有搜集到这个信息，说明我的服务精神、服务能力还有缺陷；他们1%没告诉我，他们觉得好像不值得告诉我，只告诉别的人不告诉我，这也是不对的。我希望贵州律师将来在改革发展探索方面，任何信息如果愿意告诉我的话，我希望你们都告诉我。

关于律师事务所合并的范例还有很多，我刚才只是讲了北京、上海、天津的情况，实际上还有很多，比如说武汉山河律师事务所是由三家所合并的，因为他们要重整山河。河南有开物律事务所，湖南是万河联合律师事务所，江苏有金鼎英杰、法德永衡、洲际英杰，福建有远东大成、天衡联合，广州有汕联，北京还有建元律师事务所，这都是各种各样规模化合并的范例。

随着律师的发展，做大是一个趋势，但不可能什么人都做大。做大永远是一个导向，而且是一个标杆。所以，任何一个地域，任何一个专业，我觉得都应该有一两家、两三家这样的标杆律师事务所。也就是到2020年的时候，我认为在贵州至少有5到10家各拥有100~200人的律师事务所，我觉得这个毫无问题。现在中创联律师事务所已经40多个人，离这个目标应该说不远。当然大家一定要记住，规模化只是一个导向，不是一个目标。

刚才课间休息时我接到了一个纸条，我觉得这位律师眼光非常敏锐，他就问了我一个问题，他说请您说一说我国《律师法》当中对律师含义界定的想法。下个月召开的第三届中国青年律师论坛设置了一个辩题：律师是不是自由职业？律师到底是什么？现在是众说纷纭。其实目前《律师法》对律师的定位只是一个服务的定位，它不是一个完全的含义。我觉得《律师法》如果从以下四个方面进行定位的话就比较完备了：第一律师是政治人，第二律师是经济人，第三是文化人，第四是律师是法律人。如果能将这四个概念包含进去，律师的定义与概念基本上就完备了。所以我觉得如果要谈律师是不是自由职业这个问题，就应该考虑律师的概念，确定律师的定义。

好！我们回到今天的主题。

第四个大趋势：规范化——做准

规范化就要做准，标准的准，也可以说规范化就是标准化。刚才讲了做大、做精、做活，现在要讲做准，这就是第四大趋势：规范化或者叫标准化。曾经有人面对律师和客户同时做了一个民意测验，有点类似于我刚才讲到的专业和责任哪个更重要的时候，我们律师和客户是展现了不同的观点。这个民意测验说的是，面对客户的时候你的第一个需要是什么？客户的回答是"及时的服务"，而律师的回答是"特殊的专家"。第二个需要呢？客户的回答是"合理而明确的收费标准"，律师的回答是"全面的能力"，这就是我刚才我讲到的，律师还是强调专业。客户的第三个回答是"能够找得到律师"，律师的回答是"费用"，律师们关心的第三个目标是"收多少钱"的问题，客户关心的第三个目标是"能找得到你"。由此可见，律师跟客户的沟通是多么重要！客户有时候对律师们的意见就是怕找不到你，这个律师怎么搞的？电话也不接，短信也不回，所里也不在，不知道到哪去了？所以有人提出了 24 小时服务制。24 小时制有两个含义：一是随着我们律师事业的发展，国外客户越来越多地需要有 24 小时的服务。因为我们的白天是人家的黑夜，我们的黑夜是人家的白天，就是说黑夜也有人办公。还有一个 24 小时制，按照标准化来讲，律师和客户的交流和沟通，应该在 24 小时以内有答复，你要告诉人家这个是什么状态，那个是什么方案。由此可见客户的第三个目标是希望"能够找得到律师"是有道理的。客户的第四个回答是"有关客户业务的知识"，只有这一项律师和客户达到了完全的一致。律师的回答也是有关客户业务的知识，这一项就说明了专业也好、责任也好，在第四个目标上达到了一致。第五个需要，客户的回答是沟通和联系，律师的回答刚好是客户的第一个需要：及时的服务。由此可见，我们做律师如何做到规范化，如何做到标准化，是多么的重要。

司法部前年进行了一年的教育整顿活动，其目标是探索在律师职业当中如何处理法官和律师的关系，如何加强律师事务所的内部管理，如何完善个人的自律管理。实际上，我觉得最重要的是第二个方面，也就是关于内部管理的问题。因为管理出效益，管理是一个永恒的话题，我们每个律师事务所都会面临这个问题。在管理当中我觉得要处理好几个关系：一是内外的关系，律师事务所内部和外部的关系，也就是说律师事务所和客户的关系，不管是与现有客户还是目标客户的关系，乃至社会其他方面的关系，如与媒体的关系、政府的关系，法律人共同体的关系；二是上下的关系，上下的关系有两个方面，一个方面是管理者与被管理者的关系，如处理好与司法行政机关和律师协会的关系，同时处理好律师事务所内部的上下关系，如高级合伙人和一般律师的关系，或者说律师和一般工作人员的关系；还有一个是前后关系，如原始合伙人和加盟合伙人的关系，创始合伙人和新增合伙人的关系，或者说新增律师的关系；第四是左右关系，比如说律师事务所之间的左右关系和律师个人的左右关系。这四大关系如果能协调得好，我觉得管理这篇文章就做得不错。

当然，从内部来讲更重要的是处理好我刚才讲到的锅里和碗里的关系。有人说，吃着碗里的，看着锅里的，想着田里的。吃的时候看锅里有多少，锅里没了，就慢慢吃吧。锅里有了我们就快点吃，再从锅里弄点。但是看到锅里的时候，我们还要想到田里的，也就是我们的产品、我们该收割的粮食。我们律师事务所的规范化一定要处理好各个方面的关系，不管是前后也好、左右也好、上下也好、内外也好，都要处理好。

但是真正从总体规范来讲，我们要处理好的主要是以下几个方面：第一个是关于经济方面的规范，实际上也就是分配方面的规范，就是说律所的体制决定其分配模式。如我刚才讲到的承包制，它的分配关系就非常简单。如果是提成制的，相对来讲也比较简单，但比承包制的稍微复杂一点，因为其中的提成也有很多。如有些是提50%、60%甚至80%，这是一种简单的提成制，还有一种是分阶段提成。如按律师创收，1万到5万是一个提成比例，5万到10万是一个提成比例，10万到20万是一个提成模式。现在的问题是，这些提成模式如何规范化、标准化，怎么做到既能鼓励积极性，同时又能给律师事务所留下发展基金，留下后劲。而工资制的优势主要是能处理好各种各样人员薪酬的问题。比如说合伙人的红利、发展基金、激励基金、对外开销、公共成本、个人成本等，可能在工资制里面考虑的要多一些，在提成制和承包制中可能简单一些。但是未来的发展模式可能还是公司化的律师事务所，公司化肯定要考虑工资制。所以对律师来说，永远没有最好的解决方案，只有最合适的模式。也就是说没有最好的，只有最合适的。

对律师业的发展来讲，这个"合适"是非常重要的，所以我觉得在管理规范上，第一，我们的分配管理如何做到规范。管理规范的分配模式取决于律师事务所的组织形式。我们现在都是无限合伙，将来《律师法》修改以后可能就会出现有限责任的律师事务所。现在有人已经提出要搞有限责任、有限合伙，但现在是既没有有限责任，也没有有限合伙，都是无限责任。对我们律师业来讲，又是一个非常艰难的问题。

第二个是关于权力方面的规范。刚才讲了经济规范或者叫分配规范，第二个就要处理好权力规范。律师事务所的分分合合我是见得最多的，刚才我讲的是合，还有很多分的。例如，去年我到珠海去看一家律师事务所，他们合伙人有 13 个人，律师事务所大概有 50 多个人，他们这个所是通过 1994 年成立的所与 1997 年成立的所于 2000 年合并发展来的，到今年又要分所了。分所之后 13 个合伙人里面，8 个人是一家所，另外 5 个人是另一家所。这种分分合合我见了很多，难免有点伤心，有点感慨，甚至有点尴尬。比如说张三跟李四，我觉得他们两人都不错，我与他们相处也非常好。但是当他们分手以后我要跟他们见面就不能一块见面了。因为律师有时候合起来的时候是亲密的战友，一分手就可能不仅仅是对手，还是敌人了。所以我们律师业发展当中要尽力避免并认真研究这个问题。

在我看来，律师事务所从感情模式上讲有四种律师事务所，我不知道在座的各位律师能划到哪一种律师事务所的模式：第一种是亲情式律师事务所；第二种是友情式；第三种是温情式；第四种是无情式即制度式管理发展模式。所谓亲情式发展就是律师事务所主要由亲友发起成立，比如说主任是当父亲的，母亲可能做会计，儿子或女儿也是律师事务所的一个主力。亲情式律师事务所大多数规模不大，也有规模大的。比如说像北京岳成律师事务所，该所现在发展很好，规模也比较大。岳成的四个孩子都做律师，而且岳成原来当主任，但是现在不当主任了，现在是他的儿子当主任，这就是亲情模式的律师事务所。我刚才一再讲在律师事务所的模式中，没有最好的，只有最合适的。你只要认为是最合适的，做到规范了就可以了。

第二种是友情式的。这种情况一般比较多，比如说几个非常好的哥们，或者原来在机关，或者原来在学校，原来在企业，或者说原来都是大学同学，或者说同宿舍同学组合起来的律师事务所。这种律师事务所关系比较稳定，但也可能出现分裂。分裂的原因在哪里？就在于权力，权力分配不均或者权力分配不公，导致分手。广东一家律师事务所两个合伙人分手的时候就是为了一个秘书，一个合伙人对另外一个合伙人聘用的秘书极端反感。认为这个人不适合做秘书，于是，他就屡屡跟他提建议。最后他们两个人都不妥协，都不让步。我跟他们讲过一句话，"只有妥协才能妥善，只有让步才能进步，既没有让步也没有妥协，自然就会分手"。

第三种是温情式。这种模式实际上是前两种模式的结合。

第四种模式是无情式，也就是完全制度式管理。这应该是我们律师事务所管理的最高境界，但目前大多数律师所还没有走到这一步。

我们杂志上曾经登过一篇文章，说的是云南的马军和刘胡乐，他们两个人原来是一种非常好的关系，而且他们两个互相都讲对方的好话，但是没想到有一天他们也分手了。他们分手的时候我们也觉得感慨万分，我说你们都能分手，看来律师的合作的确是越来越难了。他们很有意思，在一起的时候互相体现风格，都说对方好，如刘胡乐说马军永远是我的大哥，马军说刘胡乐是好兄弟。但是他们两个都是有风度的人，因为他们两人分手后关系依旧不错，依旧称赞对方。所以后来我安排记者做了一次采访，形成文字后就是《男人分手不流眼泪》。这是比较典范的分手，就像现在夫妻一样。有的夫妻离婚以后还能在一起看电影、看球赛，甚至参加聚会，外人根本感觉不到他分手，我觉得这种分手少见，就是因为少见才是典范。

当然律师事务所的分分合合是正常的，我曾经总结过律师事务所的"35810现象"，这个现象说的是，头三年看一个律师事务所能不能稳定，因为很多律师事务所的分手就是在三年左右。这个现象怎么跟结婚那么类似？我们的婚姻里面有一个"七年之痒"，实际上我们律师事务所也有一个"三年之痒"。爱情保鲜期你们知道多长时间吗？十八个月。十八个月那不是一年半吗？好多婚姻也就是三年的样子，就离婚了。因为他们实在坚持不下去了。我们律师事务所的合并与分手跟婚姻很类似，所以三年看一个所能不能稳定，五年看一个所能不能发展，八年看一个所能不能提升，十年看一个所能不能创新。尤其到了八年和十年的时候，一个律师事务所到了这个时候如果没有提升创新的时候，律师有一种什么感觉？审美疲劳。我原来在大学时当过长跑运动员，1500米、3000米、5000米、10000米我都跑。前面几个项目，我还不怎么怕，怕的是10000米。10000米跑到6000米到8000米的时候，这个时候是最艰难的时候。甚至有时候累得都想死，实在是不想跑了。但是这个时候实际上就是那么一下子，这是一个人身体的极点反应，咬牙一坚持就过去了。所以有人说为什么有的人能够成功，原因就在于当别人不再坚持的时候他能再坚持一下，最后就成功了。

我觉得律师事务所也是，到八年、十年的时候，一定要有创新和提升，一定要注入新的东西，比如说新鲜血液、新的观念、新的目标。就像婚姻一样，到这个时候，八年左右给它注入新的激情，使婚姻获得第二次青春，第二个春天。律师事务所的分分合合，实际上是有一个规律的，我们怎么样突破这个规律就在于我们自己怎样处理好这个规范问题。分配规范是一个方面，权力规范又是一个方面。现在权力规范很多，有主任制的，还有一个叫管委会的"泛民主"制的。"泛民主"就是说几个合伙人，一人一票，平等的一票，甚至轮流坐庄，今年你当主任，明年他当主任，当然有的所是两年换一次或者一年换一个，这就是"泛民主"。但这种律师事务所也有麻烦，因为它没有一个核心，如某律师事务所有业务接待，要接待就要请吃饭，吃饭怎么办呢？这个人必须跟其他合伙人打一个电话，今天中午我要请谁吃饭，你们看行不行？一般来讲大家肯定同意，但是必须有这个程序。这么一个小事还要讨论，由此可见这个所的工作效率。所以律师事务所还是需要有核心，我们国家要有核心，我们党要有核心，同样我们任何一个团队都要有核心。当然核心可能是一个人，也可能是若干人。这个若干人是非常精英化的若干人，这是权力上我们怎么规范的问题。纯粹"泛民主"，每人一票的模式行不行？我认为对有些所可以，对有些所可能不行。

还有一个金字塔模式的权力关系，最高层就是一个人，这个人是魅力无限，接下来就是几个人。我们经常讲到的金杜和君合是我们律师业发展当中的双子星座，金杜就是金字塔式的，最上面就是王俊峰。王俊峰在这方面具有不同一般人的魅力和魄力，他们有一个合伙人曾经跟我讲，他说王俊峰对我们最大的感动是除了科学民主之外，他最重要的一点就是他自己能吃亏。你们想一个核心，一个最高层的合伙人如果能吃亏的话，还有什么做不到呢？可以说，我刚才讲到的妥协与让步他都做到了。当然这个让步、这个妥协，这个魅力和魄力是建立在科学和民主机制的基础上，也就是规范的基础上，他有具体的执行人，在处理好议、决、行、监这四大关系的基础上快速发展。我觉得这种金字塔式模式有其参考的价值，因为他们具备了我刚才讲到的第三种模式温情式的特征。

第三个是关于如何处理好财务的规范。我们一直在呼吁建立我们律师事务所财务的标准化，但步子走得总是好像慢了一些。律师事务所财务规范有赖于我们国家的宏观调控部门，比如说财税部门对我们的财务管理是实行一种什么模式。大家都知道，首先是税的问题，比如哪些费用可以列入成本，哪些费用不列入成本。好多是人为化的东西，缺少规范化的东西。要规范就应该从哪些可以列入成本，哪些不能列入成本，哪些是公共成本，哪些是个人成本，哪些是发展成本开始做起。我觉得在财务上，我们还有赖于我们司法行政和律师协会对权力部门、宏观调控部门的交涉能力。相信若干年以后，这个问题应该能解决。有威才有位，有威来自有为，所谓有为就是我们要做多少，做得好不好，我们才能建立我们的威望，才能建立我们的权威，才能提升我们的地位。我想未来20年这些问题应该是能解决的，当然解决这些问题以后可能还会有新的问题，但是我想这个问题是不难解决的。

第四个是关于业务方面的规范，除了经济规范、权力规范、财务规范，第四个是业务规范。业务规范也就是我们的业务规则，我们律师是制定规则的，律师是法律之师，是文明之师，是程序之师，是规则之师。没有规则的时候我们就要制定规则，有规则的时候我们要去完善规则，当规则有缺陷的时候，我们要去修订规则。那么，我们自己的规范和规则在哪里呢？

首先就是执业地域的问题，现在一个所能否在几处办公，这在管理者和被管理者之间是有争议的。管理者说一个所只能在一个地方办公，但对律师事务所来讲，尤其是规模化律师事务所来讲，就是一个现实问题。比如说我今年买了500平米，到明年就坐不下了，这个时候怎么办？我既不能离开那个写字楼，整个写字楼里面又没有空间了。我把这500米给它卖掉？这么轻易地脱手，第一可能困难，第二我也舍不得，第三可能还有一个过程。我到别的写字楼能不能开一个新的办公地址，这是我们律师管理层都在考虑的问题。对这个问题，目前我们没有解决办法，尤其对规模化律师事务所来讲，将来是非常困难、头疼的问题。比如说整个律师所一共是2000平米，它可能分两个地方或者分三个地方办公，我觉得不要人为地去阻止或者反对，只要严格规范管理和市场确实需要就应该允许。比如说我们在贵阳的高新区有很多业务，这个高新区跟老城区之间交通方面或者信息方面有欠缺，或者智能化不够，这样就有可能老城区有一个所，高新区还有一个办公楼，这种情况将来是无法避免的。

第二就是关于兼职律师的问题。现在我们的兼职律师基本上都在大专院校、科研单位。但在哪些单位可以兼职、什么人可以兼职、什么时候可以兼职，还应该有一个标准和规范的问题。还有业务推广规范问题，也就是刚才我讲到的，如何做好品牌的问题。例如，广告的问题、名片的问题、收费的问题，这都是我们在业务推广方面的管理规范。广告问题中我们也有一些规则，名片印制也有一些规则，但在收费上有一个争议，那就是是否应该限制最低收费或最高收费。有很多人主张应该限制最低收费，而不应该限制最高收费。我也觉得这个观点有它的科学性。但在这方面我们将来应该有一个明确的规范，现在的收费办法是不科学的，也是过时的。

现在我来讲讲第五个方面的规范，就是关于人力资源的规范。首先要注意人才流动的问题，律师人才的流动，这是一个必然的现象，没有流动就没有发展，但是流动太快了就不是发展了。

关于律师事务所的流动，我们杂志社与中国政法大学曾经为此专门开了一个研讨会，当时我们给它界定了几个含义：第一个流动是这个律师事务所到那个律师事务所的流动；第二个流动是这个律师从这个地域到那个地域的流动；第三个流动就是从这个行业，比如说从法院、检察院转入律师行业或从律师行业跨入到法院、检察院；第四个流动，是中国律师摇身一变变成了外国律师。我们普遍看到的就是第一种流动，就是跨所的流动。但是跨所的流动也要有一个规范，现在有人一年能跨三个所，很显然这个流动肯定是有问题的。你们想想一年能跨三个所吗？这个里面肯定有问题，要么就是律师事务所有问题，要么就是律师本人有问题。

还有一个就是我们继续教育的问题，这是人力资源的关键问题。我们年轻的律师都面临入门培训的问题，我们的中老年律师也面临知识更新的问题。现在主要是如何加大、重视青年律师的培训。大家可能都有印象，80年代和90年代做律师的，基本上到一个所肯定有一个师傅带你。现在这种情况少见了，很多青年律师到了一个所以后完全靠自己去摸索、自己去闯荡。这对一个人的发展是必不可少的，如果前面有人点拨一下就更有利了，但是这种情况现在非常少。

这里有两个矛盾，一个方面就是老的不愿意带徒弟。他们担心我把你带成熟了，你就成了我的竞争对手，同时把你带成熟以后，你就开始讨价还价了。这里还有青年律师的心态问题，当他通过三年乃至五年的发展以后，他就觉得他能成为合伙人，但按照律师事务所的规则，可能他暂时还无法成为合伙人。这个时候青年律师就想，如果你不吸收我为合伙人我就走。这个情况怎么处理，怎么化解这个矛盾，这是我们在人力资源方面需要解决的问题，很多律师事务所经常面临这个问题。

说实话，现在我们有一些青年律师确实也比较功利，比较急躁，甚至可以说是浮躁。所以，我们用一种什么眼光去看青年律师，决定着我们未来的发展。我认为，对青年律师要考虑情况，分别使用，有的是大胆使用，有的是限制使用，有的是一般使用，有的是坚决不用。这就取决于他们的德和才，有德有才要大胆使用，有德无才要培养使用，有才无德要限制使用，无德无才要坚决不用。同时，还有一个矛盾，青年律师找不到师傅。这是我国律师人力资源方面的现实矛盾与现实难题。

第六是关于风险管理方面的规范。有一个案例发人深省，前几年北京有一家律师事务所做了一个业务，可能业务当中有瑕疵。事隔两年之后，这个律师事务所已经解散，客户就起诉那三个合伙人。理由是因为你的过失导致了我的损失，要求律师事务所赔偿损失，一审法院判赔800万。尽管我们律师界对这个判决还是有争议的，但是这个事情给了我们一个警告，那就是我们在风险管理上究竟做得怎么样。

去年在北京有一个律师在做房地产业务当中，把购房者的预付款，大概有将近2000万元全部携款潜逃，这个律师现在还没有归案。这个律师真是没有德行、没有眼光，他没有想到他给律师界带来了多大的危害。所以我讲一个律师就代表一个行业，现在社会对我们律师的负面评价非常多，比如律师是见利忘义的，律师是见钱眼开的，你们看这件事一出来又给我们带来了多大的危害。

我今天讲的风险管理，主要是指跟业务有关的风险，大概包括以下几个方面，一个是与政府行为有关的执业风险。如我们原来讲的关于给公司股票上市出具法律意见书，这项业务是政府给我们带来的一个政策推动，做这项业务如果没处理好就是一个风险，实际上也出现过这样的风险，也有律师事务所为此也已受到处罚。第二是与企业有关的风险，比如说企业信息披露的问题，包括企业本身内部运作的问题，这对我们作为法律顾问的律师来讲也是一个风险。第三个风险就是因为自身的原因带来的风险，如刑事辩护案件。我们现在有些律师对手机的使用不太注意。如会见的时候，给犯罪嫌疑人用一下好像没什么大问题，但是一出问题就是大问题了。所以，我们律师在会见犯罪嫌疑人时一个是不能带纸条，一个是不能给电话。看起来有点无情，但是对保护自己有利。实际上我们律师最大的敌人不是对手，也不是别的人，就是我们的当事人。当事人有可能成为我们亲密的朋友，但是也可能成为我们亲密的敌人，这个风险就在于我们自己，如果没掌握好就是一个风险。

第五个大趋势：国际化——做广

所谓国际化的趋势就是我们律师业如何做广的问题，我觉得应该有四个方面的国际化。可能对我们贵州律师来讲比较远，但就是因为远我们才需要准备，因为远我们准备的时间才更充分一些。不要以为国际化离我们很遥远，就以为没有关系。这四个方面的国际化是：

第一，服务对象的国际化，也就是我们的客户的国际化。随着我国经济的发展，现在500强的企业到中国投资的越来越多，现在中国成了世界的一个大市场。所以，服务对象的国际化肯定会带来我们法律服务的国际化。将来服务对象不仅仅是现在的传统工业，将来还有更多的网络、媒体、出版企业涌入中国，对象也会越来越多。

第二，服务地域的国际化，比如我们这里的客户要到国外去，这对我们贵州来讲不是没有可能，而是很有可能。比如反倾销的问题，这是我们将来必须面临的服务地域的问题。那时，我们的服务地域将不断变化、服务区域将不断扩大。

第三，服务人员的国际化。现在在北京的大所中经常能看到一些外国律师，他们有的是以中国律师的名义执业，有的是作为中国律师的辅助人员执业。现在做日本业务的、做欧美业务的很多大型律师事务所都有外籍人士。而且，将来还会有更多的外籍人士加盟中国的律师事务所。不要以为贵州很偏僻、很遥远，也许，当我们一切准备充分的时候，某一天早晨起来我们的国际化可能就开始实现了。

第四，最主要的也最现实的、最实际的国际化就是业务合作的国际化。这个国际化就是指我们同外国同行的接触，实际上现在北京的一些大所在这方面做得非常好，也尝到了甜头。外国的客户来了，外国的律师来了就面临着怎么样和我们合作。比如外国的客户到了贵州，他的外国律师也到了贵州，他不能直接做，他得委托我们做，我们谁能做？这就是一个现实的国际化。

浙江省律师协会会长王秋潮律师跟我说，有时候我们的国际化是被动的，不是主动的。他说有一次外国的客户来了，带一个外国律师来了，然后他跟中国的企业谈判。参与谈判的中国企业请了一个中国律师，你们看这就是被动的国际化。所以中国很多企业家还没到这个思维，还没到这个程度，但中国企业家会慢慢地达到这个程度。所以，我们有时候需要主动出击，主动展示我们在国际业务方面的专业才能。我们现在讲国际化就是讲跨境的国际化，比如说我们内地和香港的合作与联营，是不是国际化，应该算国际化。香港是我们亚洲的一个核心的码头、信息的集散地。这是指跨境的，还有跨区的，比如说我们跟东盟的合作，东盟是一个区，东亚是一个区。跨区的国际化、跨国的国际化、中国跟美国等等经贸往来越多，法律服务也越多，所以无论是跨境还是跨区或者跨国，业务将会越来越多。

现在我们这个时代最大的特点就是全球化，全球化就是我们要用全球化的眼光，全球化的思维，进行全球化的合作。对客户来讲，有时候我们律师需要走在客户前面，领着客户走，这要靠我们的眼光；有的时候我们律师需要走在客户身边，陪着客户走，这要靠我们的服务；有时候我们律师需要跟着客户走，这要靠我们的责任。我们在国际化发展当中需要有什么眼光领着客户走，我觉得在未来的发展趋势当中，将来最值得注意的就是，有可能在二十年后我们的律师事务所也可以去吞并西方国家的律师事务所。当然，我们可能也要面临一个问题，当我们的法律服务全面开放以后，我们的大所可能变成了美国的律师事务所，变成了英国的律师事务所。曾经有一家大所说，好好做，再过十年说不定人家就盯上我们了，我们卖一个好价钱也行。我觉得这是一个眼光，其实我们也应该讲，我们好好做，十年以后我们就去收购他们。我们中国的企业家现在开始到外面收购，我们律师事务所将来也面临这个问题，我们去收购他们。他们收购，我们不反对，但是更重要的是我们收购他们。当我们实现规模化、实现专业化、实现品牌化、实现规范化以后，我们就面临一个国际化。我们一定要有国际化的眼光，全球化的视野，我们如何去吞并和收购他们，如何占有更多的法律服务市场，这是接下来二十年我们要面临、要研究的问题。

第六个大趋势：公益化——做好

所谓公益化，从形象上讲也就是在社会公益方面，我们能做多少事情，我们已经做了多少事情，我们还能做多少事情。在这方面现在有一些律师做得不错，而且公益化也能给我们带来极大的业务量。例如，北京的佟丽华律师专门做未成年人的业务，这方面他在国际上都很知名，一说到未成年人的法律保护，他们都说佟丽华。佟丽华是1991年上大学，1995年大学毕业的。1995年到现在也就10年的时间，他在这方面已经做得很不错了。现在一讲到社会公益事业，一讲到未成年的法律保护，马上可以想到我们的佟丽华律师。佟丽华在这方面做了很大牺牲，而且他做的成绩现在已获得了党和政府，获得了百姓乃至我们所有同行的敬佩和赞扬。

我觉得，公益化将是我们律师提升社会形象，扩大社会作用的契机。如果我们把律师作为一个职业，我们可能要考虑挣钱的事、考虑谋生的事，这无可厚非；如果我们把律师作为一个专业，我们考虑的是用什么挣钱；如果我们把律师作为一个行业，我们考虑的是为什么挣钱；但是如果我们把律师作为一项事业，我们要考虑挣钱以后还能做什么。尽管我们挣钱不多，但我们也应考虑能为社会、能为国家做点什么，这就是我们律师从事业的高度，考虑自己在社会公益、在国家公益、在弱者保护问题上能做什么。

美国有100万律师，据说是80%的律师去赚钱，让20%律师去做社会公益事业。我刚才讲了社会评价对我们律师形象的负面评价比较多。当然，本身有一些律师确实做得不够好。如果我们大家都能做好，我们的形象能不起来吗？所以在职业上讲、专业上讲、行业上讲、事业上讲，我们都有做好的资本，都有做好的能力。所以我们一定要考虑，律师尽管挣不了大钱，但我们是用专业智慧来挣钱，我们挣钱以后还能做非常具有公益性的事情。

这几年，我们在中国律师论坛上认识了国际司法桥梁，认识了一位美国女律师。她的中文名字叫章凝华，她原来在美国做公益律师，现在国际司法桥梁。他们和中国法律援助律师合作，做了很多公益事业，她还想帮助更多的人做公益事业。我觉得这个人非常不容易，她能在历史上留名，她还能做更多的事情。

我曾经总结过，一个人的成功有三个境界，一个境界就是我们个人通过自己的智慧、能力、专业获得成功，这是成功的基本含义，也是第一层的含义，但是我觉得还有第二层、第三层的含义。第二层的含义就是说我通过自己的能力帮助别人改变命运，这种事情我们律师能做到，就是通过我们的专业，通过我们的智慧，通过我们的能力，通过我们的思想来帮助别人改变命运，但是这只是第二层的成功含义。第三层的成功含义就是我们能号召、能影响、能发动更多的成功人士帮助别人改变命运，这是成功境界最高的含义。律师自己成功以后，我们如何去帮助别人改变命运，如何发动更多的人去改变命运，这就是我们律师业在公益化方面需要思考的重大主题。所谓社会公益事业就是我们律师业目前要考虑的、未来要做的事情，如关于民间对日战争索赔的问题，这些事政府做不了，我们律师能做。现在有一批律师为此做了很大贡献，比如北京的康健律师在这方面默默无闻，做了很多事情。所以我们律师业要找准自己的立足点，在做品牌时加上一个公益品牌。在这方面大型律师事务所可能做的贡献更大一些。我们律师作为社会正义和社会良心的代言人，我们除了通过专业、智慧帮助我们的客户获得了社会正义，得到了社会公平，我们还有没有可能在帮助他们之后发动更多的人在社会上做出更多贡献，这是公益化的一个重大课题。

第七个大趋势：政治化——做高

这是指我们如何使自己的地位提升或者提高的问题。我刚才讲律师的定位就是四个含义：政治人、经济人、文化人、法律人。刚才律师提问的就是这个问题，实际上第三届中国青年律师论坛争辩的题目就是"律师是不是自由职业？"其实，我们是想借这个辩题来折射和反映一下我们对律师定位的认识。这就是我们关于律师的定位问题，我们现在了解更多的是经济定位、法律定位，但是政治定位还没明确，文化定位也没明确。政治定位就是要提高地位，怎么提高地位？通过自己的能力来提高地位。但是提高地位的标准是什么？是不是我们律师进入法律共同体就可以了？现在我们有很多律师，因为各种各样的原因，如以民主党派的身份，进入了法律共同体，这是值得关注的好事。

我们律师进入中级法院任职的例子我就不说了，我就例举一下担任省高级法院副院长和省检察院副检察长的情况，比如担任副院长的贵州的李汉宇律师、江西的胡淑珠律师、安徽的汪利民律师、陕西的王松敏律师，担任副检察长的内蒙古的郑锦春律师，这些律师通过自己的努力能进入法律共同体，应当说是一个初步的目标。将来会有更多的优秀律师成为法官，若干年以后，说不定全国律协的会长将走上最高法院副院长的岗位。将来选择法官的时候有可能越来越多地在优秀律师里选拔。我们律师当官，肯定比本身提拔起来的官员的思维更加全面。所以我觉得律师业的政治化的第一个途径就是我们将来如何进入法律共同体。

第二个途径是当选人大代表和政协委员。据统计，县区一级以上现在有4300多人大代表和政协委员是律师，大家想想这个成果还不错，我们12万律师中有四千多是县区以上的人大代表和政协委员。我希望将来这样的律师会越来越多，律师代表、委员的增多，会使地方的立法质量越来越高，使地方的执法工作越来越完善，最重要的是使我们的执政思维越来越清晰。

第三个途径是关于进入政府，将来说不定贵阳市市长是我们的律师，我们当律师的人去当市长肯定和党政官员当市长不一样。他们可能更多的是行政思维，我们律师当市长可能更多的是法律思维。法律思维是什么？法律思维就是要充分尊重民意，考虑民生。行政思维一般来说是上对下，我们法律思维则是下对上。所以我们将来用法律思维去进行政府决策，我相信我们的政府决策肯定越来越开明，越来越科学。所以我们律师走向政治在将来10年到20年以内，不是没有可能，而是完全必然。

第四个途径是行业自治。我们现在所有的字眼，都叫行业自律。其实，行业自律是"两结合"体制下的特殊表述，我们真正的行业管理要走向行业自治的那一天，就是我们律师实现自我管理的那一天。现在律师的管理基本上是"两结合"管理，司法行政机关的宏观指导和律师协会的行业管理相结合，一般来说是司法行政管大事，律师协会管琐事。但是我觉得将来随着政府行为的渐渐退出，我们的律师行业管理越来越加强，由自律达到自治。现在有一些地方，比如说在选举方面就做得很优秀，如深圳律师的换届选举，已经初步形成了律师的自治。我相信若干年以后，我们律师协会行业自治的功能将得到加强。

第八个大趋势：产业化——做强

在我看来，产业化有几个含义：一个是政治产业化，也就是我刚才讲到的政治化的四种类型。比如说在150多个全国人大常委中有10个律师或者20个律师，那是什么样的场面？我相信那个时候我们的立法质量可能比现在还高，我们考虑的问题比现在更深入。例如，政府里有多少个律师出身，权力机关里有多少个律师出身，审判机关和法律监督机关有多少律师出身，到那时不是政治产业化又是什么呢？还有一个是经济产业化，我这里讲经济的产业化，主要有以下几个标准：

第一，国家把律师视为一个产业。现在北京律师每年业务创收是北京GDP的1%，如果说我占了10%怎么样？那我们就腰杆子硬了，如果每一个地方能占到10%，那是多么自豪的事情。当然这只是一个目标。我们全国律师业务的收入去年也就是150个亿人民币，而美国是1800亿美元。我们将来在经济产业化里首先强调的是国家把我当成一个产业，当然这个产业化还没有那么快，这是未来的目标。

第二，我们能有效地弥补市场机制的不足，就是在法律服务上能够有效地弥补市场机制的不足。

第三，我们能直接干预资源分配。资源分配在几个方面，一是我们有一个明确的、科学的市场准入机制，同时在我们律师业发展当中，我们律师的进出口机制也能得到完善；二是我们有一套完备的市场竞争规则。比如说是人的准入、业务的准入。业务的准入将来能不能做到业务的法定化，将来能不能完全做到律师垄断所有诉讼业务。所以说业务的法定化也是我们产业化的一个标准。

第四，我们能有效地参与国际竞争。将来在参与国际竞争方面，应该有我们律师的身影，有我们律师的声音。不管是政治产业化还是经济产业化，我想都是将来10年到20年必然面临的大趋势。尽管目前在执业环境、管理环境方面还有一些困惑，还有一些困难，但都是暂时的，当产业化实现以后这些问题将迎刃而解。

第九个大趋势：信息化——做快

现在的世界是越来越多样化、越来越多元化，越来越高速化。在现代这个信息化的社会里，谁掌握了信息，谁就掌握了主动权；谁掌握了信息，谁就掌握了领导权；谁掌握了信息，谁就掌握了先占权。我们律师在信息化管理方面必须与时俱进，如案件管理的问题、信息检索的问题、文件准备的问题、文字处理的问题，我刚才讲的 24 小时工作制不也是信息化问题吗？我们律师 90 年代初有一个 BP 机就已经了不起了，后来有了大哥大。现在不仅仅有手机，还有网络。过去发传真就觉得很方便，现在发邮件更快捷，两三秒钟就发过去了。如何利用信息化的手段使我们律师业务做得越来越快，使我们法律服务能更快地适应我们经济发展的形势，这就是信息化要面临的问题。

现在看来，在信息化方面我们要做的主要有以下几个方面：安全保护系统的信息问题、功能维护系统的信息问题、业务管理系统的信息问题、市场营销系统的信息问题、人力资源系统的信息问题、行政管理系统的信息问题、财务管理系统的信息问题，这些问题不管在业务上，还是营销上，还是财务上，都要求我们如何把服务做到智能化，如何实现高智能。我们原来坐电梯，大家知道，比如说我要到 19 层，我进去以后按一下 19。现在有一种新的电梯很高智能的，你在下面就按好，如有六个电梯，我按 19 它就告诉你应坐 C 电梯，别的电梯你进不去或者你进去了在 19 层不停，这就是智能化。我们律师业务如何推动这种智能化，使我们的服务通过智能化达到信息化，使我们的文件处理通过模块化达到信息化，从而将我们所有信息化的研究成果为我所有、为我所用。如何使信息变成我们发展的信息，变成我们发展的资源，如何使我们所有今天的信息变成明天的资源，这是我们面临的一个时代课题。

最后我要提醒各位的是，现在我们还要在九大趋势之外，考虑一些不能回避的问题。我们要看到，我们的行业化尚未成熟，职业化尚未明朗，专业化尚未成形，产业化尚未具备，规模化是刚刚起步，品牌化还刚刚开始。从宏观方面看，不管是刚刚起步，还是刚刚开始，我们今天要为明天而准备，我们要考虑未来的 20 年、30 年、50 年的问题。我们需要做出预测，我们需要为明天而准备。

但是从微观上讲，我们又不能回避那些很尴尬的问题或者是很伤心的问题。首先，我们要看到律师在职业上功利化的问题。现在很多律师做律师就是为了赚钱，没有别的目的，这就是职业上的功利化。同时，我们还要看到律师的贫困化问题。我们现在全国律师平均收费大概就是 7 万块钱，但是发展很不平衡。现在是 20% 的人做 80% 的业务，80% 的人抢 20% 的业务。在律师中确实有一部分或者很小的一部分，做的不错就成了富翁。但是大多数律师现在还只是正常的生活，更重要的是我们现在还有很多律师处于贫困化，他的业务收费也就相当于一个工人的工资，甚至还不能达到工人的工资。这就需要我们在行业管理方面解决怎么样平衡、怎么样协调、怎么样扶助、怎么样帮助的问题。所以这就是在律师业发展当中的贫困化问题，律师的贫困与贫困的律师是目前的现实问题，尤其是东西部发展当中要面临的问题。我想在我们贵州可能面临的问题要更严重一些，我们要考虑的方案要研究的问题要更多一些。

第三，在行业上的个人化，任何一个人以为我就是一个人，我就是一个律师，很多律师喜欢单打独斗。实际上任何一个律师要考虑你是一个团队的，更重要是一个行业的。有些律师以为一个人就和别人没关系，其实跟别人非常有关系。清华大学张卫平教授讲了一句名言，他说一定要记住"我们是一伙的！"所谓"一伙"就是要有认知、要有认识，要有认同，要避免我们行业上的个人化。

第四，要避免专业上的大众化。现在社会对我们律师负面评价比较多，还有一个负面评价就是以为什么人都可以当律师，这是不对的。我们律师是专业人士，不是什么人都能当律师，当然有些人能考取律师资格但未必能当好一个律师。当律师我经常讲到四个阶段：第一是"当"律师，第二是"做"律师，第三是"像"律师，第四是"是"律师，"是"是水平，"像"是形象。原来有一个广告叫"下岗工人哪里去"？报考律师去！以为我们律师成了下岗工人的收容站。还有一些领导干部包括有些法官都这么说："我怕什么？大不了当律师去。"他们以为律师这么容易当，结果当他成了律师以后才发现，律师怎么这么难？原来我当法官的时候怎么不知道？其实律师并不是什么人都可以做，有专业的人、有智慧的人、有贡献的人、有眼光的人，有思维的人才可以当律师。

今天我讲了律师的九大趋势，我想今天的漫谈是一个简短的见面与汇报，但是交流是永远的。对我来讲我的学习也是永远的，所以我希望今天讲的好的功劳是中国律师业的，讲的不好的责任在我。这是我在这几年归纳总结的我们中国律师业发展的未来的九大趋势，有一些我没有做出具体的预测，有一些我做出了具体的预测。但是不管具体的还是不具体的，我们都要用一种发展的眼光，要用一种大局的眼光，要用一种长远的眼光看中国律师业的发展。今天的困难是暂时的，明天的前景是美好的。用一句老话说是"道路是曲折的，前景是光明的。"

我想，明天的希望在哪里？明天的希望在今天，明天的辉煌从今天开始。辉煌在哪里？在我们每个人的贡献当中，在每一个人兢兢业业的奋斗当中，在每一个人互相交流、沟通、互动，在我们每一个人为未来做一点一滴，一言一行、一举一动的贡献当中。

谢谢各位！谢谢大家！

律师文化到底是什么？
——在广东法则明律师事务所成立20周年庆典上的演讲

（2005年7月18日　广州）

【导语】

2005年7月18日，广东法则明律师事务所成立20周年庆典在广州江湾大酒店举办。该所前身为1985年6月15日成立的广州经济贸易律师事务所，2001年更名为广东法则明所。

来自广东省司法厅、广东省律师协会、广州市司法局、广州市律师协会的领导出席了此次庆典。中国社科院法学所梁慧星教授、北京大学法学院贺卫方及我应邀参加了此次庆典并做演讲，以下即为我的演讲内容。

亲爱的各位律师、各位领导、各位朋友：

大家好！

非常高兴能在梁慧星教授、贺卫方教授两位大家为今天的庆典定调之后，作一些画蛇添足的补充，也非常荣幸参加法则明律师事务所成立20周年的庆祝活动。需要告诉各位的是，这是我第三次参加一家律师事务所成立20周年的庆祝活动。前不久，我还曾经为湖北得伟君尚律师事务所的20周年写过一首藏头诗："得失自知二十载，伟业初成再搭台。君子律师行天下，尚怀正义显风采"。所以，今天我想就律师事务所的所庆发表一些看法。我以为，律师事务所的所庆实际上是一种文化，是一种文化的传承和总结。今天，我就从以下三个方面说说我的看法。

第一，从律师所庆看律师文化。

实际上，律师所庆是从三个方面展现和诠释律师文化：一是一个点，一个关于人的点，也就是关于律师所内新人与老人结合的点，关于合伙人与律师及助理人员结合的点，关于律师所与客户结合的点。解决了这三个结合，也就解决了人的问题。

我们知道，一切问题归根结底都是人的问题。怎样看人、怎样用人、怎样待人、怎样为人，既要有学问，也要有艺术，更要有经验。如何激励律师的创造性、如何发挥律师的积极性、如何调动律师的主动性，永远是我们律师管理的核心问题。据说，今天的法则明所已是第四代领导集体了，这就使得如何处理过去国资所时的律师与改制之后的律师之间的平衡与协调显得尤为重要了。今天的所庆也许就是一个协调与平衡的结合点；二是一根线，也就是过去与未来之间的连接线。列宁说，忘记过去就意味着背叛。同样，看不到未来就意味着短见和近视。我看到，从20年前的广州市国际经济贸易律师事务所到今天的法则明律师事务所，尽管经历了几代领头人，尽管经历了改制，尽管经历了人员的进进出出，但过去20年与明天有了一个连接线。这根线，既是一种情，也是一种缘，更是一种魂。今天，我看到过去所里的老律师、老领导们都回来了，每个人脸上洋溢着幸福而满足的笑容。他们高兴地看到，新一代律师已经成长起来了，已经向未来跨出了第一步。不管发生什么变化，只要情在缘在魂还在就不用怕，就不担心这个团队的命运；三是一个面，也就是一个律师所的形象，就是这个所所展现的正面形象、体面形象、方面形象，更具体地说，就是行业形象、社会形象、专业形象。律师所的所庆实际上只是这些形象，也就是律师所多面形象展示的具体化。所以说，律师所的所庆对律师文化的培育与发掘是有积极意义的。

第二，从律师文化看律师业发展。

所谓律师文化，概括而言就是一种价值取向、职业操守、行为方式、生活理念。我认为，谈律师文化要注意把握以下10个概念：（1）记忆与习惯；（2）沟通与交流；（3）人文与人性；（4）语言与表达；（5）差异与个性；（6）发挥与发展；（7）期望与目标；（8）团结与合作；（9）使命与前景；（10）创业与创新。今天，我们谈律师文化的目的是为了加强和提升律师的职业认知感和行业认同感。美国一位学者曾对"文化"作了一个很有参照价值的概括：所谓文化，就是一种历史或习惯、一种期望、一种态度或理想、一种语言、一种信任、一种环境。所以有人说，当今美国的强大，不是因为其经济实力，也不是因为其军事实力，而是因为其文化实力。我们不难发现，美国的文化实力已经扩展到了世界各个国家、已经渗透到了全球各色人种。同样，我们不妨思考一下，为什么强大无比的蒙古元朝只存活了90年？为什么杭州的西湖比武汉的东湖知名度高？这就是文化的原因、文化的力量。有人说，看一个团队，眼前要看其机遇，发展要看其领导，实力要看其人才，未来要看其文化。只有文化的力量，才有可持续的发展和长远的影响。只有文化，才能让一个团队成员心心相印，才能让一个团队的每个成员之间息息相关，才能让一个团队的发展代代相传，才能让一个团队的形象面面俱到。律师业发展首先需要增强律师的职业认同感、自豪感，这就必然需要注入文化的元素、增添文化的力量。

第三，从律师业发展看律师管理。

经过二十多年的历程，中国律师业发展到今天，犹如一个人长大了已经到了正值谈情说爱、准备成家立业的阶段。如果说原来还少不更事、懵懵懂懂的话，那么这个时候就要操心、就要自立、就要管事了。法则明律师所很有幸见证并参与了中国律师业二十多年改革发展的历程，你们今天在这里庆祝所庆也是一种回顾与展望的过程。从律师管理的角度看，你们已经跨越了三个阶段，正走向第四个阶段。我以为，律师团队也好，律师个人也罢，都需要经历这么四个阶段：不管做什么，首先还是做人，这是基本的阶段；其次才是做一个律师、做一个好律师的阶段；第三个阶段就是做律师平台，为青年律师搭建平台，为律师后人打造平台；最后一个阶段是做律师事业，我们不否认律师首先是一个职业，也是一个专业、一个行业，但最终还是一项事业。既然是事业，就需要我们长远的眼光、坚定的信念、宽阔的胸怀，需要我们认真对待历史和传统，需要我们倾力奉献知识和智慧，需要我们努力营造环境和氛围。

而这一切都是与文化有关的。

有文化的人是有底气的人，有事业的人是有实力的人，既有文化又有事业的人必然是有未来的人。法则明所的各位同人，你们 20 年的辉煌已打进记忆的背包，成为昨天的美好记忆。新的起点、新的目标已经展现在你们也展现在我们面前。愿你们作出新的贡献、取得新的成绩、收获新的辉煌！

再次祝贺你们的 20 年！

谁是律师的朋友

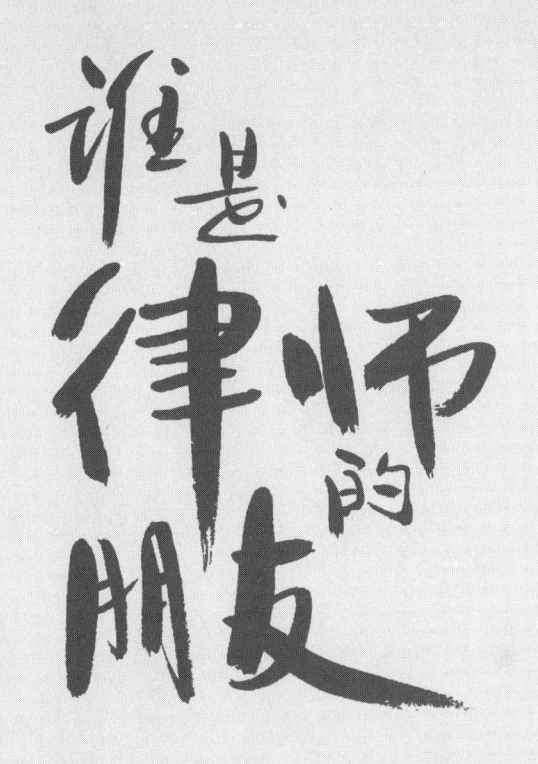

刘|桂|明|对|你|说

点评：
点到为止显真诚

为什么法官与律师会"打"起来?

——"第八届尚权刑事辩护论坛"点评

(2014年10月25日　武汉)

【导语】

2014年10月25日至26日,由北京市尚权律师事务所与中南民族大学法学院共同主办的"第八届尚权刑事辩护论坛"在中南民族大学学术交流中心举行,来自全国各地的280余位国内刑法专业人士和律师受邀共议"司法体制变革下的刑事辩护"。

在开篇研讨的"司法改革与刑事辩护"单元,由时任中华全国律师协会刑事专业委员会副秘书长、北京市尚权律师事务所合伙人张青松担任主持人,发言人分别是陈旗(湖北省高级人民法院研究室主任)、沈红波(湖北省人民检察院法律政策研究室检察官)、汪少鹏(湖北省律师协会刑事业务委员会主任)。时任最高人民法院研究室刑事处副处长黄应生与我担当本单元的点评嘉宾,以下即为我的点评内容。

尊敬的主持人、各位法官、检察官,各位律师:

大家上午好!

今天我之所以要站在这里演讲,第一是因为每个人站着说话的时候都不腰疼,什么话都可以说,第二是因为尤其是个子稍矮一点的人站在这里显得更加伟岸更加高大一点。

我们刚才已经聆听了陈旗主任、沈红波检察官、汪少鹏律师三位发言人和在我之前的点评者黄应生处长的点评,他们的发言都很高大,都很有高度。请大家注意一下,我们可以看到一个非常有趣的组合,那就是把刚才发言的法官和检察官的名字当中各取一个字,也就是将沈红波检察官与陈旗法官的名字组合起来就是一个"红旗组合",我们可以称其为"红旗飘飘"。四中全会刚刚结束,所有的媒体上都会有一面红旗或者是三四面红旗高高飘扬，那就是告诉我们，四中全会的主题高高飘扬，四中全会的精神永放光芒。

我理解，我们这个单元就是关于四中全会精神的学习。刚才三位发言人的表现非常好，尤其是法官和检察官的组合，两人的名字组合得好，表述得好，更重要的是说了很多律师喜欢听的话。他们俩的出现与表现，就相当于一面红旗展现在我们的刑辩律师面前。我曾经说过一段名言，那就是"律师是一个看起来很美、说起来很烦、听起来很阔、做起来很难的职业"。今天，当我们见到这样一面鲜艳的红旗，见到如此可人的法官、如此帅气的检察官，我们律师的内心一定是亮堂堂的。每位律师可能都在想，有这样理解律师职业与律师制度的法官与检察官，我们的刑事辩护还会难吗？刚才汪少鹏律师代表我们做了很好的表述，既表达了谢意，更表达了敬意。由此看来，从"第八届尚权刑事辩护论坛"开始，我们的刑事辩护就要踏入第二个春天了。

对于今天三位发言人的发言，我结合本次论坛的主题，可以用两个字概括他们表达的内容，那就是"关系"。在我看来，他们表达了三个关系，第一个是司法体制改革和刑事辩护是一种什么关系？第二个是法官、检察官和律师之间到底是一种什么关系？第三个是法官、检察官和律师应该构成一种什么关系？也就是应该构成一个什么样的法律职业共同体？

老百姓常常说，"打官司就是打关系"，这是由广州话延伸而来的一句俗话，确实说明了法律就是一种关系。我们都知道，法律就是调整利益关系的规则，三位发言者所有讲到的就是关系。

陈旗主任发言的时候说，她不知道今天谈的题目到底和司法体制改革、四中全会是什么关系，但是，通过她的发言，她实际上已经告诉我们了，不但有关系，而且还是一种很重要的关系。那么，我们一起来分析一下。

第一，司法体制改革和刑事辩护是一种什么关系？

我认为我们可以在四中全会公报当中找到三个关系。

一是司法体制改革和刑事辩护相互关系的确定，有助于养成和培养全民法治的理念。四中全会报告里面有一句话，那就是法律的权威来自于人民的内心拥护和真诚信仰。如果法官、检察官和律师能够在一个平等的舞台上自由发挥，能够独立表达，那不就是一种全民法治的理念吗？更重要的是让大家觉得法律的魅力就活生生展现在我们的面前。

二是司法体制改革和刑事辩护相互关系的稳定，能够真真切切地让人民群众在每一个司法案件中感受到公平正义。如果一个法官总是随意打断律师，说你不要讲了，你等到辩护的时候再讲吧。等你真的到辩护时他又说你刚才已经讲过了就不需要再讲了。那么，我相信作为一个人民群众显然感受不到什么是公平正义。所谓公平正义，就是法官、检察官和律师作为法律职业共同体相互之间的平等相待，就是法官和检察官对律师工作的支持尊重和理解。只有这样一些平台、设计和构造，才能够让人民群众真正感受到公平正义到底在哪里，感受到公平正义究竟是什么。

三是司法改革和刑事辩护相互关系的固定，可以真正实现和养成法律共同体的架构。这次四中全会公报第一次提出了关于法律职业人士的互通与交流。尽管这还不是完整的职业共同体的概念，但通过过去许多学者的研究与律师的呼吁，甚至法官和检察官偶尔也说一说，现在终于进入了党的最高文件。这就是司法体制改革和刑事辩护之间最重要的关系，这在四中全会公报当中可以真切地看到。

第二，法官和检察官、律师三者之间到底有什么关系，很显然，他们都是有关系的。

陈旗法官用"三个期待"分析了法官和律师之间的关系，这两三年，许多法官甚至是最高法院的大法官，他们百思不得其解的是，现在为什么法官与律师常常打起来了。我们知道，过去都是检察官和律师发生矛盾和冲突甚至是打架，现在怎么法官和律师打起来了？

我们看到，在北海案件中，在小河案件中，在常熟案件中，都是这样的情况。为什么？首席大法官在问，甚至更高层也在问，我们同样也在问。由此可见，法官和律师之间的关系很不正常，当然检察官和律师之间也不正常，更重要的是法官和检察官之间特别正常。

刚才，陈旗法官告诉了我们三个结论：第一个是关于法官、检察官作为法律主体的期待；第二个是关于从裁判者的视角看辩护技术提升的期待；第三个是关于司法改革带来的法官独立精神与律师担当形象的期待。

毫无疑问，陈旗法官所表达的这三个期待是希望法官和律师之间形成非常良性的关系，更重要的是法律和律师之间的相互尊重与支持。法官尊重律师，律师同样也会尊重法官。今天陈旗主任说，看到每位男律师都长得很帅、女律师都长得很美，这说明律师身上都洋溢着一种自信。确实如此，我们每位律师说话的时候都很自信，不像法官说话时有时候还要看看领导在不在，甚至担心回去会不会受处分。今天陈旗主任的表达获得了我们律师很多掌声，更重要的是她自信而专业的表达回去也不会受到批评。

刚才，沈红波检察官在发言中讲到了如何建构一种新型的检律关系。我们知道，检律关系确实是一种非常重要的关系。但是，在现实中，在很多案件当中，很多刑事辩护律师却常常担心一走出法庭就被检察官带走。作为刑辩律师，当然特别希望自己在自由表达之外还能够自由的生活。现在自由生活很不容易，很多当官的人担心今天进了办公室明天还能不能进去，我们律师却不会这样。但是，律师还是担心检察官动不动把自己抓起来。可见，一种新型检律关系的建构非常重要。在这方面，通过沈红波检察官的介绍发言，湖北省检察院既有思路，也有行动，更有经验。

也是一个巧合，陈旗法官从"主体、技术、独立"三个角度表达了三种期待，沈红波检察官从"关系、定义、机制"三个角度进行了制度设计。但是，汪少鹏律师则讲到了十个期待，这十个期待也代表刑事辩护律师的心声。他的心声就是希望法官、检察官、律师这三家的关系，能够形成一种非常和谐、非常稳定、非常平等的关系。

第三，法官、检察官、律师这三者之间的关系到底是一种什么关系？

我认为，可以用三个关键词来概括他们之间的关系，那就是苟同、赞同与认同。也就是通过这"三同"，可以真正建构由法官、检察官与律师为主体而组成的法律职业共同体。

所谓"苟同"，就是我不得不同意。作为法律共同体，这个"苟同"怎么才能实现呢？要实现不同的群体之间的"苟同"，就要看相互之间能否兼容。而兼容的前提就是他们之间能否宽容与包容，也就是对于不同的意见能够做到宽容，对于反对的意见能够实现包容。如果一位法官听到不同的意见，就说你不要再讲了。那么，作为一位律师会认为，我还没有讲怎么就不让我讲了呢？本来应该讲15分钟，你只让我讲5分钟，我怎么表述呢？我们都希望有这么一位高明的法官，既能够提纲挈领地把双方的争论点找出来，又能认真听取双方的意见与主张，最后还能根据事实证据而充分说理。如果真是这样，律师肯定不仅会佩服，而是更信服这样的法官。

所以，对于法官和检察官来说，尤其是当你们面对律师时，第一个是要宽容不同的意见，第二个是要包容反对的主张。只有这两者都做到了，才能真正形成法官、检察官和律师之间的兼容，才能形成坚固的法律职业共同体。

我们再来看看什么是"赞同"，也就是对对方立场的"赞同"，对律师主张的"赞同"。"赞同"不是纯粹同意你的意见，是赞同你站在这个立场所做的表述、表达和主张。作为一个检察官要理解一个律师首先是维护当事人的合法权益，然后才能通过维护当事人的合法权益以维护法律的正确实施，最后实现社会公平和正义。这是我们法律人应该坚持的角度和立场。同样，作为法官更要知道控方要做什么，辩方该做什么。只有具备了这样的理念，才能实现理性平等的刑事辩护，才有更加合法正当的公平正义。

最后，我们来看看什么是"认同"。无论是研讨司法改革与刑事辩护之间的关系，还是探讨法检与律师这三家之间的共同体关系，最重要的就是能否形成一种相互"认同"的关系。这个"认同"主要表现在三个方面。

一是情感认同。这是法律共同体建构中最重要的元素，所谓情感认同，用一句俗话来说明就是，"我们是一伙儿的！"这个一伙儿不只是指律师是一伙的，而是说法官、检察官、律师都是一伙儿的。

二是职业认同。对于这个职业，我们一定要告诉大家或者是互相应该知道，我们是同一行的。也就是说，我们都是吃同一碗饭的。过去有一句话说是，公安是做饭的，检察是送饭的，法院是吃饭的。律师是干嘛呢？有人说律师是要饭的，所以律师才总是被人欺负。

三是理念认同。这就是说我们相互之间要有同一个理念，我们做的是同一件事情，那就是维护社会公平和正义，只不过是从不同的方向来维护社会公平正义。对于法官和检察官来讲是这样，对于律师来说也是这样。维护公平正义既是我们共同的理念，更是我们共同的目标，只不过是检察官通过指控去追求正义，律师通过辩护追求正义，而法官是通过裁判而分配正义。于是，所有的目标都是指向公平与正义。当然，最后的目标实际上都是指向民主与法制。

看起来，此处所说的"民主与法制"不是说我们杂志，但我认为可以理解为我们《民主与法制》杂志。这里好像有植入广告之嫌，但我相信我们所有的努力，最后都是为了通过"民主与法制"而真正实现法治中国。只有这样，才能够实现同一个理念，达到同一个目标。如此而来，那就意味着司法体制改革下的刑事辩护即将踏上坦途，也就意味着我们的民主与法制已经开始进入到第二个春天了。

再次感谢主持人张青松律师对我的溢美之词！感谢三位演讲者的精彩演讲！感谢会务组给了我一个如此之好的学习机会！

我的点评就到这里，谢谢大家！

因为正义就在那里

——"2013年度中国正义人物"颁奖仪式点评

(2014年1月14日　北京)

【导语】

2014年1月14日,由《检察日报》社正义网发起的"2013年度中国正义人物"评选活动在京举行颁奖仪式,张飚等十人用行动诠释出的正义,赢得千万网友和评委的肯定,当选为2013年度中国正义人物。按照组委会安排,由我对所有入选的正义人物进行现场点评,以下即为我的点评内容。

各位领导、各位专家、各位朋友,女士们、先生们:

大家好!感谢正义网又给了我一次学习机会!

首先我要向这十位正义人物表示崇高的敬意,感谢你们让我们又一次感受了正义。在刚才的颁奖仪式上,这十位正义人物从不同角度、侧面和时间、空间解读了什么是正义、正义在哪里、正义有什么深刻含义。习近平总书记要求在每一个案件当中让人民群众都感受到公平正义。今天通过这十位正义人物,我们看到了什么是正义,感受到了公平正义就在我们身边。

退休检察官张飚的获奖,让我们看到,正义绝对不是一下子的事,而是一辈子的事。他的获奖,让我们对检察官群体有了更高的期待,对检察官形象有了更丰满的感受,也让我们看到了正义应当具有的高度、温度、亮度。

冯丽君当选正义人物,使我们感到正义不仅仅是说你办了多少案件,而是看你办对了多少案件。同时,作为一个检察官,不仅仅是要求办对了多少案件,更重要的是纠正了多少案件。更进一步说,检察官的职能不仅仅是监督发现、纠正了多少案件,更重要的是能够及早地发现并纠正。这才是检察官监督职能的最好体现。

张惠领警官的入选告诉我们,正义不仅仅是一个空洞的概念和名词,也不是一种挂在嘴上的追求,更重要的是一种职业习惯和思维,甚至是一种生活方式。他给我们的关于正义的启示就在于，我们更多地要看到小难，而不仅仅是看到大难。正义不仅仅在于看到远方的人，更重要的是看到眼前的人。我们所追求的不仅是天下无贼，更是眼前的贼如何擒获。

魏继中的事迹告诉我们，正义是一种不懈努力的坚持，是一种不求回报的付出。正义不是一个重大事件，但是是跟我们每个人有关的重要事件。因为解救了一个孩子就等于解救了一个家庭，甚至是一个社会。

郭兴利是一位接地气的基层法官，他告诉我们，正义不一定是远在天边，而一定是近在眼前。由于郭兴利法官的不懈努力和付出，使正义在我们眼前，有了更亲更近的感觉。人民群众通过个案感受到公平正义，这句话在郭兴利法官这里得到了充分的体现。

郭清律师通过她的本职工作与专职工作，维护了当事人的合法权益，维护了法律的正确实施，最终达到了实现社会公平正义的天职目标。她应该是中国24万名律师的优秀代表。郭清也是一位美女，由此可见，正义也是一件美丽的事情。

黄新新看起来是一位平常人，但他今天已经成为正义人物，事实上他早就是正义人物了。他成为正义人物，让我们看到正义有可能就是一刹那、一瞬间的事情，而这一刹那需要我们付出努力、付出心血，甚至有可能要付出生命。但可敬的是、有幸的是，黄新新在这一刹那获得了正义，同时也维护了生命。

夏永新在那一刹那的勇敢和舍身救人，让我们感到安、危、急三者之间到底有多大距离。其实这一瞬间没有多大的距离，正如他讲到的，他当时没有时间思考，只是想到了孩子。所以，正义也体现在危难时刻的瞬间。我的结论是，正义绝不仅仅在于平时，更在于及时与急时。

吴永秀用她的善行和壮举，让我们知道，一个人做一件好事并不难，难的是一辈子做好事。同时也告诉我们，正义不仅仅是伟大的人物可以做出来的，平凡的人也可以做得到。正义不是一时一天的事情，而是一年一生、一生一世的事情。

通过观看叶如陵的先进事迹，我们知道正义是幸福和快乐的，这位老人本来到西藏援藏三年，但他却支援了31年。在他看来，正义不仅自得其乐，而且也乐在其中，也就是乐在正义中。

他们为什么会在危难时刻站出来？为什么能够坚持不懈地努力和付出？为什么能够在那个时间使自己的工作责任发挥到最大限度？今天，这十位正义人物用他们的行动告诉了我们，就像有一位登山运动员在回答为什么登山不止的时候说，因为正义就在那里！今天，这十位中国正义人物同样也告诉我们：因为正义就在那里！

今天我们看到了正义，我们见证了正义，我们感受了正义。

谢谢大家！

律师微博到底是一种现象还是一个问题？

——"第八届中国法学青年论坛"点评

（2013年11月5日 珠海）

【导语】

2013年11月5日，由中央政法委、最高人民法院、最高人民检察院、共青团中央指导，中国法学会主办，广东省人民检察院及珠海市人民检察院承办，以"司法权力运行机制改革"为主题的"第八届中国法学青年论坛"在广东珠海举行。作为会议邀请的点评嘉宾，我对获奖作者之一杨秀博士的论文及演讲进行了点评，以下即为我的点评内容。

各位领导、各位嘉宾、女士们、先生们：

大家好！谢谢主持人龙宗智教授！谢谢主办者！非常高兴、非常荣幸能有这么一个学习和交流的机会。相比前面几位点评人来讲，我的身份似乎比较特殊一些。第一，我不是一个学者，如果算是，那就是一位"打酱油"的学者，所以我只能为本次会议打打酱油。当然，一个会议能够有一个外行人参加，说明这个会议是一个比较完整又完美的会议。第二，作为中国法学会的一名工作人员，非常感谢刚才张志铭教授对本次会议会务工作给予的高度评价。我知道除了主办者的贡献，还有承办者的精心策划与周到安排。

今天四位演讲者安排得非常好，我一看他们四个人的名字正好代表了我们70后、80后一代青年学者，他们四位的名字可以组合成"航学兴秀"四个字。这几位新秀无论是研究还是演讲，都很优秀。所以，我感到很高兴让我来参与点评这个环节，尤其是让我点评律师微博这个话题，更是一个非常对路的安排，相比今天在座的贺小荣主任、顾培东教授、黄武副检察长，尽管他们或者从事过律师业务，或者从事过律师管理，或者从事过律师研究，但是他们未必研究和了解律师微博。

我的点评分为四个方面：一是杨秀博士作为一位作者也作为演讲者，今天到底说了什么；二是作为一个点评者，我想问的几个问题；三是杨秀博士的研究带给了我们什么样的思考；四是我对律师微博的个人结论。

首先，我们来看看杨秀博士作为一位学者，他到底说了什么？

在我看来，他发现了当下社会的一个新现象，那就是律师微博。律师微博，作为我们律师一种表达新工具，在当今的数字化时代，确实它存在着很重要很独特的作用。

在我个人看来，杨秀博士从四个方面看到了、发现了、认识了律师微博的作用。

第一，律师微博到底在什么地方使用了，或者说使用在什么地方？在杨秀博士的研究视野中，律师微博在律师营销、案件传播、业务推广、同行交流与研讨中已经被广泛使用。律师微博其实是一个大题目，但杨秀博士在其中仅仅选取了案件传播中的律师微博。可以说，他选了一个非常好、非常小的角度。尽管小，但这个小的角度有助于我们小题大做，有助于我们深入研究。

第二，律师微博到底有什么作用？或者说在哪些地方起了作用？他主要给我们介绍了律师在监督功能上的拾遗补阙作用，还有律师在情感上的雪中送炭作用，这两者正好是我们很多人未必能够看到的律师微博的作用。在这方面，律师微博对公权力的规范与私权利的保护，可以说起到了不同一般、不同以往的作用。

第三，杨秀博士还强调了有关律师微博中的争议问题，也就是律师微博到底是否需要、究竟有没有用？在这些争议中，我们应该如何对待律师微博？应该采用哪些律师的观点与主张？在内容与形式上，律师微博还需要如何规范？在这里，他特别引证了其他学者对律师微博的研究成果，这是一个学者应该具有的研究视角与观察立场。

第四，杨秀博士还有一个建言，也就是我们的律师微博应该怎么利用、怎样运用？作为一种手段、一种工具，也作为一种方法，更作为一个平台，律师微博怎样运用，的确是一篇大文章。杨秀博士这篇文章做得不错，当然也有一些不足。这篇文章采用的研究方法是一种实证研究的方法，但文章在数据方面的实证还不够。另外，关于本文研究的视角，好像也有些游移。我们看到，文章中的表述有时候从司法裁判的角度来评价律师微博，有时候又是从律师的角度来分析律师微博。可见，作者还没有完全明确到底应该从哪个角度来进行律师微博的分析与研究。当然，瑕不掩瑜。

其次，我想借此机会提出几个问题，让我们共同来思考。

第一个问题是，律师微博到底是一种现象还是一个问题？我看到杨博士把它当成了一种现象同时又是问题。第二个问题是，律师微博到底是一种传播还是一种宣传？这也是一个值得研究的视角。杨博士在这篇文章中提出了关于普法宣传和法治传播的问题。第三个问题是，律师微博到底是一种表达还是一种表现？因为有人说律师微博是一种作秀，作秀其实就是一种表现。杨博士同时也提出了律师微博就是一种案件的传播与法治的表达。我认为，这三个问题都值得我们来共同思考。

再次，杨博士的研究带给了我们什么样的思考？

讲到这个思考问题，我不由自主地想起了习近平同志今年8月19日关于加强宣传工作的讲话。我个人认为，所有媒体从业人员，都应该深刻领会习近平同志讲话中提到的三个字，这三个字代表了我的学习体会，也代表了我今天点评所要表达的观点主张，这三个字就是"时、度、效"。

所谓"时"，就是"何时说"。从律师的角度来讲，我们的微博何时去做这样的表达，无论是案件案由的表达还是某种证据、某个程序的表达，乃至对每个当事人情感的表达，都是一种何时来表达的问题。同样，从另外一个视角来看，也就是从司法机关来看，也有一个怎么面对律师微博的问题。不管你喜欢不喜欢，不管你愿意不愿意，也不管律师微博是一种现象还是一个问题，我们的司法机关都面临一个何时说的问题。

所谓"度"，就是说什么，就是在律师微博当中你所要表达的，你所要主张的是什么东西。现在律师界有一种现象叫死磕式维权。我认为，所谓死磕不是一个派别、不是一种组织，而是一种技巧、一种方法、一种思路。刚才在点评前，我又搜索了一下现在律师微博的粉丝情况，最高的才二十几万，可见律师界不存在所谓"大V"的情况。现在网上比较普遍的情况是，大多数知名律师的粉丝基本上在5万到30万之间，远远够不上我们通常所讲的"大V"的级别，因为要100万以上粉丝才是"大V"。作为律师微博来讲无论是多少万的粉丝，他说什么，这对一个专业人士、法律人来讲，就是一个怎么表达的问题。同时，我们的司法机关应该考虑到如何应对的问题，这也就是说无论是律师本人还是司法机关，都面临一个精确度、透明度的问题。尤其是司法机关乃至党政机关，从如何面对到如何应对，从何时说到说什么，都不是一个小问题。

所谓"效"，就是怎么说。所谓怎么说就是"说"的成效和效果。刚才，我讲了"时、度、效"。"时"就是表达的时间与先后，"度"就是表达的高度、深度、速度乃至透明度、精确度，"效"就是成效，就是怎么说的问题。对律师来讲，到底怎么来说，既是一个专业问题，也是一个形象问题。在李天一案中，我对其中一位律师说要"理性表达，专业形象"，但是这位律师辜负了我对他的这八个字。

司法机关对律师们怎么说，就是从面对到应对乃至针对的问题。对律师微博，怎么回应和呼应，对律师提出的一些程序上、证据上的主张和建议，司法机关怎么反应，还真的需要认真研究与总结。

最后，通过杨秀博士的研究与提出的问题，尤其是以上我们关于"时、度、效"的思考，我得出以下三个我个人的结论：我认为，律师微博是需要的，因为它是一种不可替代的专业表达；我也认为，律师微博是必要的，因为它是一种不可缺少的法治思维；我更认为，律师微博是重要的，因为它是我们所有法律人都不可忽视的司法监督力量。

中国律师有"精神"吗？

——"山东律师精神开题研讨会"总点评

(2011年10月17日 青岛)

【导语】

2011年10月17日，由青岛市律师协会和山东德衡律师事务所共同主办的"山东律师精神开题研讨会"在青岛召开。近60名来自全国各地的山东籍律师参加了研讨会。

参会嘉宾手抚会议配发的《论语注释》和《水浒传》两本书，胸怀孔子、泰山、黄河与梁山好汉，纷纷从山东人的性格特点、律师业的使命、律师文化与山东文化的交汇等不同角度，对山东律师的精神特点进行了深入的研讨。

最后，时任《方圆律政》杂志社副主编曾宪文和我为研讨会做了嘉宾点评，以下即为我的点评内容。

各位律师、各位朋友：

大家好！谢谢主持人！谢谢各位律师！

非常感谢栾少湖主任的盛情邀请与精心安排！他知道我与"中国律师论坛"之间的缘分与情分，所以特别邀请我来参加这个在"第九届中国律师论坛"开幕之前召开的研讨会。可惜我也无法参加即将于明天开幕的"第九届中国律师论坛"了，因为工作原因我今晚必须赶回北京。尽管我是今天中午才到青岛的，但能够参加今天下午这个特殊的研讨会，我还是感到非常高兴、非常荣幸。

今天一个下午的安排，有演讲也有点评，按照主持人的说法，各位嘉宾演讲之后就该轮到我与曾宪文主编来点睛了。我们两个人刚好，一个点左眼，一个点右眼。我不知道刚才宪文主编点评时点的是左眼还是右眼，反正你要点了左眼我就点右眼。至于能否达到点睛的作用，我们还得在点评之后再单独看看。就像刚才张青松律师说的那样,现实中有些人在白天是文明不精神,到了晚上是精神不文明。我不知道我们今天下午是属于文明不精神还是精神不文明,或者说既精神又文明。然而,我们下午谈论的话题又是一个有关精神的话题,这是一个非常沉重的话题。

按照要求,我就从以下几个方面对刚才各位的演讲进行点评和总结。

首先,我赞成刚才曾宪文主编所做的点评和总结。如果在大学里举办这个关于"律师精神"的开题会,一定会有导师向博士生、硕士生提出很多问题。比如说其内容究竟是什么、比较研究的方法怎么样、涉及哪几个方面关系、制度设计构想,所有这些都是开题的基本组成部分。这个时候,往往博士生导师、硕士生导师都会提出一些研究方法问题。比如说你是用实证研究法还是用数据研究法,你是用历史研究法还是用比较研究法,这些都是课题研究与写作中必然面临的概念。而我们今天所讨论的山东律师精神研讨会中有好几个值得注意的概念,刚才董刚律师也提到了这些概念并且做了一番比较。那就是我们需要研究的是"山东律师精神"还是"山东律师的精神",或者说是"山东的律师精神"?由此可见,这个题目是一个很大的题目。所以,仅仅一个下午是没法解决这个大题目的,但开开题还是足够了。

接下来,我想问九个问题,也就是从九个方面来总结概括一下刚才各位的发言。我建议我们律师都来思考一下,这九个问题到底意味着什么?

第一,为什么会在这个时候提出"山东律师精神"这样一个课题?

根据我个人的理解,大概有这样几个背景。

一是律师制度恢复重建32年,严格意义上来说是33年的时代背景。我个人注意到,律师制度恢复重建与我们《民主与法制》杂志的诞生是同一个时间,都是1979年。大家都知道,人到而立之年常常会对过去做一些全面的反思,更重要的是对未来做一些设计。在律师制度恢复重建30多年的这个时候,我们来提律师精神,应当说是一个合适的时机。在10年前未必有人能够想出来,更不一定有人提出来。尽管现在很多人说对律师精神或山东律师精神这个概念没有过多的思考与研究,了解也不多。所以,今天不少发言者多是从自己的感性认识和执业经验出发来谈这个问题的。但是,作为整个律师行业来讲,这个时候提出"律师精神"的话题,是一个非常重要也非常合适的时机。我们如果要做历史研究的话,显然我们要从1979年到1984年、1984年到1988年、1988年到1993年、1993年到1996年、1996年到2000年、2000年到2004年、2004年到现在等时间段出发进行研究。这一系列时间段既是我国律师业改革发展的重要阶段,也是我们研究"律师精神"时需要关注的重要阶段。

二是这几天召开的十七届六中全会所关注的文化建设这个政治背景。大概在5年前,司法部从上到下提出了一个概念,那就是关于律师文化建设的概念。现在各地律师协会都在探讨律师文化这个主题，都在考虑我们应该建立什么样的律师文化？律师文化应该包括什么样的内容？律师文化与律师制度之间究竟有什么样的关系？律师文化和律师管理有什么样的连接点？这是在我们国家文化建设走向大繁荣大建设的背景下，我们从律师文化这个主题下提炼的"律师精神"这样一个富有时代意义的概念，这是第二个背景。

三是律师职业不断被误会的社会背景。对中国律师业来说，这五年来是一个很敏感的时间。五年来，与律师有关的热点案件越来越多。在这些敏感事件和热点案件当中，往往会出现我们律师的身影，能听到律师声音，这个时候社会各界就会对律师产生很多看法、很多意见或者引发很多问题。比如说李庄案件，这个案件是一个可以让律师制度广而告之的机会。尽管李庄个人的表现可能是另外一种含义，但这个案件给了我们全社会对律师制度更多的了解。想不到的是，了解的背后是误解，误解之后是误会。律师到底是一种什么样的职业？律师精神到底是一种什么样的精神？这个时候社会各界对律师职业乃至律师制度就会有很多误解和误会，其中也包括今年发生的北海案件。我碰到很多圈外的人问我，李庄案件怎么样啊？你对李庄怎么看？现在他们又在问我北海案件怎么样？你个人是怎么看的？可见这些敏感事件、热点案件使得社会越来越多地关注律师行业，在关注的同时他们对律师也有越来越多的误解。作为律师行业本身来讲，我们应该告诉社会，律师应该是一种什么样的形象？律师应该是一种什么样的职业？当然，高层现在对律师也有很多的误解。按照《律师法》规定，律师就是接受委托或指定，为当事人提供法律服务的执业人员。这本是一个非常直接、非常典型、非常明白的概念，但是我们没有做出本质的解读。律师到底是什么工作者？以前叫"国家法律工作者"，后来叫"社会法律工作者"，现在叫"中国特色社会主义法律工作者"。如果说前面两个概念是学术概念，那么后面这个概念就是一种政治概念。我们发现，其中的法律概念体现在哪里呢？我们没有对《律师法》中的法律概念做出重点阐释和清晰理清，所以造成了社会对有关律师职业和律师制度的问题存有很多误解。现在高层总是在说律师怎么这么难管？律师怎么会让我们这么头疼？所以，现在的律师管理模式需要反思，为什么对律师既想管理却又管不好、管不好又还想管呢？由此可见，从上到下，无论是官方还是百姓对律师职业都存有一种误解。原因在于律师精神不统一，或者说我们还没有统一而有效的律师精神。这就是我们为什么此时此刻提出律师精神的第三大背景。

第二，为什么会由山东来提出关于"山东律师精神"这样一个话题？

刚才各位律师在发言当中，尤其是杨培国律师发言中也特别提到了这个问题，其实也是三大背景。为什么既不是北京、上海，也不是广东、江苏或者山西、陕西提出来呢？因为山东有其独特的文化背景。

一是孔孟之道。说起山东，我们很多人都知道这是孔孟之道的发源地。原来我在出版社工作时发现，任何一本书都是在山东发行量最高，我们现在的《民主与法制》也是在山东发行最好。在孔孟的故乡，这里的人们都很好学。孔孟之道不仅仅激励了山东人，也激励了整个中华民族，所以，我们都知道儒家文化就来自于孔孟之道，来自于我们的圣人。正所谓山东人所说的"一山一水一圣人"，这个圣人就是孔子。在孔孟故乡提出"律师精神"这个文化概念，应当说是理所当然的事情。

二是齐鲁文化。大家可能知道，在我国法律界六大地域流派中，其中有一个流派就是齐鲁流派。现在正好有一个联谊会叫作"胶东法律人联谊会"，这个联谊会广泛吸纳了在齐鲁文化背景下滋养的法律界人士。在他们中间我们看到了一种一脉相承的东西，那就是齐鲁文化的血液。作为法律人，山东律师提出律师精神的背景似乎是天经地义的。

三是梁山好汉。毫无疑问，山东律师精神就是今天我们每位与会者桌子上的那本书《水浒传》中所体现的梁山好汉的精神。所谓梁山好汉的精神，就是行侠仗义的精神，就是仗义执言的精神，就是伸张正义的精神。在我看来，与其说今天下午的会议是山东律师的聚会，还不如说是山东律师好汉的聚会。在山东律师看来，律师好汉就需要用一种职业精神有效地连接起来。

因此，山东律师精神提出的文化背景就在于上面讲到的孔孟之道、齐鲁文化、梁山好汉。

第三，我们如何来理解"山东律师精神"的概念？

综合以上各位嘉宾的发言，我认为应该从以下三个方面来理解"山东律师精神"的内涵。

一是形象概念。山东律师应该有一种什么样的精神面貌？有一种什么样的职业形象？与其他职业、与其他地方的律师同行应该有什么不同？我曾经对律师职业做过一个总结，我说做律师可以分为四个阶段，第一是"当律师"阶段，第二是"做律师"阶段，第三是"像律师"阶段，第四是"是律师"阶段。前面两个阶段可以不提，第三个"像律师"阶段，说的就是律师的形象、一种面貌、一种精神。所以，作为律师，人家首先看到的就是你的形象，让人家一看就知道你是一个律师。后面一个阶段"是律师阶段"，那就表明你达到了一定水平，已经是一个标准、专业的律师。大家一看，张青松像一个律师，包括长得像王石的程守太也像一个律师。那么，为什么他们一看就像个律师呢？所谓律师，并不一定说你戴个假发套就像个律师，也不见得你穿个律师袍就像个律师。所以，"律师精神"首先是一个从内在到外在的形象概念。

二是制度概念。我们与其说今天在这里讨论的是"律师精神"，还不如说是在探讨一种法律精神。从这个概念来讲，有一个问题摆在我们面前，律师制度到底是一个什么样的制度设计？我们应该怎么理解这个制度？有一句话在刑事辩护中体现得非常明显，那就是我们常常听到的"律师为什么要为坏人去辩护"？这句话体现的就是一种律师精神或者叫法律精神。对律师乃至法律人来说，我们不管他是不是坏人，在法律没给他最后的说法之前，只要我接受委托或指定，我就要为他辩护。这就是一种律师精神，这就是说我作为一个专业人士必须独立地自由地去维护他的权利。所有的制度设计都应该有正反面，有打击就要有保护，有人指控就要有人辩护，有公权力出面就同样应该有一个对立面来维护一部分人的合法权利。所以，不管是叫被告人还是叫犯罪嫌疑人，都要有一个相对的角色来帮助他们行使自己的权利。今天我们所说的律师精神就是通过律师职业角色的表现而反映出来的一种制度理念。

三是文化概念。我们说律师精神是一个文化概念，应该很好理解。律师精神实际上包含更多的就是律师文化，那么，山东律师文化与山东律师精神，律师精神与律师文化，实际上所有这些概念都是相通的。刚才各位律师的发言也从各个不同的角度做了专业的解释和独到的阐述。

第四，"山东律师精神"究竟应该包括哪些内容？

今天在座的各位律师的发言，概括起来，我数了数大概一共是说了12个字。毫无疑问，所有的人都说到了"山东律师精神"前面的五个字，也就是象征孔孟之道的"仁""义""礼""智""信"这五个字。然后再加上蒋琪主任提到的"先"，还有其他律师提出的"忠""诚""专""直""实""和"等七个字。也就是说，我们今天召开这个"律师精神"开题会的重大成果就是为"山东律师精神"提炼了这12个字。所以，我认为刚才每一位发言的律师，不论是指定发言还是自由发言，也不管发言时间的长短，不管你的发言是感性的还是理性的，无非都体现在这12个字里面。可以说，这12个字就是"山东律师精神"所要表达的基本内涵。

第五，法治国家或法治较为完善的国家有"律师精神"吗？他们的"律师精神"是什么？

我注意到，今天下午各位发言的嘉宾都没有提到法治国家或法治较为完善的国家是否有"律师精神"，他们的"律师精神"是什么这个问题。如果要作为一个课题研究的话，我们就应该对此做一个中外比较研究。西方发达国家究竟有没有"律师精神"这个概念或有没有"律师精神"这样一种设计呢？我认为西方较为发达的国家有"律师精神"，他们的"律师精神"主要体现在以下三个方面。大家可以一起想想，究竟有没有道理。

首先，他们的"律师精神"强调的是一种独立的精神。作为律师，一定要做到独立于法官、独立于检察官、独立于当事人。尽管是忠于当事人但首先要独立于当事人。在法律面前他完全是独立的思考、独立的判断。

其次，他们的"律师精神"表达的是一种忠诚的精神。所谓"忠诚"就是忠诚于自己的当事人，忠诚于自己对法律的信仰，忠诚于自己对法律精神的坚守。

最后，他们的"律师精神"体现的是一种自由的精神。所谓自由，就是自成系统、自我管理、自我约束，无论是行业还是个人都不受制于任何团体、机构或个人。这是一个非常重要的概念，在我们国家大多时候是强调自律管理，很少强调自治管理。对于自由，在现实中成了一个基本不提或者说是一个不好提、不便提、不敢提的概念。《律师法》第二条对律师的职业定位告诉我们律师是什么工作者呢？其实就是自由职业者。我们中国有些领导最怕自由两个字，实际上自由一点也不可怕。大家看到，今天我们所有的发言都是自由的，大家谈的内容是自由的，谈的方式也是自由的。作为律师来讲，我们可以接受你的委托，也可以不接受你的委托，这就是自由的概念。所谓自由，法治发达国家的律师精神除了独立，更重要的就是自由，而我们国家的律师制度没有给律师职业设计并确立其为自由职业者这样一个地位。

第六，与"律师精神"相近的概念有哪些？

我们讲"律师精神"很多人觉得不好理解，那天我跟马维国律师说一起来讨论讨论"律师精神"，他说我们律师有精神吗？从这里就可以看出与精神有关的还有好几个概念，一是这个人形象精神不精神，二是有没有核心价值观这样一种精神。我们常说律师行业有没有一个共识的东西？有，但不够。那么这些共识是什么呢？在我看来，比如说职业操守、执业理念、行业文化、职业形象、执业文明等，所有这些概念都是跟"律师精神"相近或相似的观念。更重要的是，我们谈文化，必然要涉及精神这个概念。今天下午我们谈山东律师精神，实际上也是在谈山东律师文化。将来全国律协出面召集大家谈律师精神，实际上就是过去我们谈律师文化的延续。

在我看来，文化也好，精神也罢，这都是一些理念、信念、信仰、认识等之类的概念。这些概念所要表达的就是在律师行业应该倡导与建构一种心心相印、息息相关、面面俱到的文化精神。

第七，中国律师有精神吗？

正如刚才我提到马维国律师的问题那样，我今天也要问大家：我们中国律师到底有没有精神？中国律师 20 万这么一支大队伍到底有没有精神？我认为，当然有，但还不够。那么，这些精神有哪些呢？我们研究律师制度、律师职业、律师管理、律师行业，最主要的是应该研究什么呢？那就是律师文化或律师精神。

中国律师有精神吗？中国律师精神是法律精神还是职业形象？是刚刚起步还是渐入佳境？是缺乏内容还是缺少载体？所有这些问题，都是需要我们解决与研究的问题。在现实中，我们常常会碰到很多案件、很多难题，如何解决？我们知道，在中国特色的社会主义法律体系下，我们的法律精神可能还需要考虑除法律以外更多的东西，我们还不得不面对那些让人难堪、尴尬以及那些说不清、道不明的现实。但是，对律师们来讲，律师有没有精神？或者说有没有法律的精神？有没有共有的精神？有没有核心的精神？所有这些问题都值得我们去思考与研究。

第八，研究"律师精神"时需要关注哪些问题或矛盾？

刚才吕红兵副会长提到了与律师精神有关的三个矛盾，郭桂林律师还提到了三个支撑点。为什么我们在研究律师精神的时候要研究这些矛盾呢？

综合刚才大家的发言，关于"律师精神"的研究，我觉得大概有以下几个方面的矛盾值得注意：（1）利益与正义之间的矛盾；（2）忠义与道义之间的矛盾；（3）主义和正义之间的矛盾，所谓主义就是政治上的矛盾；（4）执业与行业之间的矛盾，执业是个性发展，行业是共同发展；（5）规则与争议之间的矛盾，这是吕红兵副会长刚才提到的一个重要矛盾；（6）文化与精神之间的矛盾；（7）传统与精神之间的矛盾。为此，刚才杨培国特地提到了山东律师或山东律师传统的问题；（8）感情与市场之间的矛盾。

第九，中国律师需要一种什么样的精神？

这是今天开题研讨会的归纳点和落脚点，我将今天大家的发言用了 12 个字来概括。因为律师是一个效力于是非曲直之间、受命于忧烦危难之际的职业，是一个可以变复杂为简单，变被动为主动，化腐朽为神奇的职业。这种职业需要一种什么样的精神？律师是法律之师，律师是正义之师，律师是道德之师，律师是文明之师。

通过此次关于"律师精神"的思考与研究，如果我们需要归纳并建构一种适合于山东并推广于全国的"律师精神"，那么，"山东律师精神"不妨做如下归纳与概括：

一是一种向上的精神；

二是一种求和的精神；

三是一种兼容的精神。

讲到兼容，今天我要特别提一下跟我一样今天到青岛马上又要离开青岛的陈光武律师。刚才，陈光武律师也提到了北海律师团的组成和成员之间的相互不同甚至是矛盾，包括外人对他们的误解。其中有一位律师特别需要我们去包容理解，那就是杨金柱律师。这是一个不可回避的问题，我经常说杨金柱律师身上有一些东西或者说有一些表现，确实让人烦、讨人嫌，尤其是一些当官的很不喜欢他。但是，作为律师同行，我们还是需要去包容他。包容的前提是宽容，包容的结果是兼容。像杨金柱这样的律师在中国没有肯定不行，当然多了也不行，有一个就足够，也恰恰好。所以，我们最近这一期的《民主与法制》杂志特别为杨金柱律师做了一个专题报道。我们可以质疑他，也可以赞扬他，但更多的应该是包容，最后是要达到兼容。

我常常说，我们中国律师行业是需要包容的，包容的前提是宽容，包容的结果是兼容。我国现有20多万律师，有的律师擅长说，有的律师擅长写，有的律师善于社交，有的律师不善于人际。在这20多万各具特色、性格迥异的律师中，我们彼此需要包容，但是我们律师之间目前的包容度还是不够的，我们还要锤炼宽容之心、还要追求兼容之意。

好！我接着总结"律师精神"。接下来还有五个方面。

四是一种正义的精神，就是我们律师如何扮演好追求正义的角色。

五是一种诚信的精神。

六是一种忠诚的精神。这里面包括两个方面，一个是忠诚于法律，一个是忠诚于当事人。在我们国家还需要一个忠诚，即忠诚于党和人民的利益。

七是一种大气的精神。我看到我们有一些律师不够大气，常常在不经意之间就表现出一种小家子气。举个例子，前不久最高检和司法部举办了一场"公诉人与辩护人电视论辩赛"。这是一场在全国公诉人与辩护人之间的对抗赛，也是一个在中央电视台进行的活动。但是，有些律师就在微博上对这件事进行了攻击，甚至说了一些怪话甚至是脏话。我个人觉得，作为一个律师甚至是一个男人，有些发泄的话在私下场合说说还可以，但在公共场合就绝对不能说了。作为一个律师，一个专业人士，你不能这样小家子气，它就是一个节目、一个栏目而已。何况这个栏目、这个节目对宣传我们律师还是有好处的，你为什么要去攻击它呢？其实，你可以质疑，也可以批评，但是语言一定要委婉而理性。这就是我说的律师一定要大气，而不要小家子气。

八是一种求直精神。这个"直"就是耿直，就是正直。浙江有一家律师事务所就叫求直律师事务所，听起来就像"求职"，有些当事人到他所里去，就问怎么还求职呢？他们理解成是职务的"职"，而不是"是非曲直"的"直"。

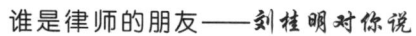

九是一种敢于担当的精神，这是我今天最后要总结和概括的。律师一定要有一种敢于担当、敢于负责的精神，也就是说律师一定要意识到自己肩负的责任和使命。

各位律师、各位嘉宾，以上九点也就是九个问题，是我对曾宪文主编点评的九个补充。不管作为点评还是作为总结，其中的内容基本上表达了我对律师制度、律师职业、律师文化的一些设想和思考。美国曾经有一位著名的刑事辩护律师说过一句让许多律师振聋发聩、意味深长的话，那就是"永远不要让你的技巧胜过品德"。

所以，最后我引申这句话，然后用三句话结束我今天下午的点评或总结：第一，不要让我们的技巧胜过美德；第二，不要让我们的利益超过正义；第三，不要让我们的目标越过责任和使命。

谢谢大家！

为什么司法永远是一个美妙的过程?

——"2010第二届北京律师论坛"总点评

(2010年11月28日 北京)

【导语】

2010年11月28日上午,"2010第二届北京律师论坛"刑事法律分论坛在北京会议中心举办,分论坛吸引了二百多名北京律师参与。钱列阳、张青松、杨矿生、焦鹏、刘卫东、石红英、刘文元等一批主要从事刑事辩护业务的北京知名律师纷纷在分论坛上发表演讲,北京大学法学院教授陈瑞华、清华大学法学院教授周光权应邀为演讲律师做嘉宾点评,我应邀做分论坛总点评。

分论坛上,九名演讲律师围绕律师程序性辩护实务探索、受贿罪辩护、经济犯罪与死刑适用、刑辩律师的思维和语言、刑事被害人权益保护、刑辩律师的风险与防范、刑事辩护的核心及价值等多个刑事领域引人关注的题目,发表了精彩演讲。

此次刑事法律分论坛由北京律师协会刑法专业委员会和刑事诉讼专业委员会联合主办,其主体为"程序辩护与实体辩护"。分论坛的特色在于以律师演讲为主,采取特约主持人、专家点评、参会人互动等方式,以下即为我的总点评内容。

尊敬的各位专家、各位朋友、亲爱的各位律师:

大家中午好!

毛主席他老人家说过,一个人做一件好事并不难,难的是一辈子做好事。那么,今天轮到我最后发言的时候,我要说,你们从头到尾给每一位演讲者一次掌声并不难,难的是到最后该吃饭的时间,到了我上场的时候,大家依旧能够爆发出热烈、长久、可持续并且雷鸣般的掌声。

你们的掌声告诉我,本次会议即将结束,本次论坛即将画上完美的句号。此时此刻,我要向大家报告两个感受:一个是倒霉,一个是愉快。倒霉的是,现在已经是中午一点钟了，前面所有人把我想讲的话都讲完了，把该给我的时间都用完了，这是一件最倒霉的事情；愉快的是，如果现在会务组一声令下，说会议到此结束，那么我就可以用一句话来结束。我会说，上述各位专家对今天律师发言的点评已经代表了本人的发言，我完全同意他们的观点，会议到此结束！

但是，对我个人来讲，作为今天"程序辩护与实体辩护"分论坛的总点评，既然安排我最后上场，我也就想唠叨几句。再说，我也确实有很多心里话想最后唠叨几句。

我们都知道，一个论坛从开头到结尾就是一个过程，一场比赛从开始到结束也是一个过程，我们的人生从青年到中年乃至到老年还是一个过程。那么，接下来我就想用一个关键词来概括今天上午各位律师的演讲。因为学术语言都已经被陈瑞华教授和周光权教授完全概括了，所以我就想换一个词来概括。

我觉得，我们在座的各位律师可能都读过美国联邦最高法院大法官卡多佐写的一本叫作《司法过程的性质》的书。所以，刚才我在想，今天一个上午各位律师的演讲我应该怎么样点评。于是，我就想到了《司法过程的性质》这本书。我所要讲的司法的过程，说的是从程序正义到实体正义的过程，是一个从个人的努力到最后达到一个完美结局的过程，是一个我们追求正义使命和最后实现正义的过程。

我们看到，今天分别在上下半场演讲的九位律师无不贯彻了"过程"这两个字。

对我们律师来讲，首先关心的一个动机或一个目标，就是程序正义，也就是说我们刑辩律师最主要的工作模式是程序性辩护。所以，我看到了今天第一位上台演讲的郝春莉律师在她的论文《律师程序性辩护实务探索》中介绍了关于程序性辩护。其实，她讲到的程序性辩护就是一个我们律师追求正义、实现正义的"过程"。同样，从传统的有关定性的实体性辩护发展到今天的程序性辩护，也是一个极其重要的发展过程。

到了张青松律师演讲的时候，他谈的话题是"刑事辩护的核心及价值"。我注意到他讲到我们很多律师在宣传自己的时候，往往是说我为多少人做了无罪辩护，我做了多少成功的无罪辩护。实际上，这只是一个结果，我们更需要的是过程，也就是我们追求程序正义的核心价值到底是什么？毫无疑问，我们律师最重要的是追求过程，即使最后的结果可能没有达到满意的结果。但是，我们在这个过程当中，有效地维护了被告人的权利，维护了人权的价值。即使最后没有获得无罪的辩护结果，那也不能说律师没有发挥作用。因为律师制度的首要作用，就是关注司法的过程。我想，通过这个过程维护基本人权，就是我们律师所要追求的一个核心价值。

今天第三位演讲的是焦鹏律师，焦鹏律师在他的论文《重视量刑辩护，加强量刑辩护》中不仅强调了程序辩护，更强调了量刑辩护。在前不久召开的"第四届尚权刑事辩护论坛"上，最高法院一位法官在讲到关于量刑程序改革的时候说，量刑辩护是我们司法改革送给律师的一个大礼包。我完全同意他这句话，因为从量刑辩护的设计来看，实际上也是一个过程。如果说过去我们关于犯罪定性的辩护是一个简单过程的话，那么量刑辩护就是一个非常崭新的过程，也是一个非常崭新的空间。所以，需要我们律师更多地去关注，去研究，去探索。

钱列阳律师的演讲主要是依据他自己的论文《刑事辩护行使规则初探》，他谈的是刑事辩护的规则，实际上也是谈我们律师追求的规则。对我们律师来讲，我们通过一个个个案，推进历史的进步，推对历史的发展，这就是一个进步与发展的过程。但是，作为刑事辩护律师，作为法律职业人士，我们更重要的是如何去遵守规则，如何去适用规则，如何去完善规则。我觉得，钱列阳律师用规则完全形象地诠释了我们刑辩律师维护人权的过程。

到下半场，我认为首先值得关注的是石红英律师讲的《刑辩律师的思维和语言》。想法决定说法，说法表达想法。她讲到我们法律人如何用语言去解读我们的程序正义，用语言去丰富完善我们的司法程序。实际上也就是说，我们如何用更美丽的语言，如何用更专业的语言，去诠释司法正义的完美过程。

刘文元律师在他的论文《刑事律师代调查取证中的风险与防范》谈到了他经过30年执业经历积累的15条建议，实际上他多年的经验积累也是一个过程。在我个人看来，就今天来讲，每一位演讲者的内容都是值得参照的，而刘文元律师的15条建议更加值得参照。大家想想，一个已经70岁的人以自己的人生积累和执业积累告诉了我们15条经验，这是非常难得的。如果完全按照他的15条秘诀，我可以保证，我们每一位律师一定能够高高兴兴出门去，平平安安回家来。

到了刘卫东律师这里，他谈到了一个非常有趣、非常敏感也非常难办的话题。那就是死刑问题，他在论文中特别强调了"死刑能遏制贪腐吗？"这样一个难题。他也提到了12年前，由我等几位友人在《中国律师》杂志上发起的长达7个月的死刑问题讨论。学术界和律师界为此都很关注，我当时给我们这个专题设计了一个标题叫作"中国废除死刑之路"。其实，我认为这句话没有错，但是有些官员看到这个标题就害怕了。其实，目前要废除死刑肯定做不到。对于经济犯罪的死刑问题，我觉得同样是一个非常值得强调的核心价值。由此看来，我们如何看待这个问题的确需要一个过程。

戴福律师在他的论文《刑事被害人权益的实体和程序保护》中提到刑事被害人的问题，我觉得这是一个非常崭新的话题。尽管周光权教授刚才在点评中谈到，被害人参与诉讼是一个复杂甚至是成也萧何、败也萧何的问题。但我还是觉得被害人参与诉讼也应该是一个由司法解决争议的过程，这个过程不仅仅是为了维护被告人的权利，同时也是为了维护被害人的权利。

最后，就是杨矿生律师的演讲。杨律师在论文《受贿案件定性辩护中的若干问题探讨》中特别强调了司法这个过程，也就是如何确认与判断被告人是否存在权钱交易、是否具有明知的企图。他在演讲中谈到如何把握这两个原则呢？这又是一个值得关注的过程。其实，讲到这里，我觉得还需要对本次论坛提一个建议，在今天的"程序辩护与实体辩护"分论坛上还应该讨论一个重大制度，那就是有关未成年人的刑事辩护。为什么不增加一个关于未成年人刑事辩护的讨论环节呢？现在，我们有多少人在为未成年人做辩护？未成年人权利应该如何保护，尤其是在刑事案件中的未成年人权益如何保护？所以，我觉得如果我要对钱列阳律师与杨矿生律师两位主持人提出意见的话，我认为就需要将来在这里实现一个重大突破。

以上就是我对刚才各位律师的演讲从题目到内容做出的概括性解读。也就是说，不管是从什么角度，不管是从什么视角，他们讲到的都是程序辩护和实体辩护的过程，这就是我对几位演讲者的关键词解读。

至于对陈瑞华、周光权两位教授的分别点评，我就无法再进行点评了，但是我可以同意两位专家的点评。我要在陈瑞华教授、周光权教授的点评之后再补充一点，因为他们都没有讲到司法的过程，要是他们接下来再把司法的过程做一个解读，就更完美了。因为时间有限，我就不再一一解读了。

最后，我想应该用三句话对我们的律师同行表达一个想法和说法。我认为，这三句话不仅代表了我今天所要表达的心声，也表达了各位刑辩律师应该长期坚持的一个认识，或者叫作共识。

第一句话：维护公平正义首先也永远是一个过程。

我们知道从实体正义到程序正义是一个过程，我们不管做什么样的辩护，不管是什么类型的案件，都需要维护正义，维护社会的公平和正义。在新《律师法》中，我们注意到了"三个维护"，实际上这是一个既定的文字表述与逻辑结构。如何理解呢？我们首先要通过我们的专业努力维护当事人的合法权益，达到维护法律的正确实施，最后达到实现社会公平正义的目的。所以，在前面我们如果说，维护被告人合法权益和维护法律的正确实施是一个过程的话，那么最后的结果就是维护社会的公平和正义。正义实现之前这个过程就是前面两个，我们如何通过我们的专业，通过我们专业技巧，来实现当事人合法权益的保护和实施。所以，从整体到个案来讲，这就是一个过程。从我们整个司法来讲，同样是一个过程。所以我们说，司法如果是一个过程的话，那么我首先就要讲维护社会的公平正义，不仅是一个结果，更是一个过程。

第二句话：我们的刑事辩护事业同样也是一个过程。

在座的各位律师感受可能比我更深，无论是执业环境还是个人心态，这个过程可能有时候是一种难受，有时候是一种忍受。但是，当我们经过了"难受"和"忍受"之后，最后我们达到的一定是一种"享受"。所以，我们需要享受一个结果，但更需要享受这个过程，当结果不是唯一重要的时我们就发现了"过程"原来如此美妙。2004年奥运会上中国女排与俄罗斯女排之间神奇的大逆转，本届亚运会上中国女排与韩国女排之间惊人的大逆转，让我们真正体会到结局的美丽原来来自于过程的美丽。所以，我们绝不能仅仅只是追求美丽的结果，而应该是追求一个充满神奇、充满魅力的过程，这就是一个程序正义的过程。

第三句话：我们律师事业的发展必然也是一个过程。

我们现在很多人对律师实务的现状，对律师的执业环境，对律师目前的发展状况都不满，这也是正常的。其实，社会对我们律师有很多的误会，这是暂时的，也是正常的。因为大家都知道，刑事辩护就是一个唱反调的过程。当然，我要提醒大家，就是大家对政治问题，我们应该多做建设性的意见和建议。我们在法律上唱反调，一般官员肯定是不高兴的。律师不仅唱反调，而且还公开唱反调。不管是百姓还是官员，对我们为什么为"坏人"辩护，实际上这一直是他们对我们的误会。所以，得到社会的正确理解，同样也是一个过程。我们自身对律师事业发展的复杂性和长期性，尤其是对刑事辩护当中的艰难和艰险，都需要充分的心理准备。目前，律师事业的发展现状让我们不如意、不满意、不中意，所有这些问题，都需要我们每个人从客观的完善和主观的努力来追求并实现最终的发展目标。

各位专家、各位律师：最后，我要用一句我个人的心里话来结束我的总点评。对于刑事辩护，对于律师事业，对于司法公正，我们不要着急，不要抱怨，不要焦虑，我们可以通过自己的奋斗，通过自己的努力，通过自己的智慧和奉献，不断推进社会的进步和法治的完善。

有人说，我们每个人无法决定自己生命的长度，但我们可以通过后天的努力来拓宽自己生命的宽度。同样，在律师事业发展当中，我们无法决定个案的结局，也无法决定刑事诉讼制度的完善，但是我们可以通过我们的努力，通过我们的智慧，实现我们的使命，丰富我们的司法制度乃至发展我们的律师制度。

让我们用今天的努力来期待美好的明天吧！

谢谢大家！

"影响性诉讼"为什么多是刑事案件？

——"2009年十大影响性诉讼"专家点评会点评

（2010年1月31日　北京）

【导语】

2010年1月31日，由中国法学会案例研究会与清华大学法学院联合主办、《南方周末》协办、义派公益团队承办的"2009年十大影响性诉讼"点评会，在清华大学法学院明理楼召开。作为点评嘉宾，我做了如下点评。

尊敬的主持人、尊敬的李轩秘书长、各位嘉宾、各位朋友：

大家好！

我可能无法弥补刚才陈振东厅长演讲中所提到的在工作中的损失，但是我可以把陈厅长超过的计划时间弥补回来。

首先我要表示一个敬意，向中国法学会案例研究会和《南方周末》表示感谢！大概在五六年前，吴革、李轩等我们几个人在说起影响性这个题目的时候，吴革告诉我说就叫"影响性诉讼"。当时，我表示了不同意见。我说，因为我们中国人特别怕"性"这个字，所以我说能不能改成"影响力诉讼"。但是，吴革说不好改。在我个人看来，"影响力"是一种广度和宽度。但是，"影响性"只是一个性质，而如果用"影响度"也只是一个程度。所以，如果叫"影响力"可能要好的多。现在已经五六年过去了，我还是要重申我的建议。

今天，我的点评就是三个问号，也就是三个问题。

第一个问号是在每年评出的影响性诉讼当中，为什么大多数是刑法类案件，或者是刑事类案件？

我们看到，在这十大影响性诉讼当中，有五件是刑事类案件，在提名中的案件中有九件是刑事案件。这就说明，对我们平民百姓来说，最关注的还是刑法或刑事案件。因为《刑法》跟我们每个人的生命、健康、自由密切相关，也就是说，它跟我们任何一个人的人权密切相关。用最通俗的语言说，就是它们最直接、最直观、最直白地反映了人命关天的问题。因为人命关天，所以与此有关的刑事案件就越来越多。但是，刑事案件多究竟是一种现象还是一个规律？目前看来，可能还只是一种现象，是不是一种规律还值得我们研究。这是第一个问号。

第二个问号是惊动律师界乃至所有法律人的李庄案件为什么会排在此次评选的第九位？

在我看来，这个案件应该排第一。如果不排第一，也应该说明这个排名不分先后。（笑声）其实，排第几并不重要，重要的是李庄案件的特别之处。在这个案件中有几个特别令人关注的特点，第一个特点是有关媒体的问题。我们看到，凡是主流媒体都不报道李庄案件，也就是这么一个著名的案件主流媒体不报道。但是，我们发现社会媒体乃至网络媒体却是广泛的报道。这是为什么？第二个特点是有关主体的问题。除了法律人，为什么会出现社会其他群体对李庄案件的广泛关注？作为关注主体，为什么法律人和老百姓对此案关注的视角与评判会如此不一样？第三个特点也是最重要的特点，那就是有关实体的问题。

在实体正义上，其中最值得关注的问题究竟是什么呢？我认为，第一是辩护人李庄和被告人龚刚模之间到底发生了什么情况？按照常理和法理，一般情况下辩护人和犯罪嫌疑人之间应该是不会有什么问题的。在本案中，他们之间怎么会发生这种反目为仇的情况呢？无疑值得关注，也值得研究。第二是这么多证人为什么不能出庭？如果你真的怕报复的话，那就明确告诉大家究竟怕什么，其中是否有什么不可告知的对案子不利的情况？现在大家对二审给予了更多的关注，其中关注的问题就在于二审中证人能否出庭。第三是在这个案子中发生的一些花絮。据说重庆方面充分运用了一种武器，那就是先在道德上丑化被告人。他们知道这个案子在法律人和老百姓当中的不同评判，所以就偶尔会用一些武器，比如说在一审开庭最后故意明显漏出一个完全是把柄的东西，也就是公诉人斥责李庄嫖娼的事情。因为社会上许多人本来就对律师这个职业不认同，如果说这个律师在办案当中还嫖娼，这样在老百姓当中就可以引起公愤。所以，当公诉人故意提出李庄嫖娼的话题，在老百姓当中就形成了一个"宁信其有，不信其无"的局面。其实，这是一个与本案无关的问题，也是一个没有证据支持的问题。或许，重庆方面可能就希望出现这种引起老百姓公愤的局面。所以，类似的事情也值得研究。

第三个问号是这次"影响性诉讼"评出的刑事案件为什么会受到如此的关注和关心?

从刚才《南方周末》编辑的介绍中,我们知道这些案件都是公众评出来的,像"躲猫猫",像"邓玉娇"这样的案子虽然名称不同,但是大多数实际上都发生过。为什么还会受到如此关注呢?在我个人看来,我们网民投出来的票更多的是关注这些案子的表面意义。也就是说在网络时代、舆论时代,大家关注的都是案子的表面意义。

主要有哪些表面意义呢?第一是关注案件的事实。这个案子的事实究竟是怎么样的?会如此吸引眼球的事实是什么?比如说邓玉娇案。第二是关注案件的背景,或者是关注案子当中的主体身份。究竟是什么人使这个案件如此受人关注?比如杭州飙车案。第三是关注案件的定性。案子发生后,大家首先就关注官方是如何定性的,比如说"临时性强奸"改判案。第四是关注案件的量刑。重罪轻判或轻罪重判同样会受到网民的广泛关注。像过去发生的许霆案。这些都是我们任何一个网民都有可能关注的表面问题。

但是,很显然,我们能够把它称为一个影响性诉讼,在座的各位,尤其是搞研究的学者,可以看看它深层次的意义到底是什么呢?

在我个人看来,所有百姓关注的如果仅仅是表面的身份、背景、证据、事实、定性、量刑的话,实际上其背后是表达权的问题、监督权的问题,更重要的是知情权的问题。再深层次的,就是关注制度设计、关注制度执行问题、关注制度管理问题。类似"躲猫猫"这样的案件为什么会一而再,再而三的发生?就是因为这里的制度设计出了问题。2004年的中央司法改革方案本来已经决定了看守所的体制改革,后来就是因为有关领导的一句话使得这个方案胎死腹中。因为如果看守所被拿到司法行政的话,公安方面将受到极大损失。但是,如果将看守所交给司法行政的话,一个是关于人权有了基本保证,也就是刑讯逼供的可能性将大大降低,另一个就是律师的会见活动将会更加规范而方便。这就是制度设计的问题,更重要的是制度管理的问题,或者说是制度规范的问题。

我们的网民关注的这些问题基本上都是表面原因,但我们更需要关注在深层次上的原因。这是我们透过"十大影响性诉讼"评选背后要考虑的问题,要研究的问题,要思考的问题。

最后,我的结论是,所有这些案件之所以受到关注,有很多原因、很多情况。但是,这些关注是否理性呢?我认为很多关注是不理性的,甚至是不正确的。但是,在一个民主法制的社会,在从人治社会到法治社会的发展道路上,这样的不理性,这样的不正确，这样的不正常，在我们这个社会也应该需要，需要容忍，更需要引导。

如果说，错误是教育的组成部分，唠叨是爱的组成部分，那么，同样我也要说，不理性也是民主和法治的重要组成部分。

谢谢大家！

律师应该怎么合伙？

——"第二届律师事务所管理论坛"点评

（2009年11月14日　北京）

【导语】

2009年11月14日，以"合伙的艺术"为主题的"第二届律师事务所管理论坛"在北京京仪大酒店隆重召开。

本次论坛分别以"合伙人的沟通""培养评价合伙人""鲜活的合伙制度"及"发展方向和目标"为命题进行热烈而活跃的研讨。论坛特别确定了金杜、中伦、君合、大成、金诚同达、天元、观韬、炜衡、君泽君、康达以及山东德衡、广东广和、天津金诺、上海段和段、辽宁法大、路伟国际律师事务所等16家律师事务所作为发言单位各自推荐本所一位合伙人进行主题演讲。以下文字即为我在第二阶段的论坛点评的情况。

主持人赵曾海（时任北京律师协会律师事务所管理指导委员会主任，北京市中银律师事务所主任）：

各位嘉宾、各位朋友、各位律师、女士们、先生们，上午好！随着缤纷大雪覆盖了整个北京城，北京气温骤然下降，迅速进入了冬天，寒冷的11月让整个城市银装素裹，但是却没有冰冻我们这些法律人热情的心，台下有很多老朋友，也有很多是新朋友，很高兴能认识大家，也很荣幸站在这里作为主持人之一，我来自于中银律师事务所，我叫赵曾海，也是北京律协管理指导委员会的。今天上午我将主持这三节的议题，有几位关于评价、培养合伙人非常有研究的大腕们将在这里跟我们分享，首先有请我们的老朋友、中国青少年犯罪研究会副秘书长刘桂明先生作为点评嘉宾，有请中国政法大学律师学研究中心的主任王进喜教授。

这一阶段谈的是如何培养和评价合伙人，首先讲一下到底合伙人是什么，第二合伙人要做什么，合伙人应该怎么定位，后面几位各自从不同角度讲，作为主持人，我认为合伙人在律师事务所是整合资源的人，曾国藩有一句话，说一个人凭着某一方面专长谋生，说这个人有一技之长，很值得敬佩，有一种人不仅仅有一技之长或者一直没有一技之长，但是善于完成目标和任务，说这个人才不得了。前面说的是专业人才，形容律师可能比较恰当，后一种说法，评价的应该是领导管理人才，在律师事务所组织中，我认为用于合伙人应该比较恰当。到底合伙人应该做什么，看完《建国大业》有的同志们说要向主席学习，团结一切可以团结的力量。我想作为合伙人，不仅团结合伙人本身，要团结全所力量，团结能人干大事，团结好人干好事，团结坏人，不让他坏事。作为合伙人我们更需要做这些，要说哪个合伙组织是最大的合伙组织？我认为国家是最大的合伙组织，看完《建国大业》，对律师事务所的管理应该有所启发。律师事务所合伙人如何定位？一个组织，一个机构，无非三种人，有的人天天忙着做事，有的人既要忙着做事也要忙着做人，有的人可能不要做事。我们自己所里开会，我说大家把我想成是个白痴，什么都不会干，我的目标就是希望成为什么都不会干的人。那么，合伙人应该怎么定位自己？

点评人刘桂明：感谢北京律协把一个律师界的老同志请到这里来点评！按照议程，我先向演讲者问一个问题，请马江涛律师界定一个概念，所谓"年轻律师"从年龄上应该怎么界定？然后再界定另外一个概念，那就是怎么界定"年轻合伙人的年龄"？请您回答我这个问题，然后我再进行点评。

马江涛：我认为这是两个概念，关于年轻律师和年轻合伙人是年岁上的划分，我本人是北京市青年委员，40岁以下都可以加入青年，所以我认为40岁以下的都算年轻律师和年轻合伙人。对于律师和合伙人，那是事务所内部的级别划分，业务包括各方面的成长，可以是律师，比如大成所有薪金律师、受薪律师，有二级合伙人、高级合伙人。

刘桂明：我现在在团中央机关里是属于老同志，因为像我这样年龄的同志已经非常少了。刚才，马江涛律师一直在说年轻律师、年轻合伙人这些概念的时候，我心里就一直在找平衡。当我看到在场的李大进律师、李淳律师两位会长的时候，我觉得我可以跟他们找找平衡。相对你们二位来讲，嘿嘿！我还年轻！当我跟在场的吕立山不能比，因为他是高人，我是矮人。过去我在《中国律师》杂志任职时，我实际上一直很关注马江涛写的关于律师管理的文章。但是，当我刚到团中央时竟然看到他曾经写过有关预防青少年犯罪的文章，为此我感到非常亲切。

谈到马江涛律师的演讲，我就说三句话。

第一，一个遗憾。刚才马江涛律师讲得最多的是年轻律师和年轻合伙人，但我发现今天的论坛的最大遗憾就是年轻律师和年轻合伙人实际上来得不多，大多数参会的律师都是资深合伙人。我知道，今天北京律师协会青年律师工作委员会在离这里大约一公里的地方，开展一个叫作"阳光成长计划"的青年律师培训活动。我想，关于青年律师的培训，还不如请这些青年律师到这里来听听资深合伙人，尤其是年轻合伙人马江涛律师的介绍。所以，我认为，这次论坛青年律师来得不多，这是一个遗憾。

第二，一个规律。什么规律呢？我在团中央有个体会，人家说团口的干部有这么一个特点，那就是"三个爷"：少爷、姑爷、师爷，关于少爷、姑爷我就不说了，我就说说师爷。在团口工作的好多干部是领导的秘书，你们知道吗？马江涛律师也是领导的秘书。刚才他说了，他最早曾经是彭雪峰律师的生活秘书。由此可见，一个人要想发展，就要跟一个好的领导、好的师傅，就要先去当秘书。几年前，天津律师也是南开大学的教授张勇律师曾经写过一本书，说的是青年律师在刚刚进入律师这个行业时首先要干好三件事：倒水、拎包、开门。年轻合伙人要找到水平高的师傅，过去有句话：要想学到手，就跟师傅睡。一个年轻律师如何成为一个年轻合伙人，一个年轻合伙人如何成为一个优秀合伙人，通过跟师傅零距离的接触学习是一个非常重要的规律。

第三，一个导向。刚才马江涛律师在演讲中讲到了五个培养，但我觉得讲来讲去无非就是一个概念，如何从做人到做律师。马江涛律师说做人要有悟性，我觉得这个概念不是很准确，应该是做人要有品性，做事要有悟性，只有品性和悟性的完美结合，最后才能达到完美的境界。所以说，真正做到从品行到悟性的完美结合，是任何一个人、一个律师发展的必由之路。可以说，这是一个规律，更是一个导向。

赵曾海：现在请天津金诺律师事务所李海波主任给大家谈谈夫妻的问题，夫妻应该怎么相处？怎么评价夫妻关系的好坏？题目叫"合伙人的价值评价和定级"。

李海波发言（略）。

赵曾海：谢谢海波律师！海波律师有一点提醒我觉得很重要，一定要舒服，舒服最重要，少一个点、多一个点都没关系，现在请桂明点评。

刘桂明：如果说刚才马江涛律师讲的是从年轻律师到年轻合伙人发展阶段的话，那么海波律师讲的是从一般合伙人到资深合伙人之间到底面临什么阶段和什么样的关系。在我看来，主持人赵曾海律师刚才关于合伙人相当于夫妻相处的比喻是有道理的，海波律师谈到的合伙人之间如何相处的艺术就相当于夫妻如何相处的艺术。在我看来，夫妻关系实际上就是从爱情到亲情的阶段。海波律师的演讲所关注的我觉得无非就是三个问题：一个问题是谈合意，一个问题是谈合适，还有一个问题是谈合作。

第一，合伙人之间的合意。 所谓合意，就是要讲情投意合、志同道合，相当于情人之间的相爱，要不讲私，也就是要不讲自我。合伙人之间如果做不到这一点，说明就没有合伙的基础。尤其是创业初期的合伙人，更需要讲求合伙人之间的意思一致。尽管比不上情人之间的境界，但一定要追求这种相互欣赏的境界。

第二，合伙人之间的合适。 所谓合适，就是合伙人之间如何相处。这个时候就相当于情人已经结婚建立家庭，需要考虑双方如何相处。有人说，家庭是一个不讲理的地方，也就是说家庭是一个无法分清是非的地方。如果夫妻之间要讲理，两口子可能就会经常打架。同样，合伙人之间如何相处，也要考虑如何不讲理的问题。比如利益怎么分配，管理如何协调，有时候需要讲规则，但有时候又需要模糊化。这个时候就需要讲求今天论坛的主题"合伙的艺术"，也就是如何做到艺术化处理。

第三，合伙人之间的合作。 对合伙人来说，如果说第一个阶段是如何相爱的话，而第二个阶段就是如何相处，那么第三个阶段就是如何合作。这是一个技术问题，更是一个艺术问题。从合伙人相互之间的关系来看，从相爱到相处固然很重要，但更重要的是相互。这时要求的既不是相爱时的不讲私，不讲自我，也不是相处时的不讲理，而是不讲钱。不是不要钱，而是不讲钱，合伙人之间只有处理好从模糊达到更高的模糊阶段，合伙人之间才能达到相互合作的艺术境界。在这方面，我认为金杜所的"清楚算账，模糊算钱"做法就值得借鉴。我们应该都知道，所谓合伙，不是团伙，就是因为合伙人相互之间要有形成团队的合意。所以，合伙的前提是合意，合伙的过程是合适，合伙的目的是合作。如果合作做好了，合伙的目的也就功到自然成了。

赵曾海： 谢谢海波律师的精彩演讲！也谢谢桂明和进喜的精彩点评！刚才马江涛同志讲到如何培养年轻合伙人，海波讲到如何对合伙人进行评价。接下来有请君泽君律师事务所的陶修明律师，他将告诉我们做夫妻不仅要舒服还要有文化，他给大家讲对律师文化和律师事务所文化的思考，有请陶修明律师！

陶修明发言（略）。

赵曾海： 谢谢陶律师的精彩演讲！有请桂明点评！

刘桂明： 陶修明律师选了一个很好的题目，也选了一个太大的题目，还选了一个短时间内很难说清楚的题目，又选了一个需要大家共同讨论共同思考的题目。我认为，陶律师今天演讲的开头开得似乎不太好，开得过于曲折了。如果直接切入主题，效果可能更好一些。那么，现在我向陶律师提一个问题，您能否用一句话来概括君泽君律师事务所的文化？

陶修明：做有规则的专业人士。

刘桂明：好！这是一个很有意义的概括。现在，大多数律师事务所都有所训。我们从每一家律师事务所的所训中，应该大致能够看出每家律师事务所的文化究竟是什么。谈到文化，我们要注意两个现象，一是谈律师事务所文化就是谈团队文化，而不是团伙文化。刚才李海波提到黑社会，黑社会就是讲团伙文化。团伙和团队既有共同点，也有不同点。尽管黑社会也讲文化，但它的文化是一种大哥文化，并不能长久。而团队讲文化，是要讲长久、讲持久。文化应该怎么讲？这不是一个一下就能讲清楚的问题。刚才马江涛律师讲的是从年轻律师到年轻合伙人，李海波律师讲的是从合格的合伙人到优秀的合伙人，陶修明律师谈的是从个人到团队，实际上都是在谈文化。那么，每家律师事务所独特的文化到底是什么？我主张最好用一句话来概括各自的文化，我相信在座的每一位律师都在想这个问题：我们这个律师团队的文化究竟是什么？所谓文化，在我个人看来，就是心心相印、代代相传，才能成为文化。如果没达到这个程度，就称不上文化。我曾经说过这样一句话，对我们律师来说，一个人执业需要奋斗，两个人执业需要分工，三个人执业需要配合，四个人执业需要协调，五个人执业需要管理。管理不仅仅是技术，更是艺术问题，这就是今天针对陶修明律师的演讲，我要概括的三个层次的问题。

我认为，陶修明律师的演讲告诉我们，谈到律师文化，第一个层次是讲业务，第二个层次是讲权利，第三个层次是讲艺术。这三个层次最终就要落实到管理，管理做得好，律师文化的养成就会顺利一些。反过来，原理也是一样。最好的管理就是能够养成一种代代相传、心心相印的律师团队文化。

我相信，今天陶律师谈到的律师文化问题，只是开了一个头。不管君泽君律师事务所，还是所有北京律师乃至全国律师，都需要认真思考和研究这个问题。尽管这是一个很难谈并且还需要探讨很长时间的题目，但我们应该感谢你开了一个好头。

最后，我要特别提醒各位的是，谈律师文化务必要处理好三个关系，第一是从律师个人到律师团队，律师文化应该思考什么？从自己这个团队到别的团队乃至同行应该讨论什么？第二是从眼前到将来，律师文化如何发展？如何与时俱进？第三是从合作到合伙，我们要思考律师文化的内涵究竟是什么？律师文化的核心价值理念应该包含哪些内容。

这三个关系应当是我们思考与研究律师文化时的重要关注点，也是任何一位律师和任何一个律师团队所不能忽视的一个长期性问题。

赵曾海： 谢谢进喜！谢谢陶律师！谢谢桂明！无论演讲还是点评，我觉得都很精彩，马江涛教大家怎样培养合伙人，海波告诉大家如何舒服和和谐，陶律师告诉大家还要有文化，接下来请康达律师事务所的孟丽娜律师演讲，她将告诉我们如何带好合伙人，她演讲的题目是如何建立合伙人的"传帮带"机制。

孟丽娜发言（略）。

赵曾海： 谢谢孟丽娜律师的演讲！孟丽娜律师还是康达所最年轻的一级合伙人，现在请桂明做点评！

刘桂明： 今天我走进会场以后，我就关注两个问题：第一个问题，我关注刚才庞正中律师在演讲中提到的罚款制度。庞正中律师刚才说到他们所里合伙人开会的罚款制度，我很感兴趣。作为球迷，我们都知道，中国足协今年对球员和俱乐部罚了很多款。所以，有人就问，足协最终究竟罚了多少款？这些钱都到哪里去了？庞正中他们所因为合伙人没有参加会议也罚了不少钱，但究竟罚了多少钱我们不知道，钱到哪里去了我们也不知道，希望庞正中律师会后悄悄地跟我说一说。第二个问题，我关注律师事务所如何传帮带。这一个环节的议程安排中其实最有趣、最有意义的就是这第四个题目，会议又正好安排一位年轻女合伙人介绍传帮带的经验，我觉得是一个非常好的安排。

马江涛律师讲年轻合伙人，我认为年轻合伙人干得再好，李海波律师讲到对律师事务所定级，我认为级别定得再高，陶修明律师讲到律师文化，我认为律师文化讲得再好，都不如讲律师事务所的传帮带。在我看来，把律师事务所的传帮带做好了，做到最高境界，就是最好的文化，就是最好的律所文化，就是最好的团队文化，就是最好的行业文化。现在我想问孟丽娜律师一个问题，你讲到的"传帮带"，目前在康达所究竟是属于什么阶段？

孟丽娜： 我在成为合伙人之后我也有了自己的团队，虽然我比较年轻，但是在康达所算是一个老人，因为已经待了十年了，前些天所里把我定为中年律师，我现在也有一个团队，也在教别人，现在可能起承上启下的作用。

刘桂明： 我理解你的意思是，现在的康达所既可以叫传，也可以叫帮，还可以叫带。但是我要告诉你的是，你千万不要在我面前说老，更不能在坐在第一排的李大进律师、李淳律师、栾少湖律师等人面前讲你老哟！你要讲老，那还叫我们怎么活呀？我们清楚，年轻已经不能随便讲了，当然我们也不能随便讲老了。你讲到的"传帮带"，实际上就是讲如何处理老与少的关系。老的对少的如何进行传帮带，将是我国律师业需要共同面对的课题。你讲得很好，这是一个生动的个案，是一个实践的成果，也是一个未来的目标。但是，我感觉你刚才的概括还没有完全准确概括你们所现在究竟处于哪个阶段。

从我作为点评人的角度看，孟丽娜律师今天讲了一个非常好的问题。律师事务所的发展究竟应该如何做到传帮带？我们的传帮带要思考的问题是应该传什么？应该帮什么？应该带什么？我认为，第一，从传的理解看，一个是传经验，另一个是传文化。所谓传文化，就是要传律所乃至整个团队的文化。第二，帮是帮什么呢？帮肯定是帮业务和帮管理。第三，带是带什么呢？毫无疑问，肯定是带年轻人，带新人或带徒弟。我们都知道要传帮带，但关键问题是我们如何传、如何帮、如何带。在我看来，这一节的话题谈得非常好，怎么传，怎么帮，怎么带，实际上在前三位律师的演讲当中都已经谈到了。作为律师事务所合伙人，不管讲技术，还是讲艺术，最终实际上都要考虑如何传帮带。尽管孟丽娜律师很年轻，但是她也已经进入到需要考虑传帮带的合伙人行列。这是一个非常好的现象，也是一个非常好的题目。任何一个律师、任何一个律师团队乃至整个北京律师和全国律师都要考虑如何做到传帮带，我们传什么、帮什么、带什么，我们怎么传、怎么帮、怎么带，这是我们整个律师行业、律师管理在接下来的律师业改革与发展中，都需要考虑和研究的问题。

刚才，李大进律师在上一节点评时讲了一句话，他说开会多的律师事务所一定是规范的律师事务所。对此，我表示赞同。但我有一个感慨，我认为，从"合伙的艺术"视角看，一个规范的律师事务所，确实是一个会多的律师事务所。但是，我还有一个观点，我感觉，律师事务所会多不一定吵架多，钱多不一定分配多，事多不一定人多。只有这样，才能说是一个管理规范的、制度科学的、有律师文化的、传帮带做好了的、真正能够做到可持续发展的律师事务所。

"先例判决"：是造法还是变法？
——"案例指导制度与司法统一研讨会"点评

(2008年12月25日　北京)

【导语】

"先例判决"自2002年在郑州市推行以来一直是法学理论界与司法实务界竞相热议的话题。2008年12月25日，由中国法学会案例研究会与清华大学法学院公法研究中心联合主办的"案例指导制度与司法统一研讨会"在清华大学明理楼模拟法庭召开。本来是晚上评议的我，不意被大会安排到第一个单元进行点评，以下即为我的点评内容。

尊敬的苏泽林大法官、各位老师、各位朋友、女士们、先生们：

大家下午好！

各位都知道，能在这么多大家面前有表现的机会，就是人生的好机会。大家注意到，我们这个单元原定的点评人不是刘桂明，而是司法部研究室主任王公义先生。由此我不得不表示感慨，我觉得我们每个人的人生将有各种各样的机会，当有机会摆在你面前的时候，就看你能不能接住这个机会。换句话说，当天上掉下一个大馅饼的时候，就看你能不能接住。所以，今天就看我能不能抓住这个机会。

作为点评人，尽管这个时间非常短，但对我个人来讲也是一个学习的机会。因为所谓点评的机会就是学习的机会。我们看到，刚才三位发言者，都从各个不同的方面、各个不同的角度乃至各个不同的地区的情况谈到了先例判决的指导性问题。

我听了三位发言人发言的内容，他们实际上关注的都是一个问题，那就是如何理解先例判决的问题。我们知道，今天会议讨论的主题是案例指导制度与司法统一问题。第一个需要讨论的问题就是先例判决的问题，现在我就对这三位演讲者做一个简短的点评。

第一个发言的是来自福建省高院的江振民法官，不仅他的名字取得好，而且文章也写得好。在我看来，江振民法官实际上是从三个不同的方面谈到了我们整个先例判决的可行性和实践性问题，也就是我们所说的案例指导性问题。因为这个环节谈的是如何通过先例判决来体现案例的指导性问题，所以我们首先要从必要性和可行性的角度来谈先例判决的问题。

江振民法官是从以下三个方面展开这个问题的。第一个方面是关于先例判决的必要性和可行性问题。在我们的司法实践中，当出现不清、不明、不顺的时候，也就是当出现法律没有规定、规定不清、规定自相矛盾、规定过于抽象、规定已经不能适应形势发展的时候，我们就完全可以通过法官利用先例判决来建立案例指导制度，来解决和实现同案同判的问题。这样的话，后面的法官可以借鉴前面法官的智慧，可以根据前面的法官的思路来解决一些相同性质的难题。比如说当一个法律条文对某一个行为规定了三到七年的处罚，这个时候就面临一个通过先例来达到案例指导的问题。所以，从不清、不明、不顺三个角度就可以知道如何解决我们从先例判决来实现案例指导司法实践中办理各类案件的可行性和必要性。

第二个方面是关于先例判决的指导性和目的性问题。我认为，对司法实践工作者来讲，大家都在思考这样一些问题，那就是我们的工作究竟要解决什么样的问题？我们的司法实践最终到底是为了解决什么问题？究竟是为了少数人还是为了大多数人？是让大多数人受益还是让少数人受益？总之一句话，我们的司法目的性究竟是什么？我从江振民法官的发言和文章中，看到了这样两个目的，一是为了接近司法正义，二是寻求司法和谐。他说要通过司法的目的和方式来解决案例指导性的问题，也就是如何通过先例判决来实现提高司法统一和限制自由裁量的目的。在现实中，通过先例判决而形成案例指导制度，同样可以运用法官的智慧，在确保法律的确定性、一致性的前提下，通过为相同或相似的案件提供统一的司法标准，规范司法裁量权，从而实现同案同判，保证判决结果的一致性，达到法律效果与社会效果的双重和谐。因为先例判决的可行性而解决了司法的目的性，而司法的目的性又需要先例判决的指导性。这就是江振民法官的第二个结论。

第三个方面是关于先例判决的实践性和多样性问题。大家都知道，世界上没有两片完全相同的树叶，同样世界上也没有两个完全相同的案件。但是，我们不否认世界上有两个相似的案件。在他的发言里面，他讲到了两个方面的实际做法，一个是福建省高院正在探索的做法，另一个是福州市中院的探索实践。从省高院来讲，着重要解决的是从倡导性到指导性的问题。从市中院来说，着力要解决的是从指导性到实践性的问题。我们看到，在福州的工作实践当中，省里发的意见，只是倡导意见，而不是强制推行。也就是通过倡导的形式，倡导大家采取这种思路进行判决，达到指导性。他们追求的是通过提供一种范本来解决案例当中的问题，从而形成范例、建立先例，最终为将来所有的法官解决了指导性的问题。

另外，因为时间的关系，江法官还没有结合国外判例制度的发展来考察我国案例指导制度的障碍，但他在提交的论文中已经做了详细论述。他通过对这些现实障碍的分析，论证了我国案例指导制度与司法统一的出路和方向。他希望批判地接受判例制度，并有效地结合司法环境的优化和法官素质的提升，最终能够建立一个开放、灵活的法律体系，以真正实现司法公正。

第二位发言人是来自河南省郑州市中院的朱世鹏法官。如果说江振民法官的发言内容是为了着重从先例判决的性质角度来介绍我们先例判决需要解决的问题。那么，在我看来，朱世鹏法官的发言是从司法实践的角度谈目前先例判决存在的问题。

我看到，朱世鹏法官是从他们实践当中的需求开始谈先例判决的。也就是先例判决在实践当中的需要。就像律师要开展法律服务一样，在实践中有市场才有服务。法官也是这样，为什么会产生一个先例判决？因为实践有需求，不管是法律条文还是法律事实或者法律效果，都有一个对先例判决的需要，从而让更多的人对法律有一种可预期的目标要求。所以，郑州成了我国第一个产生先例判决的地方。

朱世鹏法官告诉我们的是，一是先例判决的出现是为了解决实际的需要，二是尽管在实践中有这个需求，但是在学术界、在法学界是一直有争议的。为此，他介绍了四个方面的争议。第一，权威性。先例判决是否违宪？是否超越立法权限？第二，统一性。先例判决是否会形成"方言岛"？也就是是否会影响法律的统一性的争议？第三，适格性。先例判决是否体现主体资格的问题？第四，强制性。先例判决能否体现法律的强制性和拘束力？只有解决了这四个争议问题，才能解决先例的指导性问题，也就是我们所讲的案例指导问题。他刚好抓住了我们司法实践和法学研究当中最重要的四个争议，我想这四个争议也是我们今天讨论当中直接面临的一个问题。

解决了这四个争议之后，接下来，我们在主观上最需要解决哪些问题呢？在朱世鹏法官看来，第一是在司法实践当中如何解决法官的自由裁量权问题。因为有先例判决就有自由裁量权。第二是如何解决案件管辖权的问题。在郑州可以首先这样做，在别的地方就不可以这样做了吗？更重要的是先例判决的地域管辖权问题。因为我们司法的终极目标，都是为了解决实际问题。

由此看来，在解决客观问题和主观问题之后，我们就要解决对法官自身的素质要求，我看到在朱世鹏法官在论文中强调了如何解决我们法官的能力问题，也就是法官能力的提升。

我们知道，一个人从有本领到有本事是一个很长的过程。当你大学毕业之时，只是表明你具有了这种本领，但是未必真有本事。所以，先例判决就是要解决法官的能力也就是法官的本事问题。

在我看来，主要是要提升法官三个方面的能力，第一是从法律研究到实际操作的能力，这是在先例判决当中首先需要关注的问题。第二是提高法律文书公示到法律宣示的能力，也就是如何通过判决书的制作与发布体现法律的内在意义。第三是从程序到实体的逻辑判断能力。任何一个案子都希望达到这么一个结果，这就是我们所说的法律效果、政治效果、社会效果，也就是一个法官如何以自己的作为达到这几个效果的平衡与和谐。

第三位发言的清华大学何海波教授，今天用了一个非常文学化的情景描述，那就是他论文的标题《晨光初现的正当程序原则》。他说他与其他两位法官一样，希望我们的案例指导制度早日出现晨光。

何海波教授在发言中讲到的几个案子，如田永诉北京科技大学一案、刘燕文诉北京大学一案等，都谈到了我们在先例判决当中所涉及的写作内容要求。何海波教授认为，在法律、法规和规章对行政机关应当遵循的程序没有明确规定的情况下，法院能否根据正当程序原则去审查行政行为的合法性，从而在我国法院相对局促的空间里，开辟一条由个案判决推动法律发展的特殊路径。他的要求也就是我们在判决书中除了注意如何写事实、写证据、写条文，还要注意写进更重要的内容。毫无疑问，任何一个法律判决都要求写进这三方面的内容。这三个要求都好说，但是接下来还有两个方面是必须要写的。一个是要写进法律的正当程序，还有一个就是要写进法律的精神。我看，这不仅是我国法院的希望，更是法官个人的渴望。

讲到法律的精神，我不知道大家是否注意到这样一个案子。我记得八年前，我写过一篇文章就是《法官的平凡与不平凡》。其中讲了这样一个案子，在珠海一家叫作"五月花"的酒楼里面，发生了一场爆炸，结果造成了一个家庭的一死一伤。这场爆炸是发生在包厢里面的，是开酒瓶的时候发生爆炸的。原来这是一个消费者自己带来的酒，这个消费者是一个医生。而这瓶酒就是医生从家里带来的，是一个对他的治疗不满意的病人送给他的。这个病人想让医生喝酒时发生爆炸，但没想到医生回家不喝酒。那天，医生把这瓶酒带来了，那个酒楼又允许消费者自己带酒。结果，在服务员开酒瓶时就发生了爆炸，在包厢里的服务员炸死了，其他的人都受伤了。但是，没想到，爆炸的最大威力却是发生在紧挨着包间的大厅。坐在包间隔壁的一家三口就遇到了这场倒霉的爆炸。

后来，这个消费者就将这个酒楼告上了法庭。一审判决消费者败诉，二审到了广东省高院。我们一般都认为，这样的案件发生争议的问题，要不就是侵权，要不就是违约。但是，广东省高院不这么认为。他们认为，既不是侵权，也不是违约，而是依据公平责任的原则判给了消费者30万元。后来，酒楼不服说要申诉。但是，最终也没有申诉。因为，补偿30万元对一个酒楼来说，多也不算太多。但是，对于一个一死一伤的家庭来说，30万元尽管还是少了点，但是足以或者可以简单地弥补眼前的损失。为此，我在那篇文章里表达了自己不仅对法律的精神充满了敬仰，而且对这个法官乃至合议庭充满了敬意和敬佩。

像这样一个典型的案子，法官在判决书里不仅仅写了事实，写了证据，也不仅仅写了程序，更重要的是写了法律的精神。我想，何海波教授谈的说的希望的肯定也是这样。我们的法律原则、法律精神如何写进去，这既是一种本领，更是一种本事。我们的要求是，写得实实在在，赢得明明白白，输得心服口服，结果自然是案结事了，案结心了。

各位朋友，我说到这里，你们已经看到，实际上我不是在点评，而是在总结。确实，我可以对先例判决的指导性发表意见，但我对上述三位发言人的意见只能表示钦佩。无论是他们的实践还是他们的研究，都是值得钦佩的。

作为一个评议人，作为一个公民，作为一个法律人，我由衷地希望刚才三位发言人都提到的如何解决先例判决权威性、统一性、适格性、强制性的问题，能够获得有效的解决。

在我看来，如果在先例判决的推行中对这些原则都能予以落实的话，我想，全国性的案例指导制度就会慢慢地推展开来，而且那些争议也会慢慢地消解。更重要的是，通过这个案例指导制度，我们作为人民大众乃至全社会的每个公民，到时候面临的就不仅仅是早晨的晨光初现，更重要的是我们将面临法律阳光当中八九点钟的太阳。

谢谢大家！谢谢大会给我这样的学习机会！

刑讯逼供究竟是文化问题还是制度问题？

——北京、重庆地区政法院校大学生"反酷刑与人权保障专题"辩论赛点评

(2007年11月10日　北京)

【导语】

2007年11月上旬至12月上旬，由北京大学人权研究中心主办，加拿大驻华使馆支持，并由北京大学、清华大学、中国政法大学、中国青年政治学院、中国人民大学、北京师范大学、西南政法大学、重庆大学等参加的"反酷刑与人权保障专题辩论赛"在北京大学陆续开赛。

酷刑是指公职人员或以官方身份行使职权之人，故意实施或者唆使、同意或默认他人实施使他人肉体上和精神上产生巨大痛苦的行为。按照这一概念，酷刑在当代中国不可能是合法的，只能是个别公职人员或其他从事公务的人员滥用职权的一种违法行为。此次辩论赛围绕"反酷刑"这一主题展开，强调比赛的学术性，旨在通过辩论赛的形式增进和加深"未来法律人"对酷刑产生的原因、导致的后果以及其可能的治理方式的理解，最终促进国人对反酷刑和人权保障问题的认识，以期对中国的民主和法治建设起到一定的推动作用。

2007年11月10日，初赛在北京大学拉开帷幕。北京和重庆地区的八所院校分别派出代表队亮相登场，围绕同一个辩题即"刑讯逼供是文化问题还是制度问题"，轮番登台，捉对厮杀。应北京大学法学院陈瑞华教授的邀请，我担任了两场初赛的评委。

作为评委，最后由我进行了总结评议，以下即为评议内容。

各位专家、各位同学、各位辩手：

大家好！

首先我请在场的各位老师、各位同学思考一下，在今天的辩手中，只有一位辩手是男同学，这究竟是一个文化问题还是一个制度问题啊？为什么啊？

当然，这首先是一个有趣的玩笑。但是，这个玩笑的背后其实确实是一个有趣的问题。好，现在不说问题，还是说辩题吧！

作为评议人，我从以下三个方面进行我的评议。

第一，这个辩题怎么样？

在我看来，这个辩题不是很周全，也并非很周延。一般来说，辩题要非此即彼，或先此即彼，或厚此薄彼。但今天出现在我们眼前的这个辩题是属于亦此亦彼。这就对我们的辩手提出了严峻的挑战。对于任何一个问题，我们都可以用一个"何为、为何、如何"的三段论去破解。根据这个思路，我们对刑讯逼供这个问题就可以做如下思考：刑讯逼供究竟是一个什么问题？是什么原因导致了刑讯逼供？我们靠什么来解决刑讯逼供？

按照主办者的安排，我们要把辩论的重点放在第二个方面，也就是要重点辩论刑讯逼供的原因，究竟是什么导致了刑讯逼供的发生乃至屡禁不止？究竟是文化问题还是制度问题的原因？刚才有一个队，各个方面表现都不错，就是在这个方面失了不少分，最后导致自己没有进入半决赛。他们没有关注原因，他们把太多的精力放在办法上。其实，关于办法的辩论，在后面的半决赛与决赛中还有安排。

大家都知道，所谓文化，就是传统，就是历史，就是习惯。所谓制度，就是法律，就是规定，就是决定。我个人认为，简而言之，文化就是规律，制度就是规则。

今天双方的辩手在立场方面把握得比较好，有的是从形态入手，有的是从历史入手，有的是从案例切入，有的是从根源进入，都发挥得不错，甚至还围绕潜规则进行了辩论。大家感觉这个题目不好辩，就因为这个题目可以做别的联想。有人也可以这样说，刑讯逼供既不是文化问题，也不是制度问题，而是法律问题，甚至也可以是个人素质问题。

经过辩手们的场上表现，我们又发现，这又是一个好题目。因为这是一个难题，所以又是一个好题，一个好辩题。因为难，所以好。之所以辩手辩得好，是因为题目出得难。

第二，辩手风度怎么样？

按照主办者要求，本次辩论赛与普通辩论赛的一大区别就在于辩论的专业性与理论性较强，辩论的成功绝不仅仅在于辩手的辩论技巧，辩手的专业知识水平以及说理水平，同样也是评判的重要标准之一。我认为，除了上面的要求，辩手的风度与其他辩论赛应该没有什么区别。

刚才，双方辩手在讲的方面表现都不错。接下来，我们可以从看、听、问、答等四个方面来评议一下辩手们的表现。

一是辩手应该看哪里？刚才有的辩手在讲话时既没有看对方，也没有看听众，而是低着头看地面。标准规范应该是平视对方，或者看着评委和观众。当然，还应该站有站相，坐有坐相。今天有的辩手辩论表现很好，但总是弯着腰在讲话。

二是辩手应该怎么听？因为有看才有听，听就是倾听，就要会听，要听到对手的主要内容，更要听对手的话外之音。

三是辩手应该怎么问？按照规则，用最短的时间把对手问倒就是成功。刚才有的辩手在对手已经用完时间没有话语权的情况下，还在不断地问"请问对方辩友"，显然是无的放矢。

四是辩手应该怎么答？简明扼要的答，就是成功的回答。刚才，有一位辩手已经回答完毕，而且回答得不错，但她的同伴却还画蛇添足又做了补充。按照规则，这是要扣分的，这个扣分扣得有点可惜。

第三，辩手配合怎么样？

根据规则，每一方只有两位辩手。大家知道，两位辩手组合的优势是相互配合比较方便，缺点是相互之间没有商量时间。今天有的代表队输就输在辩手们之间的配合，导致观点要么就是离题，要么是重复。另外，有的辩手很不熟悉规则，竟然在结束的铃声响起时还不知道是怎么回事。作为辩手，我们既要熟悉内容，也要熟悉规则。对我们法律人来说，熟悉规则其实更加重要。

我点评结束的铃声也快要响起了，最后，我以奥运口号为由，结束我的评议。2008年北京奥运的宣传口号是"同一个世界，同一个梦想"，由此，我也联想起本次辩论赛的主题"反酷刑与人权保障"。反酷刑与人权保障是我们全人类的共同追求，也是我们全体法律人的追求目标。所以，今天的活动是，同一个辩题，同一种追求。我们双方辩手是在不同的立场、不同的场合，展现同一个追求，同一个理想。正如今天我们听到的不同铃声一样，铃声响起，告诉我们即将开启一扇门，一扇通过我们的努力达到反酷刑目标的门，一扇通过我们共同反酷刑达到人权保障目标的门。

据了解，半决赛与决赛，等待辩手们的辩题将是"冤假错案的主要成因是不是酷刑"和"预防酷刑的最有效措施是不是排除非法证据"。

如果找到了问题的症结，那就几乎可以说是找到了解决问题的办法。办法总比困难多，不管它是文化问题还是制度问题，它终究首先是法律问题。

同学们，让我们继续努力，继续表达，继续行动吧！

刑事案件报道要有什么样的"度"?

——"法律记者沙龙"点评

(2007年7月14日 北京)

【导语】

2007年7月14日下午,又一期"法律记者沙龙"在北京市海淀区人民检察院举办。

本期沙龙的主题是"刑事案件报道的政策与实践",以下即为我的点评内容。主讲人是时任《21世纪经济报道》高级记者郭国松与时任北京市海淀区人民检察院宣传处处长许永俊。来自首都新闻界的40多位记者参加了本期沙龙,我作为评议人对两位主讲人的演讲进行了点评。

各位法官、各位检察官、各位律师、各位学者、各位媒体同行:

大家好!

谢谢主持人!谢谢你这么尊敬老同志!同时也谢谢郭宇宽先生!谢谢你的提前介入!

今天我们在这里举办的这个"沙龙"形式很活跃,但议程安排应该是两个阶段,第一个阶段是主讲和评议,第二个阶段是自由发言。郭宇宽先生的提前介入,正说明今天的气氛不错。大家看到,要求发言的人很踊跃,感觉自由发言好像早就已经开始了。

在第一阶段,我们看到,郭国松与许永俊两位主题发言人的发言很精彩。但我认为,他们的发言不完全像是一组发言,而更像是一组对话。大家注意到没有?今天我们的主题是"刑事案件报道的政策与实践",但是我们在会场看到横幅上写的却是"海淀检察院新闻媒体座谈会",这就说明媒体界和司法界的理解有一些不同。所以,我非常赞成刚才王松苗总编的观点,司法和传媒永远是一种对立的关系,这种对立促进了社会的发展，促进了社会的进步。当然，我们今天也看到，许永俊处长尽管给我们提供了这么好的条件，有吃的，也有喝的，但我们大家在这个空调不是很好的环境里面还是略微受了一点煎熬。

作为一个评议人，我要按照评议的标准模式也就是从以下三个方面来进行评议：第一是两位主题发言人说了什么，第二是两位主题发言人是怎么说的，第三是我要说什么。

现在，我作为第四评议人发表如下点评意见。

第一，他们说了什么？

第一位主讲人郭国松先生谈了两个问题：一是刑事案件报道的问题，二是媒体进行刑事案件报道的对策。如果要我来总结的话，我想用一个关键字也就是"度"字来概括国松先生谈到的刑事案件报道存在的问题。前年，我曾经走访过美国联邦最高法院行政办公室，我得知了这样一个概念。当时行政办公室的负责人说，他们法院跟传媒历来是一种相互对立的关系，相互对立的原因是因为传媒常常要求法院给媒体多一些透明度，而法院又常常要求传媒给法院多一些精确度，这就是法院与传媒之间的不同。

今天郭国松先生在总结我们在刑事案件报道中存在的问题的时候，我认为他讲了四个方面的问题。

一是在语言上有时缺乏温度。所谓缺乏温度，是说我们对犯罪嫌疑人缺乏温度。一个人失去自由以后，作为一个犯罪嫌疑人，他有什么样的权利？他的权利究竟是什么？许多人往往不清楚。在现实当中出现的情况，常常是"痛打落水狗"。尤其是新闻报道中用大量的带感情色彩的语言，对他进行人身攻击。要知道，他也是一个人，是一个同样需要保护的犯罪嫌疑人。对犯罪嫌疑人的保护实际上就是对全体人的保护，同样，我们传媒对犯罪嫌疑人的关注也是对全体公民的关注。

二是在评判上有时没有尺度。所谓没有尺度，是指一些媒体对一些案件发表的一些看法没有尺度，包括刚才郭国松讲到的山东那个第一个靠证据胜诉的案件。动不动就下结论某某将构成什么罪，谁谁将被判多少年，这就是尺度的把握不准，可能也是因为我们的记者法律知识太少、法律素养不够。

三是在表述上有时不够有风度。当社会同声讨伐一个人的时候，我们一定要体现一种风度。因为这个时候他是一个弱者，我们如何体现对弱者的风度，作为传媒来讲也是一个值得研究的课题。尽管刚才志永先生说不要都来指责传媒，但我认为，今天我们举办这个法律记者沙龙的目的就是反思与研究，反思我们自己做得好不好，研究我们自己怎么样做好，这也是我们今天研讨会应该看到的一个角度。

四是在司法上有人缺少气度。刚才郭国松说的是司法没有规矩，我总结说司法没有气度。司法一定要有一种气度。现在，有这么一句话很有意思，叫作法律不如规定，规定不如条例，条例不如决定，决定不如办法，办法不如红头文件。所以，郭国松在接下来的对策介绍中，对这些存在的问题相应地提出了四个方面的对策，很有针对性，也很有可行性。

第二位主讲人许永俊先生今天谈了三个方面的问题。我们在分析问题、研究问题的时候，经常要考虑三个思路，那就是为什么、是什么、怎么办。许永俊先生告诉我们，我们为什么要宣传，我们给谁宣传，我们怎么宣传。如果说郭国松是从两个角度来谈问题，那么永俊就是从三个方面谈了关于司法宣传问题，同样具有现实性，值得大家参考与思考。

第二，他们是怎么说的？

郭国松更多的是从案件的角度、从事实的角度、从新闻的实践角度来谈问题和对策。许永俊检察官则更多的是从检察工作的角度、中外对比的角度、从宪法的框架设计角度来论述我们检察机关为什么要宣传以及宣传的规定、宣传的办法、宣传的机制。同时他又通过前后历史的对比、中国和美国的对比，来谈我国检察工作宣传存在的问题，也就是司法宣传存在的问题。然后，永俊又从宪政框架的角度来谈司法宣传在这个框架当中的意义，司法与媒体的互动究竟是一种怎么样的关系，我们应该如何处理这种关系。

作为评议人，他们两位说了什么、怎么说的，我就先做这么一个总结。

第三，我要怎么说？

接下来我要说几句我总结要说的话了，我要说的实际上就是一个"度"字。不管是法制新闻报道也好，还是刑事案件报道也罢，都要把握一个"度"，这个"度"就是"长度、宽度、高度"。

首先，要把握好"长度"。这个"长度"就是指前瞻性、预测性。法制新闻报道，一般来讲就是对案件的进程、案件的事实、案件的证据、案件的影响进行报道。刚才王松苗总编讲连续报道是一种非常好的方式，一个好处是可以告诉大家案件的进展情况，同时也可以实时地纠正关于案件报道在前面报道中事实方面的瑕疵问题。就像贪污案件，一开始说贪污金额是 1000 万，到最后发现贪污金额也就 500 万。但我们不能据此说原来的报道是错的，原来就是这么一个事实，只不过通过对各种各样证据的遴选和论证，最后才得出这么一个正确的结论。

在案件的报道当中，我一直有一个相反的观点，那就做是预测性报道。有人说不能做预测性的报道，但在我个人看来，在法律范围之内的预测性报道是可以的。

像一些案件事实比较简单的案件就完全可以，这个案子当中的被告人是否构成犯罪，构成什么罪，怎么量刑的问题，都是可以做预测的。当然不要离开案件事实去做预测，要把握好一个度：就是案件的进程性报道，可以有预测性的报道，但应该在法律常识的基础上、法律规定的基础上做预测性的报道，不能漫无边际地说，也不能用文学的语言做预测性报道，最好用法律性的语言做预测报道。

其次，要把握好"宽度"。所谓"宽度"有两个，一个是在法律范围之内，一个是在人性范围之内。什么是法律范围之内非常好理解，主要是说我们如何在法律范围之内报道案件的进展。更重要的是，人性范围之内的报道。如涉及未成年人的报道。现在大家都已经有共识了，报道未成年人时写的是一个假名字。又如有一些媒体对一些涉嫌犯罪的官员的案件报道，有些记者特别喜欢写他的花边新闻。花边新闻作为八卦来讲是可以写的，因为传媒的功能无非就是四大功能：解渴、解闷、解惑、解难。写风流韵事是一种最好解闷的办法，也是这个社会所需要的一种消遣。但是，对于法制报道，这些都不是所需要的。如果需要，这些事情也不是由我们来做，可以让别人去做。在人性范围之内，如何保护弱者，如何保护犯罪嫌疑人，应该在法律范围之内和人性范围之内，真正把握好"宽度"。

最后，要把握好"高度"。刚才许永俊有一句话讲得很好，很多人都在说美国如何如何，却不讲咱们自己如何如何。我刚才也说了美国联邦最高法院行政办公室的负责人告诉我说，他们处理法院和传媒的关系就是把握准确度与透明度的问题。我们确实要借鉴这些经验，同时也要把握中国特色。这个把握就是我说的"高度"。这个"高度"就是我要告诉大家的要把握两个性。一个是政治性。我们毕竟是有中国特色的国家，我们不能离开我们的国情，一味按照我们的理解去做一些报道。我想，对于政治性的把握，在座的各位记者同行乃至记者同行的领导都会告诉大家，这件事应该怎么报，那条新闻为什么不能报。当然，有些政治性强调得也有点过。永俊，你是检察院宣传处的处长，你们的情况可能会好一些。在这种前提下，我们如何寻找我们的生存空间，首先就是要把握好政治性。另外，就是要把握好客观性。也就是我们如何区分新闻事实和案件事实，新闻事实可能只是新闻事实，但是案件事实就是根据案件的进程对案件事实做一些客观的描述。当然，我个人也认为，世界上纯粹的客观报道是不可能的。不管哪一个国家都一样，你哪怕一句评论也没写，你披露事实的方法就是一种态度、一种方法。尤其是电视媒体在这方面体现得更加明显，他没说谁怎么样，但是大家一看镜头就会知道倾向在哪里，就会知道谁到底怎么样。所以，我们一定认真地看待客观性，也就是要在客观性方面认识到我们的高度在哪里。

当然，在客观性方面，我们还要把握好平等性，如公诉人和律师的平等。现在大多数媒体，尤其是电视媒体报道某一个案件的时候，除了审判席，然后就会闪一下公诉人的画面，至于辩护人的画面就不知道到哪里去了。还有些文字记者写到公诉人说如何如何，就不写辩护人怎么说。还有我们的判决书，自然要罗列大量的控诉证据，但是提到辩方观点的时候有时会说，辩护人提出的辩护意见本院不予采信，但就是不说不予采信的理由。这种情况就是不平等，对于媒体来说就属于在客观性方面的把握不足。我希望我们做法律新闻报道的人应该有这种平等意识，我们要研究如何给控方和辩方一个平衡的机制。

所以，在法制新闻报道中，如果我们掌握了"长、宽、高"这三个度的话，相信我们很多问题将迎刃而解，同时法制新闻报道的天地会越来越广。更重要的是，我们做的事情就会让领导更加高兴，让群众更加满意。

谢谢大家！谢谢主持人！谢谢两位主题发言人！

谁是律师的朋友

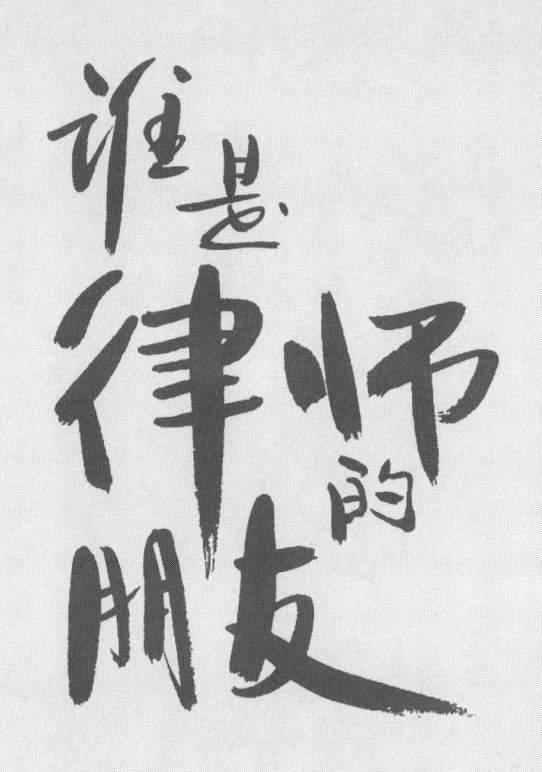

刘|桂|明|对|你|说

总结：
面面俱到看全局

裁判文书的公开对律师业务发展究竟有何影响？

——"裁判文书公开与律师行业发展研讨会"总结

(2017年12月10日　南京)

各位同人、各位会员、各位律师：

今天我们一个上午的研讨会即将进入尾声，现在还有一点时间，按照马宏俊会长的安排，由我代表法律文书学研究会来对本次研讨会简短地作一个总结。

首先，我在想我们法律文书学研究会这次召开的研讨会，是一个什么样的研讨会？其实，这个研讨会是我们研究会所有活动中筹备时间最短的，筹备时间从头到尾大概只有10天。如果说昨天上午我在"国浩民商事争议解决论坛"的开幕式上取了一个时代性的标题，也就是"进入新时代的国浩，应当如何作为"。那么，今天我的总结也要做一个时代性的标题，那就是"中国法律文书学研究进入了新时代"。

为什么我要说中国法律文书学研究进入了新时代？我想还得从我们开会的地方说起，我们来到南京，南京是一个怎样的地方？昨天上午，红兵会长在国浩的开幕式上特意强调，我们这次开会的这个地方很不一样，无论是叫钟山还是叫紫金山，总而言之是叫"虎踞龙盘今胜昔"，也就是说我们要在过去的基础上进入新时代。

我们进入了新时代的这次研讨会讨论了什么？我们看到"裁判文书的公开与律师业务的发展"这样一个非常简单而普通的会议主题，但却又是一个很有深意的课题。所以，从今天的会议主题来看，可以说，这是一次蹭热点的研讨会，也是一次找亮点的研讨会，更是一次划重点的研讨会。

第一，什么是蹭热点？

所谓蹭热点，就是我们此次研讨会蹭了国浩律师事务所的热点。大家知道，最近有一个网络热词叫作"蹭热点"，我们这次研讨会也赶了一回时髦，蹭了一次热点。蹭了什么热点呢？通过此次国浩律师事务所的"会中会"，我们蹭了国浩民商事争议解决论坛的热点,蹭了薛济民会长这位唯一的出自律师的十九大代表的热点。所以,我们要特别感谢吕红兵会长,感谢国浩的各位同人,尤其要感谢以马国强、车捷为主要合伙人的国浩南京办公室的各位同人!谢谢为本次研讨会付出辛劳与智慧的国浩的各位小伙伴!

第二,什么是找亮点?

说到找亮点,昨天我在国浩论坛的开幕式会场一看,哇!亮点非常多。昨天晚上,我从微信朋友圈看到,我们国浩有位律师拍了一张有意思的照片,那就是国浩四大亮点在一起合影。后来,有律师说为什么不找我呢?找了我加进去,就是五大亮点了。我想,我们这次研讨会找到了不少亮点。什么亮点呢?那就是裁判文书公开与律师行业发展的亮点,也就是公开与发展的亮点,是法官和律师作为法律共同体关系的亮点。那么,我们的亮点在哪里?我们开会的这个地方是一个有风景的地方,有风景的地方首先就是亮点。但是,有风景一定还要跟人与事结合起来才是更大的亮点,比如说为什么我们拍照片的时候一定要拍人在风景中的照片呢?那是因为要找亮点。我们这次在南京开会,就有一个自然的亮点,那就是在南京建立的大数据库。所以,对于大数据这个问题或这个主题,或者这个命题,究竟给我们律师业务的发展带来了什么影响和启发呢?可以说,我们找到了一个亮点,那就是在一个合适的时间、合适的地点,找到一个合适的亮点。

昨天是 12 月 9 日,这是我们中国律师制度的一个重要纪念日。1979 年 12 月 9 日,刚刚恢复 3 个月的司法部向全国发出《关于恢复律师工作的通知》,从而标志着我国律师制度的恢复重建真正进入了工作层面。同样,对律师制度来说,南京又是一个很有意义的地方,也是一个重要的找亮点的地方。因为中国历史上第一部《律师法》就是 1941 年 1 月 11 日在南京诞生的,那就是民国时期的《律师法》。所以,我们在这个地方一起回顾一下律师发展史,同时也可以一起反思一下当下律师业遇到的问题,比如说裁判文书的公开对我们律师业务的发展到底有什么研究和启发。所以,这是我们本次研讨会的一个重要亮点。

第三,什么是划重点?

我们这次研讨会确实是一次划重点的研讨会,今天上午我们每个律师的发言都很有重点。比如说,在尹吉教授看来最关键的问题是裁判文书公开的时机,在施杰律师看来是裁判文书公开的理由,在付希业律师看来是裁判文书公开的要求,在陈珺律师看来是裁判文书公开的对策,这就是今天我们研讨会上半场划出的重点。到了下半场,我刚才在主持时讲到的四个关键词,就是我们下半场的重点。高壮华律师说裁判文书的公开一定要抓住核心,也就是核心事实、核心证据、核心理由;宋振江律师说，在裁判文书的公开中，法官与律师一定要形成互动；崔武律师说，裁判文书的公开对我们提出的要求是，我们一定要努力提升法律文书的质量；麻方亮律师说，对我们律师来说，我们一定要做到能够分享知识、分享经验、分享成就。以上就是我们今天的研讨会划出的重点，刚才在最后的互动环节，马国强律师和刘秀琴律师的补充和感言，其实也完善了这些重点。

现在，我想综合各位发言人的观点与主张再具体划出一个共同的重点。我准备用"三四五"的组合方式，也就是"三个现状、四个影响、五个问题"来划一下我们今天研讨会的重点。

第一是"三个现状"。

所谓"三个现状"，是指我们所处的时代。我们现在究竟是一个什么样的时代呢？我认为，这是一个实名化的时代，也是一个透明化的时代，更是一个数据化的时代。

因为实名化，我常常在想这样一个问题：我们律师到底应该以一种什么样的形象对外宣示？我看律师的微信朋友圈，有时候很纳闷一种现象：特别设置了一个只能看三天朋友圈的权限。我不太喜欢这种方式，所以最近我就删除了不少微信"朋友"。我觉得你没有与时俱进，因为这是一个实名化的时代。你没有实名也就算了，我可以给你加个备注，但是你却设置三天朋友圈。不管是什么原因，我觉得作为律师，作为记者，作为企业家，作为公众人物，你这样做是不合适的。如果你作为一个官员我还可以理解，但是真的从法治眼光讲，作为一个官员更应该做到真正意义上的实名化。当然了，最重要的是，这确实是我们社会的一个现状。

第二个现状叫透明化。刚才，付希业说，我们现在是行走在一个透明化的时代。所以，陈珺律师刚才用数据告诉我们，要想找到一个律师很容易，马上就能够找到。通过数据，不仅可以找到律师，而且还可以知道你这个律师怎么样。

第三个现状就是数据化。实名也好，透明也好，这是我们必然要面临的一个时代，而这个时代又会给我们带来什么呢？我们需要更多的反思，要更加强调自己的作为，更加强调自己的思想，更加强调自己的表现。作为一个律师，在数据化时代，我们应该怎么表现才是最合适的、最规范的、最完美的？这既是一个形象，也是一个实力。所以，这三个现状提醒我们需要反思当下、着眼未来。

第二是"四个影响"。

所谓"四个影响"就是四个社会影响。那就是裁判文书的公开对律师业务发展带来的四个社会影响。裁判文书越公开，或者说法律文书越公开，对律师来说，到底是一种可怕还是一种不怕？如果我们的文书质量不高，如果我们的技能不行，如果我们的形象不好，我们肯定怕公开。如果都是这样，无论是法官，还是检察官，还是律师，其实都怕公开，都怕丢人，都怕丢丑。所以，我想这就是一种可怕。但是，我们什么时候能够形成一种不怕呢？那就是要有一种自信，我们党中央现在强调四个自信，对法律人来说最重要的是，我们每个人要自信，在裁判文书的公开面前，我们不害怕、不畏惧、不抵触，这就是一种有利的社会影响。可怕还是不怕，这是其一。

其二，就是可疑还是不疑。如果别人看了你的裁判文书，看了你的法律文书，看了你在裁判文书当中显示的律师作用，表示怀疑，认为可疑，那你就完了。比如说前不久媒体披露新疆一个假律师的新闻，原来，这个假律师的证书也是假的。后来，要不是当事人举报，他还是不会被发现。因为当事人对他怀疑了，所以就去查询。后来一查，没有这个律师，也就是律师公告名单里没有他。一举报，这个"律师"就成了诈骗犯。我们现在有些假律师因为没有人举报，那就有可能还在坑蒙拐骗。但是，对社会来讲，对学者来讲，对公众来讲，只要对律师怀疑了，那就是一个大问题。那么，我们什么时候能够形成一种让当事人深信不疑的局面呢？那就是要靠我们的实力，靠我们的质量，靠我们的表现。

其三，就是可信还是不信。所谓可信还是不信，就是让社会真正能够信任律师，真正能够理解律师。我们现在社会充满了太多的对律师的不信任，对律师的不理解。现在对某些官员来讲，一般情况下，他只有出事了他才觉得律师有用，平常情况下他总是觉得律师根本不可信。同样，我们的社会常常是一讲律师就认为律师是吃了原告吃被告，就觉得律师是为坏人说话的。这样那样的误解，各种各样的偏见，应有尽有，司空见惯。所以，我们一定要让我们律师自己真正成为一个让社会可信的律师而不是不信的律师。

其四，就是可用还是不用。我们律师所有的努力，最终都是为了让我们自己成为一个可用的人而不是一个不用的人。既然有可信，必然就有可用。作为当事人，他从什么途径来了解你呢？通过裁判文书的公开，就是一个机会。所以，我们每位律师不要把裁判文书的公开当成只是审判机关的事，只是审理法官的事，同样也包括我们每一位律师的贡献。今天我们研讨会提出的问题，一方面是对我们自身提出来的问题，另一方面也是对审判机关、审理机关、审理法官提出的问题。今天的研讨会很有意义，因为今天正好也有一位法官在这里。我相信，今天参会的李涛庭长听了我们的发言之后，她在做裁判文书的时候，她就一定会考虑到如何尊重吸收律师的意见、如何发挥律师的作用。所以，我们律师实现提升自己法律文书质量的同时，也能促进法官大力提升法律文书的质量。

今天，我为什么讲新时代呢？是因为马宏俊会长刚才讲到的一个打算，我觉得确实很重要，我们过去做法律文书的研究，一直是强调理论的研究。马会长说，我们打算从下一次年会开始，每一个人带一份法律文书来开会。这份法律文书，既可能是你的裁判文书，也可能是你的辩护词，也可能是公诉词，还有可能是你点评与关注的最重要的一份法律文书。不仅是法官带裁判文书，律师也可以带裁判文书。昨天晚上，我跟施杰律师说，你要带的裁判文书，第一是你写得好，第二是能得到法官的尊重吸收。所以，我非常赞成马会长所说的新思路，每个人必须带一份裁判文书来，你要不带裁判文书来就不能进来，所以我们进来的门票就是你的法律文书。这就是我要强调的，我们律师为当事人所用，要为社会所用，要为市场所用，要为国家所用。而这一切，都将取决于我们裁判文书公开的诸多问题。

第三是"五个问题"。

我们今天讨论了什么问题呢？那就是关于裁判文书公开存在的问题。问题是最好的导向，刚才我介绍了"三个现状""四个影响"，这是一种形式的划重点，接下来我通过这五个问题划出我们今天研讨会最重要的五个重点。我们看到的是什么问题、划出的是什么重点呢？五大重点，五个问题：

第一个重点是高度，我们如何看待裁判文书公开对律师业务发展的高度？也可以说是给律师业带来什么样的利好、带来什么样的影响、带来什么样的业务？就像付希业律师刚才发言说到的那样，如果你表现足够好、特别好、真正好，就有可能给你带来业务，而且还有可能带来重大的业务。因为你当事人对你是真正的敬佩、真正的信任、真正的重用，这是一个高度问题。

第二个重点是宽度。什么裁判文书可以公开？哪些裁判文书应该公开？律师的法律文书如何公开？也就是刚才在第一单元中尹吉教授所讲到的那样，也就是我们裁判文书公开的范围到底有多大，这是一个问题，值得研究，也值得点评，更值得关注。

第三个重点是速度。互联网时代、信息化时代，大家最关心的就是裁判文书公开的速度。所谓速度，就是时间，就是时机，就是时效。尹吉教授给我们讲美国裁判文书的公开是 10 分钟，而我们中国裁判文书的公开是 10 天。振江律师补充说，即使是 10 天，我们许多地方许多法院也做不到。我想，这就是包括律师在内的全社会对裁判文书公开提出的一个新问题，我们也可以说是全社会对裁判文书的公开提出了新要求。

第四个重点是精度。裁判文书的精度，也就是说裁判文书公开的准确度。哪些裁判文书是必须公开的，哪些是不宜公开的。麻方亮律师在发言中提到不宜公开的现象，确实也是一个问题；马国强律师提到的复杂情况，也是一个现实问题。刚才马国强律师讲了裁判文书公开工作中的不敢公开、不愿公开、不屑公开，事实上就是一个现实难题。所以，我们要考虑这些问题，我们要研究这些问题，也就是一定要把握好裁判文书的精确度、准确度和针对性问题。

第五个重点是温度。所谓裁判文书公开的温度，就是法律文书的说理问题。裁判文书如何加强说理，这不仅是党中央提出的要求，也是全社会提出的希望。我们法律文书学研究会今年的年会是在昆明召开的，会议主题就是强调说理对司法公正的重大意义。所谓说理，究竟是什么意思呢？在我看来，就是体现法律的人文关怀，体现法律的程序救济，法律的权利保障。总而言之，就是体现司法公正，也就是体现总书记强调和要求的让人民群众在每一个司法案件中都能够感受到公平正义。我觉得，我们今天研讨会所有的讨论和交流其实都是为了这个问题，那就是通过说理如何体现法律的温度。这是今天研讨会中最重要的问题，因为法律是有温度的，因为法律不是无情的，法律其实是有情的。我们如何通过天理、情理、事理、道理、常理、学理等体现法律有情的一面，是我们每个法律人都应该追求的一种责任和使命。每个法律人都需要担当，每个法律人都需要努力，每个法律人都需要作为。我想，这就是今天我们每一位发言者、致辞者和参与者所应该立足的责任和使命。

好，我们今天这个蹭热点、找亮点、划重点的研讨会到这里就结束了。现在我宣布，"裁判文书公开与律师行业发展研讨会"胜利闭幕！再一次感谢国浩律师事务所，感谢各位律师的积极参与，也要感谢从邯郸表明赶到南京表明申办明年学术年会意愿的邯郸中院的李涛庭长，感谢宋振江律师的牵针引线！

谢谢大家！让我们明年在燕赵古都、成语之乡邯郸再见！

李昌钰博士究竟是人还是神？

——抱柱大学"证据科学课程"主持与总结

(2017年9月3日　广州)

【导语】

2017年9月2日至3日，由抱柱大学主办的"证据科学课程"在广州举办。中国政法大学证据科学研究院院长张保生教授，著名刑事鉴识专家、美国康涅狄格州科学咨询中心的名誉主席、康州纽黑文大学终身教授、纽黑文大学法医学全职教授李昌钰，中国政法大学证据科学研究院主任法医师、法庭科学技术鉴定研究所所长常林教授先后上台授课。应主办方邀请，我主持了两天的讲座。

对于张保生教授与常林教授的授课，因为我与他们都很熟悉，所以介绍起来也很容易。但是，对于李昌钰博士，我是第一次与其相识。为此，在主持时如何介绍他，显然不是一件容易的事情。考虑到李昌钰博士在华人乃至全体中国人尤其是在中国法律人中的知名度与影响力，我必须独辟蹊径，才能介绍得出彩，从而让人印象深刻而难忘。

于是，我就有了此次演讲前对李昌钰博士的如下介绍与演讲后的几点总结。

各位同学、各位学员：

今天我们的课程请来了一位非常特殊的授课专家，这位专家是谁呢？

今天上午，我们聆听了中国政法大学证据科学研究院院长张保生教授关于证据法学的颠覆性授课，收获很大。但是，我要说的是，张保生教授毕竟还是人，所以他的授课只能算是正常的课程。

从今天下午开始到明天上午，我们的授课专家却不是人，那么，他是什么呢？

第一，他不是人，而是神，是遥不可及但又近在眼前的神。

他是被誉为"当代福尔摩斯"的神，他是被称为"现场之王"的神，他是被认为是科学神探、犯罪克星的神,他是常常见人所未见,或是一锤定音或是神奇逆转的神,他是侦查了46个国家8000件案件的神,他是在本国和其他国家法庭已经出证1000次以上的神,他是经常让不可能成为可能的神。昨天,在北京大学国际法学院的讲座上,有一位学生评价他说:他比夏洛克厚道,比柯南高大、比波洛英俊。一句话,他是我们心目中的男神。

第二,他不是人,而是家,是成果丰硕的科学家。

他是创建了许多新概念与分析方法的世界著名刑事鉴识科学家,他曾主办和讲授了八百多个研讨会,担任了国内外九百多个执法机关的顾问。他所经办的肯尼迪总统谋杀案、辛普森杀妻案、碎木机灭尸案、约翰逊连续谋杀案、醉酒男子自杀案、白宫顾问福斯特死亡案、伊丽莎白·斯玛特失踪案以及台湾陈水扁枪击案等案件,不仅成了他名扬国内外的经典案例,更成了许多法律人津津乐道的经典教材。他先后荣获了八百多个奖牌,其中包括:美国鉴识科学学会颁发的鉴识科学领域的最高荣誉奖——刑事领域杰出服务奖,美国法庭科学学会颁发的杰出成就奖,国际鉴识学会终身荣誉奖,美国物证技术学家委员会的优秀服务奖,美国司法基金会的最高司法荣誉奖,以及康州政府官员道德委员会所颁发的首位公共服务操守奖。许多人成名很容易,现代社会的一夜成名的例子比比皆是。他不仅成名了,而且早就成名了,更重要的是成名成家了。

第三,他不是人,而是师,是传道授业解惑的大师。

他首先在美国纽黑文大学创办了鉴识科学系,他是康涅狄克州鉴识科学研究和训练中心主任,他还是全球八十多所大学及警政机构的顾问及名誉教授,他的讲学遍及世界各地警察、大学和民间机构。他不但在专业刊物发表了几百篇论文,还与他人合作出版了四十多部书籍,他还是我的母校华东政法大学和中国政法大学、中国人民大学等50多所高校的名誉教授,他创办的鉴识科学研究中心在过去的十多年里接收了1000多位政法、公安、教育、犯罪调查等人员的短期培训工作。最近,他又开始在中央电视台"挑战不可能"节目中闪亮登场。他有多少学生,我们不知道。我们知道的是,今天我们也将成为他的学生。

他到底是谁呢?他就是鼎鼎大名、人见人爱的李昌钰博士。他是我们美籍华人的骄傲,是我们炎黄子孙的自豪,是我们法律人的偶像。现在,就让我们将左手与右手合到一起发出最大的声音,欢迎李昌钰博士上台发表演讲!

9月3日中午,李昌钰博士演讲结束后,为了赶航班,带着助手匆匆离开了会场,赶赴机场,奔向下一个城市传道授业。作为主持人,我当然需要对他两个半天的演讲内容进行必要的梳理与总结。为此，我用"四个节"（环节、细节、情节、气节）做了如下的总结与概括。

各位同学、各位学员：

因为要赶航班，李昌钰博士匆匆忙忙地走了，但他把精彩留给了我们。一天的讲座，让我们大呼过瘾。但是，我要说的是，如果要对这两个半天的精彩内容进行复盘与梳理，你们会用什么词汇来形容呢？

两个半天的课程，李昌钰博士用了许多案例给我们讲授了四个问题：首先是鉴识科学的重要性，其次是鉴识科学在法治上的定位，再次是鉴识科学在法庭上的应用，最后是法庭上如何让证据说话。

听完这两个半天的课程，我的体会是，李昌钰教授就讲了四个"节"，"过节"的"节"。因为李昌钰博士的讲座，让我们感觉像过节一样欢欣鼓舞、兴高采烈。我从没有见到在法律人演讲的场合，竟然需要排队才能与自己的偶像合影。从昨天到今天，我看到了，我也做到了。刚才，我拿着我主编的《民主与法制》周刊与李昌钰博士合影，他还跟我说这不是广告吗？要不要收广告费？

好了，别的暂且不说，先说说我体会的四个"节"吧。

一是环节。所谓"环节"，就是承上启下的一个程序与过程。在这次抱住大课的"证据科学"课程中，李昌钰博士主讲的"证据科学在美国法庭之运用"课程，是一个重要的环节。李昌钰博士常说，法庭程序就像交响乐团，法官是乐队指挥，律师、检察官则是音乐家，至于鉴识科学家就像乐器一样，有的是小提琴、有的是大提琴、有些是钢琴，这些乐器要发出什么样的音色，就要看音乐家们如何演奏。也就是说，作为法庭程序的一个环节，鉴识科学家们不会也不应该有任何预设立场，完全是依赖律师询问及科学证据来回答。李昌钰博士还说，只要案子进入法律诉讼程序，就要有证据。所以，在追求程序正义的进程中，由刑事鉴识科学构成的证据科学，就是一个至关重要的环节。最最重要的是，每一个案件的侦破，每一个真相的揭秘，现场保护与现场勘验，都是一个必不可少的环节。从昨天到今天，李昌钰博士给我们讲述的案例告诉我们，每个人就是一个团队的环节。同样，每一位律师就是程序正义的重要环节。

二是细节。李昌钰博士说，身为鉴识人员，心思一定要细腻，从案发现场仔细地观察周遭事物，找出蛛丝马迹，包括那些"多出来"以及"不见"的东西。从李昌钰博士这次授课所介绍的案例来看，许多细节常常被忽略了，但是都被他看出来了。比如说，他从8英寸的血手印想到了凶手可能加入过篮球队；比如说塑胶袋上的指纹、辛普森案件的两滴血……无论是检察官还是律师，都一定要有细腻而独到的观察力。李昌钰博士说，侦查刑事案件就像是在打造一张桌子，需要四支桌脚才能站得稳。这四根支柱就是：现场、物证、人证以及运气。而所谓的运气，其实就来源于容易被司空见惯、熟视无睹的细节。所谓细节决定成败这个道理，不仅适合李昌钰博士这样的刑事鉴识专家，同样也适合我们每一位律师尤其是刑辩律师。

　　三是情节。李昌钰博士是一位非常善于讲故事的专家，他的授课与演讲，轻松、幽默、风趣、自然，其中夹杂的那些案例，其实就是一个个生动鲜活惊奇的故事。昨天，他一上来就给我们介绍了美国最大的报纸《今日美国》评选出影响人类历史的25个事件，其中有14件与李昌钰博士参与的鉴识工作有关。如"911案"、辛普森案、克林顿丑闻、东欧"万人坑"事件等许多案件，这些案件的侦破自然少不了李昌钰博士的贡献。李昌钰博士给我们讲案例，不是从专业角度来展开的，而是从情节的视角来讲解的。除了有图有真相，更重要的是有情节。所谓情节，就是我们媒体人常说的"五个W"，也就是何时、何地、何人、何事、何故。李昌钰博士所介绍的每一个案例，都可以当成故事来讲。作为律师，我们不仅要努力成为办案子的高手，还要努力成为讲故事的高手。因为每一位律师，都有一个案例的宝库。如何将我们的案例变成有情节有活力的故事，同样也是一种需要不断提高的本领。

　　四是气节。应当说，像李昌钰博士这样要么一锤定音要么扭转乾坤的刑事鉴识科学家，面临的各种各样诱惑肯定很多。但是，对李昌钰博士来说，永远是案子不分大小，人不分贫富贵贱。他说，我们从事鉴识科学，不能只为有钱人办案，面对没钱没势的弱者，一样要尽最大的努力，锲而不舍地追查出真相。李昌钰博士从事鉴识科学近半个世纪，经历了无数的艰难与考验，但他始终以"至诚信义"这四个字激励自己。他要求自己做事情要言而有信，待人要以诚相待。他在这两个半天的演讲中，给我们介绍了不少他拒绝的案子，但因为有人找他母亲出面，后来又重新接受了。其实，他在其中的潜台词是有两方面的含义，一方面他以自己的母亲为骄傲，所以他在以一种更加虔诚的方式孝敬自己的母亲；另一方面他在给我们传授一种法律人应有的气节，那就是不要出卖自己的灵魂去做违背良心的事情，不要做钱的奴隶而为权势、名气整天绞尽脑汁、明争暗斗。要凡事知足，多想想自己可以为他人、为社会做些什么，人生会过得更有意义。

　　各位学员，各位律师，尽管李昌钰博士已经离开了会场，但我们还是要用最热烈的掌声表达一下对这位男神与偶像的衷心谢意。谢谢他带给了我们如此丰厚的收获，谢谢他让我们重新认识了刑事鉴识科学！

中国最缺什么样的法官与律师？

——"第九届西部律师发展论坛"总结发言

（2017 年 8 月 27 日　贵阳）

【导语】

2017 年 8 月 26 日至 27 日，"第九届西部律师发展论坛"在贵阳召开。来自我国西部的 15 家省级司法行政机关代表、律师协会代表及律师代表齐聚一堂，共同探讨西部律师行业的发展。本届论坛以"法治精神—律师使命—助推西部跨越发展"为主题，由重庆、陕西、广西、贵州等西部 14 个省（区、市）及新疆生产建设兵团律师协会共同主办，贵州省律师协会承办。

我对本次论坛进行了总结发言。我用"回归、回望、回顾、回答、回首"五个关键词，总结了此次论坛的收获成果。

各位领导、各位嘉宾、各位亲爱的律师：

大家中午好！

各位可能听得出，我今天的问候声显然不如以往那么有力，原来是因为我身体今天早晨略有微恙。因为飞机延误而导致的昨晚，不，应当是今天凌晨两点飞机才落地贵阳机场。一路折腾，终于使身体出了点毛病。以至于原定于今天下午与本地跑友去观山湖公园的约跑，也要不得不取消了。我抱病上台来发言，大家是不是需要鼓励我一下？（掌声）

尽管如此，我还是很高兴很兴奋。昨晚陈会琪律师代表会务组在机场接到我之后，我感觉又回到贵州了。许多人是来贵州，我自己感觉是回贵州。这里面原因诸多，因缘也很多，在这里就不说了。但是，我要强调的是，此次西部律师发展论坛的许多巧合。

第一个巧合，是"第九届西部律师发展论坛"开幕的日子，正是中华人民共和国成立以来第一部有关律师的法规《中华人民共和国律师暂行条例》通过的日子。1980年8月26日，第五届全国人大常委会第十五次会议通过了《中华人民共和国律师暂行条例》。如果说1979年12月9日是标志着我国律师工作的恢复重建，那么，《中华人民共和国律师暂行条例》的通过则意味着我国律师制度的恢复重建。这是一个多么有纪念意义的日子啊！

一个多月前，包洪臣会长给我打电话邀请我来参会时，我一听是8月26日开幕时，就知道好事坏事同时来了。说好事是因为可以借此次论坛纪念我国律师制度恢复重建37周年，说坏事是因为我原本要去参加哈尔滨马拉松比赛而被耽误了。大家要知道，现在参加马拉松比赛要弄到指标不容易啊！这次哈尔滨马拉松赛，我是报名了，也中签了，可惜最后不得不放弃了。但是，为了律师工作，为了我曾经参与策划的西部律师发展论坛，这个放弃也是值得的。

第二个巧合，西部律师发展论坛又回到了当年策划创办的出发地。十年前的2007年8月17日，我与时任贵州省司法厅季林副厅长、时任省律师协会王心海会长与当时参加西南六省七方律师协作与业务研讨会的代表们共同商定，发起设立西部律师发展论坛，确定每年一届，由西部各省（市、区）律师协会轮流承办。当时，重庆市律师协会代表主动要求承办首届西部律师发展论坛，大家也是一致同意。十年过去了，许多人和事都发生了重大变化。但西部律师发展论坛却回到了贵阳，回到了贵州，这就意味着新的起点要来了。作为当年受聘的西部律师发展论坛总顾问，我是不是又回来了呢？

第三个巧合，三天前，全国律协发布新闻称将在今年年底重启已经停办了六年的中国律师论坛。这是一个太有意义的巧合了！西部律师发展论坛办了九届，回到了当初策划创办的地方。中国律师论坛办了九届，却悄无声息地停办了。现在，西部律师发展论坛回来了，中国律师论坛也要回来了。

因为这么多巧合，也因为会务组的安排，我现在对本次论坛做一个简单的总结发言吧。因为这个回来的缘分，也因为西部律师发展论坛的会徽像个"回"字，我打算用五个关键词，也就是五个"回"字来汇报我的总结。

第一，"回归"，一个正在回归的平台。

西部律师发展论坛是一个区域性、开放性、专业性的律师业务、律师事务所管理、律师协会工作的交流平台。按照当年我为西部律师发展论坛起草的"贵阳宣言"，西部律师发展论坛是一个西部律师共同合作的载体，也是一个西部律师共谋发展的平台。通过这个平台，我们西部律师可以相互交流、相互交锋、相互交心，最后实现"团结协作，共谋发展"。这是因为，我们的原则是：让每一位律师管理者与律师从业者积极地参与，自由地交流，愉快地合作。我们的目标是：通过交流，达成合作；通过合作，不断发展；通过发展，实现共赢。于是，这个论坛就成了西部律师一年一度的行业盛会、一年一度的思想盛宴、一年一度的同行交流、一年一度的同道切磋、一个西部律师期待向往的节日、一个西部律师再上台阶的标志。目前，西部律师发展论坛已在重庆、西安、南宁、呼和浩特、昆明、乌鲁木齐、成都、兰州等地举办了八届。论坛自举办以来，在加强西部律师法律服务、拓展律师服务领域、弘扬律师文化、发挥律师在构建社会主义和谐社会、推进依法治国方略深入实施、服务西部地区经济社会发展等方面发挥了积极作用。可以说，这个论坛已经成为我国西部地区律师合作交流、谋划律师事业发展的重要平台。明年论坛将奔赴那个好似遥远，但刚才马福祥会长说其实并不遥远的地方——青海。今后，我们这个论坛还将去往西藏、宁夏、海南、山西等地方。

由此可见，这样的平台对律师来讲是多么重要，又是多么必要。正如当年我在发起策划创办中国律师论坛的定位一样，中国律师需要这样的地方，也就是我说的"四个地方"：这是一个交流先进经验的地方，这是一个优秀人才汇聚的地方，这是一个前沿思想碰撞的地方，这是一个法律文化展示的地方。

从中国律师论坛的即将回归到西部律师发展论坛的有序轮回，说明我们的律师渴望这样的平台，需要这样的平台，这就是我们律师的初心。总书记要求我们不忘初心，继续前进。我们中国律师确实需要不忘初心，在中国律师论坛、西部律师发展论坛这样的平台与载体引领下，继续前行，继续发展。

第二，"回望"，回望历届西部律师发展论坛的主题。

从2008年11月在重庆召开的首届论坛确定的主题"科学发展·行业创新"到第九届论坛以来的主题变化，即2009年11月在西安举办的第二届论坛"合作拓展·务实创新"、2010年9月在南宁举办的第三届论坛"区域合作·和谐发展"、2011年8月在呼和浩特举办的第四届论坛"使命与发展"、2012年7月在昆明举办的第五届论坛"践行使命·服务发展"、2014年9月在乌鲁木齐举办的第六届论坛"新西部·新丝路·新未来"、2015年10月在成都举办的第七届论坛"法治常态·西部新态"、2016年9月在兰州举办的第八届论坛"面向'一带一路'的律师法律服务"，到第九届论坛的"法治精神·律师使命·助推西部跨越发展"，都包含了"发展"这个熟悉而亲切的字眼。

由此可见，发展是我们永恒的主题，是我们不变的命题，是我们坚守的课题。这也表明，我们西部律师发展论坛的生命力和影响力，一直在不断增强、不断扩大。从去年开始，在西部律师发展论坛，我还看到了北京、上海的律师朋友，也看到了东北和南方的律师同行。许多律师认为，在没有中国律师论坛的时光，还好有了西部律师发展论坛，还好有了"发展"这个伟大的时代主题引领我们继续前行。

第三，"回顾"，让我们一起来回顾一下本次论坛的亮点。

毫无疑问，本次论坛的亮点很多，多得有点目不暇接。

记得去年我在第八届论坛进行总结时，我首先列数了甘肃的几张名片，那就是一个洞（莫高窟）、一条河（黄河）、一碗面（兰州拉面）、一本书（《读者》）、一批人（从政治家到演艺明星）。今天，我要数数贵州的特殊名片，那就是一瓶酒（国酒茅台）、一棵树（过去说的是黄果树，现在说的是像刚才马宁宇副秘书长说的大数据带来的智慧树）、一个寨（西江苗寨）、一座楼（遵义会议会址）、一条江（乌江）。我们刚刚得知，从9月1日开始，贵州省从上到下将来所有的公务宴请，一律不能喝酒，自己带酒也不行。看来，贵州茅台将源源不断地销往省外。贵州官员没酒喝了，其他地方有福了！好了，不说茅台的笑话了。我要说的是，本次西部论坛出现的主要亮点。

在本次论坛上，以下四个亮点给我们留下了深刻而美好的印象。

一是一部丰富实用的论文集。在这部包含了191篇获奖论文的大部头里，既有关于诉讼与非诉讼方面的佳作，也有关于律师管理与业务方面的力作，还有关于社会责任与发展创新方面的大作，又有关于一带一路与青年律师方面的新作，更有关于青山绿水与生态文明方面的精作。所以，我们既能读到富有传统特色的刑民交叉、股权转让担保之类的业务论文，也能读到含有现代色彩的P2P网贷平台与PPP模式之类的研究论文，又能读到纯粹业务研讨的环境公益诉讼论文，还能读到属于管理探索的善用专职管理人论文。在这里，有最受人关注的跨界发展现象，有最让人关心的青年律师发展问题，有关于人工智能的挑战，有关于生态文明的追求，尤其是有关于大数据和互联网对青年律师的影响和意义。所有这些获奖论文，可以说是各显其能、各显风采。就像昨天的六个分论坛，各有各的吸引力，各有各的学术性。

二是一个各具特色的议程设计。可以说，贵州省律师协会作为承办方，在此次论坛的议程设计尤其是分论坛设计和会务资料的设计上，既有特色，更有亮点。此次论坛，采取主论坛和分论坛分别进行的形式展开。在主论坛的开幕式和闭幕式上，均有重量级嘉宾演讲。六个分论坛分别为民商事法律业务分论坛、刑事法律业务分论坛、行政法律业务分论坛、律师事务所管理和律师社会责任分论坛、青年律师发展分论坛、生态文明法律服务分论坛，涵盖了从民商事到刑事、从保护产权到规范公权、从律师管理到律师业务、从社会责任到生态文明等多个方面的课题。尤其更具创意的是，每一个分论坛的开场致辞与总结致辞。每个分论坛的主旨演讲与论文演讲，都充分照顾了各个方面的专家，全面展现了各路获奖者的风采，深入发掘了各地优秀人才的未来之星。需要说明的是，刑事辩护中的有效辩护，应当说，这是一个小题目，但又必须小题大做。其中，既有技术问题，更有艺术问题。同时，这又是一个大题目。因为我们每一位律师都知道，我们刑事辩护的最终目标，不就是为了实现刑事辩护的有效目标吗？另外，在六大分论坛之外，本次论坛还举办了参会15个省（市、区）省级司法行政机关和省级律师协会参会代表参加的"律师行业管理经验交流"座谈会。当然，最具创新意义的是，开幕式与闭幕式，一律不设主席台。不管是领导还是嘉宾，不论是厅长还是会长，一律台下就座。应当说，这才是律师行业的论坛，这才是与时俱进的论坛，这才是与国际惯例接轨的论坛。

三是一种显示律师跨界才华的形象宣传。我将此次论坛的筹备新闻转发在我的微信朋友圈之后，有不少西部以外的律师托我跟组委会协调报名事宜。包会长跟我说，实在是没有办法了。会场里450个座位已经满满当当了。所以，所有的会务人员都是律师自己来担任。陈会琪律师今天凌晨在机场接我时告诉我，所有此次论坛的宣传资料设计、视频影像制作乃至所有礼仪小姐与志愿者，都是由贵州律师自己组织、自行完成的。由此可见，在律师行业，既有各种各样的人才，也有各色各样的精英。前几天，有记者采访我时问我，你认为律师最需要的是什么？我回答说，最需要的是尊重和理解。然后又问我，你希望司法行政部门领导如何对待律师？我的回答是，希望我们现在司法行政部门的领导不要像原来的领导那样，将律师当成外人，将律师当成小人，将律师当成坏人，甚至将律师当成敌人。应该将律师当成自己人，当成自家人。

四是一种语重心长的法律人建言。从开幕式主论坛到闭幕式主论坛的嘉宾演讲，都很有意义。从开幕式主论坛上贵州省高级人民法院院长孙潮、贵州大学张新民教授分别发表《司法改革中律师的作用》和《王阳明心学思想的形成与发展——以龙场悟道为中心》的演讲，到闭幕式主论坛上贵州省政协副主席李汉宇关于《第三只眼睛看律师》与贵州省政府副秘书长、贵州省大数据发展管理局局长马宁宇关于《国家大数据（贵州）综合试验区实践与探索》的演讲，都情真意切，都有真知灼见。李汉宇主席曾经是一位执业律师，也曾经是一名法官，他刚才在演讲中对律师给予的建言与希望，可谓语重心长。更加意味深长的是孙潮院长的演讲，昨天在各种公众平台上发布之后立即赢得了律师界刷屏式的点赞。在这里，我不妨重复一下孙潮大法官的精彩表述。请大家仔细听一下，稍后我要照葫芦画瓢，也要给各位律师贡献类似的一段话。孙潮院长说："中国不缺法官，缺的是向法律负责，向事实负责，向天下负责的法官！没有律师参与的司法体制改革是不健全的，没有律师参与的庭审只能是形式化，作为律师在刑事领域必须誓死捍卫人权、在民事领域敢于保护产权、在行政领域勇于制约公权！"

孙潮院长这一番语重心长的话语，代表了同为法律人的法官对律师的建言与期待。现在，作为一位媒体人，也作为曾经在律师界工作多年的打工者，现在作为一位律师界志愿者，我也要向律师表达我的祝愿与希望。现在中国已经拥有了32万律师，所以，我认为，中国不缺律师，缺的是既懂服务之道更懂治国之道的律师，缺的是既有高超技巧更有高尚美德的律师，缺的是既能担当职业责任和专业责任更能担当社会责任的律师。为此，我希望我们的律师，不要让技巧胜过美德，不要让利益超过正义，不要让目标越过责任和使命。

我讲到这里，我们难道不应该为自己作为中国律师的责任和使命而鼓掌加油吗？

第四，"回答"，回答了管理和业务上的许多难题。

按照我们现在的定位，西部律师发展论坛是一个区域性、开放性、专业性的律师业务、律师事务所管理、律师协会工作的交流平台。所以，每一次论坛的成功举办，对中国律师制度的改革，对西部地区法律服务领域的创新，对西部律师法律服务水平的提升，都是一个促进和推进。本次论坛也是如此，我们共同回顾了西部律师行业发展取得的成绩，也共同探讨了西部律师行业发展的大计，还共同展望西部律师行业未来美好的前景。尤其是通过本次论坛，我们共同回答了许多律师业发展中面临的现实难题。

这些难题，既有律师管理方面的，也有律师业务方面的。通过本次论坛的论文写作与各个分论坛的交流，我们主要回答了以下几个方面的问题。

一是规模化建设中的大所与小所。前年8月26日，大家注意，也是8月26日，上海高朋律师事务所的陈文伟律师撰写的《十年后律师业不需要"大所"》在我个人的微信公众号"桂客留言"发表后，立即引起了强烈的反响。毫无疑问，大所当然也是我国律师业发展的标志。但是，在互联网时代是否还需要大所、是否还有大所，的确是一个需要全行业共同思考的问题。在西部地区，当然也有大所，但更多的可能是中小所。从此次论坛的论文中，我们看到了专职管理人如何助推大所转型升级的探索实践，也看到了西部中小型律师规范建设的思考成果。

二是专业化建设中的新业务与老业务。传统业务如何维护与提升，新业务如何开拓与培训，都是我们本次论坛探索回答的问题。从本次论坛的获奖论文看，诸如"一带一路"、虚拟现货交易平台、大数据、互联网之类新业务的探讨交流，显然占了绝大部分。这是一个好现象。

三是品牌化建设中的有和无。熊选国同志担任司法部主管法律服务的副部长之后,说了三句话"保障权利,守住底线,打造品牌"。第三句话强调的就是,我们要打造行业品牌、专业品牌、团队品牌、个人品牌。有没有这个品牌意识,决定了我们应该做一个什么样的律师乃至律师事务所。

四是规范化建设中的严和松。刚才说到的守住底线,其实规范建设,也包括职业伦理建设。所谓严和松,其实没有一个明确的标准。因为你遵守了规范,一切就变得轻松自在。如果你处处想越轨,自然感觉到处是麻烦。做律师与做人其实是一个道理,没有什么区别。

五是信息化建设中的快和慢。我们律师业的信息化建设,显然不如法院系统与检察系统。最近,上海市法院系统就为律师们提供了一个很有导向意义的信息化平台。如果全国都能解决诸如律师会见这样的难题,那就说明信息化真正来到了我们身边。

六是行业化建设中的内和外。最近,律师界似乎变得有些撕裂。不是张三把李四送进了监狱,就是李四要起诉王二麻子诽谤。律师行业现在为什么会这样呢?律师业已经没有一种相互认同的行业文化了吗?

七是职业化建设中的先与后。这里主要是说的老律师退休与青年律师成长的问题。我看到获奖论文中很多文章都在探讨青年律师如何成长和发挥作用的问题,说明现在大家都在重视这个问题。但是,却没有一篇论文研究老律师的退休问题。浙江有一家大所在这方面做得很好,他们已经意识到了这个难题。看来,我们需要共同探讨回答这个现实难题。

八是产业化建设中的强与弱。产业化建设已经喊了很多年,但离我们西部律师好像还很远。我们律师业需要发展壮大,就必须认真研究回答这个问题。

九是公益化建设中的公与私。律师作为一个行业,如何履行专业责任,如何担当社会责任,完善社会形象,就看我们如何来共同探索研究回答如何体现律师行业公益化的问题。

第五,"回首",我们律师如何回首自己的人生。

正如中华全国律师协会会长王俊峰在开幕式上所说,"这既是西部律师界的盛会,也是中国律师界的盛会!"对此,我也是深有同感。律师如人生,职业如事业,当我们回首往事、回首来路、回首人生时,我们曾经努力过、曾经奋斗过、曾经奉献过。尤其值得回首的是,我们在西部律师发展论坛,在中国律师事业发展进程中,我们曾经做了什么,我们曾经说了什么。好!因为时间关系,我就不再多说了。

最后,我想用本次获奖论文中一篇文章的结束语来为我今天的总结发言画上一个句号。这篇文章作者是来自贵州中创联律师事务所的李东澍律师,他在论文中发

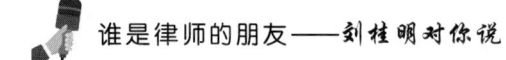

出了"法律人为何,法律人何为"的感慨,最后引用莎士比亚戏剧《皆大欢喜》主人公台词作为结尾。现在我就朗读一下这段意蕴深刻的表达吧。

"全世界是个舞台,所有的男男女女不过是一些演员,他们都有下场的时候,也都有上场的时候,一个人的一生中扮演着好几个角色。"作为律师,同样也是如此。我们应当更尽职地扮演好职业角色、专业角色、行业角色,同时还要扮演好自己的社会角色。为此,我们需要不断保持自己的本色,做出自己的特色,努力让自己永远更加出色。

祝每一位西部律师永远出色,祝每一位中国律师更加出色!

中国律师业面临哪些发展难题？

——"2017 中国律师发展论坛"闭幕总结

（2017 年 4 月 22 日　山东泰安）

【导语】

"泰山脚下办论坛，创意策划不一般。中国律师何处去，发展理念过五关。"这是本人专门为 2017 年 4 月 22 日在山东泰安召开的"2017 中国律师发展论坛"所做的打油诗。此次论坛以"中国律师的新机遇、新战略"为主题，从与中国律师业密切相关的"绿色发展、协调发展、开放发展、创新发展、共享发展"五方面内容展开。

最后，由我做论坛总结，以下即为我总结的全文内容。

各位领导、各位嘉宾、各位律师：

大家好！

为期一天的"2017 中国律师发展论坛"即将画上句号了，接下来，中国律师发展论坛又进入了期待"2018 中国律师发展论坛"的时刻。最重要的是，我们本次中国律师发展论坛对中国律师发展的把脉和交流，又将进入新一阶段思考的时候。为了把今天和明天有机连接起来，为了让大家对明天有一个更加美好的期待，作为论坛总主持人、总策划人，我请大家与我一起回顾一下今天全天到底讨论了什么、究竟交流了什么，尤其是我们真正思考了什么。

我想，所有这些问题，简而言之可以用五大发展理念来进行概括。在现实中，可能有些人对五大发展理念还记不住，甚至也可能背不下来。但是，通过今天这一天的讨论，我们已经知道五大发展理念对我们来讲，已经不需要记、也不需要背了。因为它已经进入我们的脑海、进入了我们内心。我们都知道，这五大发展理念是每一位律师、每家律师事务所、每个地区律师乃至全行业都需要认真思考的重大问题。

这次中国律师发展论坛之所以来到泰山召开，是因为我们想站在一个更高的高度去看未来律师业的发展。如果说去年我们在北京召开的中国律师发展论坛是聚焦过去三十年经历的一切，那么今天我们站在泰山这样的高度上，使我们更具有一览众山小的对未来的长远预测目光。所谓一览众山小，就是希望大家能够站得高看得远，看到未来的发展，也要看到未来发展中的难题。

毫无疑问，我的总结就想用五大发展理念的思路和脉络来展开。其实，在今天的演讲中，每一位嘉宾演讲之后，我曾经分别用了几个关键词进行了点评。从这个意义上说，又可以不需要总结了。就像每位演讲嘉宾谈到的现实关系一样，其实都是为了解决五大发展理念中所遇到的一些问题。王忠德老师、朱树英老师给我们分别讲解了的几个关系，很有参考价值。李淳老师则更加系统地谈到了八大关系。如政治上的上下关系、经济上的快慢关系、文化上的内外关系、社会上的左右关系、历史上的先后关系、操守上的高低关系、竞争上的强弱关系、战略上的远近关系。我想，两大关系也好，三大关系也罢，甚至八大关系也好，这都是我们思考和探讨五大发展理念中的独特角度，都很有意义。所以，我就不再进行总结了。为此，我们要再一次感谢上午演讲的王忠德、李淳、朱树英、蒋勇、孙在辰五位嘉宾，正好是每位演讲嘉宾负责强调一个理念。感谢下午演讲与对话的嘉宾，因为你们的加入使我们更进一步深刻地体会到信息化建设在律师业发展中的重要意义。感谢主办单位赢和律师机构的付出，因为你们的付出使我们中国律师业对未来发展的研讨与交流，又多了一个平台。我们都知道，在中国律师界，这样的平台不是多了，而是少了。不管是谁来主办，我们都欢迎，我们都参与。可以说，不管是过去的中国律师论坛还是现在的中国律师发展论坛，应该是多多益善。

现在，我想出几个思考题，让我们一起来思考五大发展理念与我们律师业发展有关的问题，到底还有哪些问题需要我们继续思考、一起思考、共同思考。

一是在创新发展中，我们应该有什么样的作为？

我想，在创新发展方面，我们需要考虑哪些问题呢？首先，我们要思考是规模创新还是制度创新？蒋勇律师在演讲中谈到了规模创新，作为一家坚守了十多年小而美发展战略的律师事务所，天同所竟然要改变发展战略了。这种改变就是创新，其中既有规模创新，也有管理创新。从制度创新层面来看，我们的管理层面，无论司法行政管理层面还是律师行业管理层面，是否考虑到许多呼吁多年的制度管理创新问题？如关于律所名称，这些年来一直很纠结的问题是，如大成律师事务所济南分所，按照现在的管理规定只能叫分所，那么，从鼓励规模化发展来讲，能否改为大成律师事务所后面加括号，括号里面是济南。作为大型律师事务所，其济南分所实际上只是他们的一个办公室。所以,当我们的律师事务所规模发展到了一定阶段,制度创新如何跟上?这是一个需要重点思考的问题。

其次,到底业务创新还是管理创新?我刚才讲到的机构名称就是管理创新,那么业务创新是什么创新?我们需要思考,到底有多少业务是可以派生出来,还有多少业务可以嫁接出去,还有多少业务可以更加细分,这都是我们需要考虑的问题。

最后,还要考虑是人才的问题还是品质的问题?所谓人才问题就是关于人才培养的问题,但人才培养我们大多数关注的只是业务本质,而没有关注它的品质。所以,我们经常说,不要让我们的技巧胜过美德,说的就是一个人内在的东西和外在的东西能够达到一致。这是人才培养、人才建设乃至队伍管理当中所需要思考的问题。

二是在协调发展中,中国律师业还面临哪些问题?

今天李淳律师讲到了八大关系,我想八大关系无非是三个方面的问题:首先是战略和政策的协调发展。毫无疑问,我们中国律师业发展如何根据"十三五"规划,制定出一个更加切实对路的发展战略,同时我们在发展战略之下是否还有一些针对性、现实性的操作政策。上午我讲到了,这十多年中国律师业发展遭遇了一个停滞期甚至是一个倒退期。但是,现在我们欣慰地看到新一届司法部领导,一定不会让律师管理停滞下去或者倒退下去。新的司法部长分管副部长提出保障权利、守住底线、打造品牌这三个思路,我觉得中国律师业一个新的发展阶段已经来临了。

其次是队伍建设和形象建设的协调发展。我们律师队伍建设除了党建与律师形象以外,还面临哪些协调发展问题呢?在我看来,如果说当年的肖扬部长提出要加快推进"重中之重"的律师业改革,是着重解决律师机构问题,那么张福森部长提出的"请得起、请得到、信得过"则是追求解决律师形象问题。现在,张军部长及分管副部长熊选国都注意到了律师权利问题。因为他们两位都是刑事法律专家,他们了解并理解律师权利对刑事辩护的完善乃至中国律师业的协调发展,究竟意味着什么。

最后,最重要的是协调发展问题,那就是司法行政和律师行业的协调发展。我们强调了多年的"两结合",应该就是一个协调发展问题。在新形势下,我们司法行政该做什么?律师协会该做什么?在前些年,律师协会在保障权利方面很多时候可以说是毫无作为。2011年北海案件,当时全国律师协会对律师被打仅仅发了一纸声明表示关切,就受到有关领导的严厉批评。但是,现在不同了,现在司法部分管领导告诉我们,每当遇到这样的事情,律师协会应该敢于发声、善于发声。

三是在绿色发展中,中国律师业需要思考什么问题?

我们王忠德老师特别提到律师业的生态和生命问题,蒋勇律师提到了不破坏当地律师生态的问题,由此可见,律师发展跟生态发展密切相关。既然是生态,到底是行业生态问题还是地区生态问题?仅仅是生态问题还是业态问题?是机构问题还是结构问题?过去,我们更多是关注律师机构的问题,现在我们应该关注律师结构问题。关于律师管理结构问题,我们是否注意到律师结构发生的重大变化,比如说公职律师、公司律师、政府律师的定位与地位。尤其是即将实行的值班律师制度,还有公设辩护人制度,这些都是关于律师结构方面的重大发展。所以,如何繁荣律师生态,如何丰富律师业态,这都是我国律师业需要关注的重大问题。

四是在开放发展中,我们律师业应该站在什么样的高度?

正如朱树英律师所说,我们律师业要关注深度与广度发展,也就是纵向发展与横向发展。无论是从历史的纵向看还是从现实的横向看,当下的中国律师业正在进入深度和广度的方向发展阶段。在这方面,首先是向东去与向西去的开放发展,向西就是"一带一路"的发展战略,向东就是继续推进过去多年所坚持的改革开放。其次是全行业开放发展与全社会的开放发展,这就是专业发展方向与专业市场需求的问题。最后是专业的开放发展与律所的开放发展,朱树英律师今天的演讲,对此做了毫无保留的讲解与介绍。所以,我们律师业的开放发展,必须先从每一位律师、每一家律师事务所无私的共享与分享开始做起,因为这些问题,对我们律师业来讲都是难题,都需要认真思考与系统思考。

五是在共享发展中,中国律师业应当关注哪些问题?

孙在辰主任在演讲中,特别给我们讲到了理念共享、业务共享、组织共享、空间共享,其实应该还有信息共享、时间共享。今天下午两个单元的对话,所有参与对话的嘉宾都谈到了如何实现共享发展的问题。比如说新媒体对我们律师业有什么作用,我们律师业应该如何充分运用新媒体打造平台、调动资源、提升信息化建设。昨天,我们从新闻中看到,司法部也开始开设微博与微信公众号,由此可见,我们新一任司法部领导也开始重视在司法行政管理当中如何实现共享发展的问题。而共享发展,就需要关注理念与实践的共享、组织与空间的共享、信息和资源的共享。可以说,无论是创新发展还是协调发展,不论是绿色发展还是开放发展,只有最终实现了共享发展,才是真正的发展。由此可见,共享发展是最重要的发展、最基本的发展、最核心的发展。

以上五大发展理念,既是国家战略层面的发展理念,也是我国律师行业的发展理念。我想我们今天一天的论坛时间虽然是短暂的，但思考是长远的。好在我们来到了泰山，泰山带给了我们更多象征的意义。这些象征意义，既有眼光的意义，更有担当的意义和责任的意义。因为泰山，使我们意识到我们每个人对这个行业都有一份责任与担当。这份责任与担当，又使我们每位律师对未来发展多了一份探索与思考、一份创新与追求。

今天是一个特殊的日子，那就是世界法律日。作为法律人，今天我们在这里共同思考中国律师业的发展理念问题。同时，今天这个日子与马拉松比赛也是一个巧合。今天是4月22日，而马拉松全程比赛的赛程就是42公里。明天就是我们第二届全国法律人马拉松比赛的日子，今天如果说我们坐在这里的话，明天我们就要行动起来，就要奔跑起来。今天如果是讨论中国律师业的进步的话，那么明天我们就要迈开大步。只要你迈开步伐，不管是一小步还是一大步，都是中国律师的进步，每天进步一点点，就是中国律师在不断进步。我们每个人都期待中国律师业不断迈步，不断进步。

各位领导，各位律师，各位嘉宾，今天的"2017中国律师发展论坛"到这里就要跟大家挥手告别了，接下来就是明天的法律人马拉松比赛了。凡是参加明天比赛的朋友们，请各位回到房间迅速换上我们法律人统一的比赛服装，到隔壁的泰山国际会展中心我们法律人马拉松主题宣传牌前合影。

现在我宣布，"2017中国律师发展论坛"胜利闭幕，明年再见！

中国律师如何搭上"一带一路"的高速发展列车？

——"第八届西部律师发展论坛"总结发言

（2016年9月23日　兰州）

【导语】

2016年9月22日至23日，以"面向'一带一路'的律师法律服务"为主题的"第八届西部律师发展论坛"在甘肃省兰州市举行。按照会议安排，我在闭幕式上做了如下总结发言。

各位领导、各位嘉宾、各位朋友、亲爱的各位律师：

大家好！

时间过得很快，两天的西部律师发展论坛即将完成所有的使命，今天将画上圆满的句号了。作为十年前中国西部律师论坛的策划人，也作为15年前中国律师论坛的发起人，更作为中国律师业改革与发展的见证者与观察者，很高兴又一次来到西部律师发展论坛。所以，我要特别感谢尚伦生会长代表甘肃省律师协会、代表第八届西部律师论坛组委会对我发出的邀请！谢谢大家！按照组委会的安排，现在由我来对本届西部律师发展论坛做一个简短的总结。

非常巧合的是，十年前，我们是在贵阳策划发起西部律师发展论坛。一个轮回之后，西部律师发展论坛明年又将回到贵州。我们刚才都见证了尚伦生会长已经把第八届西部律师发展论坛的会旗交到了第九届西部律师发展论坛举办地贵州省律师协会包洪臣会长的手中，大家可能都很期待明年爽爽的在贵阳相聚！

所有参加本届西部律师发展论坛的参会者都知道，我们的确来到了一个极具象征意义的好地方。从我个人的眼光来看，可以用"一个洞、一本书、一条河、一碗面、一个人或一群人"对本届论坛进行概括。

从孕育中国灿烂文化的"一个洞"即敦煌莫高窟到"一本书"即口碑遍及海内外的《读者》杂志，从炎黄子孙的母亲河黄河到家喻户晓的兰州拉面，也就是我们所熟知的"一条河"与"一碗面"，无不体现了本届论坛举办地甘肃兰州的鲜明特色。更重要的是，这片土地还培养了一位总书记、一位总理乃至明星、影星等诸多知名人士。所以，甘肃真是一个人杰地灵的好地方啊！对我来说，兰州真是一个跑步的好地方，我尤其热爱兰州的早晨。这两天早晨起床后，我沿着黄河两岸每天跑了个十公里，我也期待着明年或者后年或者其他合适的时候能够到兰州来跑一场马拉松。

在本届论坛开幕式上，我们听到了敦煌研究院名誉院长、世界著名敦煌学家樊锦诗先生关于《丝绸之路与敦煌莫高窟》的主题演讲，听到了中南大学教授谢晖、中国政法大学教授顾永忠的专业演讲，听到了《读者》杂志社社长富康年先生的深情演讲。如果说，来自本地的樊锦诗先生在开幕式上的演讲与《读者》杂志社社长富康年先生在闭幕式上关于《编好杂志、做大市场、铸名品牌》的演讲是一碗浓汤与甜点，那么，这两天来在分会场的演讲与对话，就是一幕高潮迭起的大戏。而整个论坛形成的论文集，就是一部首尾呼应起伏自然的大作。从演讲嘉宾的安排来看，有的嘉宾极具颜值，有的嘉宾很有气质（比如说像我这样，只能是主要看气质）；从演讲内容的设计来看，有的是追求小目标，有的是贡献正能量；从演讲风格的表现来看，我们的演讲既关注现实的苟且，更关心美丽的诗和远方。

但是，现在我要从整个论坛的主题设计与议程安排来总结。可以说，这是一次贯彻发展理念的论坛，也是一次研究发展难题的论坛，更是一次聚焦发展导向的论坛。接下来，我就从这三个方面来进行总结与解读。

第一，这是一次贯彻发展理念的论坛。

从议程的总体安排来看，本届论坛的主论坛围绕"面向'一带一路'的律师法律服务"这一主题展开，六个分论坛分别为：一是新战略·新视野——"一带一路"背景下的律师法律服务；二是新定位·新思路——以审判为中心的刑事诉讼改革与刑事辩护；三是新领域·新途径——"互联网+"时代的律师业发展；四是机遇与挑战——律师制度改革背景下的律师事务所管理与发展；五是服务与创新——法治政府建设背景下律师法律服务的方式；六是责任与使命——青年律师的职业精神培养。此外，本届论坛期间还举办了以"举旗"与"亮剑"为主题的律师协会建设专题座谈会。应当说，如此周密而有高度、如此专业而有深度的议程安排，充分显示了本届论坛组委会的高水平与大视野。

昨天，我与李淳律师在第二分论坛分别与大家分享了《合并还是合作——中国律师业规模化之路的探索创新》《律师事务所转型期间之竞争力》。来自广西、山西、青海、贵州、内蒙古、甘肃、四川等地的律师，在第二分论坛的精彩演讲给我留下了深刻而美好的印象。我个人的介绍主要是强调了中国律师业的合并潮、联盟潮、外所潮、合作潮等现象带来的差异化合作与扁平化合作，李淳律师则主要强调了律师提供的技术、管理、决策、战略等四种服务所带来的共同思考。当然，他对我提出的合并潮也进行了补充。他特别指出，没有战略就不要合并，没有规划就不要合并，没有准备就不要合并。从我所在的第三分论坛来看，无论是我与李淳律师的分享还是各位律师参与的交流发言，我们最终都将重点放在发展理念上。

本届西部律师发展论坛正是为了发展理念的贯彻落实，首先主要在于强调如何理解五大发展理念。在创新发展中，中国律师业如何实现制度创新、规模创新、管理创新；在协调发展中，我们律师业如何实现东西部律师业的协调、大城市与中小城市律师业的协调发展、大所与中小所律师的协调发展；在绿色发展中，各地律师业如何保护好当地的律师生态、如何实现律所的可持续发展；在开放发展中，律师业管理部门如何有序扩大法律服务业对外开放、如何激发出管理体制的活力、如何设计好律师业的战略布局；在共享发展中，我们如何实现老律师、青年律师与资深律师的共享发展，如何破解律师权利保障、律师行业规范、律师品牌塑造等方面的难题。可以说，对包括西部律师在内的整个中国律师业来说，创新发展是一种动力，协调发展是一种要求，绿色发展是一种方式，开放发展是一种眼界，共享发展是一个目标。

第二，这是一次研究发展难题的论坛。

大家都知道，中国西部律师发展论坛来源于"西南六省七方律师协作与研讨会"。2007年7月，在贵阳会议上做出决定，从2008年起改称"西部律师发展论坛"，并由重庆、四川、贵州、云南、广西、陕西、甘肃、青海、宁夏、西藏、新疆、内蒙古等西部12个省（区、市）及新疆生产建设兵团律师协会共同发起、轮流承办。

正是在此次会议上，当时的贵州省律师协会王心海会长代表组委会给我颁发了论坛总顾问的聘任证书。首届西部律师发展论坛由重庆市律师协会承办，至今已成功举办了七届。尽管现在参会的人数不及当年的中国律师论坛（每届论坛规模都在400人左右），但是，这个论坛在加强西部律师法律服务领域拓展、树立西部律师良好行业形象、加强东西部律师的合作与交流、推进依法治国方略深入实施等诸多方面发挥了重要的作用。所以，在中国律师论坛已经停办的当下，西部律师发展论坛的影响已经越来越大了。

那么，为什么中国律师发展论坛能够在西部律师界乃至中国律师界的影响越来越大呢？因为这个论坛已经成为我国西部地区律师合作交流、谋划律师事业发展的重要平台，更重要的是，这个论坛每年还会邀请除西部律师发展论坛联合主办单位以外的其他省（区、市）的律师协会代表，共同探讨中国律师业面临的共同问题。本届论坛的重点就在于研讨在"一带一路"背景下的律师业，如何与五大发展理念有机结合与有效对接。

作为本届论坛的总结人，我已经非常清楚地注意到，无论是论坛的演讲还是分论坛的交流与对话乃至作为论坛材料的两大本论文集，都充分注意到了律师业面临的发展问题。在我看来，本届论坛主要研讨了以下八个方面的发展问题：一是行业自治与管理；二是职业道德与伦理；三是个人自律与形象；四是行业维权与机构；五是职业保障与体制；六是业务拓展与品牌；七是内部管理与创新；八是外部环境与机制。

第三，这是一次聚焦发展导向的论坛。

从甘肃省司法厅副厅长、省律协党组书记牛兴全的致欢迎辞到中华全国律师协会副会长刘守民的致祝贺词，都在强调本届西部律师发展论坛如何抓住"一带一路"带给我们的特殊机遇，真正把西部乃至全国的律师事业推至更高的发展水平，不辜负党和人民的厚望，不辜负社会和时代。为了有效聚焦这个重要的发展导向，在本届西部律师发展论坛上，所有在分论坛的发言都可谓各显其能、各具风采。

一是关于"一带一路"走向的专题演讲，如北京德恒律师事务所主任王丽律师的《"一带一路"服务机制如何更好地服务企业走出去》、北京大成律师事务所管委会副主任徐永前的《树立全球视野，加快推进企业深化改革和转型升级》、广州仲裁委员会仲裁员史大佗先生的《"一带一路"战略中的律师业务新机遇》等。

二是关于司法改革取向的专题交流，如顾永忠教授的《以审判为中心的诉讼制度与刑事辩护》、李贵方律师的《认罪认罚从宽制度的具体适用》等。

三是关于律师发展的方向的专题对话，如蒋勇律师的《互联网、大数据对律师业务的机遇与挑战》、倪伟律师的《律所公司化管理探析》、刘卫主编的《互联网与中国律师业的明天》、雷声律师的《政府法律服务专业化律所建设》等。尤其值得一提的是，关于青年律师沙龙的对话，必然让青年律师感到很温馨。而"举旗"与"亮剑"——关于律师执业权利保障与执业行为规范的交流对话，则让许多参会律师感到自己的娘家终于可以开始发挥作用了。

各位律师、各位朋友，我对本届西部律师发展论坛的总结到这里就基本完成任务了。但是，综合这两天的踊跃讨论，结合中国律师业发展的实际情况，我还想给大家出几个思考题。因为是"第八届西部律师发展论坛"，那我就提出八个问题吧，请各位参会者乃至所有中国律师一起来研究与思考。一是在律师文化上如何实现前后融合？二是在行业治理上如何做到上下通气？三是在职业形象上如何做到内外兼修？四是在个人自律上如何走向知行合一？五是在管理结构上如何实现大小合理？六是在发展战略上如何形成远近结合？七是在业务拓展上如何实现高低有序？八是在合作共赢上如何实现东西相连？

从本届论坛的主题来看，"一带一路"不仅仅成了国家的发展战略，同样也成了我国律师业的发展战略。可以说，在国家发展规划中，"一带一路"犹如高速奔驰的列车，现在已经开始启动。我们西部的律师乃至所有的中国律师能否搭上这趟高铁，就在于我们如何深入研究、积极应对、主动作为。法律服务业如何抓住"一带一路"的机遇，就在于我们能否吃透政策、科学决策。

最后，让我们一起以掌声来感谢本届西部律师论坛的承办单位甘肃省律师协会付出的辛劳与智慧，让我们明年在贵阳再见！

能否推动整个律师行业向免费咨询宣战？

——"首届中国经济新常态——法律服务精英论坛"总结

(2016年7月8日　北京)

【导语】

2016年7月8日，为了深入学习十八届三中、四中、五中全会以及十三五规划，充分研究中国经济新常态，认真领会中办和国办《关于深化律师制度改革的意见》，全面提升律师业法律服务水平，中国法学会律师法学研究会组织部分律师在北京召开了"首届中国经济新常态——法律服务精英论坛"。

中国法学会律师法学研究会副秘书长秦丽萍宣读了"关于设立中国经济新常态法律服务精英论坛的倡议"。作为中国法学会律师法学研究会副会长，我主持了此次论坛并做最后的总结。

各位领导、各位律师、各位朋友：

作为主持人，今天一个下午的论坛，一方面我为大家演讲穿针引线，一方面也是我的一个非常好的学习机会。今天我们的会议，尽管策划时间非常短促，但是却开成了一个最有成果的论坛。

今天论坛的主要成果，首先体现在我们中国法学会律师法学研究会会长王俊峰的开篇致辞中，会长说，今年是特殊的一年，既是全国律协成立30周年，也是《律师法》颁布20周年，还是十三五发展规划的元年。对法律人来说，最重要的是全面推进依法治国的开年。

然后是体现在作为中国法学会律师法学研究会常务副会长与北京市司法局副局长的李公田同志对中国经济新常态在本次论坛的讨论定位中，李局说，我们要研究党的十八大三中、四中、五中全会精神和十三五发展规划以及当前国家的经济政策。在这种情况下，我们律师行业如何贡献力量，怎么开展我们的法律服务工作。

论坛成果还体现在竞天公诚律师事务所创始人彭学军律师的欢迎致辞中,也体现在中国法学会律师法学研究会副秘书长秦丽萍律师宣读的倡议书中。当然,最多的是体现在每一位发言人发言的丰富内容以及每个发言人的具体建议和想法中。

接下来,就让我们用一个关键词"共同成长",一起来回顾一下每一位发言人的精彩演讲。

第一位演讲的汉坤律师事务所的创始合伙人李朝应律师给我们讲了与客户共同成长的故事,讲到了他们如何带领客户、启发客户、服务客户,最后实现了与客户共同成长的成功案例。于是,建所12年来,创造了汉坤的辉煌。他们汉坤所尽管已经创造了辉煌,但真正为许多同行所知,还是这几年的事情。由此可见,他们是多么低调。好在我们这个法律服务精英论坛明年将由汉坤律师事务所来承办,明年我们一起去走访一下汉坤所,以揭开他们神秘的面纱。今天李朝应主任第一个出场,既显示了汉坤所邀请大家参会的热情,更显示了他们明年办好论坛的信心。

作为竞天公诚所的创始合伙人,也作为中华全国律师协会金融证券专业委员会主任,还作为中华全国律师协会WTO专门委员会副主任,张宏久律师今天特意用了翔实而丰富的课件,讲述了与中国共同成长的故事。在今天所有发言的律师当中,他是最年长的律师,所以他有资格和资本来介绍与中国共同成长的经历。如果说1949年出生的人正好就是与新中国共同成长,曾经担任过全国律协副会长的付洋就是1949年出生的。张宏久律师今天发言的关键词,就是中国改革开放三十多年来的发展变化。尽管他无法讲述中华人民共和国成立60多年来的变化,但他今天讲述了改革开放后的中国三十多年来的成长与发展。他见证了中国律师业从1993年改革开始到现在的历史,中国律师业获得突飞猛进的发展,首先就是从证券律师业务开始的,所以,他是与中国崛起共同成长的中国律师。

第三位演讲的刘红宇律师,是从银行出来做律师的。所以,她今天的发言讲的是与行业共同成长的经历。她说的行业的变化既是银行业的变化,也是律师业的变化。这个变化就是一家律师事务所的变化,就是一个人的变化,也就是北京律师乃至中国律师的发展变化。因为这个变化,我们每一位中国律师都成长了,都慢慢地成熟了。她还特别说到从律师中遴选优秀人才去当法官、检察官的问题,她认为我们的行业协会对此是不是可以有一些更大的作为。这是她对行业协会的建议,相信也是广大律师对行业协会的希望。

蒋勇律师是一位善于讲故事的律师,通过他的课件,我们听到了好几个与市场共同成长的故事。他说让专业有价,就是希望专业在市场中有价,让专业回归市场,让专业在市场上获得应有的地位。从这里,我们可以联想,作为律师除了正常的法律服务之外，我们还有没有可能开发新的亮点，开辟新的市场。比如说关于咨询业务的突破，就是蒋勇律师的发言带给我们的启发。他说，我们希望推动整个律师行业向免费咨询宣战，能够真正把我们这么多年以来难以改变的事情做起来。过去免费咨询对于律师来说，对当事人来说都没有任何好处，免费咨询就是没有咨询。如何改变这种现状？如何才能做得更好？那就是开始咨询付费，付费是靠谱的前提。不是说，我们看重这点钱，而是要使这件事情有一种仪式感，可以让客户承认律师的价值。所以，他们推出了"食悟饭局"的创意举动，希望借此重新定义法律咨询的形式。

最近这两年，有两位律师的演讲经常会很巧合地安排到一起。今天又是如此，在蒋勇律师演讲之后，就是肖微律师出场了。一般来说，肖微律师出场时首先要对蒋勇的调侃做一下回应。今天，我们又看到了这个有趣的场面。他对蒋勇在"食悟饭局"的5999元的报价，提出了"5555元"的回应价。肖微律师今天的演讲别具一格，他利用"姥姥不疼、舅舅不爱，散兵游勇、占山为王，诸侯纷争、群龙无首，刀耕火种、人拉肩扛，散沙一团、各自为战"等俗语提出了律师管理当中存在的问题，也就是说他讲述了与管理共同成长的感悟。事实上确实如此，他所思考的问题正好也是我们大家所关注的管理创新的瓶颈，这个瓶颈在哪里呢？为此，他特别提到了建立平台的重要性。君合所已经搭建了一个叫作"律携"的App，希望通过全国律协注册与地域和专业都可以上线，能够实现在全国找哪一个律师都通过线上解决。他的主张就是，无论是有偿还是无偿，无论是求职还是招聘，可以都在各种互助平台上实现。最后，他的结论是，打仗不能光有汉阳造，我们还得有新武器。

第六位演讲的林志炜秘书长，不是普通意义上的执业律师，但他是执业律师中的公职律师。他认为，律师为当事人提供法律服务与仲裁委以仲裁等方式为当事人提供解决纠纷的服务，有许多共同点。作为北京仲裁委秘书长，他给我们带来了与创新共同成长的建议。他说的创新，就是领域的创新，就是地域的创新，就是方式和方法的创新。只有创新，才有共同成长，才有共同发展。为此，他特别倡导推进法律共同体建设。他告诉我们，在仲裁员中律师占30%，在国外的仲裁机构中律师比例更高。理念上的共同体与方式方法上的共同体，可以共同努力构建更加和谐更加有效的商事争议解决的大环境，从而为当事人创造更好的环境与条件，为大家做好服务。

高子程会长，作为北京市律师协会的会长，也作为从刑事诉讼律师成长的行业协会会长，他讲述的是与协会共同成长的体验和想法。很多人对他当选北京市律师协会会长，觉得很意外，事实上也确实非常少见。因为我们原来的律协会长基本上都是非诉讼，或者说即使是诉讼律师也基本上是民事或者说是商事律师。高子程律师作为从刑事辩护律师成长的北京律协会长，自然对北京律师协会的管理和改革有不同一般的体验和想法。他提出的关于创建北京律师智库的问题，其实就是希望每一个律师都要参与到与协会共同成长的行列中去。他说他渴望在座的各位精英积极地参与到协会的工作之中来，通过提出课题研究课题等工作，提出对国家有利或者说对行业有利的任何设想。作为会长，他说律师协会就是要为我们的会员释放热情，展示才干，实现创意搭建平台，每一位会员都可以通过协会这个平台来展示自己。

来自金杜律师事务所的合伙人黄滔律师，今天在演讲中讲到了关于中国律师业走向国际化、管理创新、风险防范等三个建议，告诉了我们与业务共同成长的传奇。对我们律师来讲，我们无论是怎么样的成长发展，都离不开律师业务的发展。律师业务的成长发展，应该是我们律师业的基本，也是我们律师所的根本。黄滔律师讲到的律师业务国际化的建议，既有关于律师业务的操作建议，也有关于律师业务发展与改革的建议，更有关于律师业务发展规则的改革建议。这三个建议，尤其是如何防范利益冲突的建议，我想对我们律师与业务共同成长，一定很有意义。

朝阳区律师协会曾被我们媒体笑称为北上广之外的"中国第四大律师协会"，今天演讲的王清友会长，对此没有回应。他今天也没有说朝阳群众，而是说朝阳律师这个群体。他今天的发言告诉我们的是与群体共同成长的探索实践，看得出这是一位接地气的律协会长。因为他不仅仅注意到了我们律师群体这个主体，而且还注意到了为我们律师群体服务的行政力量，也就是我们律所的行政主管及其助理人员。这个群体，我们原来是否关注过呢？我想，无论过去是否关注，我们都要考虑到这个群体的存在，都要关心关注爱护这个群体。更重要的是，王清友会长还提到了关于我们律师本身这个群体如何进行规范管理与规则管理的问题。他认为行业协会一定要回归本质。本质就是服务与管理，如果没有服务只谈管理，行业协会一定没有未来，这个问题现在确实非常突出。所以，作为一位来自于我国最大的基层律师协会，也是最接地气的基层律师协会会长，王清友会长告诉我们的与群体共同成长的工作经验，很有借鉴参考价值。

最后一个出场的张青松律师，作为我国第一家专门从事刑辩业务的律所的创始人，今天他提出了三点建议，一是律师协会、法官协会和检察官协会以及法学会能否联动建立法律共同体的共同执业道德标准；二是不同职业群体的协会能否建立联合体以形成一种高效的处理法律争端的联络机制；三是律师协会能否推动几个协会联合起来建立法律职业共同体的共同培训体系。可以说，这三个建议都是围绕法律共同体的制度建设问题。关于法律共同体的制度建设，我们呼吁了十多年但到现在还只是一种理念,成为制度现实可能还需要大家更多的共同的努力。所以,张青松律师今天讲述的是我们与制度共同成长的呼吁和建言。在法律共同体的制度建设中,从律师中选任法官和检察官,这是制度建设的一个良好开端。作为刑事辩护律师,张青松律师显然更希望法律共同体能够早日成为制度现实,所以特别希望与制度建设共同成长。这对我们律师协会来讲,如何发挥行业协会作用,如何推进制度建设,同样非常关键。

以上十位律师的发言,都很精彩,都很有分量。每位发言人发言的关键词都告诉我们,今天的会议内容丰富,形式活跃。作为首次论坛的东道主,彭学军律师刚才在欢迎致辞中讲到了业态这个流行词汇,于是我想起了常态这个特殊的词汇。我们这个论坛的聚焦点与关键词,正好就是中国经济新常态。正如刚才李公田同志提到的,当下中国律师业一定要认真研究经济新常态。

我认为,中国律师业作为法律服务的生力军,如何实现中国经济新常态,将取决于以下的前提与条件。

一是上层表态。这个表态就来自今年6月中办和国办印发的《关于深化律师制度改革的意见》,有律师说这个意见没有价值,这是不对的。在我看来,这个意见很有价值,关键是如何落实。制度当然有价值,但是有价值还在于如何落实。在这个意见中,有四句话非常关键,请大家一定要记住,这就是高层也就是党中央国务院对律师制度与律师队伍的重要表态,也就是四个重要的表述。具体内容是:律师制度是中国特色社会主义司法制度的重要组成部分,是国家法治文明进步的重要标志。律师队伍是落实依法治国基本方略、建设社会主义法治国家的重要力量,是社会主义法治工作队伍的重要组成部分。

同时,中央还对律师的作用做了如下评价:党的十八大以来,我国律师事业不断发展,律师工作取得显著成绩,为服务经济社会发展、保障人民群众合法权益、维护社会公平正义、推进社会主义民主法治建设发挥了重要作用。

这四个"重要"的表述,就是中央文件给我们中国律师业在未来一段时间之内最关键的政治定位和制度定位。现在,上层的表态已经非常明确,我们如何作为就将非常关键了。

二是行业心态。对于行业作用的发挥,对于职业使命的担当,对于专业价值的体现,我们律师也应该抱有什么心态,需要大家认真思考。比如说当法律共同体的制度建设开始推出在律师当中选任法官检察官的时候,我们冷嘲热讽还是积极参与,我们消极观望还是积极推进。所以,对于诸如"一带一路"等国家发展战略,我们既要有一种平和的心态和理性的心态,更要有积极的心态与热切的心态。

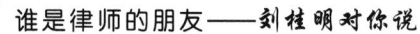

三是职业姿态。作为一个法律职业者，每一位律师一定要有一种开放的姿态、一种包容的姿态、一种团结的心态。因为我们一个律师的表现，其实就代表了一个行业，代表了一种职业。所以，每一位律师的表现，其实很重要。尽管你不是会长，尽管你没有当领导职务，尽管你知名度不高，但是你代表了中国律师。所以，每一位律师的职业姿态非常重要，这不仅关系到我们律师职业形象的内在素质与外在气质。

四是事业状态。我一直认为，我们律师应该拥有一种激情的状态。通过今天的论坛，我们都体会到，中国律师应该有一种向上的状态、向前的状态、向善的状态。所以，中国律师无论是做业务还是做公益，都要将律师职业当成一种事业。在中国经济新常态下，我们律师业应该有什么样的转变，需要大家共同研究与思考。

最后，我来回应一下彭学军律师提到的发展业态。在15年前的首届中国律师论坛上，我们就提出了中国律师业在新世纪应该追求的四个发展业态，那就是规范化、规模化、品牌化、专业化。15年过去了，这四个发展业态，依旧是我们中国律师业的追求目标。

现在，我宣布首届法律服务精英论坛正式闭幕，期待明年由汉坤律师事务所承办的第二届论坛！感谢大家的积极参与，感谢竞天公诚所为本次论坛所付出的辛劳与智慧！

中国诉讼论坛的深意是什么？

——"2015 中国诉讼论坛"闭幕式总结发言

（2015 年 11 月 8 日　山东泰安）

【导语】

2015 年 11 月 7 日至 8 日，由中外法制网副总编辑、北京善士律师事务所主任杨培国律师策划组织的"中国诉讼论坛暨 2015 大型高端公益诉讼法律峰会"在山东泰安隆重举行。

最后，由我做闭幕总结，以下即为我的总结全文内容。

各位嘉宾、各位朋友、各位律师：

为期两天的"2015 中国诉讼论坛"即将进入尾声了。按照会务总体安排，需要我来对论坛做一个总结。

毫无疑问，即将胜利闭幕的"中国诉讼论坛"是一个非常有创意、有寓意、有深意的论坛。这是一个真正意义上的民间论坛，也是一个完全由律师自发搭建的业务交流与思想碰撞的专业平台，更是一个将来完全有可能容纳所有法律人踊跃参与的合作平台。尤其值得一提的是，这个论坛首先是在泰山脚下开始的。对我们来说，泰山意味着什么，相信大家比我拥有更深入的思考。望泰山而大踏步，登泰山而小天下，两天来，大家围绕"程序正义、法律正义、社会责任"的论坛主题，对诉讼制度、诉讼程序、诉讼方式、诉讼规律、诉讼体系、诉讼法治等问题进行了充分而深入的讨论，尤其是对诉讼的本来含义与延伸意义进行了多视角多领域多专业的全新思考。

现在，就让我来将大家对有关诉讼的思考与研究，做一个简单的总结与梳理。"中国诉讼论坛"当然首先要讨论诉讼问题，那么，究竟什么是诉讼呢？或者说诉讼代表什么呢？众所周知，所谓诉讼，平常的理解就是指人民法院根据纠纷当事人的请求，运用审判权确认争议各方之间的权利义务关系，以解决各种纠纷的活动。用我们老百姓的说法就是"打官司"，也就是先由一方告诉、告发或控告，再由国家的权威机构也就是官府来解决控方与被告方的争议或纠纷的活动。据说在我国古代早有"诉讼"这个说法，但作为现代意义上的"诉讼"还是从日本的法律用语中转引而来的。

远的就不说了，就说说眼前我们讨论的"诉讼"吧。通过大家的讨论，我们看到，所谓"诉讼"，应该包括以下内容或者说代表以下十个方面的深意。

第一，诉讼是一种程序制度。不管诉讼有多少种含义，其中最主要的含义就是一种制度设计。当双方出现争议、发生纠纷时，法律就要为其设计一种程序、设置一个平台，让双方在这里表达主张、提出意见。因为各种争议与纠纷的不同，后来又分离出了刑事诉讼、民事诉讼、行政诉讼。简而言之，这种制度就是方便各方当事人来打官司，不管你是政府还是百姓，不论你是原告还是被告，无论你是代表控方还是作为辩方，都来自于这种制度设计。

第二，诉讼是一个争议过程。从争议的产生到结束，从纠纷的出现到解决，从官司的开始到终了，就是一个过程。这个过程，在法律上来讲就是诉讼。所以，又可以说，从立案到结案，就是诉讼。这个诉讼有可能是属于是否构成犯罪的刑事诉讼，也有可能是属于侵权还是违约的民事诉讼，还有可能是属于民告官的行政诉讼。有争议就有可能形成诉讼，有诉讼就是为了解决争议。

第三，诉讼是一种特定状态。毫无疑问，从形态上来说，诉讼就是一种未定状态。这种未定状态，对于争议双方的法律关系来讲，就是一种特定状态。这种特定状态表明双方的权利义务关系，有可能是因为公权力的干预与私权利的救济之间出了问题，也有可能是属于平等主体之间的给付、确认和变更关系发生了争议，还有可能是源于行政机关的具体行政行为是否合法。所以，比如说在承担民事损害赔偿责任的方式上既有停止侵害、排除妨碍、消除危险等这样的主张，也有返还财产、恢复原状、消除影响、恢复名誉等类似的诉求，还有诸如赔礼道歉这样的裁决。如此要求或裁决，就是为了恢复或修复原有的状态，也就是回到原来的状态，而不是未定状态。

第四，诉讼是一种专门学问。从上面我的描述来看，诉讼既是一种程序设计，也是一种争议事实。那么，如何参加诉讼、如何解决争议，就需要专门学问。这种专门学问，只有法律职业人士才能掌握。作为当事人，一般来讲，无法了解诉讼的专业知识，也无法掌握诉讼的专业本领，所以就需要依赖并聘请法律专业人士代表其参加诉讼。这样的法律专业人士就是律师，就是能够代表当事人主张权利、搜集证据的执业律师。同样，诉讼的完成还需要其他法律职业人士如法官、检察官的共同努力。这种专门学问就是如何打官司、如何审案子、如何起诉指控的学问。对律师来说，这种专门学问就是如何找到程序上的有利、如何发现证据上的有效。

第五，诉讼是一种专业关系。所谓专业关系，就是一种法律关系，就是一种法律上的权利义务关系。无论是法官、检察官、律师之间的法律职业共同体关系还是法官、检察官、律师与当事人之间的诉讼参与人关系，都是一种法律制度上的权利义务关系。对法官检察官与律师来说，在以审判为中心的体制背景下就是一种等边三角形的关系。对律师与当事人来说，就是一种或指定或委托的关系。在民事诉讼中，原告与被告在法律上处于平等的地位，而法官居中作为仲裁者解决双方的争议和冲突。同时，在民事案件中，各国大都有将独立利益的其他人列为诉讼的第三人的情况。这时，实际的争议者就不限于原告与被告双方了。在中国的刑事诉讼中也有类似的情况，那就是被害人。被害人也是诉讼当事人，他与检察机关各自站在不同的立场同时充当控诉者。可见，这种专业关系既复杂又简单，既有主动也有被动，既有专业人士也有非专业人士。

第六，诉讼是一种法律服务。所谓法律服务，主要是指律师为当事人提供法律服务。在刑事案件中，律师有可能是被害人的代理人，也有可能是被告人的辩护人；在民事案件与行政案件中，律师可以为任何一方当事人提供法律服务。如果是民事诉讼，根据法律规定，由民事诉讼当事人授权委托或经人民法院特别指定，由律师以当事人名义，代理一方当事人进行诉讼。这在法律上用专业语言说就是诉讼代理制度，平常一般都称其为法律服务。律师进行诉讼行为和接受诉讼行为的权限，就是法律上的诉讼代理权。只有享有诉讼代理权为当事人代理诉讼的人，才能叫作诉讼代理人，才能说是为当事人提供法律服务。

第七，诉讼是一种专业活动。从上面两种概括来看，无论是专业关系还是法律服务，体现的都是一种专业活动。比如在刑事案件中，这种专业首先来自于侦查机关对事实与证据的搜集发现，然后来自于检察机关的审查起诉与开庭支持公诉，还来自于辩护人的会见、阅卷、调查取证及辩护，最后则表现在审判机关对双方主张的判断与审核、对争议焦点的归纳与梳理、对证据事实的推理与采信。所有这一切，表现的都是一种判断事实、审查证据、适用法律的专业活动。这种专业活动，就是如何启动程序、按照程序、运用程序的专业诉讼过程。

第八，诉讼是一种表达方式。诉讼的过程是一个包括提起诉讼、法院的审理和裁决执行等的进程。对这一过程的推进，主要是通过调查与辩论，对事实问题与法律问题的争议、对抗、妥协与裁决等多种法定的动态流程来实现的。在民事案件中，一方面可能是出现了民事法律关系发生、变更或消灭的事实，另一方面可能是其权利受到了侵害或法律关系遭到破坏。于是，权利受到侵害者，就需要找到一个平台，表达自己的主张。同样，被起诉的一方也就是被告，也要反驳对方的主张。这样，双方的表达，既有程序意义上的诉求，也有实体意义上的要求。其实，这里说的表达，既有开庭意义上的表达，也有庭外的表达。比如说环境公益诉讼或有关行政诉讼，对当事人来说，无论是胜诉还是败诉，不论是裁决结案还是调解结案，实际上就是一种表达意义。所以，类似的案件可能结果并不重要，通过诉讼体现的表达意义可能更重要。

第九，诉讼是一种语言艺术。如果要用一句文学语言来描述律师的法律服务作用，可以考虑这么说，律师是一种受命于危难忧烦之际，效力于是非曲直之间的职业。通过自己的专业努力，律师变复杂为简单，变被动为主动，化腐朽为神奇，挽狂澜于既倒。其实，律师的语言艺术既表现在辩护词代理词中，更表现在开庭的问答与抗议上。同样，检察官作为公诉人的语言艺术与律师应有异曲同工之妙。如此而来，才能碰出火花，才能旗鼓相当。对于法官来说，其语言艺术不在于说多少，而是什么时候说，什么时候多说，什么时候少说，什么时候不说。当然，更体现在其判决书的写作与推理过程中。总之，对法律人来说，诉讼不仅仅是一种专业技术，更是一种语言艺术。

第十，诉讼是一个普法讲堂。正如刚才中国法律援助基金会项目部副主任杨彦萍女士补充道，诉讼还是一个普法讲堂。确实如此，有一年我到外地一个学校做了一次普法讲座，主题就是十个"诉"的意义，也就是告诉、起诉、上诉、反诉、自诉、公诉、抗诉、胜诉、败诉、申诉。我们法律人知道，其中每个"诉"都有其丰富的内容。今天本来我的总结是九点，加上刚才杨主任补充的一点就是十点了，这样一来就显得本次论坛的十全十美了。如果这两天讨论最多的就是程序正义与法律正义，那么今天又重点讨论了社会责任。所有这几个问题，正好是本次论坛的主题。在我看来，只有通晓程序正义与法律正义并具有社会责任的法律人，才是十全十美的法律人。作为法律人，我们通过诉讼这个讲堂，让当事人乃至社会各界逐渐知道，诉讼的功能是什么，诉讼的目的是什么，诉讼的价值是什么，如何参与诉讼，如何解决诉讼，如何化解诉讼，什么是权利与义务，什么是侵权与违约，什么是民主与法制，什么是过错与责任，什么是违法与犯罪，什么是犯罪与刑罚，什么是犯罪构成要件，什么是因果法律关系，什么是法无明文规定不为罪，什么是法无授权不可为，什么是法定职责必须为，什么是疑罪从无，什么是无罪推定，什么是程序正义。由此可见，诉讼确实是一个十全十美的普法讲堂。

各位嘉宾，各位律师，所谓诉讼，既是一种国家意志力的表现，也是一种公民意志力的表达。其功能不仅仅是在于对过去发生的历史事实的发现与复原，更重要还在于是对过去相互法律关系的恢复或修复。一方面，它是一种"公力救济"，另一方面它又是一种"私力救济"。在这个意义上，诉讼就是程序，诉讼正义就是程序正义，就是法律正义。

几千年前，孟子说："孔子登东山而小鲁，登泰山而小天下"。我们每一个人，站得越高，视野就越开阔。今天，"中国诉讼论坛"第一次来到了泰山，第一次站到了泰山顶上。随着视野的转换与视线的宽广，来到泰山的各位对人生也一定有了新的领悟。我们今天站在泰山顶上看万物、看诉讼、看人类纷争、看人间纷扰，好像有了新的领悟与体会。这个体会就是，在所有法律人之间，合作应该重于对抗，合作可以大于对抗，合作必须强于对抗。所以，诉讼不是你死我活，而是平等对抗；诉讼不是你高我低，而是同等表达；诉讼不是你输我赢，而是对等合作。

习大大说，让人民群众在每一个司法案件中都感受到公平正义。也就是说，在每一个诉讼中，要让人民群众感受到什么是程序正义，什么是法律正义，什么是社会责任。

感谢本次论坛的创意与策划！感谢各位律师的参与和奉献！感谢泰山给了我们更有高度与广度的思考领悟！

法定的"三角形"诉讼架构何时能够真正实现？

——"转型中的中国刑事诉讼构造座谈会"总结发言

（2015年8月22日　北京）

【导语】

2015年8月22日，大成刑事部和大成刑事业务专业委员会第八次高峰论坛在北京大成律师事务所隆重召开。本次论坛的主题是"转型中的中国刑事诉讼构造——以审判为中心视野下的侦控辩审关系研讨会"，由中国政法大学、北京大成律师事务所、《中国律师》杂志社联合主办。如下文字即为我的总结发言。

各位法官、各位检察官、各位律师、各位学者：

大家好！在会议即将闭幕的时候，我受主办方邀请来对一天的会议做一个总结。

首先，我要告诉大家：今天这个研讨座谈活动，可以说是在一个合适的时间、合适的地点，并选择了一个合适的主题召开的一次合适的会议。

所谓合适的时间，是因为本次活动正好在全国律师工作会议结束之后召开。说实话，此前恐怕谁也没有想到这两个时间怎么契合得这么好，因为全国律师工作会议昨天下午刚刚在北京结束；而合适的地点，是因为本次会议召开的地方在大成所，在芳草地，在东大桥。对大成所来说，我们所追求的就是法律之大成、管理之大成、法治之大成。芳草地，说明今天每个人所讨论的、抱怨的、希望的乃至交流的，都是为了希望通过我们的努力而出现一片法治的芳草地。至于东大桥，是因为今天我们看到在东大桥是一片难得而美好的蓝天。据说，"阅兵蓝"已经出现了，我们希望不仅仅有"阅兵蓝"，更希望有"法治蓝"。最后，我们看到，今天讨论的主题是一个最合适的主题，那就是以审判为中心。就像刚才樊崇义老师讲到的一样，最近我们一起参加了好几个主题都是以审判为中心的会议。由此可见，以审判为中心，已经成了一个共识，也成了我们法律人的共同希望。所有法律人都希望以审判为中心不仅能够成为我们的共识，更希望变成我们工作中的常态。

对于今天全天的活动，我在接受主办单位的委托之后，在认真聆听大家的演讲与阅读论文之后，我就用三个关键词表达一下全天会议的收获与感受。第一是视角，第二是三角，第三是广角。

第一个关键词：视角。

所谓视角，是指今天参会的嘉宾，无论是来自法院还是检察员，无论是学者还是律师，无论是从公安还是从政法委的工作出发，都是不同的视角，也就是不同的角度，不同的高度，发表了不同的观点，介绍了各自的工作及研究成果，安排得非常完整，也非常全面，无论是人还是题，都安排得很好。

他们做了什么事情，还将做什么探索，都从不同的视角告诉大家了。我们已做的，我们所做的，我们要做的，所有这些事，就像刚才朱处长介绍的一样，为了实现以审判为中心。公安部正在做什么，即将做什么，一目了然，一应俱全。过去我们经常批评屁股决定脑袋，实际上这是一个真理。任何人坐在这个位置上，你就得为这个位置说话。如果朱处长一直讲律师的事，有可能就到律师协会工作了，他现在在公安部当然就只能讲公安部的话。同样，戴长林庭长在最高法院工作，他就只能讲关于法官的工作。大家各说各的话，各说各的理，屁股决定脑袋，今天我们所讨论的题目就是以审判为中心，也就是希望各个部门对于刑事诉讼的构造，要从不同的视角、不同的程序、不同的职责，进行阐述与分析。

就像我今天主持的那个阶段一样，有控方的，也有辩方的，控方就说控方的话，辩方就说辩方的理。因为相比之下，辩方有很多的困惑和麻烦。全国律师工作会议为什么要开，就是因为有关辩方的法定职能没有保护好、没有履行好、没有贯彻好。如何落实刑事诉讼法和律师法乃至其他法律所给予律师的功能和职能？就需要各个部门尤其是公检法三家拿出具体办法，做出实际行动，也就是既要从不同视角各说各话，更要从不同视角各负其责。

第二个关键词：三角。

无论是今天全天所讨论的还是我们以往所追求的与所希望的乃至所研究的，其实就是为了能够真正形成一个客观、理性、合理状态下的三角关系，也就是以审判为中心背景下的等边三角形。

在这个等边三角形中，最上面的一角就是审判。但是，这个中心不是一个人能够完成的。所谓中心，不是以法院为中心，不是以法官为中心，而是以庭审为中心，以证据为中心。当然，有了中心还不够。所以，这个中心还必须有其他力量的支撑，也就是必须还有控辩双方的支撑，才能真正形成一个等边三角形，才能真正形成一个以审判为中心的三角形架构诉讼体制。

在今天全天的发言与评论中，所有嘉宾都强调了这种诉讼构造的理论基础与实际需要。在这个等边三角形中，谁是中心，谁是主角，谁是配角，谁是主体，谁是主人，谁是核心，这都是转型中的刑事诉讼构造所面对的问题。这个三角形，既有法理的基础，也有法律的规定。其中存在三种关系：一是主次关系，在控辩审之间要明确究竟谁是中心；二是对等关系，也就是要明确控辩之间的对等关系；三是相互关系，控辩审之间既是一种三角关系，也是三种相互关系，也就是相互监督、支持、配合的关系。于是，控辩审之间的三角形关系形成了，控辩审之间的三角架构就真正建成了。

第三个关键词：广角。

通过视角，我们听到了不同的声音，交流了不同的观点；通过三角，我们看到了实务中存在的非常态关系，明确了转型中的诉讼构造。

在我看来，强调视角，是因为相互之间存在的实体关系；强调三角，更多的是因为相互之间存在的程序关系。我们研究实体和程序问题的最重要目的是什么呢？就像常铮律师刚才在发言中所讲到的那样，不管是应然状态还是实然状态，最终还是为了形成一个合理的状态。所谓合理的状态，就是既要考虑到司法的现状，也要考虑到中国的国情，也就是要从广角去面对问题、考虑问题、解决问题。

我个人认为，所谓广角，就是要有广阔的视野、宽阔的胸怀、长远的眼光、高远的境界。这个广角怎么形成呢？我觉得起码应该考虑以下四个方面的因素。

一是程序控制的意义。今天讨论的无论是侦辩关系还是控辩关系乃至审辩关系，都是具有程序控制意义的相互关系。所谓程序控制的意义，就是要解决一个先后关系，公检法三者到底是一种什么关系，无论是在起诉、审判、定案、辩护等程序阶段还是以送饭、吃饭、做饭、要饭等形容的诉讼程序，实际上都是一个先后的关系。这个先后的关系就是一个相互的关系，更重要是一种监督和制约的关系，也就是程序控制的意义。

今天每位嘉宾都强调了这个意义，都讲到了程序意义上的如何控制，要控制什么？控制你，控制我，这就是相互监督、相互制约。大成所的徐平律师从三个不同的角度分析了检法关系、诉辩关系、侦辩关系，这都是为了强调相互之间是一种相互制约的关系。刚才来自检察系统的徐处长等嘉宾讲到了以证据为中心、以庭审为中心，这都是为了说明如何解决程序控制的实际意义。

二是权利保障的意义。今天所有的发言都关注到了一个问题，那就是权利保障。只有律师的权利保障实现了，才能真正形成以审判为中心的诉讼体制，才能真正形成转型中新型的刑事诉讼构造。

这次刚刚结束的全国律师工作会议，其实强调了很多重大问题。我个人认为，尤其是特别强调了我国律师工作的七个问题，也就是七件大事：有律师的制度定位、现实地位、职责功能、作用发挥、权利保障、职业保障、行业管理等。其中最重要的是权利保障，如果权利保障能够实现，就像樊崇义老师举到的例子一样，控辩之间尽管在权力配置上并不平等，但在诉讼程序中就是平等的。可见，这个平等就是要建立在保护律师权利的基础上，也就是要保护辩方的权利。因为如果律师的权利和被告人的权利得不到实际保障，就无所谓控辩之间的平等武装。所以，如果刚才说到的程序控制还有一种先后次序的监督关系，那么在权利保障上就是一种没有高低的平等关系。因为有先有后，是为了控辩审之间的相互制约、相互监督的关系。而没有高低之分，则是为了强调控辩审之间的相互平等关系。

三是规律遵循的意义。我们今天为什么研究审判中心，为什么要强调审判中心，为什么要提倡审判中心，甚至可以说我们为什么要研究新的诉讼构造，就是为了找到一种本身存在的规律。什么规律呢？那就是诉讼规律、司法规律、法治规律。我想，其中某些不同的规律，我们有没有可能进行移植？

因为事物都有不同的规律，比如游涛法官讲到的少年司法情况。在少年法庭的审判程序当中，可以说是一片和气，绝对看不到死磕，也看不到法官看不起律师，看不到律师不尊重法官，相互之间关系非常融洽。因为大家需要解决的都是为了一切孩子，为了孩子的一切，一切为了孩子。不仅仅是通过审判程序，所有程序都是为了帮助他、挽救他、教育他。在少年司法程序中，我们的审判中心对于任何一个少年犯，不是为了把他推向对立面，也不是为了把他推向牢房里面，而是为了把他拉到这边来，拉到我们身边。在我们采取的圆桌审判中，控辩审三者之间的程序不同、方法不同，但目的一致、目标一致。这就是我们通过少年司法审判找到的一个规律，一个本身就存在的规律。所以，所谓规律，就是一种内外关系，就是一种内在的规律。而审判为中心就是一种内在的规律，为什么现在要强调呢？是因为实际上我们都没有做到。这时我们才知道，强调以审判为中心，实际上是一种规律的回归，也就是审判中心规律的回归，内外关系的规律的回归。

我今天很高兴地看到与听到，每个人的发言都提到了规律的问题。庭审实质化也好，证据中心主义也罢，其实都是一种规律。既然是规律，我们就应该遵循它。这就说明，我们本身就需要这么做，就应该这么做。

四是制度转型的意义。在今天的活动中，我们讨论的主题是"转型中的中国刑事诉讼构造"，这个转型就是制度转型。那么，制度转型是什么？那就是司法改革，就是一种新旧关系的改革与变革。

如果我刚才说到的第一个因素程序控制是为了解决先后关系，那么第二个因素权利保障就是为了解决高低关系，第三个因素规律遵循则是为了解决内外关系，而第四个因素制度转型就是为了解决新旧关系。我们这次司法改革强调的以审判为中心，就是一种与时俱进的制度转型，就是为了改革中的新旧关系，就是要改革那些旧的东西、旧的体制乃至旧的思维与方式，从而真正重建一种新的诉讼体制。

如此看来，我们今天讨论的东西，最重要的就是第三点，也就是我们要有一种广阔的视野和宽阔的胸怀。在这样一个背景下，建立一种能够符合法治中国，有助于实现依法治国前景与目标的诉讼体制、司法体制。只有这样，我们才能说让人民群众在每一个司法案件中感受到公平正义。如果审判中心实现不了，律师的权利保障实现不了，大家就无法感受到公正正义，人民就无法感受到公平正义。

无论是今天我们所参与讨论的控辩审三个角度还是我刚才在总结中所提到的控辩审相互之间的三角关系，都与此时此刻开会的地方密切相关。大成所写字楼叫芳草地，而芳草地的外观设计就是三角形的标志。所以，今天我们在这个地方开会讨论交流，更加希望和倡导建立一个理性的、客观的、平等的、具有广阔的视野与宽阔的胸怀的三角形刑事诉讼构造。

综上所述，我对今天每一位嘉宾的发言与评论，无法一一列举与提到，我希望就用这三个"角"的关键词、三个关键词的三个"角"，对各位发言人与点评人的精彩观点进行总结与归纳。

我相信，这三个"角"一定是我们全体法律人未来追求的方向。

法律职业伦理需要年年讲、月月讲、天天讲

——"2013 中国法律职业伦理国际学术研讨会"总结发言

（2013 年 3 月 17 日　北京）

【导语】

2013 年 3 月 16 日至 17 日，由中国政法大学法学院法律职业伦理教研室和美国律师协会主办的"回应变革呼声：中国法律职业伦理"国际学术研讨会暨法律职业伦理师资培训在中国政法大学昌平校区国际交流中心召开。来自内地、香港的专家学者以及对法律职业伦理问题感兴趣的律师、法官和检察官参会。此次会议内容充实丰富、主题鲜明、研讨深入，这是国内以法律职业伦理为主题的首次国际学术研讨会，为法律职业伦理学科发展和教学提升提供了重要契机。如下文字即为我的总结发言。

各位专家、各位朋友：

谢谢大家！谢谢许身健教授把最后讲话进行会议总结这么好的机会安排给了我！

刚才我为什么主张美国律协的李重伟先生在我之前先讲呢？主要是出于以下三个方面的原因：第一，李重伟先生这两天都在会上，所以他有在场权，有在场权也就有发言权。第二，和李重伟先生相比，他是内行，我是外行。一般来说，外行人是最后讲话的，内行人都是在前面讲话的，因为内行人要讲专业的话。第三，大家可能更愿意从我们两个人的年龄差距中互相比较一下长短。比方说李重伟先生很年轻、帅气，所以大家比较喜欢听年轻人讲话，不愿意听老同志讲话。更重要的是，他来自美国，见多识广。好在老同志也有个优势，比较稳重、有较强的信用性。而年轻人说话偶尔会犯一些"嘴上无毛办事不牢"的毛病，不过这个问题在李重伟先生身上实际上不存在。刚才他的总结很有高度，给我们留下了深刻印象。

今天是一个很有意思的日子，各位看到了吗？今天是两个会议闭幕的日子。我们中国有"两会"，我们今天也有两会。今天，全国人大会议闭幕了，我们这里是"2013法律职业伦理国际学术研讨会"结束。这两个会看起来好像没有什么可比性，但我觉得这两者之间其实有一些可比性。

相比于人民大会堂的金碧辉煌，我们这个地方显得好像略微寒酸了些。但是，大家都知道，一般在小地方开的会，才能决定大地方的事；相较于全国人大会议三千人的规模来讲，我们这里的会议规模显得好像小了一些。但是，在我们中国，往往是少数人能够决定多数人的事。所以，我们今天的会议，也是能够决定多数人的一个会议。因为它是涉及律师乃至所有法律人的事情；同样，相比人民大会堂结束的那个会议只有少数人成为主角来讲，我们这个会议每个人都是主角。无论是发言的讲课的，还是提问的，或者说从始至终一句话也没讲的，我相信，我也看到了，在座的各位都是本次国际学术研讨会的主角。所以，我觉得这个会议，无论从哪个角度讲，都是一次非常重要的会议。

现在，我就借这个机会，谈谈我学习法律职业伦理一系列实践问题和理论问题的体会。通过阅读本次研讨会的论文和参加今天下午的会议研讨，我感觉无论是学习还是思考都很有收获，因为刚才两位外国专家，他们讲述的关于美国法律职业伦理的问题，让我收获很大。更重要的是他们教学的方式，让我有新的思考、新的启发。我们都在讲法律职业伦理，也知道法律职业伦理的教学是一个很重要的环节。如何让更多的人了解法律职业伦理，如何让更多的人接受法律职业伦理，更重要的是如何让更多的人信守法律职业伦理，本次会议国外专家展示的这种教学方式非常重要。今天下午，两位外国专家和来自法大的刘晓兵教授，可以说是中外结合、土洋结合，我觉得这种方式非常好。所以，如果说前面一天半都是亮点的话，那么今天下午的安排是最大的亮点。

关于法律职业伦理，我一直在思考，到底什么是法律职业伦理？我们为什么要讲法律职业伦理？我们如何面对法律职业伦理？或者说我们如何信守法律职业伦理？这个对我们教学、研究乃至身处法律实践一线的法律人来讲，都是一个重要的问题。本次研讨会的召开，正好回应了这种社会关切。我个人既没有研究，也未从事教学，更不在一线，所以说我是一个真正意义上的外行。但是，大家都知道，内行看门道，外行看热闹，通过阅读本次会议的论文和通过两天的议程安排，尤其两位外国专家和晓兵教授的发言，以及刚才各位的提问与讨论，我作为一个外行也略微看出了一点点门道。接下来，我就向各位汇报一下我参加本次会议的收获。

第一，什么是法律职业伦理？

我想用三个成语来概括什么是法律职业伦理，也就是我看出的第一个门道。

第一个成语是"约定俗成"。我认为，所谓法律职业伦理，就是一种约定俗成的共识。刚才刘晓兵教授也讲了关于保守职业秘密的问题。在我国第一部律师法中没写进去，各地律师协会在规定如何保守律师职业秘密的时候，对它的表述方式和划分种类也不一样。但是，我同样要说明，我们法律职业伦理尽管规定不一样，规定的层次、时间、种类都不一样，但是它最终还是有一些大致相同、约定俗成的东西。这种约定俗成的东西，就是一种共识。这种共识，有时不一定能形成条文，因为条文很多时候难以概括和详尽法律职业伦理的内涵。但是，作为一种共识，我觉得我们法官、检察官、律师乃至所有的法律人，应该能够明白。他们之所以称为法律职业共同体，就是因为相互之间有共识。作为律师来讲，也是这样，无论中国律师还是美国律师，也有共识，而这种共识，就是法律职业伦理。所以，在我个人看来，法律职业伦理，就是一种约定俗成的共识。

第二个成语是"显而易见"。我认为法律职业伦理是一种法律人之间显而易见的默契。因为法律职业伦理摆在那里，我们有时候不一定要看条文，但都知道必须遵守。比如律师保守秘密就是一种默契。这种默契告诉我们，如果说法律是一种天理，道德是一种道理的话，那么伦理就是一种处于天理和道理之间的默契。这种默契，作为法律人来讲，我们都非常明白，非常清楚。作为法律职业人，要保守秘密是一个问题，同样要谨慎评论也是一个问题。我看到会议材料中有一篇论文，特意提到了2008年当时最高法院一位副院长对许霆案件的评价。因为当时许霆案已经一审宣判了，社会各界认为判得太重。但是，作为法官尤其是作为最高法院的二级大法官，能不能对这个案子发表看法，尤其在二审判决没有做出之前进行评判，就是一个问题。很显然，从我们法律人的默契来说，这个时候就不能去评判。我觉得这位二级大法官最好的表述应该是，"因为这个案件二审判决还没有形成，最后判决还没有做出，我作为大法官不能随意评价"。这就是一种显而易见的默契。作为律师来讲，像刚才晓兵教授提到的那几个例子，同样也是这样的问题。比如说，作为律师能否告知你的当事人，你的妻子曾经如何如何。这个里面涉及好多问题，既有天理的问题，也有道理的问题，但最终对于我们法律人自身来讲，还是一个伦理的问题。

第三个成语是"行之有效"。我认为法律职业伦理是一种行之有效的权威。无论是约定俗成，还是显而易见，法律职业伦理的最终目标还是要求，它的权威性能够看得见、摸得着，最重要的是行得通。所谓行得通，就是能够得到所有法律人的遵守，所有法律人都知晓其权威性何在。比如说，作为律师，我们如何保守秘密，如何维护当事人的合法权益，如何维护并实现当事人利益的最大化。相信我们在座的研究者和我们的律师从业者，都应该能够想到法律职业伦理对我们和其他同行的影响和权威。所以，对我们法律人来讲，法律职业伦理是一个应该年年讲、月月讲、天天讲的天理和道理。

第二，为什么需要法律职业伦理？

各位都做出了非常深入和有效的探索，这些探索，无论是从价值观还是法治精神上讲，都是非常有意义的。我个人认为，为什么要讲法律职业伦理，主要是出于以下三个方面的需要。

第一是法律职业伦理体现了一种法治精神。我现在所供职的这个刊物叫《民主与法制》，不少读者提出来，希望我们这个刊物修改一下刊名，认为"法制"应该改为"法治"。后来，经过认真思考，我告诉他们，这是一段历史，也是一个见证，没有必要改名。过去我们讲"法制"，现在讲"法治"，这就是依法治国的进程。所以说，"法制"是一个过去，也是中国推进依法治国的一个进程。我们讲法律职业伦理，也就是讲法治精神。所谓法治精神，就是法治思维、法治理念、法治信仰。简而言之，就是讲规则制约、讲程序救济、讲权利保障、讲证据意识。那么，法治精神如何来体现？我们强调法律职业伦理就是法治精神的最好体现。

第二是法律职业伦理体现了一种道德价值。为什么说是体现一种道德价值？如果说我们通常讲的道德是一种思想层面的话，那么法律职业伦理就是一种价值层面。这种道德价值，不仅仅是指一个人的道德追求，也不仅仅是指一个律师的道德要求。所以，我们要体现法律职业人的道德价值，体现法律职业共同体的道德价值，我们就需要认真研究、深入探讨法律职业伦理，最后共同信守法律职业伦理。

第三是法律职业伦理体现了一种职业形象。我们法律职业共同体之所以要讲法律职业伦理，是因为我们是标准的法律职业人。事实上，每一个法律人的形象就决定了一个职业、一个行业、一个系统的整体形象。所以，作为法律职业人的形象，除了个人形象还有整体形象，除了外在形象还有内在形象，除了职业形象还有行业形象，严格践行与信守法律职业伦理，就是法律人职业形象的最好体现。

第三，我们如何面对和信守法律职业伦理？

刘晓兵教授刚才提到的六点，其实已经告诉我们，作为一个律师，作为一个法律人，我们如何面对和信守法律职业伦理。这六点非常好，我认为很有参考价值。为此，我自己也总结了三点，也就是关于法律职业伦理的三个代价。

第一个代价是知晓秘密的代价。作为一个律师，就像作为一个医生，作为一个牧师一样，自然会通过自己的职业优势，掌握很多人的秘密。其实，我们每个人都有几大天性，第一是惰性，第二是贪性，第三是忘性，第四就是刚才晓兵教授提到的好奇心，实际上就是窥性。人的四大天性里面，最无法形容的就是窥性。有的人利用优势掌握了别人的秘密，有的人没有条件但他窥探别人的秘密。所以，在市井社会，有人掌握了别人的秘密，都会把它作为一个自己的优势。其实，中国人很多时候都想了解别人的秘密，比如说某某官场上的问题，某某家庭上的问题，某某情感上的秘密。但是，知晓别人的秘密，是一种很好玩也很可怕的事情。而我们律师就处于这种可怕又危险的境地。这种可怕，有时候可能会让自己丢失饭碗，甚至身陷囹圄。

对于律师来讲，如何把握知晓秘密的尺度，是一个很重要的问题。秘密有好的秘密，也有不好的秘密。比如说西方有个故事，说是西方国家有个长老，礼拜天出去打高尔夫，被上帝发现了，上帝就给他施展魔法，让他打高尔夫杆杆进洞，长老非常高兴，就想我今天怎么如此神奇。但是他知道他不能说，因为他一说就会让别人知道他违反礼拜天不礼拜的规则。所以，他很痛苦，想说又不能说，这是好的秘密。当我们律师掌握别人尤其是自己的当事人的不好的秘密的时候，也存在这么一个问题。换句话说，当我们律师知晓这些秘密的时候，必须让自己成为一个自言自语的人。不能泄密，必须保密。这是我的第一个建议：自言自语。

第二个代价是做出决定的代价。比如说在一个刑事案件当中，你的当事人跟你说现在有各种各样的证据和事实，跟我当时的陈述不一样，我在法庭上是翻供还是不翻供？这个时候的当事人就给律师出了一个非常大的难题，作为律师到底应该给他做出什么样的决定？如果你建议他翻供，如果成功了，当然没错。但是，如果没成功，律师就可能面临灭顶之灾。这时侦查机关就要问当事人，你为什么要翻供？是谁给了你翻供的力量和自信？是谁教唆指导的。如果当事人把你供出来了，说是你出的主意。那么，你就基本死定了。所以，律师在执业过程中，除了要熟悉法律条文，还要知道我们的职业规则。而这个职业规则，就是让你知道，此时此刻你该做什么，不该做什么。我刚才讲了，知晓秘密的代价就是让自己成为一个自言自语的人。现在，我们要知道，为当事人做出决定就是如何不让自己成为一个自作自受的人。这个时候，律师最好的办法就是画一张地图，列出各种可能性。告诉你的当事人，如果你要翻供将面临什么情况，如果你不翻供将面临什么情况。现有如下证据、路线、方法由你自己选择，我的职业规则告诉我，我不能替你做出这个决定。但是，当你做出决定之后，我会努力帮你实现你的利益最大化。

第三个代价是发表评论的代价。如果说，做出决定只是针对具体的个案或在接受了具体的当事人委托或指定后面临这样的情况，那么，发表评论则是一种经常发生的事情。律师有时需要对公共事件或热点案件发表评论，但必须做到谨慎评论。当你真的做出评论之后，你就应该知道你做出评论的代价，你一定要能够自圆其说。今天你对可口可乐法律纠纷发表看法，第二天请你就百事可乐法律事务发表看法，这个时候你怎么办？两家是竞争对手，当你发现了可口可乐或百事可乐的有利之处，你怎么办？你怎么说？这就像过去邓析"操两可之说，设无穷之变"，因而被人诟病。作为法律人，不应该成为"两可之说"的受益者。所以，我认为律师发表评论时，一定要做到能够自圆其说。无论是评论谁还是何时评论，都是考验我们如何面对和信守法律职业伦理。

刚才晓兵教授讲到了一个类似的故事，其实在我们的生活中还会碰到很多如此这般的故事。所以，刚才大家提出了很多问题，律师是否已经接受了委托？律师知道的这个秘密跟自己的当事人有关系吗？这个秘密究竟来自于哪里呢？其实，在我们人生中会面临很多秘密，比如你的朋友身患绝症，你是告诉他还是不告诉他呢？我们都知道一片树叶的故事，其实它就是一个美丽的谎言。所以，有些谎言应该揭破，有些谎言未必需要揭破。刚才晓兵讲到的那个案子，他们两口子生活甜美，一家祥和，完全没有必要再揭开这个秘密。因为在他们的人生道路上，家庭和睦比什么都美好。对于我们律师来讲，我们遵守法律规则，信守法律职业伦理，同样也是比什么都好。

如此看来，自言自语、自作自受、自圆其说这三个成语，让我们对法律职业伦理有了更深刻的认识。换言之，律师在知晓与自己当事人有关的秘密之后如何做到自言自语，在为自己的当事人做出决定的重大时刻如何意识到自作自受是一种什么感受，在对立法司法与热点案件发表评论时如何做到自圆其说，既是一种职业修炼，更是一种职业伦理。

各位专家，两天的会议即将结束了。尽管我没有全程参加会议，但我知道，每个人的论文、每个人的发言、每个人的提问，都是本次研讨会成功的重要组成部分。

我认为，每一位与会者，无论是老师还是学生，无论是领导还是学者，无论是中国人还是外国人，都是本次研讨会的主角。

最后，我以新任总理李克强先生的一句话作为会议总结的结尾。今天上午，李克强总理讲到的一句话完全可以和我们本次研讨会的主题结合起来。李克强总理今天讲到的九个字，我觉得就像我们本次研讨会讨论的主题——法律职业伦理一样，要深刻理解、共同信守。这九个字就是"行大道，民为本，利天下"，对我们法律人来说，这是一种职业伦理，更是一种职业责任，这是一种道义担当，这是一种时代要求。

好的，我的总结汇报就到这里。谢谢中国政法大学！谢谢许身健教授的邀请与安排！谢谢各位！

为什么受伤的总是我？

——第六届全国"法律方法与法律思维"专题学术研讨会总结发言

(2010年9月18日　广州)

【导语】

2010年9月18日，由广东省法官协会、广东省律师协会、华南理工大学法学院主办，广东省律师协会继续教育工作委员会、广东省律师协会宪法与人权法律专业委员会协办，华南理工大学广东地方法制研究中心承办的"法律职业伦理：法官与律师之间"——第六届全国"法律方法与法律思维"专题学术研讨会在广东法官学院顺利举行。吕廷秀副书记代表华南理工大学，谭玲副院长代表广东省高级人民法院，杨日华副厅长代表广东省司法厅出席了会议开幕式并致辞。

会议研讨分为四个单元进行，分别是："法律人的职业伦理及其面临的挑战""法官与律师之间：律师视角""法官与律师之间：法官视角""法官与律师之间：制度及其反思"。本次会议是"法律方法与法律思维"系列研讨会中参加人数最多、论文数量最多、实务界朋友参与度最高的一次会议；议题广泛受到新闻界朋友关注的一次会议。按照葛洪义院长的安排，我在会议闭幕式上做了如下总结。

各位老师、各位专家、各位法官、各位律师：

大家好！

首先感谢葛洪义院长给了我一个这么好的学习机会！这次会议在一个好地方，在改革开放的前沿地带召开，所以，我觉得这次会议是在一个非常合适的地方选择了一个非常合适的题目，召开了一次非常重要的会议。

但是，我又想到这次会议的题目，既是一个非常好的题目，又是一个不太好的题目。为什么又是一个不太好的题目？因为现今全国还有210个县没有律师。那就意味着在这210个县不存在法官与律师的关系问题。当然，更重要的是它又是一个好题目，一个非常好的题目。因为我在律师界待了十多年，4年前我曾经想加盟法官队伍，但是因为多方原因而没有进去。所以就我现在游离于律师与法官之间的身份来看，本次会议选定的这个题目是一个非常好的题目。

今天全天的会议分为四个单元，现在我突发奇想，想以另外一种方式对这四个单元进行概括。如果我们可以把四个单元的题目置换一下，我就想到了一个好办法。现在，我就准备用四首港台歌曲的歌名来对四个单元的题目进行置换。

第一个单元的题目是"法律人职业伦理及其面临的挑战"。我觉得，对此可以用"像雾像雨又像风"来置换。

那就意味着这个题目是一个令人困惑的题目、一个让人难解的题目、一个使人模糊的题目。也就是说，法官与律师之间的关系，最终竟然成了一种"像雾像雨又像风"的关系。他们之间到底是一种怎样的关系？法官与律师之间究竟是否有关系？如果有关系，那么过去是一种什么样的关系？现在又是一种什么关系？我们知道，他们肯定不是男女朋友关系，也不是上下级关系，但肯定是有关系。既然有关系，我们既需要理清他们之间究竟是一种什么样的关系，关键是我们更要探讨在他们之间应该建立一种什么样的关系。

这就需要我们认真思考与研究，不光要看到他们"像雾像雨又像风"，而且还要看到他们到底为什么"像雾像雨又像风"。我想，这是我们在探讨研究当中必须要考虑的重点命题。关于法官与律师的关系这个题目，究竟应该带给我们一种什么样的思考。我们看到，在这个单元，无论是发言者还是评议者或是提问者，都已经意识到这个问题带给现实的严峻挑战。

我们知道，现在法官与律师之间存在两种情况：一种情况是"好"。好到可以穿一条裤子，好到律师可以代替法官做判决书，这就是那种"好"得不得了的情况。还有一种情况是"不好"。"不好"到相互排斥，相互敌对，甚至到有律师想把法官揍一顿的情况。当然，在现实中还有一种"好"，那就是有些律师嫁给了法官。当然，这只能算是一种特殊情况，我们不能让所有的律师都嫁给法官吧？这也可以算是一种关系好的情况。还有一些关系不好的情况，我们也经常见到。比如我们看到云南法官将律师铐起来，铐在篮球架上，铐在阳光暴晒下的篮球架上，这就是一种极端的关系不好。但是，我们还没有看到律师铐法官的现象。如果说法官铐律师，那是我们惯的。如果律师铐法官，那就完全是坏了，是颠倒了，主要是"反了"。

所以，当下的律师与法官之间实在是一种很难理清的关系。但是，在理性的要求下，我们看到他们之间应该是一种沟通关系。就像今天上午我讲到的十个问题，这十个问题实际上都是关于法官与律师的关系问题。他们之间是一种亲家关系还是一种冤家关系？究竟是一种保持距离的关系还是一种相互隔离的关系？究竟是一种物理关系还是一种化学关系？我觉得，这都是我们应该看到的现实。所以说，"法官与律师之间"真是一个非常好的题目，但也是一个非常难做的题目。为什么？因为这个问题通过一次会议解决不了，需要通过多次会议才能解决。这种解决的方案不是说出来的，也不是讲出来的，而是"挤"出来的，正如葛洪义教授说是"斗争出来的"。我觉得，大家的发言告诉我，不管是怎么出来的，反正是既要不断地说，又要不断地做。

第二个单元的题目是"法官与律师之间——律师的视角"。对此，我们可以用"为什么受伤的总是我？"来替代。

我们知道，在法官与律师之间，律师是永远的弱者。法官受伤一般不太可能，基本上都是律师受伤。不管是诉讼还是非诉讼，不管是大城市还是中小城市，不管是东部还是西部，受伤的肯定是律师。这种伤，不仅有身体的伤，更可怕的是心灵的伤。我曾经将1995年概括成"律师蒙难年"，因为那一年既有律师被关，也有律师被扣，还有律师被判，更有律师被抠眼睛。从1996年元旦新刑诉法以及1997年新刑法实施开始，律师有被判处伪证罪的，也有被判处唆使作伪证的，还有被判处泄密罪的。所以，我说"为什么受伤的总是我？"，绝不仅仅是一个现象，更是一个可怕的现象。从这个角度讲，我们一定要探索研究的是，让我们的律师如何不再受伤，如何永不受伤，这是处理当下乃至未来法官与律师之间关系的关键。今天在这个单元发言的律师，对此都已经做了比较充分而理性的论述，我就不再重复了。我相信，他们表达的一定是所有律师的共同心声。

第三个单元的题目是"法官与律师之间——法官视角"。对这个单元，我用什么歌名来概括呢？从法官的角度来看，很多不是受伤的问题，而是能否得到理解的问题。所以，对法官来说，他要说的是"其实你不懂我的心"。

对于法官的苦衷，法官们自己都知道，但社会各界未必都知道。今天上午贺卫方老师在评议中批评了一个法官，自己在学术研究中一直主张证人应该出庭作证，但到实践中就完全不是一回事了。所以，他问这位法官，在国人如此关注的李庄案件中，明明应该要求证人出庭作证，为什么不让他出庭作证呢？

我想，这位法官可能也想让证人出庭作证，但是因为上面庭长的压力，还有比庭长还大的领导的压力，使他无法做出让证人出庭作证的决定。所以，我觉得在司法实践中，可能有许多法官也想完全按照法律和自己的内心确信来裁决案件。但是，在现实中又往往非常困难。对这样的法官来讲，他可以而且也只能说这么一句话"其实你不懂我的心"，来缓解内心的压力。其实，他们还想说，我的心同样也向往着法治，向往着正义，向往着程序，但是我做不到啊。因为摆在面前这么多压力，我们实在没办法超越。当然，我说到的不仅仅是物质压力，更重要的是政治压力。我们知道，比如说中国国情、中国特色都是一种压力。现在，我们讲"司法为民"，讲"三个至上"，讲"大局意识"，实际上对法官的思维都可能是一种压力。刚才在发言中，有法官提到了法律思维的语境，我认为就是一种不得不面对的现实。所以，在法官与律师之间，社会各界当然也包括律师可能对法官也有许多误解。

第四个单元的题目是"法官与律师之间——制度及其反思"，这是本次会议的收尾工程。所以，我将所有的发言者与点评人对这个问题的全部看法，以"我的未来不是梦"这首歌名来表达。

我认为，我们法官与律师之间的未来目标应该是一种美好的关系，是一种理性的关系，是一种理想的关系。但是，需要经过我们各方的努力，不管是政治上的努力还是法治上的努力乃至理念上的努力，都是我们需要努力的。只有这样，才能达到一种理想的结果。

我们也知道，这个问题的解决还有很多制度层面的问题、道德层面的问题、程序层面的问题。从制度层面来讲，是要求我们做什么；而从道德层面来讲，则是我们追求什么。可见，一个是上对下的要求，一个是下对上的追求。那么，不管是要求还是追求，最终都希望达到理想的目标。从程序层面还是理想层面来讲，我们需要的就是一种苛求。也就是说，作为一个法官，作为一个律师，当你主持正义的时候，当你掌握正义的时候，你都要对自己苛求。无论是法律人的思维还是法律人的理念乃至法律人的意识，我们都要对自己苛求。谁让你当法官呢？当法官就得这样。所以，你得守得住清贫，守得住寂寞。你作为法官，不能羡慕和眼红某些人或者某些法律人的收入。总而言之，从要求到追求最后到苛求，这就是我们法律人对制度目标的感受。

当然，我们现实中的司法改革如何做到去地方化、去行政化，这个难题的解决，相信对解决法官与律师之间关系的问题将大有帮助。说到去地方化，想起前几年有学者提出过一个改革方案（这位学者今天也在场），那就是行政区划与司法区划能否不一致？这样，使法官能够免受来自行政与地方的不同压力。当然，这是一个属于未来的问题，但这个方案对未来来说不是不可能。

我相信，通过我们不断的努力、不断的研讨、不断的实践乃至通过我们不断的"挤压"和我们所有部门不断的"斗争"，我们法官与律师之间的关系肯定会走向一

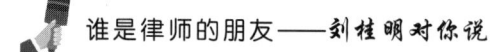

个更加理性、更加友好、更能实现良好互动的局面。

　　各位朋友，我作为律师在律师界工作了多年，一个开始是打工者，现在是志愿者的一员，其实我对所有法官充满了深深的敬意。我作为一个既不是法官，也不是律师的边缘法律人，作为一个时刻关注法官与律师的媒体人，更作为一个在法治媒体的实践中为民主与法制鼓与呼的资深法律人，最后我要表达一个祝愿。

　　这个祝愿同样需要用一首歌名来表达，那就是**"只要你过得比我好"**。

　　谢谢大家！祝大家过得比我好，祝大家永远比我好！

律师：一个风光与风险并存的职业

——"矿业投资开发与法律风险防范论坛"总结发言

(2008年11月2日　杭州)

【导语】

2008年11月1日至2日，由杭州市西湖博览会组织委员会办公室作为支持单位，杭州市上城区人民政府、浙江省矿业协会、浙江大学光华法学院、浙江泽大律师事务所和法制日报《法人》杂志社共同主办的"矿业投资开发与法律风险防范高峰论坛"在杭州举行。作为论坛主持人，我在论坛闭幕式上做了如下总结发言。

各位领导、各位专家、各位嘉宾、各位亲爱的律师：

大家好！

一个会议，一个论坛，一个活动，不管有多少个高潮终究要有画上句号的时候，不管有多么精彩也终究要有结束的时候，不管我们原定什么时候结束也很难以原定的方式来提前结束。

刚才吴族春律师讲得很精彩，所以我不忍心打断他。但是，我还是不断地提醒他闭幕的时间快到了。如果在座的企业家没有听够的话，还可以直接跟他联系。作为法律人，吴律师既有矿业的知识，又有法律的知识，这是一种完美的结合。

说到结合，这次论坛就是一次在几家单位的联合主办下体现的完美结合。律师本来就是一个将风光与风险结合在一起的职业。所以，本次论坛主题是矿业投资开发与法律风险防范相结合，而我们更重要的目的是要整合资源，也就是要将矿产资源和法律资源整合起来，这就是我们举办本次论坛的主要目的。

作为主持人，按照会务安排需要我对论坛做一个简单的总结。于是，我想到了用13个关键词的办法来对本次论坛做一个简单的归纳和总结。

我们中国人都知道"一个中心、两个基本点"，也有人说是"一个核心，两个基本点",还有人说"一颗红心,两种准备"。这是政治词汇和生活词汇或通俗词汇的完美结合。现在,我就按照"一个与两个"这个思路来对论坛进行归纳和总结了。

昨天第一位演讲的嘉宾是国土资源部的老部长、现在全国环资委任职的蒋承菘先生,他演讲的主要内容是自然资源管理法当中的宪法原则。**他演讲的关键词实际上就是"保护和利用",他强调的就是对于资源不要仅仅强调保护,而是强调利用。**他在这里面用了一个方法,叫作"一个原则,两个管理"。一是宪法原则,在保护与利用的背景下,他用一种方法、一个原则、两个管理的方法介绍了自然资源管理方面的方法问题。他讲到宪法原则时,特别强调了强制性原则。在讲到了原则之后,他又讲到了两个关系,也就是自然资源的管理涉及两个方面,一个是财产权的管理,一个是行政权的管理。

第二位演讲的嘉宾是中国政法大学的李显冬教授,我要特别地多介绍一下他。李显冬教授不断的著书立说,更重要的是不断发表演讲。我们在中央电视台的"今日说法"或者其他栏目中能经常看到李显冬教授,他是致力于变复杂为简单的学者。大家都知道,变简单为复杂是一个学者的基本任务、主要任务,但是有多少学者可以变复杂为简单呢?这样的学者并不多。李显冬教授在我国民商法研究领域是一位可以做到变复杂为简单的人,当然大家也知道在法理学研究领域的贺卫方教授,他也是变复杂为简单的学者。**李显冬教授在谈矿物权的属性时,用的关键词是"定位与地位",叫作"一个权利,两个属性"**,这两个属性就是公法和私法的属性,或者是公权与私权的属性,或者说是行政法律关系和民事法律关系。他是从两个不同的角度来介绍了矿物权的属性,也就是定位和地位。

第三位演讲的嘉宾是浙江省国土资源厅的潘圣明副厅长,**他的演讲关键词就是"取得和保护",也就是矿业权的取得和投资人的保护。**他从"一个热点,两个策略"的角度,谈到了矿权的取得和保护的问题。这个热点当然就是我们浙商投资的热点,所以他特别强调了浙商现在到哪里投资,投资了哪些领域,更重要的是对于资源的投资,这是浙商投资的新热点。所谓两个策略,一个是规范,一个是防范。所谓的规范就是"四个依法",也就是说依法探矿、采矿、转让和抵押,这是依法的四个方面。他讲防范的时候讲到了有效方法的八个应对措施,归纳起来就是四面八方,是规范和防范的四面八方。

第四位演讲的嘉宾是陈毓川教授,他是国土资源部的总工程师,是一位副部级的领导,他还是中国工程院院士。所以,他对全国矿权的有关形势非常熟悉,归纳起来就是机会是存在的,利润是丰厚的,风险是存在的。对资源的估价,他认为就是"三多、两少、一难",这是对于形势的估价。所以,**陈教授演讲的关键词是"形势和任务",演讲的方式是"一个估价,两个对策"**。之前讲的是估价,接下来他是从战略和策略上讲的,战略是着眼于长远,而策略是考虑眼前。陈教授从远近两个方面做出了自己的判断,也就是说从专业上告诉我们如何在对策上防范风险。

第五位演讲的嘉宾是中南政法大学的副校长陈小君教授,她主要强调了有关矿权的转让问题,特别有意思的是,陈教授用了一个非常具有文学色彩的词汇"物权法时代"。**她在演讲内容里面提到了"功能和作用"的关键词,然后沿着"一个转让,两个选择"的思路**对矿物权的转让和原则禁止、原则许可的选择,进行了深刻的分析和精彩的描述。

第六位演讲的是浙江财经大学的王绪强教授,王教授还是一位注册会计师和税务师。**他用了"一个改革,两个方向"来阐述他的关键词"体系和筹划"**。他讲的也就是关于税务筹划的方案,这不仅对法律人来讲大有帮助,更重要的是对在座的企业家来讲是更有帮助的。企业家的投资不仅仅需要自己的独特眼光,还需要法律人的专业帮助,也需要其他中介组织的帮忙。税务筹划师就是其中很好的助手。王教授在演讲中说,税务改革要从宏观和微观方向进行。所以,他阐述的税务筹划的方案,我希望能够更多地变成现实。

第七位演讲的嘉宾是来自青海的老总严志才先生,**他的观点就是他演讲的关键词"现状与机会",也就是青海资源的现状与青海投资的机会。他用了"一个邀请,两个机会"的办法**邀请大家到青海去投资、去观光。就我个人的了解,不管是观光还是投资都可以去青海,那里有很美的青海湖,那里有很酷的三江源,还有格尔木,还有唐古拉山,许多人很难有机会涉足这些美丽的地方。当然,现在坐青藏铁路去西藏的时候,肯定要经过青海,经过那些美丽的风光。严总讲的机会是,一个是政策上的机会,一个是经济上的机会。政策上的机会是指有什么样的投资待遇和回报,他在论文中和演讲时都已经列举了。经济上的机会就是指青海的资源丰富,机会多多。

来自灾区的四川省广元市国土局副局长宋明强先生是本次论坛的第八位演讲者,**他用了"一个介绍,两个回报"给大家介绍了去广元、去灾区投资将有怎样的回报,一个是英明投资的回报,一个是灾区重建的回报**,这就是宋局长给我们描绘的美好投资前景。他演讲的关键词是"投资与重建",值得我们大家特别关注。

昨天最后一位演讲的也就是第九位演讲者是来自广西贺州的王跃进总经理,他的演讲是关于广西投资情况的介绍。**他用"一个展示,两个角度"的办法进行了介绍**。他讲的角度,一个是从广西投资的角度,一个是从浙商投资的角度。因为他既是一位浙商，又是一位长期在广西投资的企业家。他的演讲实际上是一个关于招商的邀请，所以，他演讲的关键词就是"投资与开发"。究竟应该如何投资和开发，从他的演讲当中，我们可以得到很多启示。

第十位演讲人就是今天第一位演讲的我国法学界非常著名的中国人民大学法学院院长王利明教授。**王教授演讲的关键词是"流转与适用"，他从"一个问题，两个方式"的角度做了精彩的演讲，而且还与各位与会者进行了有趣和有益的互动。**这是一种大家的风范，一种学者的高度。王教授讲的两个方式使我们注意到，矿权究竟应该从什么样的途径、以什么样的方式来进行流转，无论是法律上的还是经济上的要求，都是我们应该认真领会与研究的。

第十一位演讲人是著名的经济学家冯并教授。跟我一样，冯教授也曾经是一位老总。只不过他是一位大老总，我是一个小总编。他曾经是经济日报社的总编辑，现在是中国生产力学会副会长。今天，他的演讲关键词是"市场和谋略"，他从"一个判断，两个谋略"的角度谈到了矿权投资的战略与风险防范的谋略。更重要的是，他以一个经济学家的身份与水平谈到了如何正确投资和如何预防风险。

第十二位演讲人是浙江国土资源厅的老厅长、浙江矿产资源协会汤文权会长，**他演讲的关键词是"现状与发展"。他讲到了我们投资的现状和发展的机遇，同时他用了"一个需求，两个结合"的办法进行了讲解。**他谈的结合就是，只有资本与资源有效结合，才能体现投资效益。

第十三位演讲者就是刚才匆忙结尾的浙江泽大律师事务所的合伙人吴族春律师。可以说，他的演讲非常有卖点，非常有内容。无论是法律人和在座的浙大的同学们，我们对他的演讲一定要理解得更透彻一些，所以我们把他的演讲安排在最后确是有道理的。**他演讲的关键词是"制度与市场"，他谈到了现在的矿权投资是一种怎样的制度，又是一种怎样的市场；谈到了两个风险，一个是真实性的风险，一个是合法性的风险。**这些风险都是我们应该引起充分的注意和研究的。

综上所述，各位演讲者是从不同的角度，以不同的风格，展现了不同的风采。在我看来，不管我们是搞法律，还是搞经济的；或是从事学术研究的，还是做媒体报道的，我们基本上都有一个共识，如果说把简单变成复杂是学术，那么把复杂变成简单就是法术。这些演讲者既有学术，也有法术；既有技术，也有艺术。那么矿业投资开发与法律风险防范是什么呢？本次论坛将两个看起来不太关联的主题做了一个完美的结合。这就是一种转变，现在我们也要转变。改革开放三十年的巨大成功是得益于我们的转变，得益于我们的转型，得益于我们的转轨。怎么转变？将机会变成回报，这是企业家要做的事情。法律人要做的事情是帮助企业家变风险为风光，我们常说无限风光在险峰，我们的风险在哪里？在十八层地狱，法律人是要想方设法帮助企业家防范这些风险。我要跟在座的企业家们说，你们有事的时候请律师是一种对法律的信心，你们没有事的时候请律师则是一种对法律的信仰。作为法律人，我们会告诉你什么时候有风险，什么时候要防范风险。比如说律师的尽职调查，看起来是一个很简单的工作，却可以帮你避免很多的风险，甚至是恶性的风险。

今天有这样的平台，应该说是一个良好的开端。哲人说，良好的开端是成功的一半。我们联合主办，结合主题，整合资源，我想这就是本次论坛的目的。

最后，感谢联合主办论坛的各家单位，我们要不断地通过结合自己的主题，最后达到整合我们拥有的资源的目的，这是本次论坛所要达到的目的，也是今后开办论坛的目标。

让我们下次论坛再见！

律师是一份寻找答案的职业

——"为了明天——未成年人司法保护和社会保护研讨班"闭幕式主持与总结

（2008年1月16日　重庆）

【导语】

为进一步加强未成年人的司法保护工作，贯彻新"未保法"对未成年人司法保护的规定，有效保障未成年人的合法权益，中国青少年犯罪研究会于2008年1月14至16日在山城重庆召开了"为了明天——未成年人司法保护与社会保护研讨班"。与会的各位专家、学者、法官和律师等就新"未保法"对未成年人司法保护和社会保护的有关规定，有关地区开展未成年人司法保护工作的成功经验、国外关于未成年人司法保护的先进理论和实践以及国外的刑事法律援助工作等内容及议题进行了研讨。

特别值得一提的是，1月16日下午，研讨班举办了一场模拟法庭，主持庭审的是来自重庆市沙坪坝区法院的杨飞雪法官，其他参与人员都是从参会人员中选拔出来的。可以说，这场模拟法庭的精彩演示寓意深刻，形式活跃，内容丰富。因为它演示的是一种法律的关怀，是一种普适的理念，是一种理性的思维，是一种职业的追求，是一种社会的希望。

以下为研讨班闭幕式上我代表主办单位进行的总结。

尊敬的各位领导、各位朋友：

谢谢孙发荣会长（时任重庆市律师协会会长）和周密书记（时任重庆团市委副书记）的热情致辞！谢谢你们为本次研讨班的成功举办所付出的努力。谢谢章凝华女士最后的精彩演讲！你的每次讲演都充满了文学的味道，更充满了人性的关怀，而这一点恰恰是我们从事未成年人保护工作的每个人所应当具备的情怀。

作为主办单位，作为中国青少年犯罪研究会的代表，我想对这次为期三天的研讨班做一个简单的总结与回顾。

但是，在总结与回顾之前，我想先对刚才的模拟审判做一个评判。我们都看到了，刚才在未成年被告人王刚涉嫌盗窃一案的模拟审判中，各位参与人员都表现了职业化的水平、人性化的风度。诚如杨飞雪庭长所介绍的那样，本案是一个真实的案例，也是一个得到了圆满处理的成功案例。在我们根据保护未成年人的需要而做了技术性处理之后，在审理程序上进行了充分的演示，意图是让大家对我国的未成年人案件审理程序有一个感性而直接的认识，尤其是对我国优秀少年庭法官的审理艺术有一个直观而近距离的现场感受。所以，我们要对他们的优异表现表示衷心的感谢！谢谢他们为本次研讨班带来了最后一个高潮。

为此，我要代表主办者对他们予以奖励。现在，由我来宣布对他们各位的奖项。

"最佳风度奖"的获得者是本次模拟审判的审判长、重庆市沙坪坝区人民法院少年审判庭庭长杨飞雪法官。感谢她为本次研讨班提供了很有代表性的案例，感谢她在未成年人保护中做出的贡献！感谢她为本次模拟审判所付出的辛劳！是她让我们看到了一个优秀法官的风度。

"最佳形象奖"，我们将颁给担任本次研讨班模拟审判审判员、来自上海市长宁区人民法院少年审判庭的钱晓峰法官。是他让我们看到了来自我国最早开设少年法庭的人民法院的法官形象。

荣获"最具爱心奖"的是江西团省委权益部的陈燕琼主任。她在庭审结束后对被告人关于"亡羊补牢，犹未为晚"和"迷途知返，阳光总在风雨后"的教育，可谓入情、入理、入心。

来自中国青少年社会服务中心的吴丽玲，以她最有朝气、最具青春气息的书记员形象，获得了"最佳新人奖"。

毫无疑问，担任本次模拟审判的公诉人、北京荣德律师事务所主任董刚律师和担任辩护人的北京德恒律师事务所韩梅律师，分别获得了本次模拟审判的"最佳公诉人"与"最佳辩护人"。我们要祝贺他们的职业表现和敬业表演！

在今天的模拟审判中，有一位成员以他那一直低着头小声讲话，似乎在表示要痛改前非的表现，赢得了本次模拟审判的"最佳表现奖"。他就是来自西藏团区委权益部的张瑾同志，他看起来多像一个未成年人啊！

担任未成年被告人监护人、来自贵州安顺市西秀区法律援助中心的杨霞律师，获得了本次模拟审判的"最佳提名奖"。因为没有别的奖项了，只好委屈你了。另外，同样受到委屈的还有担任本次模拟审判社会调查员、来自国际司法桥梁的张芸。

谢谢你们的理解！

同样需要说明的是，担任本次模拟审判点评嘉宾的陈忠林教授（西南政法大学法学院院长）和章凝华女士，因为奖项有限，所以就受点委屈吧。但你们的点评是本次模拟审判的点睛之笔，感谢你们！

让我们对所有获奖的人表示祝贺！至于奖励什么，我们还没有想好，那就晚上我给每人敬一杯酒吧。

好！现在就让我们一起来对本次研讨班做一个简单的回顾和总结吧。

第一，哪些人员参加了本次研讨班？

毫无疑问，本次研讨班强大的生命力量是我们为未成年人保护事业做出突出贡献的律师。我们看到，来自西南五省区和江西、天津、北京等地的法律援助律师与社会律师组成了本次研讨班最主要的学员阵容。

第二支学员力量，是来自西南五省区及五省区以外部分地区共青团系统的基层干部，尤其是重庆市十几个区都派出了共青团干部参加本次研讨班。作为首次参加这样活动的共青团干部，在本次研讨班中发言不多，但可能更多的是在思考。正如重庆市渝北团区委曹兴建书记所说，她们在考虑，未成年人保护应该从何处着手抓起：抓机制，抓队伍，抓维权，抑或抓环境？

最初之所以选定在西南举办本次研讨班，原因就在于西南这个地方更值得我们在未成年人保护工作上做出更多的贡献。因为西南五省区在这方面所面临的问题与东部省市、大城市相比较，不太一样，在此举办研讨班，就有可能更多的人关注别人可能忽视的地方。

除律师、共青团干部之外，参加本次研讨班的还有法官、专家、学者。尽管因为工作安排原因，原来确定参会的检察官未能到会，但是（杨飞雪庭长和钱晓峰法官）在模拟审判中的表现足以向我们展示了在中国少年司法制度漫漫求索道路上，法律人群体所具有的职业智慧和工作水平。

参会人员还有来自法律援助中心的律师，还有来自江西和河南的未成年犯管教所的干部。总体上看，这次研讨班的力量非常之大，人员组成丰富，涵盖了各方面的代表。可以说，各个方面力量的参与是我们本次研讨班得以成功的主要力量。而不管属于哪支参加本次研讨班的力量，我们都在共同思考，共同研究，共同探讨，应该如何做好未成年人保护工作。

第二，本次研讨班是怎样进行的？

如大家所体验到的，从第一天的主题演讲和交流互动到最后一天的圆桌会议、模拟审判，我们研讨班的形式丰富且活跃，摒弃了过去说教式的研讨模式。

陈瑞华教授、陈忠林教授、陈锐伟律师（重庆市律师协会未成年人保护专业委员会主任）的主题演讲，孙长永教授（西南政法大学《现代法学》主编）与陈忠林教授的精彩点评，还有来自律师、共青团干部、未管所干部的典型发言，都是使本次研讨班的形式之所以活跃的亮点。尤其值得一提的是来自国际司法桥梁的三位美国专家别具一格的培训模式，可以说是生动有趣，耳目一新。他们的培训模式，让我们在美国式的教学模式中增强了参与感，让我们每个人感觉到自己都是主角。

今天下午庭审的模拟审判，更让我们感受到法律人之间如何配合，如何共同帮助、保护好下一代是多么重要。今天参与模拟审判各位成员的表现都应该打满分，所以刚才我代表主办者，给他们逐一颁发了有关奖项。这些奖项尽管有空头支票之嫌，但还是初步代表了我们对他们的谢意和敬意。

现在，我还要给在座的各位也颁发一个奖项，那就是："最佳配合奖"。正是有各位的默契配合，有你们的认真和坚持，才使得本次研讨班取得了圆满成功。

第三，本次研讨班让我们有什么收获？

因为时间关系，我就概括出以下三方面的收获。

第一个收获是开阔了眼界。相信这是在座的各位律师、法律援助律师、共青团干部、未管所干部的同感。来自重庆市法援中心的律师朋友说，以往缺少机会到外面去参加培训，而这一次，是把培训送到了西南，送到了我们的眼前。我看到，大家都很赞赏这种培训的方式，既节省了成本，又节约了时间，更重要的是，开阔了眼界。所谓"开阔眼界"，既体现在培训方式上，又体现于培训内容中。独特的培训方式，让每个人都有参与感；新鲜的培训内容，譬如交叉询问、社会调查报告给工作带来挑战等问题，扩展了每个人的视野。

第二个收获是增长了知识。昨天，孙长永教授点评中特别提到关于交叉询问的问题。"交叉询问"这个词最早来源于19世纪美国著名律师威尔曼的专著《交叉询问的艺术》。可见，"交叉询问"不是简单的四个字，而是需要每个人经过反复锤炼方能掌握的技巧。用孙长永教授的话说，一个高级的律师，当你不知道答案的时候，不要随便发问。只有当你知道答案了，你再去选择提问的方式，你才能显出一个优秀律师的水平和能力。有人说，提问是记者的天职，而我认为提问同样也是律师的天职。作为律师，我们从事的是一份寻找答案的职业。这份职业要求我们在最终找寻到答案之前，须经历一个"发现问题——提出问题——解决问题"的过程。在本次研讨班上，从专家的演讲、点评，到我们的提问、演示，我们在对知识本身的把握以及自身职业能力的提高途径上，可以说，都感到受益匪浅。

第三个收获是提升了境界。在本次研讨班上，我们通过未成年人辩护律师角色、律师与未成年当事人之间的关系、未成年人审前辩护方略、刑事和解与青少年司法、未成年人非监禁刑的争取等主题的培训与研讨，不仅在知识含量上有所提升，在职业技能上有所提高，而且还在职业境界上大有感悟。也就是，我们应该如何提升我们的社会责任和专业责任。无论从事何种工作，无论我们在哪个领域，当我们面对未成年人的时候，我们能用自己的专业为他们提供多少帮助？能为社会做出多大贡献？尤其是能为构建和谐社会提供多少专业而到位的服务？这些都值得我们深入思考、反复思考。思考的结果，就是我们的境界。

第四，本次研讨班给了我们什么启发和思考？

我以为，有三个问题发人深省。

首先，我们如何面对未成年人？未成年人还只是孩子，但由于目前中国社会处于一个转型期，同时又属于全球化的信息时代，因此我们对未成年人既要把他们当作未成年人又不能仅仅把他们当作未成年人。昨天孙长永教授说，成功的父母不一定是合格的教育家，合格的教育家也未必是合格的父母。由此可见，面对未成年人，父母和教育家扮演的角色是不一样的。《未成年人保护法》中规定了未成年人的一项重要权利是平等权，这意味着在贯彻平等权时，我们不需要把孩子当作未成年人，而要将他们当作成年人来平等对待；当我们采用"润物细无声"的模式教育孩子时，我们又需要把他们当作未成年人，从而对他们更好的帮助和保护。概言之，我们应当首先将未成年人平等待之，了解他们的需求，了解他们的诉求，了解他们的生存问题、安全问题、被尊重的问题，之后再看看他们的需要是否合理。有了了解，才有理解。有了理解，才能去化解我们在教育中遇到的困惑与矛盾。这在今天上午陈忠林教授关于刑事和解的讲演中，已经充分地阐述了。

其次，我们怎样去评价未成年人？每个人对每个事物都有自己的评价体系，但涉及对未成年人的评价时，我认为需要对以下三个问题有所把握：其一，要把握从"成长期"到"长成期"的概念。未成年人经历的"成长期"到"长成期"是个漫长过程，要受到很多外因的影响，需要很多外力的帮助，因此我们在对未成年人做出评价时，应首先考虑他是如何从成长期过渡到长成期。其二，要考虑从"个体"到"整体"的问题。我们在说对未成年人实施帮助时，针对的是个体，但如何将个体上升为整体，就不是一个简单的问题。今天我们帮助了"王刚"（模拟庭审被告人，化名）这个个体，但我们帮助的并不仅仅只是王刚一个人。所以我们在对未成年人做出判断评价时，应该处理好"个体"与"整体"关系。如我们探讨"90后"的犯罪问题时，就要认真研究"90后"与"80后"有什么不同？其三，要研究从客体到主体的问题。帮助未成年人的主体是谁,保护未成年人的客体是什么?

最后,我们怎样帮助和保护未成年人?这是一个有待我们共同去思考的问题。

在这方面,我归纳为五个"一"。

"一颗爱心"——这是对未成年人实施保护首先应具备的情感基础。

"一种精神"——这是帮助未成年人的一种职业精神。因为你帮助了一个人一次,可能帮助了一个人的一生,可能帮助了一家人的一生,可能帮助了一个社会。

"一份责任"——迈克尔先生(国际司法桥梁培训主任)说,法庭上回答问题时,你可以选择。但我想说,面对未成年人时,为未成年人辩护时,帮助教育未成年人时,我们不容选择,我们不能选择,因为我们担负的是一份专业责任和社会责任。

"一种智慧"——一个案子的办理能够体现出教育者、管理者、执法者的智慧。以刚才模拟庭审的案子为例,如果简单死板地完全按照法律,那个叫王刚的孩子被判盗窃罪毋庸置疑。但是如果我们运用法律的智慧来处理,我们就能发现,这个孩子的犯罪行为看似罪过不小,但是他的犯罪情节却不严重。面对这样的孩子,我们怎么办?我们应当用智慧去帮助和保护他。这是法官和其他人员都需要思考的。

"一种观念"——我们站在什么位置看待未成年人,取决于我们的观念。我们对未成年人在何时采用平视、是否仰视、能否俯视,这都决定于我们以何种视角看待未成年人这个问题。可能更多时候,我们需要平视未成年人。遇到非常重大问题的时候,我们可以仰视。而作为成年人在俯视未成年人时,主要是要注意我们的一言一行、一举一动对孩子都会造成什么样的影响。对未成年人,我们一定要多拉一把,而不要多推一把。如陈忠林教授所说,帮助一个孩子就是把他拉回来,而拒绝帮助则是将孩子推出去。还有陈瑞华教授在演讲中提出的"善恶"观念,对我们特别有启发。对未成年犯罪嫌疑人,我们不是首先要去遏制他的"恶",而是要首先去激发他的"善"。我们在座的每个成年人,在自己的少年时代可能都曾经发生过"浪漫的故事"。而每一个"浪漫的故事"可能就是一个罪恶,但是这种罪恶是无意识的、无动机的、无预谋的。如果都需要去惩罚、去遏制,那我们的美好、我们的善良,同样也被淹没了。所以,我们应该怎样观察,就决定了我们的观念。

第五,本次研讨班应该感谢谁?

在我看来,首先要感谢在座各位的配合、帮助和支持,感谢重庆团市委,重庆市律师协会,感谢国际司法桥梁,特别感谢为研讨班全程做同声传译的两位译员,感谢为本次研讨班付出努力和心血的各位工作人员!

最后,我想用一首歌来为此次研讨班画上一个圆满的句号。本次研讨班的主题是"为了明天",这个主题来源于中央综治委预防办打造的"为了明天——预防青少年违法犯罪"工程。"为了明天"工程有一首同名歌曲,现在,我就想以这首歌的歌词来为本次研讨班做个结语。

有一种鲜花,永远不会谢,她叫关爱;
有一颗真心,永远不会冷,她叫关怀。
有一群好人,永远想着你,她叫关心;
有一片绿田,永远不会荒,她叫希望。

有一种感动,永远不会变,她是关爱;
有一副笑容,永远温暖你,她是关怀。
有一串梦想,永远吸引你,她是关心;
有一个远方,永远在召唤,她是爱的大海。
为了明天,呵护每一个灵魂的将来,吹走每一个心灵的尘埃;

为了明天,珍惜每一个生命的存在,创造每一天奇迹的到来。
为了明天!……

感谢大家!感谢各位!感谢"为了明天",使我们拥有了同一份事业。本次研讨班胜利闭幕,明天更美好!

在"金陵法律讲坛",我们收获了什么?

——"金陵法律讲坛"闭幕式总结发言

(2007年7月2日 南京)

【导语】

2007年7月1日至2日,由时任江苏圣典律师事务所主任、南京市律师协会会长薛济民(现为江苏薛济民律师事务所主任、江苏省律师协会会长)发起并主办的"金陵法律讲坛"如期在南京开办。随着讲坛的渐渐升温,南京的天气也渐渐由阴有小雨转向酷夏的火热。作为本次讲坛的主要策划人员之一,我应邀担当了会议主持工作。最后,又根据会务安排,我对此次讲坛做了一个总结。如下文字即为我的总结全文内容。

尊敬的江平教授、亲爱的江平老师、各位朋友、各位来宾:

大家好!

作为主持人,最后一般都要说一些多余的话,但也是衷心的话。江平教授讲完了,我要说些什么呢?我的任务就是对本次"金陵法律讲坛"做一个简单的总结,希望不是废话。作为主持人,我对本期讲坛有三个感觉或说三个印象。

第一,本次"金陵法律讲坛"办得怎么样?也就是我们的收获是什么?

我觉得主要有三大收获。

一是,我们在知识上的收获。在本期讲坛上,我们学到的业务知识不仅是法律方面的,我们还学到了其他很多方面的知识,如市场方面的知识、经济方面的知识、管理方面的知识。所以说,老师是传道、授业、解惑,他们在传授新知识之余,尤其为我们解了惑。

二是,我们在业务上的收获。本次讲坛设置的各门课程和我们的业务都有关系,不管你是法官还是律师或是法学院的学生,在本次讲坛中都有不同的收获。体现在业务上的收获，就是既有证券业务上的，也有破产业务的，还有公司业务上的，更有诉讼业务与非诉讼业务的收获。可以说，收获颇丰，受益匪浅。

三是，我们在思想上的收获。所谓思想收获就是我们是否开动脑筋、开发思维，我们不仅要开发纸面上的知识，更需要开发纸面背后的知识。我们这次"金陵法律讲坛"的主办地是在江宁开发区，我认为在这个地方开办讲坛非常好，在这里，既有舒适的环境，也有开发的环境。开发区不仅是开发基地，开发知识，更是开发思维。譬如朱少平教授告诉我们一定要买哪只股票，而李曙光教授则告诉我们不要买哪只股票。两种说法，体现了两种思维。但对我们来说，则是一种思想上的收获。

第二，因为此次讲坛的收获，给我们的未来带来了什么样的联想？

我认为，至少有三个联想值得大家共同思考。

一是，在培训方式上，我们这次讲坛不同于任何一次培训，我们的方式是更加灵活、更加明快，既有讲课，也有对话，既有主讲，也有互动。这种方式有利于我们在开创新的讲坛的时候借鉴与沿用，未来还可以多做多办。

二是，在培训内容上，大家注意到这次讲坛的口号是"创业、创新、创优"，因为我们这次讲坛主要是研究企业从生到死，这个"死"可能说得不准确，但的确是企业发展的一个过程。《破产法》说，不是让企业死，而是让企业重生，再生，获得新生。所以在内容上，我们这次讲坛特别要求加强针对性，加强有效性。可以说，本次讲坛的主题设计，是小题大做，是专题精作。针对这些内容，我们没有赶时髦！我们没有讲《物权法》，而决定讲《公司法》。有些嘉宾说，讲这些题目是不是太老了？但是我觉得，一点都不老。不管是《公司法》还是《破产法》或者《合伙企业法》，对我们来讲都很有针对性。

三是，在培训目的上，我们的目的是为企业服务、为客户服务、为市场服务，服务的目标就是创业、创新、创优。我们不仅关注当下，更关注未来，既关注现实，也关注前沿。譬如对破产管理人的关注，就使在座对律师业务发展有了更多的联想与憧憬。

第三，我们应该感谢谁？

作为主持人，我要衷心地表达我的感谢。这种感谢首先来自于四位大家，这四位大家给了我们不同的讲课风格、不同的业务知识、不同的智慧和思想。在本次讲坛上，我们听到了朱少平教授的快人快语、畅所欲言，我们也听到了李曙光教授的手中无稿、心中有稿，我们听到了王保树教授的引经据典、娓娓道来，我们又听到了今天下午的江平教授的旁征博引、抑扬顿挫。我提议，让我们再次以热烈的掌声，感谢以江平教授为首的四位大家。

其次，要感谢在座的各位！四位大家是大家，在座的各位也是大家。任何一个讲坛的成功，不仅在于主讲的大家，也在于听讲的大家。两天来，各位给了我一个非常美好的感觉和印象，我看到大家都是聚精会神，都是目不转睛。在会场外，我们很少看到吸烟和聊天的人，这是什么原因？这是知识、思想吸引了我们，是大家吸引了我们，同时，也是大家鼓励和支持了我们，这是我要特别感谢的。

然后，要感谢我们的领导同志！尽管我们要感谢的人很多，但在这里，我们要特别感谢江苏省司法厅、江苏省律师协会、南京市司法局、南京市律师协会！江苏省司法厅副厅长方晓林在讲坛开讲期间曾前来看望授课专家。大家也看到，南京市司法局的王星旅局长自始至终都在会上。一般来说，许多会议开幕式以后，到会领导就离会走了，但这位领导一直在这里听讲。这样的领导让我们太受鼓舞了，也不得不让我们对南京律师的未来有了更好的关注与期待。

另外，还有几位教授也是一直在会上认真听讲，并与我们积极交流和对话座谈，比如南京大学的李友根教授、肖冰教授，南京师大的黄和新教授，东南大学的步兵教授等，作为法学专家，他们同样给我们留下了非常深刻而美好的印象，同样为本次讲坛的成功做出了重要贡献。

同时，法官的到来也给本期"金陵法律讲坛"增加了丰富的内容。现在经常有人议论法官和律师的关系，有人说法官和律师的关系不正常。应该说这个不正常有两个，一个是关系好得可以穿一个裤子。还有一个不正常，那就是坏的不正常，坏到互相指责、互相攻击。理性的关系应该是我们现在这样，我们同在一个课堂里共同研究、共同探讨问题。在美国，我看到他们有很多法官与律师共同参加的俱乐部，他们在一起可以探讨问题，但是不探讨自己承办的案件，这是他们的原则，也是他们的规则。所以，这次讲坛也给我们未来建构法律人的理性而良好的关系，搭建了一个合适的平台。所以，我们要衷心感谢各位法官的到来！

另外，还要感谢各位企业家的到来！他们既是我们律师提供法律服务的直接感受者，也是本次金陵法律讲坛的积极与会者。

最后，我们要特别感谢本次讲坛的主办单位！

大家注意到，这次讲坛是经过了精心设计的，精致的会议材料、精确的主题设计、精美的包装设计、精细的会务工作，这一切的精心安排都来自江苏圣典律师事务所，所以，我建议，在座的各位，以我们最热烈的掌声感谢江苏圣典律师事务所！感谢圣典律师事务所的各位同人。现在，有请江苏圣典律师事务所首席合伙人、南京市律师协会薛济民会长到我们前台来亮亮相，感谢他的创意、他的发起！

这么大的一个讲坛，操心最多的肯定是我们的薛会长，当然，我们不能抹杀江苏圣典律师事务所每一位律师和工作人员工作的辛勤和功劳，所以这次"金陵法律讲坛"是大家共同努力和合作的结果，是集体智慧的结晶。

当然，大家觉得如果还需要感谢的话，还可以感谢一个人，譬如说主持人，哈哈！因为薛会长说了，下次开讲坛的时候，是否需要再请我来当主持人，就看大家的掌声如何了。现在看来，大家的掌声认可了我。这样，下次讲坛开办时，我还可以来。谢谢你们！谢谢你们的支持与捧场！谢谢你们的支持和鼓励！

各位来宾，各位朋友，追求圣典，创造经典，有一种收获给我们带来了不断的联想，有一种联想来自我们发自内心的感谢，有一种感谢是因为我们得到了许许多多的收获。

因为本次讲坛的成功，我们有理由对下次讲坛的开办更有期待。感谢"金陵法律讲坛"！感谢各位专家！感谢各位大家！感谢各位律师！感谢各位工作人员！待到下次讲坛开办时，我们都在丛中笑！

现在，我代表主办单位江苏圣典律师事务所宣布，"金陵法律讲坛"第一期正式闭幕，下次讲坛再会！

我们需要什么样的律师行为规则？

——"律师职业行为规则与律师事务所管理研讨会"总结发言

(2005年10月15日　北京)

【导语】

2005年10月15日，由中国政法大学律师学研究中心、北京律协律师事务所管理指导委员会、《中国律师》杂志社举办的"律师职业行为规则与律师事务所管理"研讨会在北京召开。

来自司法部、中华全国律师协会、北京市、上海市、辽宁省、四川省、广东省、山东省等地方的律师界和律师管理部门的四十多名代表就律师职业行为规则与律师事务所管理问题做了精彩的演讲。

在会议闭幕式上，我代表主办单位做了如下总结发言。

各位领导、各位专家、各位律师：

大家好！

今天的研讨会时间说长也长，说短也短。说长是因为我们今天在这里讨论的关于律师职业行为规则问题，是一个事关我国律师长远发展的重大主题。说短是因为一天的会期实在太短，我们还有好多话还没有说、还来不及说，会议就要闭幕了。

去年11月，我们召开研讨会讨论律师流动问题的时候，都认为这是一个良好的开端。今天我们在这里讨论律师职业行为规则和律师管理，可以说，又是一个重要的起点。我想，我们明年要讨论一个什么话题的时候，同样也是一个起点，因为所有这些问题都无法轻易下一个结论。

就像即将于下个月在天津召开的"第五届中国律师论坛"，我们要讨论律师提成制的问题，我们也不想轻易下一个结论。我们不能说提成制都是好的，也不能说提成制都是不好的。我们要开发每个人的法律思维。这种思维告诉我们，什么都要一分为二。就像王隽律师讲的，对提成制不要"一刀切"。

从这个意义上说，今天我们在这里的讨论和交流，也应该是这样一个心态和思路。所以，现在我作为会议的总结人，我代表主办单位准备从以下四个方面进行总结。

第一方面，我们听到了什么？

可以这么说，一天研讨会的成果丰硕。首先，我们听到了有关领导对本次会议的期待。大家都听到了，上午周院生副司长、李大进会长、马国华副秘书长和焦洪昌副院长都对这个主题进行了解读。他们都说这个主题好，同时对这个主题引发的讨论给予了充分期待。其次，我们听到了各位同人对律师协会行业管理、对司法行政的宏观管理都给予了充分的期待。今天中午别具一格的午餐会，为大家献上了一个很有创意的小花絮，也寄托了律师同人对司法行政工作的期盼。第三，听到了与会律师对会议主题延伸的管理行为的内涵都给予充分的期盼。刚才王宇律师做了一个非常好的总结，他用的五个关键词非常到位。我觉得他的总结非常好，他告诉我们应该有什么样的期望。对今天的主题、对今天的讨论、对律师管理，对律师业的发展应给予什么样的期望。

第二方面，我们讨论了什么？

今天我们的讨论分了四个环节，可以这么概括，第一个环节是讨论要完善规则的问题；第二个环节是讨论怎样完善律师职业行为规则；第三个环节是讨论在哪些方面去完善律师职业行为规则；第四个环节是讨论律师职业行为规则怎么落实。

实际上，我们讨论的第一个问题是律师职业行为规则的完善与发展。其中这里有如何完善的问题，甚至有些具体的办案行为，具体的管理行为都是我们今天已经讨论过的问题。尽管讨论得还不够，但这是良好开端的一半。同时，有的律师还谈到了地方律师职业行业规则，比如市场营销与广告宣传等问题。

第二个讨论问题是律师职业化规则和方向。比如怎样"当"律师的规则、"做"律师的规则、"像"律师的规则。实际上，我们讨论的是做人的规则、做律师的规则、做律师所的规则、做律师事业的规则。

我很欣赏张耀东律师提出来的观点。他说，律师职业要专业化、律师管理要职业化、律师职业行为要规范化。我觉得这正是今天讨论的律师职业规则和方向。

还有一个是律师收费问题。面对大众群体，面对各种客户、各种群体，尤其面对很多弱者的时候，我们应该怎样收费？

第三个讨论的问题就是律师事务所组织结构形式与完善律师职业规则的关系，尤其要注意执业组织机构多样化问题。我觉得律师职业组织形式与完善律师职业行为的关系，不是一个小问题，而是一个值得讨论的大问题。

第四个讨论的问题是在哪个地方落实律师职业行为规则。就像赵曾海律师所说，管理只是一个手段，但这个手段的前提是我们要掌握什么，需要什么规则。

第三个方面，我们发现了什么？

我们怎样落实律师执业规则的问题？可以从三个方面看。第一，我们发现了律师职业规则存在的问题，可以用两个字概括——凌乱。第二，我们发现了律师职业行为规范的方向，也是两个字——杂乱，因为杂乱，所以需要梳理。第三，我们发现了职业行为与律师事务所的关系，还是两个字——混乱。如果20年前说这个问题有点超前，今天谈这个问题就非常合适。目前，律师职业行为与律师事务所的关系是一种非常混乱的关系。第四，发现问题之后，我们怎么办？我们应提出什么问题？得出什么结论？对律师的管理提出一个什么样的方向。我建议要考虑以下三个问题

一是规范问题。这里有一个从规矩到规则到规范的进程。在研究规则的时候，就是一个规矩问题。首先，我们的规矩在哪里，有了规矩形成文字，就是一种规范，因为我们发展的最终目的就是为了更加规范。

二是行为问题。这个行为既有个体的行为，也有整体的行为，更有管理的行为。赵曾海律师提出来经营问题，应该放在管理行为方面，管理行为里应分经营行为和公益行为，从规范来讲应该考虑一个问题，法律规范有三种，一种是禁止性规范，一种是义务性规范，一种是授权性规范。如果考虑律师事务所管理规范问题，应强调哪些属于禁止性规范，哪些是义务性规范、哪些是授权性规范。比如律师广告问题，是禁止还是限制，我想不能禁止，而是限制，限制某些不当的广告宣传。这个规范说的是职业行为规范，但我觉得应当包括职业的规范、专业的规范、行业的规范、事业的规范。职业规范要有一个守则，专业规范要有指引，行业要有文化，事业规范讲的是行为与行业如何结合。就像李大进讲的，我们能否通过这样的研讨把中国特色的"两结合"讲清楚。这就是从事业层面要解决的问题。

三是管理问题。我们要考虑管理的科学化、管理的体系化、管理的职业化。谈到管理，我要补充介绍一下目前律师业的发展趋势。

在我看来，目前律师业发展有六大趋势。

第一个大趋势是做大。比如说自然的做大，合并的做大，还有加盟的做大。自然做大像金杜、君合、康达，合并做大的像金诚同达，还有上海的锦天城是一种合并，跨越京沪深的国浩是一种合并。类似的合并，我能举二三十个这样合并的情况。我们律师都在考虑我们怎样做大。但是，做大非常复杂，也非常容易，

律师都在想怎么做大。在做大方面也出现不少问题，有两个所合并一个月就分家的，还有两家所合并三个月就分家的，更可笑的是两家所合并第一天就分家的，还有一家所就在北京，还没有"领结婚证"就分手的。尽管他们已经形成事实婚姻走到一起，但最终还是分手了。经过了解，原来是因为律师事务所名称问题发生了矛盾。

做大有各种各样的情况，合并做大可以发生很多问题，加盟做大是规范化的一种模式。律师业的规模化是以律师事务所规模化为前提的。我们研究好律师事务所的规模化，我们就能研究律师业的规模化。

第二个大趋势是做强。做大不是目的，只是手段，更重要的是做强，怎么做强可以归纳为三个方面：第一是专业实力做强，第二是品牌实力做强，第三是研发实力做强。

刚才王宇讲到了研发，我认为，这是一个值得重视的问题。一家律师事务所，一个团队乃至一个地方，甚至一个国家，研发实力怎么样，就是看你有没有后劲。比如创业和守业的问题，战略研究、发展研究，都是一种研发实力。

第三个大趋势是做活，律师事务所现在都去考虑做活。我觉得有三个方面：一是营销手段。通过营销手段把律师事务所做活。二是不断参加社会活动把律师事务所做活，三是通过著书立说把律师事务所做活。著书立说也可以说就是研发手段。现在很多律师都在写文章，都在研究，这是一个好现象。

第四个大趋势是做精。就是在专业上精益求精，在财务管理上是精打细算，在团队建设上是精诚合作。

第五个大趋势是做好。做大的目的是如何做强，怎么做强。我们要做活、做精，才能做强。做活、做精之后，才能做好。第一通过规范做好，第二通过规范指引做好，第三通过社会形象的总体评价做好。

第六个大趋势是做长。做好只是眼前的，更重要的是将来，就是要做长，做长是律师事务所的长远打算。

做长应有三个方面：第一要把律师当成一个律师事业；第二要多做公益事业；第三要参政议政，要为社会多做更多的贡献。

这六大趋势告诉我们，我们管理要科学化、要系统化、要职业化。关于科学化，赵曾海律师在发言中提出了产权问题、分配问题、人才问题、监督问题，我认为这应该是我们许多执业律师的共同心声。

第四个方面，我们要解决什么？

在我看来，律师事务所的管理实际上就是如何处理好以下几种关系：第一是快与慢的关系，这里强调的是发展速度问题；第二是先与后的关系，也就是先进来的人与后进来人的关系；第三是上与下的关系，也就是合伙人与一般工作人员的关系；第四是高与低的关系，也就是如何处理好案源与财源的提成比例；第五是多与少的关系，也就是分配的多与少的关系；第六是大与小的关系，也就是大所与小所的关系。

可以说，这六个关系是管理科学化的基本问题。在管理的科学化之后，我们还要考虑管理的体系化。从律师事务所来看，要从总体上考虑，要有多种多样的体系，比如说档案管理，也要有一套体系。律师事务所的档案其实就是历史，既是该所的历史，也是律师业的历史。我给几个律师事务所说过，你们律师事务所成立时，哪怕一张废纸也要留下。我们现在看到的美国当时建国的独立宣言，曾经出现了一个需要修改的地方，大家讨论是否要重印。当时第一代建国者讲不必重印，现在来看，果然这是一个非常有价值的历史，就相当于今天的错版邮票一样，价值连城。

律师事务所管理的体系化至少从成立的时候就要开始，这是一个律师事务所光荣历史的记忆。一些律师事务所的分分合合，往往把这些很有历史意义的东西都分掉了，好多很有历史价值的东西都忘掉了。很遗憾，也很可惜。

律师事务所的职业化问题，我建议大家看一下张耀东律师的文章。在首届中国律师论坛上，我们曾经提过"四化"，规范化、规模化、专业化、品牌化。通过这次会议的研讨，我觉得如果需要重新提炼的话，"四化"之后就需要再加"三化"：第一是标准化，第二是国际化，第三是多元化。标准化、国际化比较好理解，但多元化未必能够理解。所谓多元化，就是今天我们讨论的律师组织结构问题。我们要考虑多种多样的组织形式，比如说规模化律师事务所、小型律师事务所、合伙的律师事务所，还有私人的律师事务所、有限公司的律师事务所，都应该考虑到多元化问题。一个社会的发展，不在于看谁强大、谁不强大，社会是多元化的，社会发展也有多种多样的模式。对律师事务所来讲，没有哪种模式是最好的，只有最适合的。如果有最好，那就是你经过实践检验是最适合你做的，就是最好的。

以上四个方面，就是今天我对本次研讨会所做的总结。我不知道这样的总结是否完全正确，我只是做了一点会议安排的必要的事情，我希望我的总结能对会议精神很有帮助。

谢谢大家的支持！谢谢各位的参与！

律师流动，流向哪里？

——"律师流动法律问题与对策研讨会"总结发言

（2004年11月20日　北京）

【导语】

2004年11月20日，由中国政法大学律师学研究中心、《中国律师》杂志社联合主办的"律师流动法律问题与对策研讨会"在北京举行。来自全国司法行政与律师协会的有关领导及诸多执业律师出席了此次研讨会，与会者就律师事务所的管理与司法行政机关的职责乃至律师协会的行业引领等问题，进行了深入而实际的研讨。

作为主办单位之一，我在会议闭幕式上做了如下总结发言。

各位领导、各位学者、各位律师：

大家好！

作为主办单位，我们已商定，中国政法大学律师学研究中心王进喜教授负责上半场，我们《中国律师》杂志社负责下半场。会议即将进入尾声，现在就由我来对会议做一个总结。但是，正如韩秀桃博士所讲的，李忠诚博士给我出了一个难题。因为李忠诚博士已经把这次会议做了一个非常好的总结，一个非常精确、非常到位的总结。那么，我就只好做一个小结吧。

原来我们在谈到律师分家的时候曾经考虑到八个方面：一是律师为什么爱分家？二是律师为什么会分家？三是律师为什么要分家？四是律师为什么想分家？五是律师为什么能分家？六是律师什么时候分家？七是律师怎么分家？八是律师是否应当分家？当然，今天我们讨论的，我认为不一定是八个方面，而是三个方面，第一个方面是是什么，第二个方面是为什么，第三个方面是怎么办。

第一个方面，律师流动究竟是一种什么样的现象？有什么样的政策？是什么样的状态？

从今天的讨论中，我们注意到有三个方面的流动：第一是跨所的流动。就是从这个所到那个所，从外国所到中国所，从中国所到外国所，从总所到分所，从分所到总所的流动。第二是跨区的流动。就是从这个地区到那个地区，从经济不发达地区到经济发达地区，从中小城市到大城市的流动。第三是跨行业的流动。跨行业流动就是现在法官、检察官当律师，将来律师去当法官、当检察官、担当政府公职的问题。

我注意到今天的讨论又附带引申出了三个流动：第一是委托人的流动，第二是管理层的流动，第三是服务市场的流动。比如一个非常核心的合伙人流动以后可能会带走一批人，一个人从这个所到那个所或者从这个地区到那个地区，有可能带走一大批业务或者带来一大批业务。

当然，我们还注意到了三个流向：第一个流向是从中小城市向大城市流动，从内地向沿海流动；第二个流向是从提成低的律师事务所向提成高的律师事务所流动，从收入低的律师事务所到收入高的律师事务所流动；第三个流向是从小所到大所的流动，从一般的专业所向中型所乃至到规模所的流动。

但是，这三个流向又会带来三个问题：第一是如何处理关于经济利益的问题；第二是如何处理关于商业秘密的问题；第三就是要如何处理有关案件档案、案件材料的问题。

尽管我们都已经注意到这些问题，但我们又要注意这三个问题给我们带来的三个课题：第一个课题是我们要研究委托人的选择权问题；第二个课题就是不正当竞争的问题；第三个课题就是关于利益冲突的问题。

这就是我们在研究律师流动当中需要研究的三个课题，但是我们同时又注意到了在律师流动当中带来的三个难题。第一个难题是怎么样保持地区律师均衡发展的问题；第二个难题是如何选择和规范专业所和规模所的问题。有时候这里本来是规模所，但是因为某些流动或者局部的流动有可能导致一个规模所不成其为规模所，或者一个专业所就不成其为专业所。所以我们要研究规模所和专业所因为律师流动所带来的难题。第三个难题就是律师流动带来的服务质量问题。这也需要我们面对和研究。

刚才，我注意到了李忠诚博士讲到的律师流动意义，我理解他讲的流动意义，一个是哲学意义，一个是社会学的意义，更重要的是法律学上的意义。今天我们所看到的律师流动到底是什么，我们面临怎么样的难题，我们需要研究什么课题，我们看到了什么问题，我们又看到了什么样的律师流向，律师流动当中又有什么样的现象和现实，所有这些都需要我们研究法律对策。

第二个方面，律师为什么会流动？

我觉得应该从三个方面来分析，今天所有的发言、所有发言人提出的问题无非就是以下三个原因：第一是关于人才的配置问题，也就是可能因为人才的合理配置不当而导致律师的流动。第二个问题是专业化和规模化的建设导致了律师流动。第三是利益驱动的原因带来了律师的流动。

当然，我注意到在这次会议中无论是发言还是论文，大家主要谈的是律师的流动，但是有一篇论文不知道大家是否注意到了。那就是湖南省司法厅副厅长王亲生在论文中谈的是律师的异动，我不知道异动这个词汇是不是比流动更具有学术意义。我理解，所谓异动，无非就是刚才说到的异所、异区、异业。

本来这次陕西省高级人民法院的王松敏副院长也要到会发言，他是"首届全国十佳律师"。他先做律师，后来担任司法行政的领导，后来到中院再到省高院担任领导职务，他的经历应该能够给我们的研究带来一些启示。但是很可惜，他因为公务而未能到会。

但是，我们在研究律师为什么流动的时候，是不是还应该注意到这样三个方面的因素。第一是我们发展战略和管理方面的重大战略转移的问题，这个转移可能不叫流动，但这确实是律师流动而带来的律师管理战略和发展战略的重大转型；第二是业务领域的重大转移问题，也就是因为律师流动而带来的业务拓展出现重大转移问题。第三是业务地域的重大转移问题。比如说我们谈到了服务的自由化、国际化的问题，将来中国律师更多地走向海外，这是不是一种业务地域的重大转移？所以，我觉得，因为律师流动可能带来业务地域的转移或者因为业务领域的重大战略转移，使我们需要律师流动。比如说在北京大成所，当年徐永前律师从山东来到北京，使大成所的业务出现了一次转移。现在他们又在广揽人才，可见，在专业方面需要律师流动，需要双方一拍即合的流动。因为一个人想选择一个平台，而平台需要一些专业人才，所以，我觉得我们从人才流动、专业流动和利益流动三个方面，可以发现律师为什么会流动。

第三个方面，我想我们在研究"是什么"与"为什么"之后，更重要的是要考虑"怎么办"。现在，我们中国律师怎么办？我们中国律师做了什么？我们中国律师还能做什么？我们中国律师还应该做什么？

我总结了大家的意见，觉得无非是从三个层面来谈我们怎么办的问题。第一是法律层面。比如关于律师法修改的问题，我们就要考虑如何为律师流动进行合理的制度设计。比如说像黄永东局长提到了行业利益的问题,我觉得这应该从法律层面进行考虑怎么样来规范律师的流动。第二是行政规章层面,也就是说司法行政管理应该为律师流动做些什么。第三个层面是行业规范层面,我们应该为律师流动做些什么。当然,也有人提出了另外三个应该注意的问题,一是从制度设计上,我们应该是从哪几个方面来着手、来研究。还有关于控制成本的问题,或者说如何使流动的成本更加节约、更加有序的问题。二是还应该考虑律师准入的问题。三是要考虑律师的责任问题,也就是律师个人的责任和律师事务所的责任。总而言之,言而总之,我们就希望律师要自由地流动、有序地流动、规范地流动。律师不是流窜,也不是流浪。当然,我们要有科学的制度设计,要有科学的管理办法,让律师流动能够合理地、科学地、有序地流动,而不要使流动成为流产。

今天我们在这里讨论这个流动,看起来是一个非常简单的词汇、非常简单的字节。但是,大家已经注意到了,刚才周院生司长、彭雪峰副会长也谈到了这个流动实际上已经覆盖了我们律师管理工作的方方面面。所以,今天我们实际上在这儿谈的题目是叫小题大做,也有人说是大题小做。

良好的开端是成功的一半,今天我们开始研究律师流动的问题,我觉得这对我们恢复重建 25 年来的律师制度来讲应该是一个非常有益的纪念,也是一个非常有效的开端。其实,我们要谈的问题很多,哪怕用三天时间我们还讨论不完,或者说还讨论不清。但是,我们通过讨论看到了思路,看到了方向,看到了曙光。有一句古诗,叫"青山遮盖不住,毕竟东流去",我给改了一下,叫"流动遮不住,毕竟东流去"。还有一句叫"问君能有几多愁,恰似一江春水向东流",我也改了,叫"问君能向哪里流,恰似一江春水向东流"。这个流就是要合理地流动,科学的流动,有序的流动,是通过滔滔江水奔向大海的流动。所以,流动是一个简单的词汇,又是一个重要的课题。

今天还有很多媒体到会了,我希望我们的媒体也要更多地注意律师流动的问题。我们希望通过媒体让社会的方方面面了解律师流动带来的积极意义,了解律师流动带来的社会意义,更重要的是能够给我们律师业带来什么样的发展机遇,带来什么样的发展契机。

我的总结就到此为止。谢谢大家!

谁是律师的朋友，我怎么说？（后记）

刘桂明

严格意义上说，这不是一部"写"出来的书，而是一部"说"出来的书。

这件事如果是发生在30年前的某个时候，估计谁也没想到，这个说书的人竟然是我。因为从小学到大学，我的同学都知道，我曾经是一个性格内向、极度自卑、不善言辞的人。没想到，现在我竟然要推出一部完全都是因为说话而汇集成文的书。

可以说，这部书的出版，首先要归功于本书责任编辑齐梓伊。大概是9月的某一天，我在自己的自媒体"桂客留言"公众号上发了一篇演讲文字，也就是我在第九届西部律师发展论坛的闭幕总结。齐主任立即给我打电话说，何不将自己的演讲文字汇编成书？如此及时的建议，对我来说可谓正中下怀。此前很长一段时间，我内心一直有这个想法，只是始终没有决定何时启动这件事情。

作为知识产权出版社法律编辑室主任，梓伊不仅拥有法律编辑特有的专业眼光，而且更具有图书编辑独有的策划思维。于是，因为她的建议，这本书的出版便立即进入了工作程序。

说起来，我与齐主任缘分颇深。先是因为曾经在法律出版社工作过的经历而结缘，后又因为《法律人的马拉松》一书而续缘。现在，因为全国法律人马拉松赛而亲密接触了。如果说我是全国法律人马拉松赛组委会的负责人，那么她就是这个组委会的秘书长。当然，这些职务都是自封的。因为既没有组织机构任命，也没有哪个部门邀请，我与她完全是基于法律人的热情与认同而投入到法律人马拉松赛这样的民间活动。

此时此刻，眼看第三届"西政杯全国法律人马拉松赛"下个月14日就要在海口闪亮登场了。延续着每届全国法律人马拉松赛"一次比赛、一部新书、一次论坛"的惯例（首届新书是我与赵志刚主编的《法律人的马拉松》，第二届是"西政杯"

谁是律师的朋友，我怎么说？（后记）

赞助方甲乙丙公司老总邱代伦先生的贡献），这部题为《谁是律师的朋友？》的新书，也将在海口马拉松赛前与参赛的各位法律人跑友见面。在此次赛事筹备中，我已经承诺，将给每位参赛的法律人跑友赠阅这本新书。

同时，我也已经与齐主任约定，本书将在2018年1月11日的第三届桂客年会上首发。为此，我也已经表示，将给每位参会的律师赠送这部新书。

综上所述，本书出版是齐主任策划的，书名是齐主任建议的，封面是齐主任拍板的。可以说，没有齐主任的成人之美，本书的出版还不知道要何年何月才能实现。

这是一部有关律师的书，谈的都是律师职业，说的都是律师行业，言的都是律师制度，讲的都是律师群体，评的都是律师活动，论的都是律师发展……在本书中，既有开门见山的祝贺，也有说长道短的谏言，还有情深意长的表达，又有点到为止的评论，更有千言万语的总结。无论文字长短，也不论篇幅大小，中心主题就是我与律师的缘分。所以，本书能够汇编成书，最主要的还是归功于律师。我感觉自己最大的成长发展，正是我在任职《中国律师》总编辑期间。

我曾经在律师界工作了11年，现在离开律师界又已经11年了，为此，我常常在参加全国律师组织的各种活动时，必然会发自内心地表达我对律师界的感激之情：我一直认为，律师对我来说，已经不仅仅是一种情缘，也不仅仅是一种情怀，而是一种情结。可以说，除了我目前从事的新闻出版工作，还从来没有一种职业让我如此向往，也没有一个行业让我如此热爱，更没有一个群体让我如此关注！

这就是律师职业，这就是律师行业，这就是律师群体！

在我为中国律师幸福地打工中，律师们给了我不断喷涌的激情，不断燃烧的火花，不断跳跃的智慧。我用力与用心地工作，拼命玩命地工作，是因为唯恐有负于律师们的重托，唯恐无法回报律师们的付出。所谓"不言春作苦，常恐负所怀"。要说激情何来？就来自广大律师们！是他们给了我不竭的动力与无尽的期待，让我努力坚持，不敢怠慢。

离开律师界之后，我也常常幸福地回忆起当年发起创办"中国律师论坛"与"中国青年律师论坛"、策划开办"法学与法治巡回讲坛"与"法律文化圆桌对话"、创意举办"首届全国律师电视辩论大赛"、勤勉主办《中国律师》杂志乃至安排组织"中国律师西部行""中国律师形象大家谈""刑事辩护的路为什么越走越窄？""当年我们为什么做律师？"等有关活动的美丽时光。可以说，是全国律协乃至全国律师给我提供了一个让我尽情展现才能与释放思想的平台与天地。没有全国律协乃至全国律师，也就没有我在律师界当年的成就与辉煌。

想起这么多年的风风雨雨，终于获得了这样的成绩，内心怎能不感到骄傲和自豪？我曾在一篇文章中引述托夫勒所言：正如一切先行者一般，我们的使命注定是创造未来。当我们告老还乡含饴弄孙的时候，当我们年老体迈回首往事的时候，当我们久卧病榻眺望窗外最后一片落叶的时候，我们会感到无怨无悔，因为我们共同见证了中国律师业的改革与发展，共同亲历了中国律师界的激情与理想，共同思考了中国律师制度的困惑与难题。

平心而论，无论是身在律师界还是离开律师界，我确实也为律师做了一些事。但是，我也常常想，一个人如果能够有机会为别人做点事，不仅是一种机遇，更是一种待遇。其实，我在为律师们服务的同时，也慢慢地提升了自己、丰富了自己、完善了自己。我仰慕蔡元培先生，希望能够像他那样把一流的人才组织起来，一流的思想汇聚起来。你看，很多人并不了解蔡先生在学术上、理论上建构了多少，但都知道他将那么多英才、奇才汇聚到一起，昔日之北大，"座中多是豪英"，甚至许多性情迥异、观点针锋相对的人都在蔡先生"学术自由，兼容并包"的大旗下走到了一起，风气引领一时之冠，并惠泽百年，这是多么了不起的成就啊！最最重要的是，因为在律师界的耳濡目染，我也变得开始能够上台说话了，能够勇敢大胆地表达了，能够轻松自如地或主持或点评或总结了……

于是，就有了因为律师而说出来的话，因为律师朋友而表达的情感、情怀乃至情结。

谁是律师的朋友？其实，这不是一个难题，但却是一个命题。通过这20多年我与律师的交往与交流，我拥有了无数的朋友。在这些律师朋友中，有些是思想上的，有些是学术上的，有些是人格魅力上的，有些是业务能力上的，可以说，既是良师也是益友。同样，我和律师朋友的交往与交流，既有高大上的思想碰撞，也有接地气的问寒问暖。或是君子之交，云淡风轻，没有任何经济上的往来；抑或清茶一杯，彻夜长谈，共享思想之美，分享智慧之光，他们对我的启发很多，影响很大……

无巧不成书，2017年2月由中纪委副书记转任司法部部长的张军同志也是律师的朋友。

2017年3月12日，刚刚就任司法部部长才半个月的张军同志在两会"部长通道"上回应了律师执业权益保障的问题。同时，谈起了"谁是律师的朋友"这个话题。他说，律师是法官的朋友，尽管律师是以不同意见提出辩护主张，对不同代理人有不同见解，有时候则是在法官判断之外，给法官带来压力。同样，律师还是检察官、警察的朋友，律师使得起诉和公安办案得到更多来自社会的监督，促进了按程序、更公正地依法办案。

"正是因为是朋友，所以我们对律师执业高度重视，不断为律师执业提供各种便利。"这位曾经的最高法院副院长、二级大法官说，比如原来没有庭前会见，现在可以依法会见嫌疑人，现在律师还可以提出证据排除。

无独有偶，2017年8月28日晚上，张军部长在与来自全国各地的68位刑辩律师夜话时，又一次提到了"律师朋友"这个话题。

张军部长说，我多次跟全国律协会长王俊峰建议，安排一个机会与各方面的律师朋友做个交流。

以前在法院工作时总说律师是法官的朋友，到了司法部工作，更加感受到律师还是检察官和警察的朋友。朋友中既有诤友，就是相互信任、相互鼓励、共同发展的朋友；也有损友，就是相互贬低、相互诋毁、你踩我我踩你的朋友。

律师受到的是法学教育，从事的是法律工作，维护的是公平正义。律师是社会主义法治工作者，是法治建设不可或缺的一支重要力量，在党的领导下，在全面依法治国大业中必将大有作为，这是做朋友的共同基础。

通过此次夜聊三小时，全国律师真正感觉到，这位新部长是一位真心与律师交朋友的省部级高官，是一位真诚将律师当成朋友的司法部领导，是一位真实了解律师、支持律师的学者型官员。

有鉴于此，征得法制日报资深记者蒋安杰同意，我将她对张军部长与律师夜聊三小时的全文报道，作为本书的代序，以示对张军部长的敬意与谢意。在我看来，这不仅是我一个人想要表达的敬意和谢意，更是全国律师想要表达的致敬和致谢。

这部由我说出来的书，其实主角不是我，而是律师；主体也不是我，而是律师朋友。作为律师的朋友，我永远深感幸福与快乐，深怀感激与感恩。所以，这是一部说律师、话律师的真心之作，一部看律师、评律师的专心之作，一部交律师、识律师的诚心之作。

本书能够说办就办、说出就出，要感谢许许多多的人。感谢张军部长，正是因为他对律师朋友这个主题的高度概括，让我与齐主任同时找到了本书书名的灵感；感谢蒋安杰，正是因为她的精彩描写，让我们身临其境般地领略到了张军部长与律师夜话三小时的风采；感谢北京市朝阳区律师协会王清友会长，正是因为他在本书的关键时刻助我一臂之力使本书加快了出版的进度；感谢所有知道我名字的律师，感谢所有在本书中出现了名字的律师，感谢所有关注桂客留言和所有与我奔跑在马拉松赛道上的律师，感谢为本书题写书名的胡育律师，感谢知识产权出版社的各位领导，感谢所有为本书出版付出辛劳与智慧的朋友们、同事们乃至我的家人！

感谢的话永远说不尽，感恩的事永远忘不了，感铭的心永远在深处……

此时此刻，正是平安夜，我愿天下所有的朋友永远健康快乐幸福平安！

写于 2017 年 12 月 24 日深夜